니체 강의
전복의 사유와 변신의 기술

니체 강의 : 전복의 사유와 변신의 기술

발행일 개정판 1쇄 2023년 5월 30일 | **지은이** 이수영
펴낸곳 북튜브 | **펴낸이** 박순기 | **주소** 경기도 고양시 덕양구 소원로 181번길 15, 504-901
전화 070-8691-2392 | **팩스** 031-8026-2584 | **이메일** booktube0901@gmail.com

ISBN 979-11-92628-18-9 03160

북튜브 책으로 만나는 인문학강의 세상

니체 강의

전복의 사유와 변신의 기술

이수영 지음

Friedrich Nietzsche

튜브

| 일러두기 |

1 이 책은 2011년 도서출판 동녘에서 출간했던 『명랑철학 : 니체를 읽는 아홉 가지 키워드』의 개정판입니다.

2 이 책에서 니체의 저작을 인용한 경우, 해당 인용문의 뒤에 서명과 문헌명, 절 번호를 밝혀 주었습니다(예시 : 『우상의 황혼』, 「어느 반시대적 인간의 편력」 1절 / 『즐거운 지식』 370절). 다만 특정한 부분의 인용이 반복되는 경우에는 해당 부분의 마지막 인용문에 인용출처를 표시했습니다.

3 니체 저작 외의 문헌을 인용한 경우에는 해당 인용출처가 처음 나오는 곳에 자세한 서지사항을 밝혔으며, 이후에는 저자명, 서명, 쪽수만으로 간단하게 표기했습니다(예시 : 질 들뢰즈, 『니체와 철학』, 이경신 옮김, 민음사, 2001, 217쪽 / 들뢰즈, 『니체와 철학』, 217쪽). 니체의 저작들을 비롯한 인용출처의 자세한 서지사항은 권말의 '참고문헌'에 정리했습니다.

4 단행본·정기간행물의 제목에는 겹낫표(『 』)를, 단편·영화의 제목에는 낫표(「 」)를 사용했습니다.

5 인명·지명 등 외국어 고유명사는 2002년 국립국어원에서 펴낸 외래어표기법을 따라 표기했습니다.

머리말

연말이 되면 대형서점은 매년 으레 그해 베스트셀러들을 한곳에 모아 전시를 하기 마련인데, 그럴 때면 니체와 관련된 책 최소 서너 권도 늘 빠지지 않고 등장하는 것 같다. 다른 수많은 분야의 책들과 철학자들의 책들을 제치고 유독 이렇게 니체가 사랑받는 이유가 궁금하다. 아마도 한국사회의 특징과 니체철학의 특징이 상호 결합한 것에 그 원인이 있을 것 같다.

　미국 랜드연구소 고문이었던 프랜시스 후쿠야마는 『역사의 종말』(1992)에서 인류의 이데올로기는 드디어 그 진화의 종점을 맞고 있는데, 파시즘이나 공산주의의 붕괴와 함께 자본주의 경제체제와 결합한 자유민주주의가 인류 최후의 정부형태가 되었다는 과감한 주장을 제기한 적이 있다. 그의 논의의 바탕을 이루는 것은 기본적으로 헤겔(그 변형태인 마르크스도 함께)인데, 역사란 계속해서 진보하거나 진화하는 게 아니라 특정한 목적을 달성할 때면 그 진화의 종말을 맞이하게 된다는 것이다. 헤겔에게 역사의 종말은 자유주의 국가였고, 마르크스에게는 공산주의 사회였다. 공산주의 사회는 붕괴되었기 때문에 자본주의 경제가 그 마지막 단계임이 증명되었고, 헤겔의 역사 변화의 목적인 인간의 인정욕망도 모두가 보편적으로 평등하고 자유로운 단계에 이른 자유민주주의 체제 아래서 광범위하게 충족되기에 이르렀다. 공산주의 사회가 자유민주주의 체제로 교체되어 가는 이유도 실은 이 인정욕망이라는 인간 고유의 속성이 그런 통치 형태에서는 확보되지 못하는 중대한 결함을 안고 있었던 데 있다. 따라서 이제 역사는 그 목적한 바를 이루었다.

그런데 이 기나긴 서구적 역사 완성의 과정을 일거에 단축적으로 달성한 나라가 있었으니, 바로 한국이다. 봉건왕조의 몰락, 제국주의의 침략과 식민지화, 서구에 의한 해방, 다시 대리전 양상의 내전, 전체주의적 정권의 등장, 급속한 경제발전. 민주적 사회의 구성. 이 모든 과정을 거치는 데 거의 100년 정도밖에 걸리지 않을 정도로 역사적 변전의 과정은 급속했고, 마르크스(혹은 헤겔)의 말처럼 모든 단단하고 고정된 것들은 순식간에 유동적인 것으로 해체되고 말았다. 이제 전통이라고 할 만한 것은 거의 찾아볼 수 없을 정도로 한국은 완벽히 서구화되었고 제

3세계 국가들의 부러움의 시선을 즐기고 있다.

　그런데 나 자신도 하나의 '증상'이라고 생각하고 있긴 하지만, 우리는 이 목적에 도달한 상태에 대해 불만이 많은 듯하다. 분명 인류는 그 목적에 도달했고 우리도 그 목적에 도달했으나 어쩐지 그 목적이 실패한 듯한 느낌이 드는 것이다. 『니체와 철학』(2005)에서 들뢰즈가 사용한 표현을 바꿔 보면, 그 목적에 도달하는 데 실패한 것이 아니라 목적에 정확히 도달함으로써, 도달했기 때문에 실패했다는 그런 느낌이 있는 것이다. 목적에 이르면서 오히려 우리 자신을 상실해 버린 느낌이랄까, 충족된 나를 발견하지 못하고 있는 것이다. 가난한 집안에서 나름 최고 수준의 대학과 대학원을 나왔음에도 불구하고 제도 바깥을 전전하고 있는 나를 보면 그야말로 한국 사회의 병증을 함께 겪고 있는 느낌이 아니 들 수 없는 것이다. 급속도로 목적에 도달한 우리 사회의 참된 면모를 단적으로 보여 주는 증상이 바로 세계 최고의 자살률이다.

　니체가 한국 독자들을 매료시키는 것도 아마 이런 지점일 것이다. 자신의 시대가 대단한 승리와 역사의 대단원인 것처럼 간주하는 것에 대해 그 승리야말로 최고의 실패이자 최악의 병증이라고 신랄하게 비판하는 니체의 독설이 우리의 상실된 측면을 위무하는 구석이 있는 것이다. 이 세계가 우리가 도달할 수 있는 최선의 세계이자 최후의 세계라는 라이프니츠식의 단언이 우리를 숨쉴 수 없이 답답하게 만들었던 까닭이다. 세계의 변화와 진보를 후쿠야마와는 다른 식으로 해석하고 싶은 욕망이랄까, 인간 삶의 가치 척도를 다른 곳에서 찾고 싶은 그런 심정이 니체와 공명하게 하는 것일 터이다. 물론 니체가 모두 옳을 수는 없을 것이고, 그럼에도 불구하고 우리의 처지는 니체와 같은 사상가들을 필요로 하고 있는 것이다.

이 책은 2011년에 나온 『명랑철학 : 니체를 읽는 아홉 가지 키워드』(동녘)의 개정판이다. 몇 가지 요즘 분위기와 맞지 않는 부분들이나 서지사항들을 조금씩 고쳤고, 크게는 그대로 놔뒀다. 니체에 대한 한국 독자들의 호기심에 편승하는 책인 셈인데, 그런 점에서 나름대로 쉽게 쓰려고 노력했다. 전체적으로는 니체에 대한 소개와 7개의 강의, 그리고 니체 철학서 서문에 대한 분석, 두 편의 영화에 대한 니체 철학의 적용으로 구성되어 있다. 이 중에서 7개의 강의는, 인간의 병증과 그 원인, 그리고 그 원인의 바탕을 이루는 진리의지, 병증에서 벗어나기 위해 요청되는 사유의 요소들을 중심으로 나름의 내러티브를 만들었다. 따라서 니체의 전체를 포괄할 수는 없었고, 세밀하고 중요한 여러 주제들이 이 내러티브에서 제외되었다. 대표적으로 니체 초기의 비극론, 쇼펜하우어론, 바그너론, 권력의지론, 그리고 『서광』이나 『즐거운 지식』 등에 잠언 형식으로 들어있는 의식론, 작가론, 예술론, 민족론 등을 다룰 공간이 없었다.

벌써 10년이 넘는 시간이 흘렀고, 따라서 나를 둘러싼 여러 상황도, 나의 철학적 수준도 많은 변화를 겪었다. 그동안 나는 스피노자와 칸트, 그리고 헤겔 등을 공부했으며, 니체를 상대화시키기 위해 노력하고 있는 중이고, 철학적 개념들의 엄밀성을 확보하고자 애쓰고 있다. 공부라는 게 통념이나 그 통념의 바탕이 되는 어떤 환상의 지점을 포착하는 것이라면, 개념들의 정밀한 축조는 필수적이다. 흄에서 칸트로, 칸트에서 피히테로, 피히테에서 셸링으로, 다시 셸링에서 헤겔로 넘어가는 과정을 보면 모두 특정 개념을 붙잡고 집요하게 탐문하고 그 한계를 검토하는 작업에서 거의 철인적인 면모를 보인다. 최소한 철학적인 영역에서는 그렇게 렌토의 리듬으로 천천히 나아갈 필요가 있다. 나의 차후 작업에서는 니체에게 그렇게 공박을 당했던 칸트의 철학을 의미 있는 지점에서 포착해 볼 작정이다. 이것이 바로 소처럼 되새김질하는 독서와 철학 방법이 필요하다고 했던 니체의 가르침을 제대로 실천하는 방식이 될 것이다.

인기도 없던 책이 개정판을 낼 수 있었던 것은 공동체 덕분이다. 심지어 내가 주로 공부하고 강의하는 〈감이당〉과 〈남산강

학원〉의 여러 선생님들과 학인들의 도움 없이는 요즘은 되는 일이 아무것도 없는 실정이다. 먹고사는 것도, 공부도, 강의도, 운동도, 심지어 건강마저 공동체에 빚지고 있다. 갚을 길이 막막하다. 또한 기존에 인용했던 서지들을 사용할 수 없는 상황에서 새로운 서지들을 일일이 확인하면서 직접 찾아주고 편집했던 박순기 편집장에게도 커다란 신세를 졌다. 멋진 책이 나온 것은 오롯이 그의 몫이다.

2023년 5월 이수영

차례

니체에게서
무엇을 배울 것인가

+ + +

『이 사람을 보라』를 중심으로

"나를 혼동하지 마시오"

니체(Friedrich Nietzsche, 1844~1900)가 카를로 알베르토 광장에서 졸도한 해(1889년)에 출간된 『이 사람을 보라』*는 니체가 직접 자신에 대해 분석한 자서전이다. 자서전을 직접 쓰는 철학자라니! 그만큼 니체는 엉뚱한 구석이 너무나 많은 사람이다. 이책을 '철학적 자서전'이라 이름 붙이면 어떨까. 아니 그보다 '자전적 철학서'가 더 낫겠다. 우리는 철학서 같지 않은 이 책에서

---

* 이 장에서 인용한 니체의 문장은 모두 『이 사람을 보라』에서 인용한 것으로 인용 출처는 글의 제목과 절의 번호만을 간단히 표기했다(예시: 「나는 왜 이렇게 좋은 책들을 쓰는지」 1절).

도 감당하기 벅찬 니체의 개념들과 만나는 스릴을 마음껏 누리게 된다. 니체를 어떻게 소개하면 좋을까. 니체가 살아왔던 생애를 중심으로 사건을 나열하는, 연보 중심의 소개는 얻을 게 별로 없는 일이자 재미없는 일이다. 편두통이나 구토에 시달렸다거나 매독 치료를 받았다는 사실은 병리학자들의 흥미만을 자극할 뿐이며, 연인 살로메에게 실연을 당했다는 사실은 연애에 관심 있는 독자들의 흥미나 자극할 뿐이다. 중요한 것은 그의 병이 아니라 그가 병을 어떻게 겪었는가 하는 점이다. 바그너와의 친분이나 결별과 같은 시대적 사건도 니체가 그 경험 속에서 어떤 철학적 개념들을 추출해 내는가와 관련해서만 중요할 뿐이다. 우리는 이런 맥락 속에서만 니체에게서 배울 걸 얻을 수 있다.

그래서 나는 다른 방법을 시도해 보고 싶다. 니체가 직접 자신을 소개하는 방식을 따라가면서 이해하는 방법. 이런 방법에서 훨씬 얻을 게 많은 것 같다. 혹여나 누구는 이렇게 생각할지도 모르겠다. 그가 진짜로 정신병적 상황에 있었을 수도 있지 않겠느냐고. 따라서 과대망상광의 망상적 진술을 사실적 진술과 혼동하는 것은 심각한 오류가 되지 않겠느냐고. 하지만 나는 그런 염려는 하지 않는다. 이 자서전에서 니체의 진술은 언제나 신중하고 엄정하게 느껴졌으며, 다른 저서를 쓸 때와 마찬가지로 일관된 철학적 입장을 견지하고 있기 때문이다. '자전적 철학서'

에 값하는 철학적 지혜들, 철학적 개념들이 탄생하게 된 삶의 경험들이 이처럼 멋지게 녹아 들어간 책은 이제껏 본 적이 없다. 단연 압권이다. 그러므로 우리는 이 책을 중심으로 니체라는 인간에 대해 알아도 충분한 것이다. 더 정확히 말하면 니체가 자신을 소개하면서 알려주고자 했던 현명해지고 영리해지고 운명적인 존재가 되는 비법을 아는 게 목표다. 니체는 언제나 다른 스승을 능가하는 스승이다.

「서문」에서 니체는 이렇게 말한다. "내가 조만간 인류에게 역사상 가장 어려운 요구를 해야만 한다는 생각이 들기에 미리 내가 누구인지를 밝혀 두는 것이 반드시 필요한 것 같다."「서문」 1절 "역사상 가장 어려운 요구"는 아마도 인류의 가치 전체를 전환transvaluation하는 일일 것이다. 지금까지 인류가 가치롭다고 여겨왔던 모든 것들의 가치를 재검토하고 근본적인 가치 전환을 이루는 일, 이것처럼 어려운 일이 어디 있겠는가. 사실 이건 언제나 니체의 작업 내용이었다. 그런데 왜 니체는 자신이 "누구인지를 밝혀 두는 것"이 반드시 필요하다고 생각했을까? 그동안 출간한 책들을 통해 자신이 누구인지 충분히 알렸을 테고, 또한 자신이 누구인지 보여 주지 않은 채 놔둔 적도 없으므로 니체가 직접 나서서 자신이 어떤 사람인지 말해 줄 이유는 없다.

그런데도 왜? 아무래도 자신에 대한 오용誤用을 예감하고 있었나 보다. 히틀러 치하에서 전쟁에 나갔던 독일 군인들이 배낭 속에 『차라투스트라는 이렇게 말했다』를 한 권씩 넣고 다녔다는 유명한 일화도 있지 않은가. 자신의 위버멘쉬(초인)의 철학이 그렇게 오용될 수 있음을 니체는 이미 눈치채고 있었던 것 같다. 왜냐? 바로 자기 "과제의 위대함과 동시대인의 왜소함 사이에서 오는 오해"「서문」 1절를 직감하고 있었기 때문이다. 사람들은 니체의 말을 듣지도 않고 니체를 쳐다보지도 않는다. 아니, 그들에게 니체는 듣고 있어도 들리지 않고, 쳐다보고 있어도 보이지 않는다. 왜 그럴까? 바로 니체가 제시했던 철학을 들을 만한 귀와 볼 만한 눈을 갖고 있지 않기 때문이다. "어느 누구도 책을 포함한 모든 사물로부터 자신이 이미 알고 있는 것보다 더 많은 것을 얻을 수는 없다. 체험을 통해 진입로를 알고 있지 못한 것에 대해서는, 그것을 들을 귀도 없다."「나는 왜 이렇게 좋은 책들을 쓰는지」 1절

가령 독일의 한 학자는 『차라투스트라는 이렇게 말했다』의 말을 한 마디도 이해할 수 없다고 불평했으며, 어떤 사람들은 니체를 니체와 정반대되는 경향, 즉 '이상주의자'로 이해하기도 했다. '도덕의 파괴자'인 차라투스트라를 반은 '성자'고 반은 '천재'인, 좀 고급한 인간의 이상적 유형으로 생각하는 경우도 있었다. '위버멘쉬'Übermensch는 선함에 있어 최고의 경지에 이른 자라고 간주되었고, 니체를 다윈주의자라고 생각하기도 했으며(그

러나 니체는 인간 사회에서는 적자생존이 통하지 않는다며, 자주 다윈주의를 비판했다), '차라투스트라'나 '위버멘쉬'라는 개념 속에서 니체가 영웅을 숭배한다고 생각하기도 했다. 왜 이렇게 되었는가. "동시대인의 왜소함"은 모든 위대한 철학도 오해하고 오용할 준비를 한다. 언제나 니체는 "읽히지 않는다." 그래서 니체는 무엇이 자신의 철학이고, 무엇이 자신의 철학이 아닌지 얘기해 주지 않을 수 없었던 것이다.

그렇다고 니체가 동시대 독자들의 호응에 안달했다는 것은 아니다. 그는 만인이 원하는 것에서는 늘 악취가 난다고 말해 왔다. 니체는 이렇게 자신을 직접 알려주기를 원하지 않았다. 그는 자신이 "자신의 신용에 근거해서만 살아간다"「서문」1절고 했다. 즉 오직 자신만이 자신의 신뢰를 측정하고, 자신에게 약속하고 스스로 심판하는 자에 속한 인간이었다. 그런 인간이 어찌 자신이 대단한 인간이라고 대중들에게 직접 얘기하겠는가. 자신의 책이 읽히지 않는다고 절망했던 쇼펜하우어와 달리 니체는 자신이 읽히지 않는다는 사실에서 승리감을 느낀다. "나는 읽히지 않는다, 나는 읽히지 않을 것이다."「나는 왜 이렇게 좋은 책들을 쓰는지」1절 하지만 자신이 전하고자 했던 철학적 메시지가, 그 메시지가 담고 있는 어려운 역사적 요구가 "동시대인의 왜소함"에 의해 계속 오해되고, 미래에도 오해될 것이기에 직접 말할 수밖에 없었던 것이다. 그런 점에서 이런 자기소개는 니체의 "본능의 긍지"
에는 위배되는 일이지만, 그럼에도 하지 않을 수 없는 '의무'이
기도 한 것이다. 그래서 니체는 말한다. "나의 말을 들으시오! 나
는 이러이러한 사람이기 때문이오. 그러하니 무엇보다도 나를
혼동하지 마시오!"「서문」1절

사건과 운명이 되는 법

니체는 자신을 '운명'이라 불렀다. 인류사의 운명! 인류사에서
필연적으로 등장할 수밖에 없는 운명이자, 그의 등장과 함께 인
류의 운명이 커다란 변전 속에 휘말려 들어갈 수밖에 없는 운명.
이 운명적 존재의 등장과 함께 세계의 운명이 바뀌기 시작한다.
그렇다면 왜 니체는 인류사의 운명이라 할 수 있는가. 그것은 니
체, 그리고 니체의 철학이 인류사의 가장 중요한 '사건'이기 때
문이다. 사건, 다시 말해 가장 위대한 사건이라 함은 뭘 뜻하는
것일까? 야생 동식물을 가축화하고 작물화했으며 문자를 발명
한 신석기혁명? 아니면 제2차 세계대전을 종결시킨 핵폭탄의 발
명? 물론 이런 혁명이나 발명도 중차대한 일임은 틀림없다. 그런
데 니체는 이렇게 말한다. 가장 위대한 사건이란 가장 위대한 사

상이라고. 위대한 사상과 더불어 우리는 세계와 인류사를 바라보는 방법을 터득하며, 위대한 사상과 더불어 지금까지의 세계와는 다른 세계를 꿈꾸는 법을 알게 된다. 인류의 삶과 꿈을 지배하는 사상이야말로 인류사의 절대적 사건이라 해야 할 것이다.

그렇다면 왜 니체는 자신을 사건이자 운명이라 생각한 것인가. 니체 이전에는 그런 사상이 없었던 것인가. 아니다. 물론 존재했다. 그것을 니체는 '기독교적 도덕'이라 부른다. 기독교와 관련이 있지만 꼭 기독교에만 한정되지 않는 도덕과 가치와 규범. 이 '기독교적 도덕'이 니체 이전의 인류사를 지배한 사상이었다. 그러므로 이 사상도 인류사의 사건이고 운명이다. 그런데 니체가 이 도덕과 다른 철학을 제시하기 시작한 것이다. 그래서 그도 하나의 사건이고 진정 새로운 사상이며 운명인 것이다. 인류 수천 년의 의지와 사상과 꿈을 지배해 왔던 도덕의 정체를 파악한다는 것, 이것이 정녕 얼마나 가공할 일인지 우리는 직관적으로 느낄 수 있다. 그런데 그 도덕의 명령에서 벗어나 새로운 인류사의 사명을 제시했다는 것, 이것은 정체에 대한 파악보다 수천 배 어려운 일이라는 사실을 우리는 또 직관적으로 느낄 수 있다. 새로운 사명을 제시한다는 것은 자기 존재 전체를 걸어야 하는 일이고, 자신이 그렇게 살고 확신하고 느끼지 않으면 안 되는 일이며, 인류 역사 전체의 감각과 판단이 잘못된 것이라고 확정할 수 있어야 하는 일이기 때문이다.

　우리가 니체를 이해하고자 한다면 이 새로운 사명에 대한 니체의 긍지를 알아야 한다. "나를 구분 지어 주는 것, 나를 나머지 인류 전체와 확연히 구분 지어 주는 것, 이것은 바로 내가 기독교적 도덕을 파헤쳤다는 점이다." 한 마디로 '비도덕주의자', 이것이 니체가 인류사 전체에 새로운 사건을 일으킨 사상인 것이다. 그는 이 사상을 찾아냈고, 이 사상을 살았으며, 이 사상을 인류의 새로운 과제로 제시했다. 우리가 만약 비도덕주의자이고자 한다면 우리는 이미 또 다른 니체가 되는 셈이다. 그 순간 우리는 인류 전체와 우리 자신을 구별 짓고, 자신을 인류의 예외로 만들고 있는 것이다. 그렇다면 니체는 왜 '기독교적 도덕'을 기소하고 유죄판결을 내렸던 것인가.

　이 도덕의 핵심은 '탈아'脫我, Self-renunciation를 주장한다는 점에 있다. 자기 자신을 버릴 것, 자신을 돌보고 자신을 위하는 것은 이기적이라는 것, 자신보다 이웃을 사랑하고, 자신보다 국가를 사랑하며, 자신보다 신을 사랑해야 한다는 것. 니체에 따르면 이 모든 것은 존재 자체를 부정하라는 말과 같다. '탈아'는 나의 자연스런 본능을 부정하라고 말한다. "삶의 전제조건인 성性에서 어떤 불결한 것을 느끼도록 가르치는 것, 성장을 위해 가장 필수적인 강력한 이기심(이 말은 이미 중상모략적인 의미를 띤다!)

에서 악의 원칙을 찾는 것", 이 모든 것이 기독교적 도덕의 핵심이다. 나를 부정하지 않으면 신의 사랑을 얻을 수도 없고 구원도 없다. 그래서 니체는 말한다. "지금까지 가르쳐져 왔던 유일한 도덕인 탈아(자기상실)의 도덕은 종말에의 의지를 드러내고 있다. 이 도덕은 가장 본질적으로 삶을 부정한다."「나는 왜 하나의 운명인가」 7절 신이든 저편의 세계든 참된 세계든, 자신의 신체와 본능과 힘을 거부하도록 하는 모든 것은 "존재하는 유일한 이 세계를 탈가치화하기 위해" 만들어진 것이다. 지금 이 순간의 현존이 무가치하다고, 나의 육체와 자연적 본능이 죄악이라고, 이 '지상의 현실'이 무의미하다고 만드는 것이다. '영혼'과 '영혼의 불멸' 개념도 마찬가지다. "몸을 경멸하고 몸을 병들게 하고——'성스럽게'—— 하기 위해" 날조된 것들이다. 니체가 만들어 낸 대쌍 개념으로 보면, "건강 대신에 '영혼의 구원'"인 셈이다.

그래서 지금까지의 사상, 저 "기독교적 도덕"의 정체를 "밝힌 자는 하나의 불가항력이자 하나의 운명이다."「나는 왜 하나의 운명인가」 8절 저 도덕이 "가장 탁월한 범죄", "삶에 대한 범죄"인 이상, 삶의 긍정성을 부정해 버린 이상, 그러면서도 그것이 참된 진리라고 "악의에 찬 형식의 거짓"으로 인류 역사 전체를 기만한 이상, 이 도덕과 일전을 벌이고 새로운 사상을 견인하지 않으면 안 된다. 이것은 저 "인류에 대한 진정한 키르케"「나는 왜 하나의 운명인가」

7절의 정체를 알아 버린 자의 숙명인 것이다. 만약 이를 운명으로 껴안지 않으면 그는 저 기독교적 도덕이라는 키르케의 정체를 알 수도 없었다. 그리고 정체를 파악했다면 인류를 키르케로부터 구출하는 것을 자신의 철학으로 삼지 않을 수도 없다. 이제 니체는 "인류의 역사를 둘로 나눈다. 그의 존재 이전의 역사와 그의 존재 이후의 역사로."「나는 왜 하나의 운명인가」 8절

저편의 세계와 참된 세계, 거짓 신에 의한 구원을 외치는 자가 결코 건강하지 않다는 사실, 자신의 존재와 세계를 감당할 수 없는 무능력이 저편의 세계를 꿈꾼다는 사실, 오로지 퇴화해 버린 본능과 무력無力이 데카당스의 본질이라는 사실, 이런 사실을 포착한 니체는 그런 점에서 참으로 건강한 존재였다. 병든 자가 어떻게 병든 자들의 본성을 깨닫겠는가. 인류의 이상이었고 도덕 교사였던 기독교적 도덕을 알아차렸다는 점에서 니체는 "기독교적 도덕을 자신 아래에 있는 것으로 느낀다."「나는 왜 하나의 운명인가」 6절 비도덕주의자 니체, 그런 그만이 "이제까지 믿어져 왔고 요구되어 왔으며 신성시되었던 모든 것에 대항해 거부를 불러일으키는 결단", 즉 "모든 가치의 전도"라는 정식을 인류 앞에 하나의 심대한 사명으로 제시할 수 있다.

니체는 일종의 "다이너마이트"다. 니체와 함께할 때 우리는 우리의 병든 본성을 깨닫는다. 우리의 삶이 어떤 점에서 조금 잘

못되었다는 게 아니라 삶 자체가 병든 것일 수 있음을 깨닫는다. 니체의 폭발력은 무시무시하다. 이걸 다 감당하기란 정말 역부족이다. 하지만, "수천 년 동안의 거짓"에 맞서는 "대립자" 니체와 함께 우리는 "희망이 비로소 나와 함께 다시 일어나기 시작한다"는 사실에 위안을 받는다. 참으로 건강한가, 참으로 이 삶을 사랑하는가, 참으로 이 실존을 긍정하는가, 참으로 이 세계를 운명으로 받아들이는가. 이런 말들이 저 다이너마이트 니체의 언명들과 함께 우리의 삶을 휘돌고, 우리로 하여금 용기를 발휘하게 한다. 병들 것인가, 건강할 것인가. 어느 것을 선택할 것인가, 이것이 정치의 진정한 주제다. 우리가 하고자 하는 일이 우리를 병들게 하고 있지는 않은가, 이것이 앞으로 우리 삶의 리트머스 시험지이자 시금석이 될 것이다. "이제까지 지상에 존재하지 않았던 전쟁이 있게 될 것이다. 비로소 나로부터 위대한 정치가 지상에서 펼쳐지게 되는 것이다."

건강하게 아프게 되는 법

"나는 인간이 아니다. 나는 다이너마이트다." 「나는 왜 하나의 운명인가」 1절 '인간'이라면 병든 존재일 것이고, '다이너마이트'라면 병에서 회복되고자 하는 건강 지향의 존재다. 니체는 우상을 숭배하는 신도들과 같은 '신자'를 원하지 않는다. 우리는 니체를 믿어서가 아니라 우리의 건강을 위해서 니체를 읽는다. 그럴 때 니체는 진정 지혜로운 스승이 된다. 모든 가치의 전도顚倒라는 충격적인 사상을 역설하는 니체라고 해서 친절하지 않을 까닭이 없다. 아니 스스로 "하나의 운명"이라고 말하는 저 교만함 때문에 우리는 니체에 대해 더 궁금해지고 니체를 더 배우고 싶어진다.

니체의 특기는 뭘까? 바로 "상승과 하강의 징후에 대한 예민한 후각"「나는 왜 이렇게 현명한가」 1절이다. 니체는 냄새를 잘 맡는다. 그 앞에 누군가 서 있거나 책을 내보이면 니체는 우선 냄새로 그 인간이나 책의 건강과 병을 판단한다. 병든 척하는 건강한 인간인지, 아니면 사이비 건강의 대표인 데카당스인지. 그 어떤 것이든 니체의 후각을 피할 도리가 없다. "완벽하면서도 섬뜩할 정도로 민감한 순수 본능"을 갖고 있기에 "영혼의 내장"이 어떤 성분으로 구성되어 있는지 즉각 알아채는 것이다. 이웃을 사랑하라고? 거기에 대고 니체는 '왜?' 하고 반문할 것이다. 그건 자신에 대한 사랑의 결핍에서 나온 대리만족 아니냐고 힐난할 것이다. 이웃을 도와주고 얻는 뿌듯함이 있어야만 볼품 있어지는 그런 존재들이나 이웃을 사랑한다고 말할 것이다. 따라서 이웃사랑 대신 자신을 사랑하라고 니체는 말한다. 자신을 지극히 사랑하면 거기서 덕이 자연스레 흘러넘쳐 이웃사랑으로까지 옮겨가 게 될 것이라고.

"완벽하게 투명하고 빛나는 요소들"「나는 왜 이렇게 현명한가」 8절 안에서만 숨쉬는, 극도로 순수한 존재인 니체. 그렇다고 그가 순 진무구하다는 뜻이 아니다. 여기에 니체의 장기인 후각의 정체 가 숨어 있다. 우리는 어찌하여 니체의 후각을 믿어야만 하는 것 일까? 우리는 아무 후각이나 믿을 수는 없다. 병인지 건강인지 정확히 판별할 수 있는, 완벽한 의사에게만 우리의 병(건강)에 대한 진단을 요청할 수 있는 법이다. 그렇다면 니체가 그런 의 사에 해당한다는 말인가? 그렇다. 1879년 니체는 건강이 너무 악화되어 스위스 바젤 대학에서의 강의를 그만두고 퇴직 의사 를 밝힌 후 제네바로 휴양을 떠난다. 그의 말대로 "생명력의 가 장 낮은 지점"에 이른 해였다. 그런데 이 무렵 니체는 『인간적인 너무나 인간적인 2』의 한 편인 「방랑자와 그 그림자」를 쓰고, 또 『서광』을 집필한다. 아니, 대학 강의까지 그만두고 요양을 떠날 정도로 병든 사람이 어떻게 이렇게 글을 써낼 수가 있단 말인가. 백 번 양보해서 그럴 수 있다고 해보자. 그래도 이런 상태에서 나온 글을 신뢰하기란 어렵지 않겠는가. 이런 의심이 늘 니체에 대한 평가에 자리잡고 있었다.

그래서인지 니체는 여기에 대해 자상하게 말해 준다. 고통스럽다고 다 정신이 혼미해지는 것은 아니라고. "점액질을 힘들게 토해 내는 것과 더불어 사흘 동안 지속된 편두통의 고문에 시달리는 중"에도 "변증론자의 전형적인 명석함을 지니고 있었고, 사물에 대해 아주 침착하게 철저히 사고했다"고. 이럴 수 있을까? 극심한 고통 속에서도 "정신의 완벽한 명석함과 명랑성"과 "풍부함"을 간직하고 있는 존재란 도대체 얼마나 건강한 자인가. 병들었다고 정신이 몽롱해지는 자, 신체 전체의 생리적 부조화에 따라 정신조차 위안의 마취제를 갈구하는 자가 어떻게 병에 대해, 그리고 건강에 대해 말할 수 있겠는가. 마취제와 혼합되어 있는 존재가 어떻게 병과 건강의 정확한 경계를 확정해 줄 수 있겠는가.

병든 상태에서 병들었음을 파악할 수 있으려면, 역설적이지만 아프더라도 건강해야 한다. 신체의 질병과 함께 정신마저 혼미해지면 자신이 병들었는지 건강한지 판별할 수 없다. 건강하게 아픈 자와 병들게 아픈 자는 완전히 다른 법이다. 참으로 건강하기에 병든 자들(데카당스)의 본능에서 벌어지는 은밀한 작업을 간파할 수 있다. 또한 병들었어도 정신의 완벽한 명석함과 명랑성을 유지할 수 있기에 병자의 관점에서 건강의 가치와 건강의 개념들을 평가할 수 있는 것이다. 미셸 푸코식으로 말한다면, 정상에 숨어 있는 비정상을 파악하고, 비정상에 숨어 있는 건강함을 파악할 수 있는 후각은 니체의 후각이고, 니체의 건강이자 니체의 병이다.

그래서 오로지 니체에게서만 가치의 전도가 가능할 수 있는 것이다. 지금까지 인류 역사를 지배해 온 가치가 건강한지 병들었는지를 평가하는 것도 니체이기에 가능하며, 병든 가치들을 건강한 가치로 전환시켜야 한다고 말하는 것도 니체이기에 가능하다. 애초부터 병든 자가 말하는 건강(즉 대안으로서의 인류의 미래)은 병자의 도피본능과 마취제 갈구본능에서 나온 것일지도 모르기에 신뢰할 수가 없다. 니체만의 독보적인 영역이 있다. 바로 가치의 전도를 사유하고 판단하고 제시하는 일, 역사상 가장 어려운 요구를 인류에게 제안하는 일 말이다. 오로지 이 영역에서는 니체만이 '대가'大家다. 니체가 가장 오래 연습한 것이 바로 이것이었고, 니체가 진정하게 경험한 것도 이것이었다. 병든 자들인 데카당스들을 판별하고, 데카당스들의 본능을 밝히고, 데카당스로부터 벗어나도록 촉구하는 일.

원한에 빠지지 않고 "러시아적 숙명주의"로 버티기

어렸을 때부터 병을 달고 살았던 니체는 그럼에도 타고나게 건강했다. 니체만큼 건강에 대한 의지를 강력하게 보여 주는 존재도 없다. 그의 철학은 무엇인가. 바로 자신의 "건강에의 의지와 삶에의 의지"를 언어화한 것이라고 니체는 말하고 있다. 철학이 건강학이라고? 그렇다. 삶의 건강을 위한 것이 아니라면 철학이 무슨 필요가 있는가. 잘 살기 위한 것, 그리고 잘 살기 위해서라도 남과 적합한 관계를 맺고, 그런 관계를 위해 자신도 적합하게 변화하는 것(관계의 적합에 대해서는 스피노자의 철학이 대표적이다), 이것이 니체의 철학이다. 그래서 그의 철학은 생리학이자 의학이다.

"생명력이 가장 떨어졌던 그해는 바로 내가 염세주의자인 것을 그만두었던 때였다." 정녕 우리와는 반대. 병들고 지칠 때 삶을 비관하는 게 당연한 법인데 니체는 그것을 본능적으로 거부한다. 니체의 "자기 복구 본능"이 "빈곤과 낙담의 철학을 금지했다." 이것이 바로 니체가 자신을 "데카당의 반대"라고 지칭하는 이유다. 데카당은 무엇인가. "항상 자신에게 해가 되는 수단을 선택"하는 존재다. 반면 니체는 "불행한 사태에 빠졌을 때 항상 적절한 수단을 본능적으로 선택"한다. 그래서 부분적으로는 아프고 괴로워도 총체적으로는 건강할 수 있는 것이다.

이런 존재는 항상 "유해한 것에 대한 치유책"을 찾아낸다. 아주 나쁜 상황에서도 그것들을 자신에게 유용하게 만들 줄 안다. 그래서 "어떤 것이 그를 죽이지만 않는다면 그것은 그를 더욱 강하게 만든다." 병든다는 것, 이것이 삶을 낙담으로 몰아가게 하기보다 삶을 더 풍부하게 만드는 것은 이렇게 천성적으로 건강하고 강한 본성의 소유자에게만 가능한 법이다. 모든 것이, 그를 건강하게 하는 것인가 아닌가 하는 관점에서만 본능적으로 선별된다. 오직 선택의 원칙과 척도는 그 자신이다. 다른 누구를 위해서도, 시대적 소명이나 국가를 위해서도 선택하지 않는다. 그는 자신에게 다가오는 자극에 대해 바로 반응하지 않는다. 대신 그것이 자신의 건강에 유용한 것인지를 본다. "오랫동안의 신중함과 추구된 긍지가 그를 이렇게 양육"「나는 왜 이렇게 현명한가」 2절한 것이다.

그런 니체였기에 병들어서도 '원한'ressentiment에 사로잡히지 않았고, 오히려 "원한을 이해"할 수 있었다. 생리적으로 교란된 자, 생리적으로 퇴화한 자, 심각하게 질병에 걸린 자는 자신이 겪는 상황을 적절히 처리하지 못하고, 대부분의 것에서 상처를 입는 특징이 있다. 늘 화가 나 있는 자, 늘 불평을 하는 자, 이런 자들이 전형적으로 병든 자다. 이들은 화를 풀 대상이 필요하고, 화를 풀 기회가 필요하다. 엄청나게 화를 내는 것, 이것만으로도 그의 생리적 불편함이 해소되는 것이다. 그런데 이러한 "신경에너지의 급격한 소모" 자체가 이 병든 자들에게 가장 위험하고 해롭다는 사실을 그들은 잘 모른다. 왜냐하면 "일단 반응을 하게 되면 순식간에 소모되어 버리기 때문에." 그런데 병든 자들은 "원한이라는 감정보다 빨리 자기 자신을 불살라 버린다." 이것이야말로 "가장 불리한 반응 방식"인 셈이다.

이때 필요한 것이 바로 "러시아적 숙명주의"이다. 이것은 "강행군 속에서 결국 눈 위에 쓰러지고야 마는 러시아 군인의 무저항의 숙명주의"로, 어떤 것도 받아들이지 않고 차라리 반응하지 않아 버리는 태도를 의미한다. 신진대사를 감소시키거나 완만하게 이끌어 겨울잠을 자듯 신체의 에너지를 보존하는 방법이다. '가장 치명적인 상황'에서는 오히려 삶을 유지하는 "위대한 이성"이다. 니체가 말하듯이 부처도 "영혼을 원한으로부터 아예 해방"하는 것을 가르침의 첫번째로 삼고 있다고 했다. 도덕이 아니라 '생리학'이 무의식적으로 그렇게 말하는 것이다.

살다 보면 "견딜 수 없을 정도의 상황과 장소와 주거지와 사회 속에서 수년 동안을 참아 가면서 버티고 있을 때"가 있다. 이때 이런 우연적인 상황들을 바꾸려고 하다가는 원한의 생리학처럼 자신의 에너지를 급격히 소진해 버리고 말게 된다. 이럴 때는 차라리 러시아적 숙명주의로 버텨야 한다. 삶이 다시 풍부해질 때까지. 우리에게 질병은 이렇게 찾아오는 법이다. 익숙하고 반복적인 삶이 어느 순간 굴레로 작용할 때, 내가 미처 바꿀 틈도 없이 상황이 견고하게 들이닥칠 때. 내 삶이 위태해지는 그 순간이 바로 질병의 순간이다. 이때는 결코 "자신을 다르게" 원하지 말아야 한다. 잘못하다가는 그런 존재가 되지 못한 책임을 다른 존재나 삶에 돌리는 수가 있으니 말이다(이것이 바로 원한이다). 그럴 때마다 니체처럼 다음과 같이 말할 수 있는지 따져 보면 우리도 현명할 수 있을 것이다. "데카당스의 징후가 있었을 때 나는 원한을 나에게 해로운 것으로 금지했다. 삶이 다시 원한에 대해 충분히 풍요로워지고 긍지를 갖게 되자마자 나는 그것을 내 아래에 있는 것으로서 금지했다."

싸움의 달인이 되는 법

타고나게 건강했으므로 병들어서도 건강할 수 있었고, 그래서 건강하게만 아플 수 있었던 니체야말로 진정 그 "오랫동안의 병에 대해 아주 깊이 감사해야"「나는 왜 이렇게 현명한가」6절 하는지를 알 수 있는 철학자였다. 병들 때 빠져들 수 있는 원한에서 벗어나 오히려 원한의 진상을 규명할 수 있었기에 니체에게 병은 자신과 인간의 본성을 통찰할 수 있는 기회가 되었던 것이다. 비난하고 원망한다는 것, 이것이야말로 병자라는 징후다. 니체는 결코 비난하지 않는다. "누구나 나쁜 경험을 하게 되는 그러한 것들에 대해서조차도 내 경험은 예외 없이 호의적인 말을 한다." 그래서 바젤에서 그리스어를 가르치는 7년 동안 니체는 학생들에게 벌을 줄 필요를 느끼지 못했다고 한다. 심지어 가장 게으른 학생도 니체의 수업에서는 열성적이었다. 인간이라는 "악기가 음이 맞지 않는 소리를 낸다고 할지라도 그것에서 귀 기울일 만한 어떤 것"을 찾아내려고 했던 게 니체였다.

크고 작은 무례한 행위들을 겪으면서도 니체는 그 원인을 그 사람의 악의로 돌리지 않았다. 다시 말해 자유로운 의지에 따른 악한 행위라고 생각하지 않은 것이다. 그럴 수밖에 없었음, 그런 필연성을 포착하려고 했던 게 니체였다. '악의'도 없고 따라서 '사심 없음'도 없다. 그 존재의 필연적 본성에서 나오는 행위이기 때문에 악한 의도가 있다거나 의도 자체가 없다는 것은 어불성설인 것이다. 그래서 누군가를 돕는 자들이 말하는 '사심 없음'을 니체는 믿지 않는다. 사심 없음의 가장 숭고한 형태로서 '연민'이나 '동정'을 니체는 차라투스트라가 겪어야 하는 가장 위험한 시험으로 작품화했다. 순전히 공동체를 위해서 헌신한다거나 국가를 위해서 아무런 사심 없이 자신을 바친다는 생각이 시대의 미덕이 되고 시대적 이념이 될 때가 가장 위험하다는 뜻이다. 앞에서도 말했지만 니체의 척도는 오직 그 자신이다. 즉 자신의 건강과 삶의 풍요로움에 척도가 놓여 있는 것이지, 공동체나 국가의 풍요를 위한 사심 없음이 아닌 것이다. "사심 없는 행동들 안에서 작동하고 있는 훨씬 더 비천하고 근시안적인 충동들"「나는 왜 이렇게 현명한가」 4절에서 자신을 순수하게 유지할 수 있어야 한다. 그런 존재들만이 가장 건강하고 가장 풍요로우며 힘과 자유로움으로 넘쳐나는 삶을 산다는 증거일 수 있다.

니체는 공격하지 결코 복수하지 않는다. 강한 본성을 갖고 있는 자는 자신의 강함을 드러내기 위해서라도 "저항을 찾는다." 즉 "동등한 적"을 찾는 것이다. "적과의 동등함, 정의로운 결투를 위한 첫째 전제"라고 니체는 말했다. 적을 경멸하고 있다면 싸움을 할 수 없다. 얕잡아보는데 그것이 어찌 결투가 되겠는가. 싸우면서 더 강해지기 위해서라도 대등한 적수가 있어야 한다. 그렇다면 싸움의 달인 니체는 어떤 방식으로 싸울까? 니체는 네 가지 명제로 요약한다.

첫째, "압도적인 승리를 거둔 주장들만 공격한다." 대등한 적수를 찾는 니체이기에 이것은 너무나 당연하다. 만약 승리하고 있지 못하는 적이라면? "승리할 때까지 기다린다." 둘째, "동맹군을 찾을 수 없는 주장들, 나 홀로 싸워야 하는 주장들", "나 자신을 전적으로 위험에 내맡겨야만 하는 주장들만 공격한다." 그래서 니체에게 싸움은 자신을 위태롭게 만들고 자신을 더 건강하게 만드는 일이 된다. "나는 위험에 내맡겨지지 않은 일을 공개적으로 해본 적은 한 번도 없다. 이것이 정당한 행위에 대한 나의 기준이다." 셋째, "나는 결코 개인을 공격하지 않는다──개인을 강력한 확대경처럼 사용할 뿐이다." 니체는 왜 바그너를 공격했을까? 교활한 자가 풍요로운 자로, 뒤처진 자가 위대한 자로 혼동되는 "우리 문명의 허위와 불완전한 본능"이 바그너에게서 확대경을 쓴 것처럼 잘 보이기 때문이다. 넷째, 결코 개인적인 악감정으로 공격하지 않는다. 그래서 니체에게 공격은 "호의의 증거"이자, "감사함의 증거"다. 기독교를 지독히 공격했지만 "가장 독실한 기독교인들은 언제나 호의적이었다"고 말할 정도다. 기독교라는 "수천 년 동안의 불행"「나는 왜 이렇게 현명한가」 7절을 어찌 한 개인의 탓으로 돌려 그를 비난할 수 있겠는가. 이상이 니체의 싸움법이다.

진정 중요한 문제를 선별하는 법

영리함이란 무엇인가. 그건 진짜 문제와 가짜 문제를 선별할 수 있는 감식안에 있다. 가짜 문제와 씨름하는 것은 낭비다. 니체는 이렇게 자신의 영리함에 대해 이야기한다. "나는 왜 이렇게 영리한 것일까? 나는 아무 문제가 되지 않는 물음들에 대해서는 결코 숙고해 본 적이 없고—나는 나 자신을 헛되이 낭비하지 않았다."「나는 왜 이렇게 영리한가」 1절 즉 문젯거리가 아닌 것을 붙잡고 숙고하는 것이야말로 참으로 바보같은 일이라는 뜻이다. 그렇다면 가짜 문제들은 뭔가. 니체의 표현에 따르면, "인류가 이제까지 진지하게 숙고해 온 것"들로, 실상 "실재"도 아니고 한갓 "상상"이며, "엄밀하게 말하면 그것은 병적인, 가장 심층적 의미에서 유해한 본성의 나쁜 본능들에서 비롯된 거짓"이다. 신, 영혼불멸, 구원, 피안彼岸과 같은 문제들이 바로 가짜들이다.

'신은 존재하는가?', '영혼은 불멸하는가?', '구원에 이를 수 있는가?', '저편의 천국은 존재하는가?' 바로 이런 질문들을 중심으로 "인간 본성의 위대함과 '신성'"「나는 왜 이렇게 영리한가」 10절이 찾아졌다. 신의 존재를 증명하는 것이 철학자의 위대함을 증명하는 일이었으며, 영혼불멸과 영생이 보장될 때 인간의 구원이 가능하다고 생각되었다. 그러나 니체는 이런 문제들에 대해 자신이 "어린 시절에도 주목하지도 시간을 투자하지도 않았던 개념들"「나는 왜 이렇게 영리한가」 1절이라고 이죽거린다. 이렇게 인류의 역사에서 중요한 문제라고 간주되었던 것들은 실상 중요하지도 위대하지도 않다. 이것보다 더 중요한 문제가 있다. 니체는 이것을 아주 "사소한 사안들"이라고 말하는데, 그것이 뭐냐면, 바로

'자기보존'의 문제다. 니체에게 항상 중요한 것은 인간 그 자신이 자신의 능력을 더 우월하고 고귀하게 끌어올리는 일이다. 사실 이것처럼 중요한 문제는 없다!

내가 나를 보존하고, 나의 능력을 더 위대하게 만드는 데 있어 신의 존재가 왜 중요하단 말인가. 피안의 세계가 있어야 내 영혼이 구원되는가? 영혼이 불멸이든 아니면 소멸되든 그게 내 삶의 풍요로운 성장을 위해 왜 중요하단 말인가. 그런데도 중요하다고 여겨져 온 이 사이비 문제들은 "삶의 근본적인 사안들 자체"「나는 왜 이렇게 영리한가」 10절를 경멸하라고 가르친다는 점에서 위험하고 나쁜 것들이다. 누군가는 이렇게 말할지 모르겠다. 그런데 왜 니체는 '신은 죽었다'고 말하고, 「구원에 대하여」라는 제목의 글을 쓰고, 『안티크리스트』에서는 기독교 문제를 다뤘냐고. 그것은 이 사이비 문제들의 위대함을 북돋기 위한 것이 아니라 오히려 그 초라함과 무가치함을 증명하기 위한 일이었고, 그런 거창하다는 문제들의 거짓됨을 드러내야만 우리 인간이 진정 중요한 문제들과 마주할 수 있기 때문이었다.

우리는 왜 존재하는가. 우리에게 닥친 사건은 왜 꼭 불행한 사건이어야만 하는가. 인간은 이 대답하기 힘든 물음에 대해 해답을 찾아가기 시작한다. 그리고 결론은 '신'이 된다. 신에 의해 존재하고, 신의 뜻을 배반했기에 불행과 고통이 생의 징벌이 되었다고. 모든 해답은 신으로 귀결되고, 모든 대안도 신으로 귀결된다. 그런데 이런 아이가 있다고 해보자. "나는 조잡한 대답에는 만족하지 못할 정도로 너무 호기심이 많고 너무 의문이 많으며 너무 오만하다"고 말하는 아이가. 이 아이에게 신이란 "하나의 조잡한 대답"에 불과할 것이다. 이 아이가 바로 어린 시절의 니체다. 신이라는 대답은 다른 생각을 막는 "조잡한 금지"다. 더 이상 사유를 계속하지 못하는 불성실함, 여기서 신이라는 대답이 나오며, 이것은 더 창조적인 사유, 모든 것을 회의에 붙이는 성실한 사유를 가로막는다. 그래서 니체와 같은 "사상가들의 미각에는 맞지 않는다." 그래서 당연히 "무신론"일 수밖에 없다.

무신론은 단순히 신을 믿지 않는다는 뜻에 한정될 수가 없다. 만약 무신론이 이런 뜻에 불과하다면 그건 무신론이 아니다. 신을 믿지 않을 뿐 다른 우상을 섬길 준비가 항상 되어 있기 때문이다. 진정 무신론자라면 "완전히 다른 문제"에 흥미를 느껴야 한다. 진정 중요한 문제에. 바로 "너 자신의 힘의 극대화"에, "도덕과 무관한 덕의 극대화"「나는 왜 이렇게 영리한가」 1절에 어떻게 이를 것인가, 하는 문제에. 다른 말로 하자면 '자기보존 기술'이라는 문제에. 나의 능력과 에너지가 불필요한 곳에 허비되도록 놔두지 않는 것, 그리하여 축적된 에너지로 하여금 나의 고양과 우월함을 낳을 수 있도록 사소한 일상적 삶을 챙겨 가는 것. 어쨌든 척도는 자기 자신이고, 자기 자신의 상승이다. 자기 자신을 망각할 때 우리는 신이나 영혼불멸이라는 가짜 문제들에 사로 잡히게 된다. 그렇다면 이제부터 니체가 삶 속에서 찾아냈고 실천했던 "자기보존 기술의 걸작"「나는 왜 이렇게 영리한가」 9절을 만나보도록 하자.

나쁜 식사를 금하라

정신은 '내장'內臟에서 나온다. 즉 먹는 것이 정신을 규정한다. 따라서 나쁜 식사는 나쁜 정신을 유발한다. 니체는 독일 요리 전반이 문제라고 지적한다. "식사 전 수프, 푹 익은 고기, 기름과 밀가루가 범벅된 채소. […] 여기에다가 옛 독일인들의 짐승과 같은 음주 습성." 그래서 "독일 정신은 쇠약해진 내장에서 유래한다." 그러므로 "독일 정신은 소화불량이다." 니체의 독일 비판은 가차없다. 그런데도 니체의 철학이 독일 파시스트들에 의해 오용되었다는 점을 생각하면 참으로 아이러니하기 짝이 없다. 그렇다면 어떤 식사가 좋은 식사인가.

누구든 "자신의 위의 크기를 알고 있어야만 한다." 너무 적은 식사도 적절하게 든든한 식사보다 못하다. 위 전체가 활동해야 소화도 잘 되는 법이다. "간식도 하지 말고, 커피도 마시지 말라." 왜냐. "커피는 우울하게 만든다." 그리고 차를 마시고 싶다면 아침에 약간, 그것도 진하게 마셔라. 어느 정도의 차를 마셔야 자신에게 좋은지 그 경계는 "종종 아주 정밀하고도 미묘"하다. 그러니 자신의 몸을 늘 체크하면서 음식을 먹을 줄 알아야 한다. 나아가 정신적인 일을 하는 사람들에게 니체는 이보다 더 엄격한 식사법을 제안한다. 알코올을 무조건 금해야 한다. "물만으로도 충분한 것이다." 그래서 니체는 흐르는 샘에서 물을 길을 수 있는 곳을 선호했다고 한다. 니스나 토리노, 실스 마리아 같은 곳. 이것을 니체는 유머러스하게 이렇게 표현하고 있다. "나는 한 마리 개를 데리고 산책하듯이 항상 컵 하나를 가지고 다닌다."

뭘 먹고 사느냐, 혹은 어떻게 먹고 사느냐. 이것은 신체의 건강뿐만이 아니라 정신의 건강에도 엄청난 영향을 미친다. 그런데 나쁜 식사를 경고하는 니체도 이런 사실을 나중에야 알게 되었다고 스스로 한탄하고 있다. 왜 이렇게 중요한 문제를 뒤늦게 알게 되었을까. 바로 가짜 문제들만이 중요한 것이라고 교육되고 있었기 때문이었다. 니체의 표현으로는 "완벽하게 쓸모없는 우리의 독일 교양만이 ——독일 교양의 '이상주의'"가 주범이다. "이 교양은 완전히 문제투성이인 이른바 '이상적인' 목표를 추구하기 위해 애초부터 실재를 보지 못하게끔 가르쳤다." 그래서 니체는 이렇게 말한다. "사실 나는 가장 성숙한 시기에 이를 때까지 언제나 나쁜 식사를 해왔다."

그런 점에서 "나쁜 식사"는 음식의 문제만이 아니다. 동물적으로 알코올을 마셔대는 것만이 나쁜 식사가 아니라 영혼에 나쁜 식사도 있는 것이다. 개인의 삶을 방기하게 하는 모든 이념들, 다시 말해 비개인적이어야 하고, 사사로움이 없어야 한다고 하고, 이타적이어야 한다고 하는 것들도 영혼에는 나쁜 식사다. 한때 니체도 쇼펜하우어에 매료되어 "삶에의 의지"를 부인하라는 언명을 진지하게 받아들이기도 했다. 먹고자 하는 의지, 행복해지고자 하는 의지가 동일한 대상을 두고 다투기 때문에 세계에 고통이 생성되는 것이다. 따라서 의지를 철회하는 것만이 행복에 이를 수 있는 길이라 했던 쇼펜하우어의 철학은 영혼에는 치명적인 식사인 셈이다. 스피노자식으로 말하자면 신체의 능동은 영혼의 능동이며, 신체의 수동은 영혼의 수동이다. 영혼의 나쁜 식사는 신체의 나쁜 식사이기도 하다. 신체가 가볍고 발랄해지면 정신도 발랄해진다. "모든 편견은 내장에서 나온다." 그러므로 신체를 발랄하게 만들라. 동시에 영혼에서도 신체를 방기하게 하는 "이상주의"적인 개념들을 멀리해야 한다. 따라서 니체만의 식사법의 결론은 이렇다. "가능한 한 앉아 있지 않도

록 하라. 자유롭게 운동하면서 얻어 내지 않은 사상은 어떤 것이
든 믿지 말라. 근육이 축제를 벌이는 사상이 아니라면 믿지 말
라." 「나는 왜 이렇게 영리한가」 1절

좋은 풍토를 선택하라

어떤 점에서 니체는 풍수지리의 대가인 듯하다. 물론 풍수지리
를 이론적으로 쫙 꿰고 있다는 뜻이 아니다. 그는 대기상의 습도
의 변화를 측정할 수 있을 정도로 자신에게 맞는 풍토에 대해 자
신의 신체를 대상으로 오랫동안 연구했다. 풍토는 '신진대사'를
촉진할 수도 있고 방해할 수도 있다. 인간이 "아무 곳에서나 살
수 있는 것은 아니다." 장소와 풍토를 잘못 선택하면 아무리 좋
은 성과를 내고자 해도 실패하는 것은 명약관화한 일이다. 특히
"자신의 모든 힘의 발휘를 요구하는 위대한 과제를 해결해야 하
는 사람"에게 선택할 수 있는 영역은 훨씬 더 제한적일 것이다.
만약 풍토 선택에서 실패하면 "자신의 과제를 낯설게 느끼게 될
뿐 아니라, 자신의 과제로부터 동떨어지게" 될 수도 있다.

　좋은 풍토는 인간의 "동물적 활력"을 활성화하고, 이에 따
라 "가장 정신적인 것으로 밀려오는 자유"를 낳는다. 나쁜 풍토

에서 나쁜 습관이 형성되고, 이에 따라 "내장의 게으름"이 발생하면 "천재적인 것을 평균적인 것"으로 만들어 버릴 수도 있다. 니체의 독일 비판식으로 말하자면, 천재를 한 명의 '독일적인 자'로 만들어 버릴 수 있는 것이다. "독일의 기후만으로도 강하게 타고난, 심지어는 영웅적으로 타고난 내장의 힘을 꺾어 버리기에 충분하다." 그래서 니체는 독일을 떠나 "건조한 공기와 청명한 하늘"이 있는 곳으로 유목하는 철학자가 된다. 니체가 추천하는 곳을 보자. 파리, 프로방스, 피렌체, 예루살렘, 아테네. 이곳의 공통점은 뭘까. "정신이 풍부한 사람들이 살거나 살았던 장소, 위트와 섬세함과 악의가 행복을 이루었던 장소, 천재가 거의 필연적으로 자신의 안식처로 삼았던 장소"이다. 이런 곳은 신진대사의 속도를 높여 주고, 그래서 "정신의 발"을 활기 있게 만들어 준다. 어마어마한 양의 힘을 늘 재공급해 주는 곳이라 정신적인 일을 하는 자에겐 안성맞춤의 공간이다.

"정신의 발"이 무기력하다는 것은 정신의 신진대사에 문제가 있다는 뜻이고, 이는 신체의 신진대사에도 문제가 있다는 뜻이다. 이럴 때는 재빨리 풍토를 바꿔야 한다. 니체는 정신과 신체의 신진대사가 엉망이 되었던 곳으로 바젤을 꼽는다. 여기서 그는 "탁월한 힘들을 완전히 무의미하게" 낭비해 버리고, "이 낭비를 충당할 만한 어떤 새로운 힘의 공급 없이" 계속해서 낭비해 버렸다고 한다. 왜 그랬을까. 바로 자신을 돌보지 않았기 때문이다. 자기 신체와 영혼만의 독특한 섭생법이 필요한 법이다. 우리는 누구나 독특한 신체와 영혼을 갖고 있으므로. 그런데도 "나 자신을 누군가와 동일하게 설정했고, 사심이 없었고, 나 자신과 타인 사이의 거리를 망각했다"는 것, 이것을 니체는 "결코 용서할 수 없다"고 말한다.

바젤 대학을 그만둘 정도로 건강에 치명적인 상태가 도래했을 때 비로소 니체에게 '이성'이 싹트기 시작했다. 자신이 얼마나 자신에게 해로운 방식으로 살았는지 깨달았던 것이다. 지금의 신체와 영혼, 이 세계 속에서 구체적인 존재로 풍요롭게 살아가는 것을 무시하고 오로지 남을 위해, 국가를 위해, 저편의 세상을 위해, 추상적인 다수를 위해 살아가는 것만이 중요하다고 가르치는 세상에서 우리는 모두 병들게 된다. 바로 그런 '이상주의' 때문에. 자기 신체가 당하는 손상을 망각해 버리고 살았던 시간, 그로 인해 "거의 종말에 처해 있을 때" 니체는 자신의 삶의 "근본적인 비이성성"을 생각할 수 있게 되었다고 한다. 그래서 니체는 이렇게 말할 수 있었다. "병이 비로소 나를 이성으로 인도했던 것이다."「나는 왜 이렇게 영리한가」 2절

자신에게 어울리는 휴식을 취하라

노동이 축복이 된 시대, 그리하여 휴식이 오직 피로회복의 시간으로 전락한 시대에 우리는 어떻게 휴식을 취해야 하는지 잘 모른다. 그래서인지 대중매체와 자본의 유도에 의해 우리의 휴식은 일사불란하다. 차를 몰고 시 외곽이나 먼 지방으로 여행을 떠나는 것, 가족과 함께 막히는 도로에서 놀이공원에서의 스릴을 떠올리는 것, 아니면 집에서 그냥 늘어져 있는 것. 이것이 우리 휴식의 대표적인 이미지일 것이다. 그런데 이런 식으로 휴식해 보면 알겠지만 휴식도 마냥 쉬운 건 아니다. 지치기는 평일의 노동만큼이다. 남과 똑같이 살아도 안 되지만 똑같이 휴식해도 안 된다. 휴식은 삶의 에너지를 재충전하는 중요한 시간이고, 삶의 여유를 확보해서 우리의 능력을 확장하게 하는 데도 중요하다.

그렇다면 니체는 어떻게 쉬는 게 영리하다고 말하는가. 정신의 독특성마다 허락되는 유용한 휴식이 다르듯이 니체에게 휴식은 독서다. 그에게 독서는 "나를 나 자신에게서 떠나게 하고 낯선 학문들과 영혼들 사이에서 산책하게 하는 것"이 된다. 그런 점에서 독서는 여행이자 유목이다. 그렇다면 독서가 중요하다고 역설하는 우리 시대의 계몽가들이나 니체나 다 독서를 강조한다는 점에서 다를 바가 없는 것일까. 아니다. 니체는 독서를 휴식으로 여기지 본업으로 여기지 않는다. 본업처럼 진지하게 여기지 않는다는 뜻이다. 니체는 "열심히 일에 몰두하는 동안에는" 어떤 책도 곁에 두지 않는다. 이것이 진정 "독서라고 불릴 만한 것이다."

아니, 독서하지 않는데 어찌 그것이 독서란 말인가. 니체의 참된 독서는 자기 자신의 신체와 영혼, 습속을 통해 자신의 병리적 요소와 건강한 요소, 자신의 한계와 능력, 존재의 변신 가능성 등을 탐색하는 고독한 일이다. 다시 말해 니체가 읽는 것은 자기 자신이지 남의 책이 아니다. 자기 자신 속에서 탄생한, 그 고유의 것, 그것만을 사상이라고 할 수 있다면 니체는 분명 명함을 내밀 수 있으리라. 자기 자신을 재료로 실험하고 연구하고 비전을 탐색하는 일, 이것이 니체의 철학이다. 그래서 니체는 일할 때 결코 책을 보거나 다른 사람과 얘기하지 않는다. "임신을 하면 정신과 더불어 근본적으로는 모든 신체기관이 극도의 긴장 속에 빠지게 되는데, 여기에 우연과 온갖 종류의 자극이 외부로부터 격렬하게 작용하고, 아주 심각하게 '타격을 주는' 것을 실제로 관찰해 본 적이 있는가? 그래서 우연이나 외적인 자극은 가능한 한 피해야 한다." 그러니 니체가 뭔가를 산출하는 시간은 얼마나 첨예한 긴장 속에서 이뤄지겠는가. 이 시간이 지나면 독서라는 휴식의 시간이 온다. "나에게로 오라, 너희 유쾌하고 재기가 넘치며 수줍어하는 책들이여!"

　그렇다면 여기서 잠깐, 니체가 어떤 책들을 좋아했는지 알아보는 것도 유익할 것이다. 독일을 늘 비판하듯이 그는 독일 책들은 읽지 않는다고 한다. 대신 프랑스인들의 저서를 좋아한다. "나는 거의 언제나 기본적으로는 몇 권 안 되지만 똑같은 책들로 도피하는데, 이 책들은 내게 어울리는 것으로 입증된 것들이다." 그는 잡다한 종류의 책을 다독하는 것은 자신과 맞지 않다고 한다. 소설가로는 "진정한 라틴인"인 모파상과 니체의 "삶에서 가장 아름다운 우연 중 하나인" 스탕달을 좋아했다. 특히 스탕달을 좋아했는데, "사실에 대한 파악력을 지닌 진정으로 귀중한 존재"였기 때문이라고 한다(참고로 니체가 질투한 스탕달의 위트가 있다. "신의 유일한 사과謝過는 그가 존재하지 않는다는 것이다."「나는 왜 이렇게 영리한가」3절) 그리고 니체 자신처럼 독일어를 예술적으로 구사하고 "신적인 악의"를 지니고 있었다는 서정시인 하이네가 있다. 『파우스트』보다는 바이런의 『만프레드』를 훨씬 더 높이 평가한다(『파우스트』 운운하는 자들에게 니체는 해줄 말이 없고 단지 힐끗 쳐다볼 뿐이라고 한다.) 오로지 자신의 '실재성'만을 퍼내어 이용한 셰익스피어, 오로지 사실만을 보려 한 "최초의 실재론자"「나는 왜 이렇게 영리한가」4절인 베이컨도 있다.

힘을 낭비하지 말라

"많은 것을 보지 말고, 많은 것을 듣지 말며, 많은 것을 자신에게 접근하지 않게 하는 것." 이것이 니체가 "자기보존 본능"이 내리는 명령이라고 하는 것이다. 인간은 "어떤 우연이 아니라 하나의 필연"이다. 다시 말해 내가 섭취하는 게 나를 만들고, 내가 사는 곳이 나를 만드는 것이다. 내가 어떻게 살아왔는가가 나의 삶을 결정한다. 이 필연으로부터 벗어날 수 있는 인간은 없다. 그렇다면 어떻게 살아야 하는가. 힘이 낭비되지 않게 삶의 조건을 배치해야 한다. 이 자기보존 본능을 니체의 표현으로 바꾸면 "취향"이 된다. 취향에 따라 보는 것이 다르고, 보는 양▮이 달라진다.

힘이 지출되지 않게 해야 한다. 왜냐하면 "아무리 작은 방어적 지출이라 하더라도 규칙이 되고 습관이 되면 이상한 완전히 쓸데없는 빈곤을 유발"하기 때문이다. 우리는 우리의 능력을 한 번에 잃지 않는다. "사소한 지출들이 무수히" 모여 "거대한 지출"이 형성되는 것이다. 그런데 뭔가를 방어한다는 것은 이미 지출이다. 시끄러운 음악을 싫어하는데도 그런 장소에 계속 머무르고 있다면 그 음악소리를 저지하기 위해 내 신경에너지의 많은 부분이 소모될 것이다. 이렇게 "너무나 부정적인 목적들을 위해 낭비되는 힘"은 긍정적인 일을 위한 에너지까지 고갈시켜 버린다.

독일의 대도시를, "파렴치한 것들이 축적되어 있고 아무것도 성장하지 않"는 불모의 도시를 발견했다고 하자. 그곳에서 "내가 고슴도치가 되지 않을 수 있겠는가?" 중요한 것은 "가시를 갖는다는 것도 일종의 낭비"라는 사실이다. 부정적인 공간에 있으면 그 부정적인 것과 싸우느라 내 신체와 영혼의 능력이 위축될 수밖에 없다. 그렇다고 가시를 세우지 않는 것도 좋은 방법은 아니다. 그 순간 "축적된 파렴치한 것들"에 고스란히 노출되고 말 테니까 말이다. 그러므로 "아무리 작은 방어적 지출"이라도 피하기 위해서는 그런 공간에서 가능한 서둘러 벗어나야 한다. 자신의 취향을 더 고귀하게 만들 수 있는 공간으로 이동하거나 그런 공간을 만들어야 한다.

마찬가지로 너무 자주 반응해도 안 된다. 예를 들어 책을 읽는 게 생각하는 일이 된다고 하는 학자의 경우가 있다. 그는 "책을 이리저리 뒤적거리지 않으면 생각을 하지 못한다." 그렇다면 그의 '생각'이란 뭔가. 바로 읽어 가는 구절에 대한 반응에 다름 아니다. "그는 결국 반응하는 것 외에는 아무것도 하지 않는다." 그는 스스로는 생각하지 못한다. 오직 "이미 존재하는 사상들을 긍정하거나 부정하면서 비판하는 것에 자신의 힘을 다 쏟는다."

이때 무슨 일이 발생하는가. "자기방어 본능은 약해질 대로 약해"져 버리고 만다. 반응하는 기계일 뿐 창조적인 사유는 불가능하다. 그렇게 독서만 하는 사람은 '성냥개비'다. "불꽃을 일으키기 위해 ──생각을 주기 위해서 ── 누군가가 문질러 주어야만 하는 단순한 성냥개비." 반응적인 생각들을 자기 고유의 생각이라 착각하는 성냥개비. 마찰 없이는 불꽃을 일으키지 못하는 성냥개비. 그래서 니체는 이렇게 말한다. "아침 일찍 동이 틀 때, 모든 것이 신선할 때, 자신의 힘이 아침놀을 맞을 때, 책을 읽는다는 것 ──나는 이것을 '악덕'이라고 부른다!"「나는 왜 이렇게 영리한가」 8절

영양섭취, 풍토, 휴식, 힘의 보존과 지출과 같은 것들은 사소하다면 아주 사소할 수 있다. 그러나 이것들은 "이제까지 중요하다고 여겨졌던 모든 것들보다 비교할 수 없을 정도로 중요하다."「나는 왜 이렇게 영리한가」 10절 그러므로 우리는 니체를 통해 '다시 배우는 일'을 시작해야 한다. 지금까지 배웠던 것들이 오히려 우리에게 해로운 것은 아닌지 다시 배워야 한다. 진정 중요한 것이 무엇인지 다시 배워야 한다. 그런데 혹시 우리는 '배우는 법'마저 잘못 배운 것은 아닌지 모르겠다. 다시, 배우는 것만이 아니라 배우는 법마저 니체에게 배워야 하는지도 모른다.

원한

인간이라는 질병과 노예의 가치 전도

+++

인간, 벌레이자 짐승

원숭이가 인간에게 무엇이더냐? 웃음거리 아니면 고통스러운 수치이다. 초인에게 인간은 바로 그런 것, 웃음거리 아니면 고통스러운 수치일 것이다.

그대들은 벌레에서 인간을 향한 길을 걸었으며, 그대들 안에는 아직도 많은 벌레의 본성이 남아 있다. 그대들은 일찍이 원숭이였고, 인간은 지금도 그 어떤 원숭이보다 더 원숭이답다.

[…] 보라, 나는 그대들에게 초인을 가르친다!

초인은 지상의 의미다. 그대들의 의지는 초인이 지상의 의미여야 한다고 말해야 한다!

『차라투스트라는 이렇게 말했다』「차라투스트라의 머리말」3절 나이 서른에 산속으로 들어가 수행에 몰두하던 차라투스트라가 십 년이 지난 후 속세로 돌아와서 터뜨린 일성이다. '인간'은 벌레고 원숭이일 뿐이란다. 그것이 참으로 우습고 수치스럽단다. 그렇다면 니체는 인간 혐오자인가. 그렇기도 하고 그렇지 않기도 하다. 왜 그런고 하니 '위대한 사랑'에서 나오는 인간에 대한 비판도 있기 때문이다. 다시 말해 사랑의 절박성이 비판의 근본성을 낳는 경우도 있기 때문이다.

　인간으로부터의 해방을 꿈꾸던 한 젊은이가 나무에 기대어 피곤한 눈을 하고 있었다. 자유와 정신의 해방을 위한 고결한 전투에 지친 것이다. 그 젊은이에게 차라투스트라는 이렇게 말했다. "부디 그대의 사랑과 희망을 버리지 말라"『차라투스트라는 이렇게 말했다』,「산비탈의 나무에 대하여」고. 새로운 덕을 창조하고자 하는 고결한 자는 그 힘겨움에 희망과 사랑을 잃어버리고 오히려 냉소적인 자가 되기 쉽다는 것이다. 인간을 사랑하기 위해서가 아니라면 도대체 무엇 때문에 인간으로부터 높이 솟아야 하겠는가. 그래서 차라투스트라가 강조하는 것은 사랑이다. 니체의 인간 비판은 그렇게 인간에 대한 절박한 사랑에서 나온 것이다.

　그런 차라투스트라가 인간이 벌레나 원숭이에 불과하다고 말하고 있다. 메타포인가? 그렇지 않다. 벌레 '같은' 인간, 원숭이 '같은' 인간이 아니다. 인간은 진정 벌레고 원숭이다. 여기엔 메타포가 작동시키는 원관념과 보조관념이라는 차이와 유사의 기제는 없다. 예를 들어 보자. 한편에는 경마장에서 질주하는 경주마가 있고, 다른 한편에는 짐마차를 끌고 가는 말라빠진 짐말이 있다. 두 말은 분류상으로는 동일하게 '말'이라는 종의 범주에 속할 것이다. 그렇다면 경주마에서 느끼는 감응affect과 짐말에서 느끼는 감응이 같다고 할 수 있을까. 숨을 헐떡이며 곧 쓰러질 것 같은 짐말은 우리에게 짐을 끄는 노새나 소의 감응을 줄 것이다. 만약 말에 대한 생물학적 분류법을 모르는 어린아이라면 그 짐말을 '불쌍하고 힘없는 소'라고 불렀을지도 모른다. 우리 신체에 전해지는 직접적인 감응은 생물학적인 분류와는 크게 관련이 없다. 이런 감응의 차원에서 볼 때 인간은 벌레고 원숭이일 수도 있는 법이다. 마침 『차라투스트라는 이렇게 말했다』에 이 벌레와 원숭이에 대한 분석이 나오니 그것을 참고해 보자.

벌레, 그 중에서 '파리'를 보자. 파리는 어떤 존재인가. "그들은 그대를 에워싸고 칭송의 노래를 윙윙거린다." 마치 "신이나 악마에게 아첨하듯 그대에게 아첨한다. 신이나 악마에게 애걸하듯 그대에게 애걸한다."『차라투스트라는 이렇게 말했다』「시장의 파리에 대하여」 찬사를 늘어놓고 아첨을 하는 이 파리들은 금방 표변해 비난하고 증오하기 시작한다. 그러니 아무리 저 파리들이 상냥한 얼굴을 하고 다가오더라도 경계하고 있어야 한다. 왜? 저들은 스스로를 하찮게 여기고 있기 때문이다. 자기경멸에 빠진 인간처럼 무서운 존재는 없다. 이 자기경멸이 늘 타인을 향한 복수심으로 전환되기 때문이다. 저들을 한번 너그럽게 대해 보라. 그러면 그 너그러움에 감사를 표할 것 같은가. 결코 그렇지 않다. 오히려 타인의 너그러움을 자신들에 대한 멸시로 해석한다. 이처럼 성격이 무섭게 뒤틀린 인간이 파리다. 질책하면 복종하지만 그것도 언젠가 복수하기 위한 일시적인 책략이다. 자신은 경멸스러운데 남이 위대하다면 그것처럼 밸이 꼬이는 일이 없을 것이다. 위대한 존재가 겸비하고 있는 덕을 구실로 위대한 존재를 비난하는 파리들도 간혹 진심으로 용서하는 경우가 있는데, 바로 위대한 자가 실수할 때다. 타인의 실수를 사랑하고 타인의 긍지를 증오하는 자들, 진정성을 사랑할 수 없는 존재들, 비열한 복수심에 불타는 자들, 아첨을 하다가도 마음에 들지 않으면 언제든 고약하게 쏘아대는 자들, 이들이 파리다. 차라투스트라가 보기에 인간은 파리 같은 존재가 아니라 파리다.

이번엔 원숭이다. 차라투스트라의 어투와 어법을 익혔고 해박한 지혜까지 빌려 쓰고 있는 원숭이가 있었다. 이 원숭이가 도시로 들어가려는 차라투스트라의 앞을 막아서며 이렇게 친절하게 경고한다. 이 도시에 차라리 침을 뱉으시오. 이곳은 "정신의 도살장"이고, 정신을 삶아대는 "음식점 냄새"가 자욱한 지옥이며, "온갖 쾌락과 악덕이 활개치고" 있는 곳이며, "소상인들의 황금"이 만인을 지배하는 천민의 땅이기 때문이오. "온갖 썩은 것, 추잡한 것, 음탕한 것, 음산한 것, 물러터진 것, 곪아 터진 것, 음흉한 것이 마구 뒤섞여 부패하는 […] 이 대도시에" 침을 뱉으시오. 이 원숭이는 참으로 대단한 현실 비판가로다. 이처럼 현대 문명의 추잡한 치부를 낱낱이 해부하기도 쉽지 않은 노릇이니 말이다. 하지만 차라투스트라가 이 원숭이의 정체를 폭로한다.

너는 "투덜대는 돼지"다. 왜냐. 남들이 너에게 아첨하지 않아 기분이 상했던 것이고, 그로 인해 허영심 가득한 네 복수심이 들끓었고, 그리하여 더 많이 투덜댈 구실을 갖기 위해 이 도시라는 오물에 주저앉았기 때문이다. 도시가 역겹다면 떠나 버리면 되는데도 이 오물 위에 주저앉은 것은 복수하고 싶기 때문이다. 이 도시의 역겨움이 더할수록 더욱더 지독한 저주의 말을 퍼부을 수 있을 테니 말이다. 그렇다면 이 원숭이에게는 무엇이 부족해 차라투스트라에게 이처럼 욕을 얻어먹는 것인가. "경멸과 경고하는 새는 늪으로부터가 아니라 오직 사랑으로부터 날아올라야 하리라!"『차라투스트라는 이렇게 말했다』, 「스쳐 지나감에 대하여」 사랑에서 나오는 비판과 복수심에서 나온 비판은 이렇게 다르다. 사랑할 수 없다면 그냥 지나쳐가야 한다, 참으로 사랑이 솟을 때까지.

인간은 벌레고 짐승이다. 아무리 근사한 표현으로 치장하고 있더라도 사랑으로부터 나오지 않은 비판은 복수심이라는 왜곡된 감정에서 기인하는 것이라고 봐야 한다. 파리(벌레)가 타인의 긍지를 못 참는 소인배라면, 원숭이(짐승)는 거짓 긍지를 바탕으로 세상에 대해 경고하는 속물이다. 파리가 자기경멸에 빠져 복수심에 들떠 있다면, 원숭이는 허영심(거짓 자부심)에 들떠 복수하고자 한다. 따라서 파리는 복수심에 빠지기 전에 먼저 자신을 사랑할 수 있어야 했으며, 원숭이는 세상을 비판하기 전에 먼저 자신의 허영심에 경고할 수 있어야 했다. 자기에 대한 사랑이든 타인에 대한 사랑이든 사랑 자체가 불가능한 존재가 바로 인간이라는 벌레와 짐승이다. 자신을 사랑할 수 없고 타인을 사랑할 수 없을 때 모든 비판과 경고는 복수심의 위장에 불과하다. 시도 때도 없이 증오심으로 날뛰는 파리떼들, 입에 담기에도 어려운 저주와 경멸의 욕설을 퍼붓는 짐승들.

우리는 이런 벌레와 짐승들을 너무 자주 마주친다. 그것도 비유적 수준에서가 아니라 직접적 감응으로 경험하는 그런 벌레와 짐승 들을. 작은 실수 하나에도 이해할 수 없을 정도로 분개하는 이상한 '짐승'과 마주치고, 아무리 용서를 빌어도 화를 삭이지 못하는 이상한 '짐승'과 마주친다. 비굴하다 싶을 정도로 복종하지만 그 속을 알 수 없어 은근히 두려운 '파리'와 마주친다. 인간이 인간에게 힘겨운 까닭은 바로 이런 뒤틀린 심정, 복수심을 숨겨 둔 제스처 때문이다. 복수와 증오에 사로잡힌 인간들이 너무 많기 때문이고, 더 정확히 얘기하자면 인간 자체가 이미 복수와 증오의 존재이기 때문이다. 아니 그토록 고귀하고 이성적인 인간이 한낱 벌레나 짐승에 불과하단 말인가. 원숭이에서 벗어난 적이 언제고, 야만에서 벗어나 이성이라는 아름다운 수단으로 사유와 언어를 조직한 게 언제인데 아직도 짐승이라는 것인가. 그렇다면 이성적으로 사유한다는 학자는 어떨까.

애석하게도 학자 역시 니체의 비판에서 예외일 수 없다. 진리에 대한 순수한 의지와 열정이 학자의 이미지라고 해도 그건 정말 이미지일 뿐이다. 충동이나 욕망에서 벗어난 순수사유는 없다. 인간은 "생각하는 개구리"가 아니다. 신체와 관련 없는 사유, 그런 이성적인 인간은 없다. 이성도 그것보다 더 커다란 신체라는 이성에 비하면 아주 보잘것없는 것이다. "학자는 극히 다종다양한 충동과 자극이 얽혀 있는 직물로 되어 있고, 어디까지나 순수하지 않은 금속이다."『반시대적 고찰』「교육자로서의 쇼펜하우어」6절 니체가 구체적으로 거론하는 이 비순수의 성분을 살펴보자. 호기심, 인식의 모험을 향한 욕구, 오래되지 않은 새롭고 희귀한 것에 대해 자극받는 성향, 게임본능, 타인의 생각에 대항하면서 자신을 느끼려는 욕망, 정부나 계급의 지배적 견해에 부합하는 진리를 찾으려 하는 복종심 등등. 이외에도 질투심, 이기심, 명예욕, 경쟁심들도 있다. 이런 잡다하고 혼란스러운 충동들로 인해 이성의 조화로운 질서는 공허해진다.

게다가, 이 합금으로 구성된 학자의 충동에는 조상으로부터 물려받은 유전적인 요소까지 있어 사태는 더욱 복잡해진다. 어떤 학자는 체계화에서 문제의 해결을 보고, 어떤 학자는 정당성을 입증하면 해답이 만들어진다고 생각하고, 또 어떤 학자는 문제에 대한 열정적인 제기만으로 증명이 완료된 것이라 간주한다. 첫번째 학자는 그 부모가 아마 서기나 사무직이었을 것이고, 두번째 학자는 필시 변호사가 조상 중에 있었을 것이며, 마지막 학자는 목사나 교사의 자식이었을 것이다. 니체의 말대로 "사람은 부모의 자식이 되는 것에 일정한 대가를 치르는 것이다."『즐거운 지식』348절 과거의 유전을 끝내지 못한 존재, 그 유전적 코드대로 살아가는 존재. 그런 점에서 '이성적 동물'로서의 인간은 '이성적'이라는 종차種差적 특징이 실상 '동물'이라는 신체적이고 유전적인 수준에서 훨씬 더 잘 작동되는 셈이다. 다시 말해 이성조차 신체적이고 유전적인 충동의 합리화일지도 모른다는 말이다. 증오든 복수든, 아니면 명예욕이든 복종심이든 인간은 생각보다 훨씬 더 동물적이다.

「똥파리」 : 증오가 징벌이로다

이런 벌레와 짐승으로서의 인간을 다룬 영화가 있다. 양익준 감독의 「똥파리」2008는 정말 '파리'와 '짐승'의 감응을 가진 영화다. 용역깡패의 비극적 삶을 다룬 영화답게 영화는 욕설과 폭력에서 시작해 욕설과 폭력으로 끝난다. 그렇다고 그 폭력이 할리우드 영화에서처럼 깔끔하거나 우아하지는 않은데, 여기에 이 영화의 리얼한 면모가 있다고 봐야 할 것이다. 사실 「똥파리」의 폭력성이 내게는 충격적이고 심히 불쾌했다고 고백하는 게 나을 것 같다. 그러면서도 이 불쾌함이 오히려 자연스레 설득력 있는 영화의 힘이 되었다고 생각한다. 왜 그런고 하니, 인간은 인간에게 충격적이고 불쾌한 존재이기 때문이다. 다시 말해 폭력의 불쾌함이 갖는 자연스러움은 (지금까지 우리가 말해 온) '인간'이 전하는, 극히 자연스러운 감응이기 때문이다. 인간은 복수와 증오의 존재다. 그래서 '인간'이 부끄럽다. 그러나 이 부끄러움을 견디고 영화를 봐야 한다. 나(혹은 우리)라고 해서 그 복수와 증오, 자기경멸과 허영심으로부터 결코 자유로운 것은 아니기 때문이다.

　용역깡패 상훈에게 (영화 포스터에 쓰인 글귀처럼) "세상은 엿같고 핏줄은 더럽게 아프다." 상훈의 얼굴은 이 엿같은 세상에 대한 분노, 그래도 어찌할 수 없는 세상에 대한 체념, 그리고 분노와 체념이 상호 간헐적으로 만들어 내는 폭력성과 자학으로 가득하다. 왜 그런가. 어린 시절에 여동생과 어머니를 잃은 그의 과거사 때문이다. 영화는 아버지와 어머니의 싸움, 그리고 이 과정에서 아버지의 칼에 찔려 죽는 여동생, 그리고 교통사고로 인한 어머니의 사망을 연달아 보여 준다. 부모가 싸우는 동안 상훈은 두려움에 떨고 있었고 그래서 옴짝달싹 못하고 여동생의 죽음을 맞이해야 했는데, 이것이 그에게 치명적인 죄의식을 심어 준 계기가 된다. 동시에 아버지에 대한 복수심도. 이제 삶은 결정되었다. 달리 갈 길이 없다. 결정된 대로 상훈은 용역깡패가 되었고, 삶에 대한 어떤 희망도 간직하지 않으며, 오직 권태로움과 분노 사이에서만, 확고하게, 갈팡질팡한다. 죄의식에 시달리는 만큼 타인에 대한 복수심도 커진다. 상훈의 (무)의식은 다음처럼 작동할 것이다.

이 모든 가정의 비극은, 그리고 자신의 전락은 모두 아버지 때문이다. 아버지의 죄는 감옥에 갔다 왔다고 해서 해소될 수 있는 성질의 것이 아니다. 더욱이 삶의 의미를 상실해 버린 용역깡패로 전락한 내가 엄연히 존재하며, 또 다른 '결손가정'인 배다른 누나와 어린 조카의 너무도 빤한 삶이 보이는 것이다. 그렇다면 이 모든 비극은 도대체 어디서 기원하는가. 당연히 아버지다.

저 저주스런 아버지라는 존재만 사라져 준다면. 저 아버지란 존재가 애초부터 없었다면 지금의 이 모든 불행도 없었을 것이다. 이 모든 불행의 원인은 아버지의 잘못에 있다. 따라서 나는 지금 아버지에 대한 어쩔 수 없는 심판을 해야 하는 것이다. 나는 분명 용역깡패고 인간쓰레기지만 가족을 파멸에 몰아넣은 살인자 너보다는 최소한 나은 존재다. 나의 모든 악행은 바로 너 때문이고, 내가 폭력배가 된 것도 모두 너 때문이고, 배다른 누나와 조카의 결핍된 삶도 너 때문이며, 만날 소주병만 기울이는 너의 초라한 천형의 삶도 너 때문이며, 세상이 이렇게 '엿같은' 것도 모조리 다 너 때문이다.

상훈의 저주가 깊기에 영화는 폭력적이고 불쾌하다. 그러나 이런 불쾌함이 순전히 영화적인 설정 때문일 뿐이라고는 말하지 말자. 내가 얘기하고 싶은 것은 이 영화의 폭력성이 아니다. 중요한 것은 상훈의 해석술이다. 상훈의 해석술을 그대로 따라가 보자. 그러면 과연 어떤 일이 일어날까.

상훈의 (무)의식적 해석대로 아버지라는 존재를 없애 보자. 그럴 때 상훈의 삶이 행복해질 수 있을까. 세상에 대한 환멸과 세상에 대한 저주가 풀리고 이제 세상은 살맛 나게 될까. 당연한 대답이겠지만 그렇게 된다면 우리는 이미 리얼리즘이 아니라 동화와 낭만의 세계에 들어서 버린 것이다. 현실은 그렇게 단순하지 않다. 그렇다고 복잡한 현실을 떠올리라는 게 아니라 현실의 핵심을 짚어야 한다는 말이다. 단순한 것은 잘못 짚은 것이고, 그래서 늘 낭만의 세계로 들어선다. 내가 생각하는 핵심은 이렇다. 아무리 아버지가 사라져도 상훈의 삶이 회복될 수 없는 것은, 그리고 용역깡패이자 패륜아로서 자신의 잘못을 뉘우치고 새로운 삶을 살고자 해도 그것이 불가능한 것은(상훈의 뉘우침은 여고생 연희를 만나 느낀 사랑의 감정에서 표현되고, 새로운 삶의 불가능성은 어떻게 살아야 하는가를 연희에게 묻는 장면과 후배 영재에게 살해당하는 장면에서 표현된다) 상훈의 삶의 어긋남이 단순히 아버지의 잘못 때문이 아니라는 사실에 기인한다. 앞에서 이야기한 해석술을 가동하면서 타락한 삶을 살기 시작한 때부터 상훈의 삶은 이미 잘못되었던 것이다. 용역깡패이자 패륜아인 상훈의 삶에 대해 나중에 벌을 줄 수도 있겠다. 그렇다고 그런 벌이 상훈의 삶을 바꿀 수 있다고 어떻게 장담하겠는가. 모든 책임을 아버지에게 전가하면서도 그것을 정당화하는 방식으로 용역깡패와 패륜아로 살아가는 것 자체가 이미 삶의 파탄이고 징벌인데.

삶이 주는 징벌은 바로 그런 것이다. 누군가를 저주할 때 그 저주가 바로 자신의 삶을 구성한다는 것. 저주하면서 벌이는 모든 것이 자신의 삶의 습속이 되고 만다는 것. 징벌은 상훈의 삶 자체에 있지 상훈이 받아야 할 죗값에 있지 않다. 상훈이 후배에게 살해당하는 마지막 장면은 (이런 측면에서 볼 때) 부차적인 것이다(물론 상훈이 살해당한다는 사실은 이 저주와 증오의 끊을 수 없는 연쇄를 얘기하고 있는 것으로 중요한 주제다). 그가 깡패 짓을 해서 살해당했다고 말하는 것은 상황을 너무 쉽고 단순하게 보는 것이다. 저주와 복수심으로 구성된 상훈의 삶을 해결할 방도는 무엇이 있을까. 왜 그 이해심 많고 따뜻한 연희의 사랑으로도 상훈의 삶은 구원되지 못했는가. 새로운 사랑을 시작하려면 상훈의 삶 전체가 바뀌어야 한다. 과연 이것이 쉬운 일인가.

오히려 상훈이 이미 죽은 삶을 살았다고 말하면 어떨까. 다시 말해 저주와 증오와 복수심으로 똘똘 뭉친 그의 삶이 신체 전체의 변용능력을 죽여 버린 것이라고. 누나를 대할 때나 연희를 대할 때 그의 신체가 얼마나 경직되어 있는가를 보면 이를 잘 알 수 있다. 잘 웃지 않는 상훈. 심지어 영화 내내 상훈은 연희를 대할 때 겨우 한 번 웃었다! 그 경직성만큼이나 저주가 깊고, 그 깊은 저주만큼이나 신체적 변용능력은 제로상태다. 그래서 어렵게 찾아온 사랑도 구원의 방책이 될 수 없는 것이다. 사랑은 구원이 되기보다는 상훈으로 하여금 그의 경직된 삶을 되돌아보게 한다. 아무리 후회가 깊어도 빠져나올 길은 없다. 누군가에게 모든 책임을 전가하면서 저주의 방식으로 사는 삶의 위험성을 상훈이 적나라하게 보여 주고 있는 셈이다. 타인에 대한 증오로 인해 불모의 삶이 되는 것은 바로 자신의 삶이다. 삶이 주는 벌은 나중에 오는 게 아니며, 증오 자체가 이미 신체와 영혼을 불모로 몰아넣는 벌이다. 바로 그런 저주와 원한의 삶, 그리고 그로 인한 파멸을 「똥파리」는 아프게 보여 준다. 이 똥파리를 어떻게 할 것인가. 때려잡을 것인가. 그 수많은 파리들을 어떻게. 우선 똥을 치워야 하리라. 인간이라는 똥을. 니체는 그래서 인간의 핵심에서 원한을 본다. 지금까지 우리는 원한을 살펴보기 위해 멀리 우회했다.

주인의 정식과 노예의 정식

상훈은 폭력적인 존재이고, 그래서 그 폭력의 힘이 굉장한 것 같아도 실상 그가 엄청나게 무력하다는 사실을 놓치면 안 된다. 지금 이렇게 전락해 버린 삶에 대해 그는 손끝 하나도 댈 수 없다. 그 전에 여동생이 칼에 찔려 죽을 때도 무서워서 벌벌 떨고만 있었던, 가련하도록 무력한 존재였다. 아버지에 대한 폭력과 용역 깡패로서의 폭력은 차라리 이 무능력과 무력감의 다른 표현이라고 보는 게 옳다. 그래서 그의 폭력에는 무자비한 경쾌함 대신무기력한 비애감이 가득하다. 니체에 따르면 이 "무력함으로부터 생겨난 증오『도덕의 계보』「첫번째 논문」7절가 모든 것을 전도해 버리는데, 그것이 바로 우리가 살펴보려 하는 '원한'이다. 상훈의 해석술은 전형적으로 무력감에서 피어오르는 원한의 해석술이다. 무력감을 어떻게 극복할 수 있을까. 힘을 키울 수 없다면 가치평가를 뒤집어야 하리라. 그리고 힘은 키울 수 없으니(세상을 확 뒤집을 수 없으니) 가치평가를 전복하는 게 당연한 순서다. 그것이 원한이고 노예적 가치평가다.

두 가지 정식이 있다. 이를 비교해 보자.

① '나는 선하다, 그러므로 너는 악의가 있다.'
② '너는 악의가 있다, 그러므로 나는 선하다.'

①의 정식에서 '나는 선하다(혹은 좋은 인간이다)'라고 말하면서 시작할 수 있는 사람은 누구인가. 우리는 어떤가. 그 누구와도 비교하지 않고 '나야말로 고귀하고 긍지를 가진 존재다'라고 말할 수 있는가. 아니 그렇게 말해 본 적이 있는가. 거의 없을 것이다. '좋음'(선함)이 누군가로부터 부여된 것이 아니라 그 자신에게서 비롯되는 자, 그를 '고귀한 인간'(강자, 귀족)이라 부른다. 그들에게 좋음은 인위적으로 꾸며진 게 아니라 존재 자체다. 저급한 인간과 비속한 인간, 천민적인 인간들과 달리 자신과 자신

의 행위를 제일급이라고 느끼고 평가하는 고귀하고 강하고 드높은 사람인 것이다. 고귀한 인간들은 공리적이어야 좋다는, 혹은 신의 계율을 따라야 좋다는 사회적 평가기준에 따라 자신의 좋음을 판단하지 않는다. 그들의 좋음은 그들의 본성과 존재 자체에서 나온다. 그들은 자기 존재를 좋고 고귀한 것으로 간주하기 때문에 자신과 다른, 저 범속하고 영악하고 거짓투성이인 하층민에게는 '나쁨'을 부여한다. 그러나 결코 저 하층민이 나쁘기 때문에 자신을 좋다고 지칭하지 않는다. 이것이 '귀족적 가치평가'다. 자신이 드높고 고귀하기에 하층민들을 아래로 내려다보는 "거리의 파토스"Pathos of distance를 품을 수밖에 없는 것이다.『도덕의 계보』「첫번째 논문」 2절 돈이나 재산, 직위나 신분에 구애받지 않고 자신에 대해 긍지를 품을 수 있는 인간이란 도대체 어떤 존재인가. 스스로 충만하고 넘치는 힘의 감정을 갖고 있으며, 헌신하고 베풀고자 하는 풍요로운 의식을 갖고 있는 그런 존재는 누구인가. 우리는 이런 존재를 거의 짐작도 할 수 없게 되었다. 왜냐하면 우리는 모두 이미 원한의 존재로 '사육'되었고, 노예적 가치평가 방식에 따라서만 살고 있기 때문이다.

①의 변형인 '나는 좋다, 그러므로 너는 열등하다'를 보자. 귀족과 주인과 강자의 입에서 나오는 '그러므로'라는 말은 자신에 대한 완전한 긍정('나는 좋다')에서 비롯된 부차적 결론이다.

다시 말해 귀족적 가치평가에서는 '너는 열등하다'는 결론이 결코 큰 비중을 차지하지 않는다는 뜻이다. 네가 나쁘든 좋든 그건 나의 자부심과 긍지에 하등 중요하지 않다는 그런 귀족적 고귀함이 숨어 있는 것이다. 따라서 "주인에게서 긍정적인 것은 전제 속에 있다." 결론적으로 긍정이 도출되는 게 아니라 자기 존재에 대한 긍정 자체가 이미 전제되어 있다는 말이다. "그는 본질적이지도 거의 중요하지도 않은 부정적인 어떤 것의 결론에 이르기 위해서 행동과 긍정의 전제들과 그 전제들의 향유가 필요하다." 비천한 자들의 위선과 거짓과 나쁨은 원래 전제되어 있던 자신에 대한 "긍정의 농도"질 들뢰즈, 『니체와 철학』, 이경신 옮김, 민음사, 2001, 216~217쪽를 더 증가시키기 위해서만 요청되는 것일 뿐 그것이 자신의 정체성을 구성하는 본질적인 것이 되지 못한다.

그래서 귀족(강자)의 '공격성'도 그렇게 이해할 수 있다. 자신의 풍요로움과 힘을 긍정한다면 그것이 발휘되지 않을 수 있겠는가. 물론 누군가에겐 그것이 자신에 대한 공격성으로 비칠 수도 있다. 바로 약자들에게만. 동등한 귀족들끼리는 그 공격성에서 어떤 부정이나 원한도 발견하지 못한다. 왜냐하면 그런 공격성이 귀족적인 존재의 표현이고, 자신도 그런 표현에 공격성으로 응수할 수 있으며, 이런 전투가 결코 저주스런 것이 된 적이 없기 때문이다. 그래서 니체는 이들에게서 어떤 '어리석음'

을 발견하기도 한다. "위험이나 적을 향해서 용감하게 돌진하는 것과 같은 어떤 어리석음, 혹은 그 어떤 시대에도 고귀한 영혼이 서로를 인지하는 표지가 된 저 분노, 사랑, 외경, 그리고 복수심의 열광적인 분출이다." 교활한 분노가 아닌 고귀한 분노, 인정받으려는 사랑이 아닌 충만함의 표현으로서의 사랑, 이 모든 열광적 분출은 우리 생각 많고 의심이 많은 근대인에겐 어리석게 보일 것이다. 하지만 그것을 어리석다고 말하는 순간 우리 근대인의 본성이 탄로난다는 사실을 아는지 모르겠다. 행동하지 못하는 인간, 그래서 교활한 정신적 복수와 저주에 들뜬 인간, 이것이 근대인이기 때문이다.

이제 ② '너는 악하다, 그러므로 나는 선하다'라는 정식을 보자. 귀족적 정식의 앞뒤가 뒤바뀌었다. 이 변화에 귀족적 평가양식이 노예적 평가양식으로 전도되는 엄청난 사태가 숨어 있다. 앞에서 '나는 좋다, 그러므로 너는 열등하다'라는 정식이 '나는 좋다'는 긍정에서 출발해 (너는 열등하다는) 부차적인 부정으로 끝났다면, 여기서는 (너는 악하다는) 부정이 이미 전제들에 포함되어 있다. 부정에서 시작해 '나는 선하다'라는 긍정적인 결론이 도출된 것이다. 여기서 핵심은 부정이 본질이라는 것, 그리고 긍정이 부정에 의해서만 존재할 수 있다는 사실이다. "노예도덕이 발생하기 위해서는 우선 항상 어떤 적대적인 외부 세계가 필요하다. 생리적으로 말하자면, […] 외부로부터의 자극이 필요한 것이다. 노예도덕의 행동은 근본적으로 반작용이다."『도덕의 계보』 「첫번째 논문」 10절 말하자면 저 '너'라는 상대방을 '악하다'라고 부정하지 않고서는 이 문장이 시작될 수 없다는 뜻이고, 동시에 '나는 선하다'는 긍정적 결론을 이끌어내지도 못한다는 뜻이다. 그래서 노예도덕은 이미 타자에 대한 부정에서 출발한다고 할 수 있다. 너는 악하다(1차 부정), 그러므로(너의 악함에 대한 2차 부정), 나는 선하다(이중의 부정에 따라 도출된 긍정).

그렇다면 이 노예의 긍정이 자신에 대한 온전한 긍정이라 할 수 있겠는가. 노예의 긍정은 타자에 대한 부정이 없으면 아예 존재할 수도 없는 허상에 불과하다. 들뢰즈에 따르면 니체는 (노예의) 원한과 (강자의) 공격성을 구별하기를 몹시 바랐다고 한다. 원한이 외관과 허상에 불과한 긍정을 만들기 위해 두 번의 부정을 필요로 했다면, 공격성은 자신에 대한 이중의 긍정에 따른 하나의 부정이고 부차적인 부정이다. 공격성이 이중의 긍정인 까닭은 자기 존재에 대한 긍정을 바탕으로 이를 확언하는 '나는 좋다'는 긍정이 등장하기 때문이다. 긍정의 원리와 부정의 원리는 기원도 다르고 의미도 다르며, 그에 따라 삶도 달라진다. 이 원리를 구별하지 않을 때 우리는 (약자의) 복수와 (강자의) 공격성을 혼동하게 되고, 그에 따라 복수하지 말라고 하면서 동시에 강자의 모든 고귀한 행위(열정과 분노와 감사와 경외와 공격성의 표현)도 비난하게 될 것이다. 그런데 우리는 실제로 그렇게 혼동하고 있다. 왜냐하면 노예의 정식에 따라 살고 있기 때문이고, 그에 따라 우리의 모든 가치평가가 전도되고 혼란스러워졌기 때문이다. 가치평가가 왜곡된 곳에 살게 되면 그다음부터는 건강한 가치평가에 맞춰 사는 게 비정상이 되고 반사회적인 행위가 되는 법이다. 그런데도 우리는 이 사실을 결코 알지 못한다. 왜인가. 너무 오랜 기간에 걸친 사건들은 포착하기도 힘들고 조망하기도 힘들기 때문이다. "유대인과 더불어 도덕에서의 노예반란이 시작된다. 이 반란은 2,000년의 역사를 가지고 있다. 우리가 그러한 반란을 의식하지 못하게 된 것은 그 반란이 계속해서 승리해 왔기 때문이다."『도덕의 계보』「첫번째 논문」7절 2,000년의 역사는 노예승리의 역사이며, 인간은 그래서 노예인 것이다. 모두 다 노예인데 어찌 노예의 평가양식에 대해 비판적인 인식이 가능하겠는가.

계보학적 질문 : 너는 누구냐

그렇다면 '너는 악하다, 그러므로 나는 선하다'의 정식에서 악하다고 부정된 '너'는 누구일까. 그것은 '나는 좋다, 그러므로 너는 열등하다'는 정식에서의 '너'와 같은가. 말하는 자가 전혀 다르고, '나'와 '나', '너'와 '너'가 전혀 다르다. 이 구분은 무엇보다 중요하다. 더 정확히는 '무엇'what보다 '누구'who가 더 중요하다. 니체의 계보학Genealogy은 이 '누구'의 유형을 분별하는 섬세한 철학적 방법이다.

흔히 가정과 사회와 국가의 도덕적 규범을 지켜야 한다고들 말한다. 그런 덕목들에 대한 순종만이 선하다고 말한다. 우리는 자주 그 덕목과 규범들의 내용의 옳고 그름을 따지기는 하지만 다음처럼 묻지는 않는다. '그런데 그렇게 말하는 자는 누구인가.' 이기적인 행위는 '악'이고 비이기적인 헌신만이 아름답다고 말하는데, 그렇게 말하는 자는 누구인가. 선(좋음)의 평가기준이 공리적인 것이어야 한다고 말하는데, 그렇게 말하는 자는 어떤 자인가. 여기서 '누구'는 신분이나 정체성보다 더 깊고 근본적인 영역, 바로 앞에서 지적한 고귀한 자와 비천한 자의 유형적 구분을 뜻한다. 그렇게 말하는 자는 고귀한 자인가 아니면 비천한 자인가. 그렇게 말하는 자는 고귀함noble의 유형인가 아니면 비천함vulgar의 유형인가. 부정이 부차적인 것에 불과해서 온통 긍정에만 기반한 귀족적 판단양식을 가진 강자인가, 아니면 타인에 대한 부정을 통해 자신을 가까스로 긍정하는 노예적 판단양식을 가진 약자인가.

자신을 스스로 긍정하지 못하는 인간이 타인의 긍정과 인정을 얼마나 갈구하겠는가. 이들이 도덕을 만든다면 그것은 이기주의에 대한 비판과 비이기주의에 대한 칭찬, 한마디로 공리주의적인 도덕일 수밖에 없을 것이다. 이제 이런 공리주의적 도덕, 혹은 니체의 말대로 '선악의 도덕'이 탄생한 맥락을 살펴보기로 하자. '너는 악하다, 그러므로 나는 선하다'의 노예적 가치평가에서 악하다고 부정된 '너'를 알기 위해 니체가 사용한 우화를 얘기할 필요가 있겠다. 맹금류와 어린양에 얽힌 우화다.『도덕의 계보』「첫번째 논문」 13절 참조 어린양이 맹금류를 싫어하는 것은 이상한 일이 아니다. 그러나 어린양이 싫어한다고 맹금류가 어린양을 채어가는 행위를 비난할 이유도 없다. 그리고 어린양이 자기들끼리 맹금류는 사악하고, 따라서 맹금류에 반대되는 어린양이 선하다면서 자신만의 평가양식을 수립하는 것에도 비난할 만한 것이 없다. 어린양이 맹금류를 비난한다면, 맹금류들은 이렇게 말할 것이다. "우리는 그들, 저 선한 어린양들을 전혀 싫어하지 않고 오히려 사랑한다. 어린양보다 맛있는 것은 없다."

이 우화에서 어린양이 부정하는 대상이 명확히 등장한다. 그것은 맹금류, 즉 어린양보다 강한 자이다. 맹금류를 부정하지 않으면 어린양의 선함이 성립될 수 없다. 하늘을 선회하는 맹금류를 본 연약한 어린양의 공포와 패닉을 상상해 보자. 얼마나 두렵고 얼마나 끔찍하겠는가. 상황이 그러할진대 어린양의 저 도식, '맹금류는 사악하다, 그러므로 어린양이 선하다'에 담겨 있는 것이 어찌 순수한 도덕적 논리뿐이겠는가. '너는 악하다' 속에 숨어 있는 "한없는 증오의 도가니에서 나온 저 악함"을 보아야 한다. 원래 악한 존재의 악함이 아니라 그것을 경험하는 자의 무력함과 공포로 인해 채색된 악함이자 무력한 자의 증오까지 첨가된 악함을 보아야 하는 것이다. 노예의 도덕, 그 원한의 도덕에서 '악함'은 좋은 사람, 고귀한 자, 강한 자, 지배자에게 배당된다. 원래는 스스로 긍정하는 고귀한 자들이었음에도 어린양의 논법 속에서 악한 자가 되어 버린 이들은 어떤 존재인가.

관습, 존경, 습관, 감사하는 마음에 의해서, 더 나아가 동등한 자들 사이에서의 상호 감시와 질시에 의해서 극히 엄격하게 구속되어 있는 인간들, 다른 한편으로는 서로에 대한 태도에서 배려, 자제, 부드러움, 충실, 긍지와 우정이 매우 풍부하다고 입증된 사람들, 바로 이 사람들이 일단 외부로 향하게 되면, 즉 낯선 이방의 것이 시작되는 곳에서는 고삐 풀린 맹수와 다를 바 없게 된다. 그들은 그곳에서 모든 사회적 강제에서 벗어나 자유를 만끽한다. […] 화려한 금발의 야수 […] 이렇게 근저에 숨겨져 있는 것은 가끔 발산할 필요가 있다. 야수는 다시 풀려나 황야로 되돌아가야만 한다. 로마, 아라비아, 게르만, 일본의 귀족, 호메로스의 영웅, 스칸디나비아의 바이킹[⋯]『도덕의 계보』「첫 번째 논문」 11절

이들은 동등한 자들 사이에서만 우정과 존경, 그리고 권리와 의무를 부과하는 귀족들이며, 우정도 경쟁도 모두 자신의 능력을 표현하는 것이자 더 나은 능력으로 상승하기 위한 질투의 일종이 되었던 귀족들이다. "환희작약하는 괴물처럼 맹수의 순진무구한 양심"을 갖고 있던 이 고귀한 종족들은 "안전, 육체, 생명, 안락"에 대해 무관심했으며, "온갖 파괴를 자행하고 승리와 잔인함을 탐닉하면서" "전율할 정도의 쾌활함과 깊은 쾌감"을 보여 준다. 강함이 표현되어야 했으며, 표현되지 않으면 강함이 아니었던 유일하고 드문 인간들이 바로 이 "금발의 야수"다. 대담한 용기를 갖고 있고, 무슨 일을 저지를지 모르는 모험의 대가인 이 고귀한 종족이 '야만인'과 '사악한 적대자'의 모습으로만 비치는 것은 누구 앞에서인가. 당연히 이들로 인해 '고통 받는 사람들'이 아니겠는가.

강함의 표현에서 고통 받는 사람들은 어떤 식으로 반응하는가. 표현되는 강함이 이미 자신에게 고통이 된다면 그 강함이

표현되지 않길 바랄 수밖에 없다. 노예들은 자신을 스스로 고귀하고 우월하다고 여기는 자들을 비난한다. 그들이 행동에 제약을 걸지 않았다고, 그 행동이 제3자(특히 노예 자신)에게 해를 미칠 수 있다고. 노예는 모든 행동을 이런 관점에서만 평가한다. 즉 행동하지 않는 자(표현하지 않는 자)의 관점에서만. 혹은 그 행동의 결과를 경험하는 자(행동의 원인이 될 수 없는 자)의 관점에서만. 이런 노예의 관점이 자신들에게만 한정되지 않을 때 인류 전체에 끔찍한 결과를 낳는다. 니체가 도덕에서의 노예의 반란이라고, 주인이 처리되었다고, 모든 고귀한 이상이 망실되고 말았다고 한탄하게끔 한 끔찍한 결과 말이다. 어떤 행위가 행위자가 아니라 행위를 당하는 자의 관점에서 평가될 때 과연 그 행위자의 행위가 표현될 수 있을까. 표현된다고 해도 그 참된 의미가 제대로 전달될 수 있을까. 모든 것이 행위를 당하는 자의 관점에서 왜곡되고 저주되고 복수될 조건에 놓이게 되는 것이다.

이제 노예의 관점에서 선하다는 자들이 누구인지 판명된다. "능욕하지 않는 자, 그 누구도 해치지 않는 자, 공격하지 않는 자, 보복하지 않는 자, 복수를 신에게 맡기는 자, 우리처럼 조용히 사는 자, 악을 피하고 인생에서 요구하는 것이 거의 없는 자"『도덕의 계보』「첫번째 논문」13절 만이 선한 자다. 대신 자신을 긍정하는 자, 자신에 대한 긍정에서 행위로 자긍심을 표현하는 자, 힘을 발산하는 자들은 모두 악인이 된다. 선과 악이 정립되었다. 한마디로 '선악의 도덕'이 탄생한 것이다. 하지만 엄청난 전도와 왜곡 속에서 탄생했다. 선악의 도덕의 탄생과 함께 긍정을 전제로 한 고귀한 자들의 활동, 우리 내부의 모든 고귀한 표현은 억압되고 저주의 낙인이 찍혔으며, 고귀한 귀족적 가치판단은 이 지상에서 찾아보기도 어렵게 되었다. 좋음은 악함이 되고, 나쁨은 선함이 되었다. 모든 게 뒤바뀌고 말았다. 따라서 선악의 도덕이 탄생하는 순간 그것은 이미 인간의 왜곡이고 타락이고 병이다.

지금까지 귀족적 가치판단과 노예적 가치판단을 구별했다. 이 둘은 동일한 선상에서 비교되는 게 아니다. 둘은 차원이 다른 범주에 놓여 있다. 귀족적 가치판단은 자신에 대한 긍정에서 자신을 '좋음'이라고 말한다. 그리고 그와 같지 않을 때 부차적으로 다른 것을 '나쁨(열등함)'이라고 말할 뿐이다. 여기서 부정은 부차적인 결과이고 보색補色에 불과했다. 그런데 노예적 가치판단에서는 사정이 변한다. 부정이 선차적인 게 되고, 부정만이 규범의 원리가 된다. 스스로에 대해 자부심을 갖고 있는 존재에 대해 그 '좋음'을 '악함'이라고 부정하지 않고서는 자신의 '선함'을 만들어 내지 못한다. '좋음과 나쁨', '고귀함과 열등함'이 도덕상의 노예반란에 의해 '선과 악'으로 바뀌는 것이다. 여기서 특히 주의할 것이 있는데, 결코 선과 악의 대립이 중요한 게 아니라는 사실이다. 선과 악은 대립하는 것 같지만 서로를 필요로 하는 동일한 도덕 아래의 두 범주일 뿐이다. 대립하는 게 있다면 '좋음과 나쁨' 대 '선과 악'인 것이다. 다르게 말하면 귀족적 가치판단 대 노예적 가치판단. 도덕상의 노예반란은 악을 대신해 선이 지배하는 세상이 아니라, '좋음과 나쁨'이라는 고귀한 원리가 '선과 악'이라는 노예적 원리로 대체되었음을 뜻한다. 니체의 저서 중에 『선악의 저편』이 있다. 그러나 니체의 말대로 이것이 '좋음과 나쁨의 저편'이 아니라는 사실을 이해하는 게 중요하다. 선과 악의 대립을 넘어서서 선의 세계로 가자는 게 아니라, 선과 악이라는 도덕의 세계를 넘어서 그것과 원리를 완전히 달리하는 '좋음과 나쁨의 윤리학'으로 전환해야 한다는 뜻이다.

니체는 이 두 가치판단의 전쟁이 끝났다고는 말하지 않는다. 노예적 가치판단이 지배적이기는 하다. 하지만 삶에서 자신을 긍정하는 고귀함의 영역이 어찌 그칠 수 있겠는가. 우리가 부조리한 현실에 대해 싸우는 까닭이 우리 삶을 긍정하기 위해서가 아니라면 무엇이겠는가. 문명과 야만, 진보와 보수, 자본주의와 공산주의, 전체주의와 자유주의 등 지금까지 인류가 서로 투쟁했던 대립적 가치들이 있다. 그러나 이것보다 더 근본적인 가치대립이 있다. 그것이 바로 '좋음과 나쁨' 대 '선과 악'의 대립이다. 대립의 분할선을 아주 근본적으로 다르게 긋는다는 점에서 니체의 철학은 혁명적이다. 니체의 말을 들어 보자. "오늘날까지 이러한 투쟁, 이러한 문제 제기, 서로를 불구대천의 원수로여기는 이러한 대립보다 더 큰 사건은 없었다. 로마는 유대인을자연에 반反하는 것 자체와 같은 것으로, 즉 자신과 반대되는 괴물로 느꼈다. 로마에서 유대인은 '인류 전체에 대한 증오의 죄를지은 자들'로 간주되었다."『도덕의 계보』「첫번째 논문」16절 거대제국, 청동의 기념비로서 진정 아름답고도 완성의 경지를 보였던 로마의 멸망의 원인이 바로 유대교에서 그 원리를 찾을 수 있는 노예적 가치평가라는 것이다. 로마의 기독교화, 이것이 그 몰락의 의미다. 이로써 모든 고귀한 이상은 기독교적 이상으로 대체되고말았다.

원한의 생리학

"고귀한 종족과 그들의 이상을 마침내 치욕스러운 것으로 만들고 압도하게 된 저 반작용과 원한의 본능"은 과연 어떤 인간을탄생시켰는가. "왜소하게 된 자들, 쇠약해진 자들, 중독된 자들", 한마디로 "'인간'이라는 벌레"의 탄생이다. 인간은 금발의 야수에 대한 공포에서는 벗어났지만 대신 혐오스러운 존재가 되고 말았다. 이렇게 "길들여진 인간, 구제 불가능할 정도로 범용하고 생기 없는 인간"이 인류 역사의 의미로, 숭고한 존재로 각인되었다. 인간은 이제 공포의 대상이 아니라 혐오의 대상이다. 인류의 위험은 인간의 '왜소화와 평균화'에 있다. 메스꺼움은 잉태의 징후라 했던가. 왜소하고 병든 인간에 대한 경멸이 우리에게서 솟는다. 내가 나의 왜소함에 대해, 내가 인간의 왜소함에 대해 경멸하고 있다면 거기서 뭔가 새로운 존재에 대한 갈망이 솟아오르는 셈이다. 바로 위버멘쉬에 대한 갈망. 니체는 '원한본능'을 단순히 (프로이트적인 의미의) 본능의 문제로 다루지 않는다. 여기에 니체의 독특한 관점이 존재하는데, 그에 따르면 원한은 '문화의 도구'라는 말이 더 적당하다. 문화란 인간을 양성하는 모든 것이다. 그 중에서 우리의 문화는 "'인간'이라는 맹수를 온순하고 개화된 동물, 즉 가축으로 길들이는"『도덕의 계보』「첫번째 논문」11절 원한이라는 도구에 의해 작동한다는 것이 니체의 언명이다. 원한은 약자의 논리이지만 이 가치평가가 지배할 때는 금발의 야수들의 손발을 묶는 강력한 힘을 갖는다. 금발의 야수는 원한이라는 문화의 도구에 의해 가축이 되고 말았다.* 원한이라는

---

* 그렇다고 해서 문화가 꼭 원한이라는 '문화의 도구'만으로 한정되는 건 아니다. 문화는 가축과는 다른 인간을 창조하기도 한다.

문화적 도구에 의해 탄생하는 인간, 원한이라는 문화적 도구를 작동시키는 인간의 생리적 조건을 살펴보도록 하자. 그는 어떤 인간인가.

들뢰즈의 정리를 따라가 보면, 영향 받을 수 있음과 없음의 차이가 우선 생리적인 차이로 강자와 약자의 변별적 특징을 드러낸다.들뢰즈, 『니체와 철학』, 201~214쪽 참조 강자가 인간의 적극적(능동적)active 유형이라면 약자는 부정적(수동적, 혹은 반작용적)reactive 유형이다. 적극적인 유형은 어떤 힘이나 행위에 대해 창조적인 방식으로 반작용을 할 수 있는 경우를 뜻한다. 적극적인 인간은 우선 행위의 원인이 자신에게서 비롯될 뿐만 아니라, 자신의 행위에 따른 여러 반응들에 대해 영향 받기를 주저하지 않는다. 직선운동을 하는 물체가 벽을 만났을 때는 되튀기는 반응밖에 하지 못할 것이다. 그러나 인간은 벽을 만났을 때 거기에 기대어 잠을 잘 수도 있고, 수행을 할 수도 있으며, 타고 오를 수도 있다. 벽이라는 저항을 창조적인 방식으로 수용할 수 있는 능력을 갖고 있기 때문이다. 스피노자식으로 말해 변용affection의 능력을 인간이 더 많이 갖고 있는 셈이다. 반면 원한의 인간은 행위의 원인이 자신이 아니라는 점에서, 그리고 영향 받지 못한다는 점에서 강자와 다르다. 행위의 결과로서만 사는 자, 즉 행위에 대한 반응만 할 줄 아는 자, 하지만 그 행위에 대해 창조적인 방식으로 반작용하지 못하는 자가 원한의 인간이다.

약자들은 분명 금발의 야수의 행위에 대해 공포를 느끼는 존재였다. 그런데 어떻게 해서 이들이 강자를 누르고 자신의 가치와 이상을 지배적인 것으로 만들 수 있었을까. 그것도 변용능력이 거의 제로에 가까운 자들이. 여기서 오해하지 말아야 할 것이 있다. 강자라고 해서 물리적 힘Kraft이 센 자들이 아니라는 사실을. 마찬가지로 약자라고 해서 무력한 자들이 아니라는 사실을. 니체가 말하는 '권력의지'Will to power는 이런 물리적이고 양적인 힘의 비교를 넘어서기 위해 고안된 것이다. 무력한 자들도 권력의지, 다시 말해 지배의지는 엄청나게 강할 수 있다. 세상의 인정을 못 받을 때 이 세상 전체를 비난해 버리며 세상으로부터 철수해 버리는 '독불장군'도 이 지배의지는 관철해 낸 셈이다. 이를 우리는 대개 정신승리법이라 부른다. 그는 세상이 인정해 주지 않아도 이미 (정신적으로는) 세상의 주인이다. 비극적이게도 그의 주인됨이 세상에 대한 '부정'에서 기인하는 노예적 발상이라는 사실만 알려주지 않는다면 그는 고고하게 행복할 것이다. 이처럼 저항과 장애를 극복하고 지배하고 자신의 주인됨을 관철하고자 하는 것, 그것이 권력의지다. 따라서 모든 존재하는 것들은 권력의지를 갖는다.

그렇다면 약자는 어떻게 권력의지를 관철하는가. 이들도 주인이 되고자 한다. 다시 말해 힘의 고양을 느끼고 싶어 한다. 그런데 현실적으로 힘의 고양을 느끼기는 힘들다. 그럴 때는 어떻게 해야 하는가. 저 강자를 악하다고 말하면서 자신을 선한 존재로 만들고, 이 선한 존재를 신이 선택한다는 논리를 관철시키면 된다. 이 순간 그는 주인이 된 듯한 느낌에 빠져든다. 신이 자신들만을 사랑하고 자신들만을 선택했다는 생각이 뒤를 받쳐 주고 있기 때문이다. 주인됨의 기쁨, 이것이 이들의 행복이다. 권력의지의 관철에 따른 쾌감을 권력감정이라 부르는데 이 감정 속에서 이들은 행복을 만끽한다. 하지만 이 행복은 실제적인 주인됨이나 힘의 증가가 아니라 원한이라는 허구를 통해 가치를 전도하면서 강자들의 힘을 박탈하는 방식으로 획득된다. 능력의 증가가 아니라 능력의 박탈을 통해 권력의지를 관철한다는 것, 이것이 약자의 문제점이고 약자가 인류에 끼치는 치명적인 위험 중 하나다.

왜 약자는 영향받을 수 있는 능력이 없는가. 그건 망각능력이 없기 때문이다. 우리는 망각을 부정적인 것이라 생각하지만 니체에 따르면 이것처럼 중요한 기능과 능력이 없다. 모든 것을 기억만 하는 존재는 어떤 행위도 할 수 없다. 대개 아주 박식한 사람은 그 박식함 때문에 직접적인 행동을 하지 못한다. 어떤 행동을 하려다가도 금방 다른 기억이 부상하고, 거기에 대해 다른 지식이 또 떠오르고. 이렇게 기억(혹은 지식)이 지배할 때 행위가 불가능해진다. 망각능력은 바로 무의식적인 능력이지만 이렇게 어떤 행위를 할 수 있게 해준다는 점에서 적극적이고 조형적인 능력이다. 심각한 외상trauma을 가진 신경증 환자의 경우 그 외상에 관련된 기억으로 인해 정상적인 생활이 불가능한 것도 바로 망각능력의 상실 때문이다. 들뢰즈의 분석을 보자.

가령 영양섭취와 같은 무의식적 작동과정이 의식에 반영되면 어떻게 될까. 의식은 그 무의식적 과정을 주시하고 처리하느라 새로운 자극을 받아들일 수 없게 될 것이다. 무의식 속에 새겨지고 잊혀져야 하는 '흔적'이 계속 의식으로 부상하면서 현실과 교섭해야 할 의식의 능력을 빼앗아 버리는 것이다. 사실 망각은 '적극적인 저지능력'으로서 소화와 같은 육체적 동화과정이나 수용과 같은 정신적인 동화과정이 우리 의식에 떠오르지 않게 한다. 이 망각능력이 고장나면 한마디로 '소화불량 환자'가 된다. 일정 분량 이상의 자극이 들어올 때면 그것들을 무의식 속으로 보내지 못해서 소화나 수용이 불가능해지고 그에 따라 현실과의 교섭에 장애가 생기면서 현실로부터 도피해 버리는 환자가 되는 것이다. 무의식의 영역이 솟구치면서 무의식적 기억반응만이 지배적 형태가 되고 동시에 의식의 영향받을 수 있는 능력도 파괴된다. 분명히 활동하기는 하지만 영향 받기를 중단해 버린 존재가 되는 것이다. 그는 분명 느낀다. 그러나 영향 받기는 중단한다. 그래서 들뢰즈는 원한의 인간을 "흔적에만 반응하는 일종의 개"들뢰즈, 『니체의 철학』, 207쪽라고 불렀다.

　잠깐 샛길로 나가 보자. 체험을 소화하지 못하면 어떻게 될까. 니체는 베토벤의 음악을 들어 당시 독일의 상황을 진단하고 있다. "베토벤은 끊임없이 무너져 내리고 있는 지쳐 버린 늙은 영혼과 끊임없이 다가오는 미래의 너무나 젊은 영혼의 막간에 해당된다. 그의 음악에는 영원한 상실과 무절제한 영원한 희망의 어스름 빛이 감돌고 있다."『선악의 저편』 245절 늙은 영혼과 젊은 영혼 사이, 상실해 가는 것과 무절제한 희망 사이에 놓인 베토벤, 그는 교량이라기보다는 그 둘 다 소화하지 못한 혼돈이자 소화불량이다. 니체가 보기에 독일인의 상황이 바로 그러했다. "독일인 자체는 존재하지 않는다. 그는 생성 중에 있으며 '발전하고 있다'. 이 때문에 '발전'이란 용어는 철학적 공식公式들의 거대한 왕국에서 진정으로 독일적인 고안물이자 성공작이다." 여기서 '발전'이라는 개념은 결코 칭찬이 아니다. 아직도 생성 중이라는 뜻인데, 이때의 생성도 칭찬이 아니다. 확실히 소화를 해야 자신의 것을 창조할 수 있을 텐데 과거와 미래가 뒤죽박죽 상태라는 것이다. 이를 치장하는 말이 독일 철학계에서(특히 헤겔에게서) '발전'이라는 개념이다.

(독일인의) "그 정신의 전체적인 내용이 얼마나 무질서하면서도 풍요로운지! 독일인들은 자신의 영혼을 질질 끌고 다니며, 자신이 체험한 모든 것을 질질 끌고 다닌다. 그는 자기에게 일어난 일들을 제대로 소화하지 못하고 제대로 '처리하지' 못한다. 독일적 심오함이란 때로는 단지 '소화'불량에 불과하다."『선악의 저편』244절 한마디로 "독일인들은 어제와 내일의 인간이지만 그들에게 오늘은 없다."『선악의 저편』240절 "어제의 인간"이고 "내일의 인간"이란 과거와 미래를 모두 오롯이 가진 충족적 인간이라는 뜻이 아니라, 정확히는 오늘이 없는 인간이라는 뜻이다. 오늘이 없다는 것은 무의식적인 과거가 지배하고 있다는 뜻이며, 그러면서도 현재와 조화되지 못하고 허황된 미래로 들떠 있다는 말이다. 따라서 과거와 미래가 히스테리 환자처럼 들쑥날쑥하는 게 아니라 오늘을 살아가는 영양분으로 소화되어 미래의 힘이 되는 존재는 망각능력을 가진 강자들에게만 해당되는 말이다.

다시 원한의 생리학으로 돌아가자. 외부에서 오는 자극에 대해 영향받지 못하는 인간도 그 자극에 대해 흥분을 느끼기는 한다. 그런데 사실 이 흥분이 문제다. 영향을 받아서 창조적으로 되돌려줄 수 없는데도 자극에 대한 흥분을 느낀다는 것은 무엇이겠는가. 영향 받는 것 자체가 자신을 무능력한 존재로 만드는 일 이외에 무엇이 되겠는가. 다시 말해 그는 외부의 자극을 자신의 우월에의 의지를 꺾어 버리는 것으로 경험하는 것이다. 그래서 무능력에 대한 책임을 전가할 대상을 찾으려 하고, 흥분을 주는 대상에 대해 인격적 모독을 느낀다. 그는 모든 것에서 상처를 받고 모든 사건은 모욕의 흔적을 남긴다. 어떤 흥분도 소화되지 않고 어떤 흔적도 망각되지 않는, 이 "기억을 끝내지 못하는 소화", 이것이 원한의 생리학이다. 망각에서의 무능력, 기억에서의 놀랄 만한 능력. 이런 유형의 대표적인 예로 니체는 성직자 계급을 든다. 그들은 늘 "내장질환과 신경쇠약"을 앓고 있었다. 영향을 받을 수 없으니 감탄할 수도 없고, 존경할 수도 없으며 사랑할 수도 없다. "흔적들의 기억은 스스로 증오심으로 가득 차 있다."들뢰즈, 『니체와 철학』, 210~211쪽 겸손한 척해도 그것은 증오를 품은 겸손이기에 친구도 적도 결코 존중해 본 적이 없다. 모든 자극이 자신을 괴롭히는 것이니 어떤 선의도 투명하게 받아들이지 않는다. 모든 것을 천박한 해석의 힘으로 격하시키고 모든 것 속에서 함정을 느낀다. 그들은 모든 것들에 누군가의 잘못이 있기를 원한다.

신체가 느슨한 형태로 휴식과 안식을 얻는 것, 그런 마비상태가 그들의 유일한 행복이다. 그는 사랑할 수도 없고 사랑하지도 않으며 오직 사랑받고자 한다. 모든 것에서 사랑받기, 모든 것에서 이득을 취하는 것, 이것이 원한의 인간을 행복하게 해주는 마취상태다. 유용성의 도덕, 그 공리주의적 도덕은 바로 이런 원한의 인간, 약자에게서 탄생한 것이다. 사심 없음(이타주의)에 대한 주장은 사실 자기 이득만은 포기하지 않는 무의식적 간계를 품고 있다. "잘못의 전가, 책임의 분배, 영원한 비난, 이 모든 것이 공격성을 대신한다." 들뢰즈, 『니체와 철학』, 213쪽 자신에게 이득이 되는 것만을 찾는 원한의 인간은 기대감이 어긋나게 되면 엄청난 비난을 폭발시킨다. "만약 아무도 나를 사랑하지 않는다면 그것은 네 잘못이다. 만약 내가 내 삶에서 실패한다면 그것도 네 잘못이며, 네가 네 삶에 실패한다면 그것도 네 잘못이다. 너의 불행도 나의 불행도 마찬가지로 네 잘못이다." 들뢰즈, 『니체와 철학』, 214쪽 그는 늘 이렇게 책임질 자를 찾는다. 너는 악의가 있다. 그러므로 나는 선량하다. 이렇게 탄생한 게 노예의 정식이다.

또한 그들은 이렇게 말한다. "비참한 자만이 선한 자이고 가난하고 무력하며 비천한 자만이 선한 자이다. 고통받고 가난하며 추한 자만이 경건한 자이고 신의 축복을 받는 자이며 오직 그들에게만 더없는 행복이 있다"고 말이다. 이들은 "귀족적 가치등식(좋은=고귀한=강력한=아름다운=행복한=신의 사랑을 받는)"을 역전시키고, "가장 깊은 증오(무력감에서 비롯되는 증오)의 이빨"로 물어뜯었던 것이다. 이것이 니체가 말하는 유대적 가치전환 transvaluation이다. "성직자적인 민족인 유대인들은 궁극적으로 자신의 적과 정복자들의 가치를 철저하게 전도시킴으로써, 즉 가장 정신적인 복수를 하는 방식으로 보복할 줄 알았다." 신이 사랑할 수 있는 자, 신의 계율인 사랑을 전할 수 있는 자는 누구인가. 귀족적 가치평가를 뒤집은 노예와 약자 아닌가. 노예와 약자는 어떻게 사랑을 발명했는가. 영향받을 수 없는 무능력 때문에 힘을 발휘하는 모든 고귀한 자들을 악한 존재라고 비난하면서. 그리고 대신 자신들만이 신의 사랑을 받을 수 있고 사랑할 수 있는 존재라고 가치를 전도하면서. 그렇다면 저 '사랑'에 무엇이 숨어 있을 것인가. 바로 강하고 고귀한 자에 대한 증오, 그것도 "무력감으로부터 생겨난 증오"『도덕의 계보』「첫번째 논문」7절가 아니겠는가.

그래서 니체는 이렇게 말할 수 있었다. "복수와 증오, 유대적인 증오 ─ 일찍이 지상에서 유례가 없던 가장 깊고 숭고한 증오, 즉 이상을 창조하고 가치를 변조하는 증오 ─의 저 나무줄기에서 똑같이 전례가 없는 어떤 것이, 즉 하나의 새로운 사랑이, 모든 종류의 사랑 중에서 가장 깊고 숭고한 사랑이 자라난 것이다." 사랑이라는 복음, 그 복음의 화신인 나자렛의 예수, 가난하고 병들고 죄지은 자에게 축복과 승리를 가져다준다는 이 '구세주'야말로 유대적 가치가 승리할 수 있는 '우회로'가 아니었던가. 표면적으로는 이스라엘의 적대자인 구세주가 십자가에 매달렸다는 것, 그리고 세계 전체가 이스라엘에 적대해 구세주의 부활을 믿었다는 것, 여기서 유대교의 신은 세계의 신이 되고, 세계는 유대적 가치를 집어삼키고 말았던 것이다. 사랑이라는 이름의 복수, 사랑이라는 이름의 증오의 복수, 사랑이라는 이름의 강자에 대한 증오의 복수. 다시 니체의 한탄을 들어 보자. "정신이 아무리 섬세해도 이보다 더 위험한 미끼를 생각해 낼 수 있을까? 유혹하고 도취시키고 마비시키고 타락하게 만드는 힘이란 면에서 '신성한 십자가'라는 저 상징에, '십자가에 매달린 신'이라는 저 전율할 만한 역설에, 인간을 구원하기 위해서 신이 자신을 십자가에 못 박는다는 상상할 수도 없을 정도로 잔인함의 극을 달리는 저 신비에 비견할 만한 것이 있을까?"『도덕의 계보』「첫번째 논문」8절

원한의 오류

우리는 원한이라는 문화의 도구에 의해 원한의 동물이 되었다. 원한에 의해 고귀한 자들이 처리되고 말았다. 그러니 자기긍정의 경쾌한 깊이, 자긍심이라는 귀족적 취향, "행복으로부터 행동을 분리할 수 없음"에 기반한 "능동적인 인간"『도덕의 계보』「첫번째 논

문」10절이 어떤 존재인지 우리가 어떻게 알 수 있단 말인가. 원한 없이 산다는 것이 무엇인지 우리는 감히 짐작도 할 수 없다. 니체가 말하는 강자, 고귀한 자의 감응을 우리는 가질 수 없게 된 것이다. 오직 원한의 동물로 감응할 뿐이고 부정을 원리로 해서만 살아갈 뿐이다. 그러나 바로 우리가, 바로 이 원한의 동물이 경멸스러워지는 곳에서만 인간은 원한에서 탈피할 준비를 할 수 있다. 원한 없이 사는 삶이 어떤 것인지 알 수 없어도 원한에서 벗어나는 운동은 할 수 있는 것이다. 그러기 위해서는 원한에 깔려 있는 근본적인 전제를 알고 있어야 한다. 앎이 그 필연성을 인식하는 자리에서만 늘 새로운 가능성이 준비되기 때문이다.

다시 맹금과 어린양의 우화로 돌아가 보자. 어린양이 맹금을 비난하는 까닭이 무엇이었나. 그건 맹금이 자신을 잡아먹는다는 것, 다시 말해 맹금이 힘을 쓴다는 사실이었다. 여기서 맹금이 쓰는 힘이 비난의 대상이 되는 반면 무력한 어린양 자신은 선한 존재가 된다. 여기에 뭔가 오류가 있지 않은가. 이렇게 생각해 보자. 맹금이 힘을 쓰지 않으면 어린양을 잡아먹을 수 없을 테고, 그러면 굶어죽을 테니 맹금은 맹금의 능력을 발휘하지 못하게 될 것이다. 맹금이 맹금으로 존재한다는 것은 맹금이 갖고 있는 능력만큼의 힘을 쓴다는 것을 전제로 한다. 즉 '맹금이라는 존재＝맹금만큼의 힘＝능력만큼의 힘 발휘'와 같은 도식을 만들 수 있을 것이다. 맹금은 곧 힘이며, 그 힘(능력)은 곧 어린양을 잡아먹는 활동이다. 맹금이 활동하지 않으면, 다시 말해 사냥하지 않으면 맹금은 맹금이 아니다. 맹금이 자신의 힘을 아끼는 순간 맹금으로서의 존재 자체가 부정된다. 그런데 어린양이 이렇게 맹금을 비난하고 있는 것이다. 맹금이 힘을 아껴야 하는데도 아끼지 않았다고. 이는 단순한 비난이 아니다. 맹금이라는 존재 자체를 부정하는 비난이다.

어린양이 억제하고 있는 힘을 맹금이 억제하지 않았다는 것, 그래서 그 억제하지 않음에는 맹금의 사악함이 있다는 식의 논리가 어린양에게서 만들어진다. 이 도덕적인 비난에는 맹금의 존재 자체, 같은 말로 맹금의 활동 자체를 부정해 버리는 치명적인 독이 숨어 있다. 만약 이 도덕적 비난, 다시 말해 노예적 가치평가가 지배적인 이상이 된다면 맹금(강자)이 거세되는 것은 당연지사일 것이다. 물론 사태는 그렇게 비극적이었다. 맹금이 힘을 억제할 수도 있었는데 사악한 의도로 힘을 썼다고 비난하는 어린양의 논리를 따라가 보자. 어린양은 '힘 발휘＝활동'을 제어하는 어떤 것, 다시 말해 '주체'를 상정하는 듯하다. 맹금이라는 '주체'가 자신의 '활동'을 제어했어야 한다는 것, 그래서 활동이 제어되지 않았다면 그건 주체의 잘못이라는 식이다. 주체와 활동이 분리되어 있다는 것이 어린양의 논리에 숨어 있다.

그러나 자세히 따져 보면 그런 '주체'는 없다. '(번개의 활동으로) 섬광이 번뜩인다'와 같은 표현을 보자. 섬광은 번개라는 주체의 뜻에 따른 게 아니다. 섬광 자체가 번개의 활동으로 섬광을 번개에서 분리하면(마찬가지로 사냥행위를 맹금에게서 분리하면) 번개의 활동은 없는 셈이다(마찬가지로 맹금의 존재는 없어지는 것이다). 섬광 없는 번개는 번개가 아니다. 즉 "활동, 작용, 생성의 배후에는 어떤 '존재'도 없다. 활동하는 자라는 것은 우리의 사고가 고안해 낸 활동에 덧붙인 것에 지나지 않는다. 활동이 모든 것이다." 니체는 주체 자체를 철학적 날조로 본다. 이 날조 속에서 '섬광처럼 번뜩이는 하나의 활동'을 번개라는 주체(원인)와 이 원인에 의한 섬광(결과)으로 분리하고 결과를 야기한 원인(주체)을 비난하는 것이다. 그러나 이런 인과관계가 허구라 할 때 실제 존재하는 것은 활동이고, 작용이며, 생성일 뿐이다. 비가 내리는 활동을 우리는 '비가 온다'는 식으로 표현하는데, 여기서 '비'가 주체가 되고, '오다'는 그 주체의 활동처럼 간주된다. 니체의 말대로 "언어 속에서 화석화되어 있는 이성의 근본 오류"라 할 "언어의 유혹"에서 벗어나기 어렵기 때문에 우리는 주체 없는 '활동=힘=존재'를 상정하지 못한다. 그리고 어린양이 이런 오류를 영리하게 이용하고 있는 것이다.

그런 점에서 '주체'는 분명 약자적 기원을 갖는다고 할 수 있겠다. 다르게 말하면 약자들만이 주체라는 "위조된 기형아"를 요청하고 주체 속에서 자신의 증오를 의욕되고 선택된 '공적'㎡績으로 만들 수 있다고 하겠다. 니체는 이렇게 말한다. "주체(또는 더 통속적으로 말하면 영혼)에 대한 믿음은 아마도 지금까지 지상에 존재했던 믿음 중 가장 확고한 믿음이었을 것이다. 왜냐하면 이것은 죽을 수밖에 없는 수많은 대다수 인간, 모든 종류의 약자와 억압받는 자가 약함 자체를 자유롭게 선택한 것으로 해석하고, 그들이 그저 그렇게 존재하는 모습을 자신의 공적으로 해석하는 저 섬세한 자기기만을 가능하게 했기 때문이다."『도덕의 계보』「첫번째 논문」13절 그렇다면 여기서 우리는 '강자'의 이미지를 '탈-주체' 혹은 '비-주체'라고 규정할 수도 있겠다. 주체적 동일성이나 자아의 동일성에서 벗어나는 것, 바로 거기에 강자의 길이 있을 테니 말이다.*

여기에는 '주체의 오류' 말고도 다른 오류가 있다. 이것을 베르그송의 논법을 따라 '본성상의 차이를 정도상의 차이로 환

---

* 들뢰즈는 자아의 세계와 신의 삼위일체를 벗어나는 세계를 '사건'과 '의미'의 맥락에서 탐구하면서 '비인칭적'이고 '전개체적'인 특이성(singularity)이라고 규정한다. 차이들의 발산의 상태, 그리고 이 발산적 계열들의 공명은 자아와 세계와 신의 죽음을 선포하는 것이라고 말한다. 이에 대해서는 질 들뢰즈, 『의미의 논리』, 이정우 옮김, 한길사, 1999에 나와 있다. 특히 「계열 24, 사건들 사이의 소통」을 참조하면 좋다.

원하는 오류'라 명명할 수 있을 것 같다.** 맹금이 발휘한 힘이 있었다. 그리고 이를 비난하는 어린양은 자신은 어떤 힘을 억제했다고 말한다. 그런데 이 두 힘이 같은 힘인가. 어린양은 정도의 차이에서만 다를 뿐 같은 힘이라고 주장한다. 그러나 맹금과 어린양이 같은 존재일까. 본성상의 차이가 없을까. 물리학적 비교는 이 질적이고 본성적인 차이를 양적인 차이로 환원해 버린다. 그럴 때 어린양의 비난이 가능해진다. 맹금이 자발적으로 행동하지 않아야 하듯이 어린양도 마음만 먹으면 행동할 수 있다

** 들뢰즈에 따르면 베르그송 철학의 핵심은 거짓 문제와 참된 문제를 구분하는 것, 다시 말해 정도상의 차이 밑에 있는 본성상의 차이를 구분하는 것이라고 한다(질 들뢰즈, 『베르그송주의』, 김재인 옮김, 문학과지성사, 1996, 21쪽). 베르그송이 직접 들고 있는 예 중에서 제논의 역설 한 가지만 살펴보자. '앞서 출발한 거북이를 아킬레스는 따라잡을 수 없다', '과녁을 향해 출발한 화살은 과녁에 도달할 수 없다'. 결국 운동하는 것은 운동하지 않는다! 이때 운동은 공간적이고 분할 가능한 '위치(점)'들의 집합에 불과하다. 이렇게 우리는 운동(변화)을 좌표상의 점으로 변환시키고 운동의 질적 흐름을 공간적인 직선 위에 옮겨놓는다. 즉 '운동'을 보지 않고 '공간'을 보는 것이다. 운동은 불가분적인 것이고, 흐름이며, '지속'이다. 따라서 위치(점)의 복합만으로는 운동을 만들 수 없다. 제논의 역설은 이렇게 질적인 운동을 공간화된 운동으로 환원한 것에서 초래한 거짓된 문제에 불과하다. 즉 운동의 질적인 성격(공간과는 다른 본성적인 차이)을 공간상의 위치의 변화(정도상의 변이)로 치환한 것이다(앙리 베르그송, 『의식에 직접 주어진 것들에 대한 시론』, 최화 옮김, 아카넷, 2006, 146~159쪽). 본성상의 차이와 정도상의 차이라는 베르그송의 중요한 철학적 관점을 강자와 약자의 논리에 적용해 보면, 약자는 강자와의 본성상의 차이(긍정에서 출발하는 자와 부정에서 출발하는 자)를 정도상의 차이(돈이나 권력의 차이)로 환원하면서 강자를 무력화한다는 사실을 알 수 있다. 니체의 강자와 약자의 개념에서는 권력의 강약(정도상의 차이)이 아니라, 삶의 원리의 차이(본성상의 차이)가 중요하다.

(힘을 발휘할 수 있다)는 것이다. 맹금의 힘이나 어린양의 힘이 동일하고, 그 힘은 발휘할 수도 있고 발휘하지 않을 수도 있다는 것이다. 그런데 맹금은 발휘했고 어린양은 인내했다. 동일한 힘도 사용하는 주체에 따라 쓸 수도 있고 안 쓸 수도 있는데 쓴 쪽은 비난받게 된다. 특히 억제하는 데 더 많은 힘이 들 것이므로 어린양은 더 노력한 셈이고 맹금은 방종했던 셈이다.

이제 원한의 오류를 이렇게 정리할 수 있겠다. 힘을 그것이 할 수 있는 활동에서 분리할 수 있다는 것, 그 분리는 주체에 의해 가능하다는 것, 모든 존재는 힘의 양적인 크기에서만 차이가 있을 뿐 본성에 있어서는 같다는 것. 이렇게 해서 강자는 약자와 같은 존재가 되었다. 고귀함이나 비천함은 본성적으로는 차이가 없어졌다. 이것만으로도 인류사의 엄청난 비극이다. 강자와 약자가 약자의 관점에서 힘의 양적인 크기에서만 차이 나는 존재로 동일해졌다. 문제는 동일한 본성의 존재가 되었다는 것에만 있는 게 아니라 이를 통해 약자가 승리하고 지배하게 되었다는 데 있다. 약자는 우월해지고 싶었다. 어떻게? 바로 원한의 오류추리를 통해. 힘을 발휘하는 존재는 힘을 억제하는 존재보다 열등하다는 논리를 통해. 힘을 발휘할 수도 있는데 애써 힘을 아꼈다는 것, 이것은 힘을 조절하지 못하는 존재보다 더 우월한 도덕적 가치를 부여받는다. 그들은 이렇게 말한다.

우리는 악한 자들과는 다른 존재, 선한 인간이 되자! 선한 인간이란 능욕하지 않는 자, 그 누구도 해치지 않는 자, 공격하지 않는 자, 보복하지 않는 자, 복수를 신에게 맡기는 자, 우리처럼 조용히 사는 자, 악을 피하고 인생에서 요구하는 것이 거의 없는 자, 즉 우리처럼 인내하고 겸손하며 올바른 자이다.『도덕의 계보』「첫번째 논문」13절

'공격하지 않는 자=겸손한 자'처럼 힘을 쓸 수 없는 무능력이 도덕적 찬사로 전환되고 있다. 약자의 약함 자체(이것이 약자의 본질이고 활동임에도 불구하고)가 일부러 선택된 행위인 양, 공적인 양 선전되는 것이다. 이 순간 모든 것이 날조된다. 보복하지 않는 무력감은 '선'이 되고, 불안한 천박함은 '겸허'로 바뀌고, 복종하는 것은 '순종'이 되며, 비겁함은 '인내'라는 미명을 얻고, 복수할 수 없음이 복수하지 않음이 되며, 심지어 용서, 혹은 적에 대한 사랑으로까지 불리게 된다. 마치 공장에서 제조되듯이 이렇게 이상이 '제조'되었던 것이다. 강자들을 약자들의 수준으로 끌어내리고, 동시에 강자의 강함을 부덕과 악덕으로 몰아붙이면서 약자는 우월한 존재가 된다. 마찬가지로 강자의 강함은 근본적으로 박탈되고 만다. 약자의 승리는 약자가 더 강해지는 과정에 의해서가 아니라 원한의 오류추리를 통해 적극적이고

고귀한 자들의 능력을 박탈하면서, 그리고 그 능력의 발휘를 도덕적 유죄로 선고함으로써 이뤄졌던 것이다.

인간은 신성도 아니고 창조의 극치도 아니다. 원한의 오류 추리를 통해 알 수 있듯이 인간은 교활하다는 점에서 가장 강한 동물이다. 그렇다고 다른 존재자보다 우등하지는 않다. 왜냐하면 모든 존재자는 나름대로 완전하기 때문이다. 어리석고 잔인하지만 행위와 표현 속에서 행복을 느꼈던 고귀한 자들이 약자들의 증오에 의해 거세되는 대신 무섭지는 않지만 왜소하고 병든 인간들이 우글거리게 되었다. 인간은 "자신의 본능에서 가장 위험하게 이탈하여 길을 헤매는 가장 실패한 동물이며 가장 병적인 동물"이다. 인간은 그렇게 병들면서 "가장 흥미로운 동물"『안티크리스트』 14절이 되었다. 인류사의 역설인 것이다. 따라서 무조건 과거로 달려갈 수가 없다. 거기엔 흥미로운 인간이 없을 테니 말이다. 흥미로우면서도 경쾌하고 고귀한 인간을 어떻게 만들어야 하는가. 이것이 우리의 과제인 셈이다.

양심의 가책

고통에 무력해질 때 무엇이 탄생하는가

+++

이 고통을 어찌할 것인가

살아가는 데는 고통이 따른다. 재난이나 불행과 같은 일시적인 고통들을 말하는 게 아니다. 그런 재앙들도 인간의 삶을 고통스럽게 하는 건 사실이다. 하지만 어쩌면 이런 고통들은 견딜 만한 것일지도 모른다. 대신 도저히 어찌할 수 없는 짙은 불쾌감 같은 것, 그런 것들이 우리 삶을 근저에서부터 위협하는 고통이 아닐까. 사는 게 이상하게 권태롭고 짜증나고 피로하고 우울하다면? 하지만 도저히 그 이유도, 실체도 확실하게 파악할 수 없다면? 결코 삶이 경쾌할 리 없다. 그야말로 참을 수 없는 존재의 무거움이다. 이때 우리의 삶은 미만한 불안 속에서 어둠의 색채를 띠게 된다. 그런데 삶의 하늘에 드리운 이 불길한 그림자 속에서 인간의 위험한 시도들이 생겨난다. 이름하여 허무주의nihilism.

이 불쾌감의 원인은 뭘까. 니체는 그 생리학적 원인을 지적한다. "교감신경의 병에 있거나, 담즙의 지나친 분비나, 혈액에서의 황산칼륨이나 인산칼륨의 결핍에 있을 수 있으며, 혈액순환을 방해하는 하복부의 압박 상태에 있거나, 아니면 난소나 그와 같은 기관의 퇴화에 있을 수도 있다."『도덕의 계보』「세번째 논문」15절 이런 생리학적 원인에서 오는 불쾌감은 이유도 알려지지 않은 채 삶을 잠식하며 쉽게 해소되지 않는 우울증과 고질병으로자리 잡는다. 그래서 삶 전반이 불쾌하고 우울해지는 것이다. 또한 "생리적인 장애가 있는 자들의 깊은 우울, 납덩이처럼 짓누르는 피로, 참담한 슬픔"『도덕의 계보』「세번째 논문」17절이 전염병처럼대중 전체를 지배할 때가 있다. 바로 종교가 발생하는 순간이다. 그렇다면 종교란 무엇인가. 그 원인에 대한 진단이나 치료를 단지 심리적이고 도덕적인 방식으로만 추구하는 것을 니체는 '종교의 일반적 형식'이라 부른다. 유행이 되어 버린 이 '장애 감정'의 기원은 또 뭘까. 다음은 니체의 진단이다. '이질적인 종족 혼합의 결과'(19세기 염세주의는 돌발적으로 일어난 계급혼합의 결과라고 한다). '잘못된 이주의 결과'(인도인의 경우로 적응력이 충분치 못한 상태에서 어떤 기후 안에서 생활한 결과). '종족의 노화나 피로의영향'(1850년 이후 파리 사람들의 염세주의). '잘못된 식습관'(중세의 알코올 중독, 채식주의자의 헛된 짓). '패혈증, 말라리아, 매독 등의 영향'(30년 전쟁 이후 독일의 우울증).『도덕의 계보』「세번째 논문」17절 참조

어쨌든 인류사에서 불쾌감은 자주 찾아왔고, 알 수 없는 불쾌감으로 인해 삶은 살 만한 것이 아니었다. 모든 고통 받는 자는 고통의 원인을 찾으려 하기 마련이다. 그런데 그 원인을 알 수 없다면? 특히 생리적 질환이나 민족적 유행병처럼 그 원인 파악이 어려운 경우라면? 이때 원인은 날조되어도 상관없어진다. 비난할 수 있는 대상을 억지로라도 만들어 원인으로 삼았던 게 인류사의 법칙이었다. 비난은 뭔가. 특정한 자를 향한 감정의 배출이다. 그렇다면 감정의 배출이 왜 병자들에게 효과가 있는가. 니체는 이를 진통제나 마취제라고 표현한다. "고통받는 자가 고통을 완화시키기 위해서 가장 즐겨 사용하는 방법이고, 어떤 종류의 고통이든 그 고통을 누그러뜨리는 마취제이기 때문이다. 이러한 마취제를 고통받는 자들은 무의식적으로 욕구한다." 불쾌감을 느낄 때 격렬한 감정을 이용하면 한순간이나마 그 불쾌감이 의식에서 지워진다. 고통을 마취시키기 위해서는 불쾌감을 발산할 계기로서 거친 감정이 필요하다. 이 격렬한 감정을 자극하는 방편으로 마련된 게 바로 '원한'이다. "내가 불쾌하게 느끼는 것에는 그 누군가가 틀림없이 책임이 있다."『도덕의 계보』「세번째 논문」15절 생리적 원인에 의한 불쾌감의 경우 병자들은 결코

자신에게서 원인을 찾지 않는다. 누군가를 비난함으로써 자신의 불쾌감에 진통의 효과를 낳는 것, 이것이 원한의 유효성이다.

그런데 이런 불쾌감 말고 또 다른 불쾌감이 있다. 니체가 '인간의 내면화'라고 부르는 불쾌감이 그것이다. 금발의 야수를 생각해 보자. 이들은 본능의 발산이 곧 행위였고 활동이었으며 행복이었던 존재들이다. 본능적으로 전쟁을 벌였고, 본능적으로 습격했으며, 본능적으로 방랑과 모험의 길을 걸으며 자유를 만끽했던 존재들이다. 진정 금발의 야수였던 셈이다. 그런데 이들이 '사회의 평화와 구속'에 갇히는 일이 발생한다. 바로 '국가'의 탄생이다. 국가는 어떻게 성립되었는가. 니체는 이렇게 설명한다. 종족 중에서도 정복자 종족이자 지배자 종족이 번개처럼 이유도, 구실도 없이, '운명처럼' 다가와 저 반≠동물과도 같은 인간이라는 원료를 인정사정없이 으깨 버리면서 조직 속에 통합해 버렸다. 그들은 미워하기에는 너무 무서운 존재여서 (사회계약론의 논법과 달리) 지배를 받아야 하는 인간들이 계약서에 서명할 틈도 없이 성립되어 버린 '불가피한 숙명'이었다. 평등한 인간들의 협약과 계약이 아니라 강력한 종족에 의한 순간적인 정복, 이것이 국가의 기원이다.* 문제는 국가의 탄생과 함께 벌어지는 일들이다.

국가가 탄생하면 어떤 일이 발생하는가. 이제 본능적으로 행동하는 건 곤란해진다. 국가가 존재한다는 것은 조직적 위계와 규범에 따른 행동을 강제하는 것이기에 당연히 본능적인 행동은 제어되어야 한다. 그리하여 반▸동물의 "본능은 가치를 상실하고" 본능이라는 "오래된 안내인"을 잃어버린다. 대신 본능적으로 행동하던 그들, 그렇게 행동해도 불편하지 않았던 그들은 수감되어 버린 본능으로 인해 '의식'이라는 새로운 길잡이를 따라가야만 하는 신세가 된다. "이 불행한 인간들은 사유, 추리, 계산, 원인과 결과의 결합에 의존하게 되었고, 가장 빈약하고 가장 오류를 범하기 쉬운 기관인 의식에만 의존하게 되었다!" 국가의 탄생과 동시에 의식이 발생한다. 의식은 본능보다 훨씬 나중에 발생한 기능이자 빈약한 기능이다. 본능적인 행위에서 느끼던 자유는 이제 계산하고 인과관계를 따지고 생각하는 부자

---

* 여기서 말하는 '국가의 기원'은 어떤 역사적이고 인류학적인 기원보다는 오히려 매 순간 폭력적 출현과 억압적 통합 속에서 경험되는 국가로 이해하면 우리에게 많은 통찰을 주는 것으로 보인다. 그런 점에서 국가는 어떤 역사적 시점에서 출현하고 지속되는 것이라기보다는 그런 폭력적 과정 속에서 매 순간 실현되어야 하는 과정으로 이해된다. 우리는 평소에 국가를 경험하지는 못한다. 그러나 정당한 생존권 요구조차 공권력이라는 이름으로 무자비하게 억압되는 순간, 그런 이해할 수 없는 폭력 속에서 국가를 강력하게 경험하게 되는 것이다. 이 순간 우리는 개인들 간의 계약에 의한 국가의 성립이라는 이론이 얼마나 무의미한 것인지 알게 된다. 이해되지도, 해석되지도 않는 폭력, 하지만 국가만이 그런 폭력을 정당화한다는 점에서 국가는 늘 "운명처럼" 다가오는 것이 아닐 수 없다.

유로 변하게 된다.

이때 본능은 어떻게 되는가. 발산되지 못한 본능은 "지하의 만족"이라는 내부로 향한다. 본능이 내면화될 때 신기하게도 "영혼이라고 불리는 것이 인간에게서 자라난다." 조직과 규범이라는, 국가조직이 스스로를 방어하기 위해 구축한 무서운 방어벽으로 인해 파괴와 적의, 습격과 박해, 잔인함의 쾌감이 자기 자신에게로 향하는 것이다. 자신을 물어뜯고 할퀴고 저주하고 학대하는 반동물—인간. 여기에 '양심의 가책'bad conscience의 기원이 있다. 관습이라는 감옥의 창살에 부딪혀 상처투성이가 되고 길들여진 동물, "황야를 향한 향수에 지쳐 궁핍한 동물"인 이 동물에게서 인간 자신에 대한 인간의 고통이라는 병이 야기되었던 것이다. 지상에서 "이처럼 비참한 느낌, 이처럼 짓눌리는 듯한 불쾌감"『도덕의 계보』「두번째 논문」 16절이 있었던 적은 없었다. 본능의 발산이 저지되면 생겨나는 것은 영혼이라는 새로운 선물이기도 하지만 동시에 엄청난 불쾌감이기도 하다. 그리하여 지상의 하늘은 어두워졌고, 삶의 명랑함은 자취를 감췄다. 어떻게 해야 하는가. 어찌하면 이 불쾌감을 삶에서 덜어 낼 수 있단 말인가.

이 참을 수 없는 불쾌감과 싸우는 "순진한 수단"『도덕의 계보』「세번째 논문」 19절이 있다. 먼저 "생명력 일반을 최저점으로 끌어내리는" 것이다. 가능하면 의욕이나 소망을 가지지 말 것, 감정을 흥분하게 하거나 열광적인 '피'를 만드는 모든 것을 피할 것(가령, 이슬람교 수도자의 위생요법으로 소금을 먹지 않는 식생법). 사랑하지도 말고, 미워하지도 말고, 관심 갖지도 말고, 복수하지도 말고, 부자가 되지도 말고, 일하지도 말고, 걸식하고, 가능하면 처를 갖지 않고, 정신적인 면에서는 '바보가 되어야 한다'는 파스칼의 원리를 취하는 방식이다. 심리학적으로 표현하면 '탈아'脫我, 도덕적으로 표현하면 '신성화', 생리학적으로 표현하면 '최면'이다. 동물의 '겨울잠'과 비슷하게 삶이 의식되지 않게 "최소한의 신진대사"에 집중하기. 이런 방법이 헛것은 아니라서 최면을 통해 저 "신성한 스포츠맨들"『도덕의 계보』「세번째 논문」17절은 깊은 생리학적 우울증에서 벗어나기도 했다.

고통에 대한 감수성을 이렇게 최면을 걸어 약화시키는 것보다 더 빈번하게 시도되는 훈련이 바로 "기계적 활동"이다. 규칙적인 노동에 몰두하는 인간은 자신의 고통에 대한 관심을 이 노동으로 전환할 수 있다. 인간의 의식이라는 방은 원래 협소하기 때문에 부단히 반복되는 행위가 있으면 그것만이 의식에 들어오기 마련이고, 이를 통해 자신을 망각하는 훈련이 가능해진다. 아무 생각 없이 규칙적으로 기계적인 노동에 복무하면서 그런 생활 방식에 철저히 복종하기. 우리는 이것을 "노동의 축복"이라고 부른다. 노동은 사유의 여가를 빼앗는다. 그러니 고뇌할

한가한 시간이 없어지는 것은 당연하다.

　이것 말고 "작은 기쁨"이라는 처방도 있다. 사람들에게 선행을 베풀고, 도와주고, 위로해 주고, 칭찬함으로써 자신이 즐거워지는 치료제다. 성직자들은 이렇게 "이웃사랑"을 처방함으로써 사람들이 조금 우월해지고 고양되는 기분으로 우울증과 싸우게 했다. 니체에 따르면 이 처방은 권력의지를 자극하는 방식으로서, "가장 신중한 복용량"임에도 불구하고 "근본적으로 가장 강력하고 가장 삶을 긍정하는 충동의 자극"에 이르는 처방이다. 남을 돕는다는 사실에서 자신도 쓸모 있는 존재라는 "작은 우월감"으로 행복해지고 흡족한 위로를 받기 때문이다. 원래 모든 인간은 우월하다고 느낄 때 관대해지는 법이다. 로마 시대의 기독교 초기를 보면 사회 맨 밑바닥에서 이와 같은 상호 부조의 모임, 빈민자 모임, 병자의 모임을 발견할 수 있다고 한다. 이런 모임에서 상호 선행에 의한 작은 즐거움이라는 치료방식이 의식적으로 장려되었다. 여기서 중요한 것이 바로 "무리를 형성하려는" 의지다. "무리를 형성하는 것은 우울증과의 투쟁에서 중요한 진보이며 승리이다." 개인의 무력감에도 불구하고 무리를 이루면서 힘의 고양을 느낄 수 있기에 모든 병자나 약자는 "음울한 불쾌함이나 허약한 감정을 떨쳐 버리고 싶어하는 갈망에서 본능적으로 무리를 형성하려고 한다." 성직자는 이러한 본능을 간파하고 장려한다. 그러므로 "무리를 이루고자 했던 것"『도덕의 계보』「세번째 논문」 18절은 허약본능이며, 이를 조직했던 것은 성직자의 영리함이었다. 원래 강자는 흩어지려 하고, 약자들은 모이려 하는 법이다.

'병자'의 해석학에서 '죄인'의 해석학으로

불쾌감에 휩싸인 병자들의 원한도, 국가조직에 갇힌 반半동물의 불쾌감도 모두 위험하다. 그것들이 단번에 폭발하기라도 한다면 사회의 지속은 가망 없는 일이 될 것이다. 순진한 수단으로 불쾌감과 싸우는 것은 병자들의 '원한'과 반동물의 '가책'이 갖는 위험성을 폭넓게 제거하지 못한다. 원한은 언제든 누군가를 비난하고 증오하려 하며, 동물적인 가책도 자신을 학대하다 못해 사회적으로 터져나올 수 있기 때문이다. 원한은 방향을 전환해야 하고, 본능의 내면화에 따른 동물적 가책은 새로운 의미 속에 포섭되어야 한다. 그렇다면 "분노, 공포, 음욕, 복수심, 희망, 승리감, 절망, 잔인함"과 같은 "인간 안에 존재하는 모든 들개 떼전체"『도덕의 계보』「세번째 논문」 20절를 제어할 방도란 무엇인가. 순진한 수단들의 발명이 있었다. 하지만 이 방법은 불쾌감을 일시적으로 잠재울 뿐 지속적인 해결책이 되지 못한다. 저 '들개 떼'와 같은 본능 자체를 제거할 수는 없기 때문이다. 그렇다면 어떤 방법이 있는가. 중요한 것은 저 들개들의 의미를 파악하는 일이다. 우리가 저 들개들로 인해 괴로워하는 이유를 알 수 있다면, 그리하여 우리 삶이 갖는 의미를 알 수 있다면 저 들개들과도 함께 살 수 있지 않겠는가? 이런 점에서 순진한 수단들은 그저 순진할 뿐이다.

"사람들이 본래 고통에 대해서 격분을 느낄 때, 격분의 대상이 되는 것은 고통 자체가 아니라 의미 없는 고통이다." 고통으로 인해 삶이 회의의 대상이 되는 것은 당연하다. 우리는 고통을 "삶을 부정해야만 하는 논거들 중의 제일의 것으로서, 즉 삶에 대한 최악의 의문부호"로 여긴다. 그것은 먼 옛날에도 그랬고 오늘날도 다르지 않다. 어느 누구도 고통이 완전히 제거되리라고는 믿지 않는다. 그렇게 순진한 인간은 없는 것이다. 대신 고통의 의미에 대해 가르쳐만 준다면 그 고통도 참을 만한 것이 된다. 정처 없는 방랑의 민족, 저 유대인들이 그 방랑의 고통을 신의 선택으로 해석했던 것도 바로 이런 해결책과 관련된 것이지 않겠는가. 고통 받는 자들은 본능적으로 고통의 의미를 찾는다. 고통에 대한 해석술이 필요한 것이다. 이 해석술 중에서 기독교적 해석술이 가장 강력한 지배력을 행사했지만 인류사에서 그것만 있었던 것은 아니다.

　고대의 소박한 인간들도 무작정 고통을 받아들인 건 아니었다. 그들에게도 "무의미한 고통"『도덕의 계보』「두번째 논문」7절이란 결코 존재하지 않았다. 대신 고통에 대한 의미부여가 지금과 완전히 달랐을 뿐이다. 이 선사적先史的 인간(대표적으로 그리스 신화의 세계를 생각해 보자)이 생각하는 고통은 상당히 흥미롭다. 그들은 고통을 '당하는 입장'은 중시하지 않았는데, 왜냐하면 고통이 항상 누군가에게 쾌락을 준다고 상상했기 때문이다. 다시 말해 고통을 즐기는 자의 입장에서 고통에 대해 의미부여를 하고 있었던 것이다. 원한의 인간이 고통을 당하는 자신을 중시하면서 그 고통에 대해 반작용하지 못하는 무능력으로 인해 배로 고통을 당했다면, 이와 달리 고통 받는 자의 외부에서 고통의 "적극적 의미"를 찾았던 게 선사적 인간들이었다.들뢰즈, 『니체와 철학』, 232쪽 다시 말해 이때 고통은 삶에 대한 반박이 아니라 삶의 흥분제, "삶에의 진정한 유혹"이 되었다. 그들은 자신의 고통을 처리하기 위해 "신이 그것을 바라보고 즐거워하"고 있다는 "발명"을 한다. 대표적으로 그리스인들은 "잔인함의 즐거움만큼 그들의 신을 행복하게 해주는 것은 없다고 생각한 것이 확실하다"고 한다. 트로이전쟁과 같은 비극적이고 무서운 사건은 다름 아닌 "신들을 위한 축제극"이었으며, 따라서 "아무도 보지 않는 덕행"은 생각할 수도 없었다고 한다. 이렇게 고통을 이용한, "잔인한 광경을 즐기는 것으로 생각된 신들"『도덕의 계보』「두번째 논문」7절을 위한 연극과 축제 없이는 행복을 생각할 수도 없었다는 점에서 그들은 진정 '배우'의 종족이었다.

　반면에 반작용만 하는 원한의 인간과 자기를 괴롭히려는 의지로 가득 찬 저 동물적 인간은 고통을 다르게 해소한다. 사실 원한의 인간에게는 본능의 발산이 곧 악으로 규정되어 있기에 본능이 내면화된 동물적 인간과 처지가 다를 바가 없다. 어쨌든 원한은 방향을 돌려야 하고, 동물적 불쾌감도 순화되어야 한다. 어떻게? 그것이 니체가 '양심의 가책'이라고 부르는 해석술이다. 이 수단은 "금욕주의적 성직자"라는 허구의 예술가에 의한 창의적 산물이다. 원한은 유대적 가치평가와 관련된다. 원한의 모든 힘은 가난한 자들, 병든 자들 그리고 죄지은 자들을 신에게 이르게 한다. 이를 위해 예수의 죽음이 유대적 가치평가에 이용되었다. 저 가난하고 불쌍하고 병든 자들을 구원하기 위해, 그들의 증오로부터 구원하고 사랑하기 위해 신이 스스로 십자가에 못 박힌다는 역설을 통해 예수의 죽음이 유대교적으로 의미화되는 것이다.

　그런데 "기독교가 새로운 주석을 제공"한다. 그것은 원한을 끝내는 것으로 만족하지 않고 원한의 방향을 바꿔 버린다. 다시 말해 자신의 새로운 고안물인 양심의 가책을 강요하는 것이다.들뢰즈, 『니체와 철학』, 235쪽 유대교적 원한은 기독교적 가책으로 보충해야 완성된다. 양심의 가책 없이는 아직 원한은 불안한 폭발물이기 때문이고, 강자들도 아직 자신의 본능을 상실하지 않았기 때문이다. 그렇다면 원한은 언제 완전한 승리를 달성하는가. 행복하고 몸과 정신이 건강한 자들이 "행복하다는 것은 부끄러운 일이다! 세상에는 너무나 많은 비참함이 존재한다!"며 자신의 "행복에 이르는 권리"『도덕의 계보』「세번째 논문」14절를 의심하기 시작할 때이다. 행복한 자들의 양심이 자신의 행복을 수치스러워할 때, 다시 말해 양심의 가책에 시달릴 때, 그때가 바로 원한이 가장 세련된 승리에 이르는 순간이다. (병자에 의한) 건강한 자에 대한 비난에 그치지 않고 건강한 자가 스스로를 비난할 때, 그때가 원한이 승리하는 때이고, 가책이 지배하는 때이다. 근본적인 자기부정의 완성이다. 이런 점에서 유대교와 기독교는 대립하지 않는다. "기독교는 유대교의 완성이다. 그것은 유대교의 기획을 계속 밀고 나가 끝을 낸다."들뢰즈, 『니체와 철학』, 234쪽

그렇다면 원한은 어떻게 가책으로 전환되는가. 그리고 가책은 어떻게 원한의 인간과 창살에 갇힌 동물적 인간의 고통을 구원해 주는가. 원한에 빠진 인간은 늘 이렇게 생각한다. 이런 지독한 불쾌감에는 분명 책임 있는 누군가가 있다. 민족적 유행병

과 같은 불쾌감의 참된 생리적 원인을 파악하기가 어렵기 때문에 책임자를 찾아 비난을 퍼부을 준비를 하고 있는 것이다. "그들은 악의적인 의심을 즐기며, 나쁜 행동과 자신들이 행했던 것처럼 보이는 도덕의 위반에 대해서 곰곰이 생각하는 일을 즐긴다. 그들은 어둡고 의심스러운 사건들을 찾기 위해서 자신의 과거와 현재의 내장을 샅샅이 파헤치면서, 괴로운 의심에 마음껏 탐닉하고 자신의 악의가 지닌 독에 취한다. 그들은 그들의 아주 오래전의 상처를 찢어서 열고, 아주 오래전에 치유된 상처로 피를 흘린다. 그들은 그들의 친구들이나 아내, 자식들, 그리고 그들에게 가장 가까운 사람이면 누구든 악인으로 만든다." 책임자를 찾는 병든 어린양에게 그의 목자인 금욕주의적 성직자가 이렇게 대답해 준다.

그렇다. 나의 양이여! 누군가가 그것에 대해서 책임이 있음이 분명하다. 그러나 너, 너 자신이 바로 그 누구에 해당하며, 너만이 그것에 책임이 있다. 『도덕의 계보』 「세번째 논문」 15절

이로써 원한의 방향이 변경되어 버린다. 바깥의 원인을 비난하던 원한의 위험한 뇌관이 제거되는 것이다. 그 책임이 자신에게 있으므로. 이제 비난해야 하는 것은 자기 자신이다. 이렇게

하여 병자들도 사회적으로 무해한 자가 된다. "고통받는 자의 나쁜 본능을 자기 훈련, 자기 감시, 자기 극복을 위해서 이용"『도덕의 계보』「세번째 논문」16절할 수 있게 된 것이다. 동물적인 인간의 가책도 마찬가지다. 이들은 창살에 갇히면서 자신을 학대하는 상황에 내몰렸는데, 이는 아직 "날 것 그대로의 상태"인 죄책감이고, 여전히 "동물심리학"의 일종이다. 가책이긴 하지만 아직 인간적인 가책의 단계까진 도달하지 못했다는 뜻이다. 국가조직에 의해 본능의 발산이 저지되었던 그 인간들은 자신이 겪고 있는 고통에 대해 그 어떤 인간적인 해석도 내리지 못한 단계였다. 그저 알 수 없는 고통과 불쾌감에 시달리고 있었던 것이고, 자신을 짓찢는 일로 불안하게 떠는 반✚동물에 불과했던 것이다. 그런데 이런 불안한 가책 자체가 성직자와 사회에는 위협적인 것이었다. 다시 성직자가 등장한다. 그 형태가 없던 동물적 죄책감은 "죄책감을 다루는 진정한 예술가인 성직자의 손" 안에서 의미를 부여받는다. 그 고통은 바로 반동물 자신의 '죄'에서 기원하는 천벌이라고.

이런 점에서 "'죄악'은 성직자들이 동물적인 '양심의 가책'(자기 자신에게 향해진 잔인성)을 재해석한 것"으로 "병든 영혼의 역사에서 가장 커다란 사건"이 된다. 운명처럼 나타난 국가에 의해 포획된 동물-인간은 이유도 모른 채 국가라는 방어벽에 갇히고, 그리하여 자신을 학대할 수밖에 없는 고통에 빠져든다. 고통의 이유라도 알면 견딜 만할 텐데……. 그 순간 금욕주의적 성직자에게서 어떤 '암시'를 받는다. 이 고통의 원인이 자기 자신 안에 있다는 것을, 자기 과거의 한 단편에 있다는 것을. 이제 그는 자신의 고통을 벌로 이해하게 된다. "불행한 자인 그는 이 것을 들었고, 이해하게 되었다. 이제 그는 한 마리 암탉, 즉 자신을 둘러싸고 그어진 선에 갇혀 버린 암탉처럼 되어 버린다. 그는 선으로 만든 이 원에서 다시 빠져나오지 못한다." 원한의 인간이든 우리에 갇힌 동물-인간이든 모든 병들고 고통 받는 자들이 이제 '죄인'이 되고 말았다. 병자에서 죄인으로의 변화만큼 인류 영혼과 신체의 역사에서 가장 커다랗고 끔찍한 사건은 없다. 이제 "어느 곳에서든지 고통을 왜곡되게 해석하려는 의지가 삶의 내용을 이루고 있으며, 고통을 죄책감, 공포감, 벌로서 느끼는 감정으로 전환하려고 한다." 생리적 고통은 도덕적 고통과 도덕적 죄악으로 전환된다.

그렇다면 이렇게 묻는 것은 당연하리라. 고통이 죄로 해석된다는 사실이 어떻게 고통에 대한 치료법이 될 수 있단 말인가. 앞에서도 말했듯이 격렬한 감정이 배출된다는 것 자체가 이미 고통 받는 자에게는 진통의 기능을 한다. 고통의 원인이 무엇이든 어떤 대상에 대한 '감정의 방탕'이 이뤄지면 고통은 잠시 잊혀진다. '죄와 벌'은 이처럼 '감정의 무절제함'을 자극하는 '죄 있는 수단'으로 등장한 성직자의 창작품이다. 불쾌하고 답답하고 언짢고 우울하고 두렵고 괴로운가, 그러면 너의 과거를 회한의 대상으로 삼아 처절히 뉘우치고 고문하고 학대하라. 이 모든 불쾌감과 고통이 너의 죄에서 비롯된다고 양심을 가책의 바늘로 찌르라. 그 순간 모든 고통은 잊혀지고 희한하게 환회와 열광과 희열이 찾아올 것이다. "어느 곳에서든지 채찍질, 낡아빠진 셔츠, 굶주린 신체, 참회가 존재한다. 어느 곳에서든지 불안하고 병적으로 예민한 양심의 잔인한 수레바퀴 밑에 깔려 자신을 파멸시키려는 죄인이 존재한다. 어느 곳에서든지 무언의 고통, 극도의 공포, 고문당하는 마음이 겪는 단말마의 고통, 알지 못할 행복의 경련, '구원'을 바라는 외침이 있다." 매저키즘적 자학과 고문, 지옥에서 발견하는 황홀경이 있다. "오랜 우울증, 중압감, 피로감은 이러한 방법들의 체계에 의해서 사실상 철저하게 극복되었고, 삶은 다시 매우 흥미로운 것이 되었다. 깨어 있는 상태로, 영원히 깨어 있는 상태로 밤을 지새우고, 작열하면서, 숯이 되도록 타고, 탈진했지만 피로하지는 않다." 『도덕의 계보』 「세번째 논문」 20절 신 앞에 절규하며 참회할 때 더 이상 피로하지 않으며 우울하지도 않다. 밤을 새울 정도로 작열하는 영혼이 있고, 밤을 지샌 후 정화된 영혼이 있다. 자기 고문의 지옥을 경험한 자는 그 지옥문을 나와 천국에 입장한다. 감정을 더 열광적으로 만들수록 환희가 커지는 법, 그래서 발명된 지옥은 더 많은 고통을 선사하고, 오히려 '죄인'들은 고통에 대항하지 않고 고통을 갈망한다. 더 많은 고통을. 즉 더 많은 쾌감을. 더 정확히 말해 고통에 대한 더 많은 마취제를.

그런데 이 성직자적 치료를 도대체 어떻게 평가해야 하는가. 정말 이 치료법은 인간의 고통을 없애 주고 인간을 향상시켜 왔는가. 물론 마취제이니 고통을 없애 주지는 못할 것이고 대신 고통을 경감시켜 주기는 했겠다. 그렇다면 인간의 향상이 이뤄지기는 했는가. 차라리 인간이 길들여지고 거세되고 연약해지고 섬세해진 것은 아닌가. 자연에서 일어나는 우연적인 재난이나 삶에 내재하는 불쾌감 모두를 오직 자신의 죄로 해석하는 자를 길들여지고 연약해지고 거세된 인간이라고 칭하지 않을 이유가 어디에 있겠는가. 금욕주의적 성직자의 치료술은 한 마디로 병자의 병을 더 악화시킨다. 이런 치료술은 기본적으로 "신경체계를 파괴한"다. 사태에 대해 정상적인 반응을 보이지 않은 채 모든 것을 왜곡하고 오해하는 정신, 자신을 학대하는 정신, 그리하여 스스로도 교란된 신경체계라는 사실을 모르는 병자들을 양산하는 것이다. "자학적인 참회, 회한, 그리고 구원의 발작이 치료법으로서" 적용되면 무서운 간질병이나 우울증, 자살욕망이 유행하게 된다. 중세의 성 비투스 무도병과 성 요한 무도병은 간질병의 집단적 발작이었으며, 제네바나 바젤의 도시적 기질이 단번에 변한 것은 만성우울증 때문이라고 한다. 1564년에서 1605년까지 여덟 번이나 유행한 마녀 히스테리도 이런 치료법에 기원을 두고 있다고 한다.

그러한 훈련의 결과로 또한 죽음을 열망하는 저 집단적인 정신 착란증을 보게 된다. 이러한 정신착란증에 걸린 자들이 외치는 '죽음 만세'라는 소리는 어떤 때는 음욕에, 어떤 때는 파괴욕에 사로잡힌 병적인 특이체질에 의해 중단되기도 했지만, 유럽 전역에 울려 퍼지게 되었다.

나치즘에 의한 유대인 학살과 전쟁을 예견하기라도 했단 말인가. '죽음 만세'라는 저 구호야말로 파시스트의 구호이자 히틀러의 명령 아닌가. 국가의 자살을 꿈꾸었던 나치, 민족 전체의 죽음을 갈망했던 끔찍한 역사도 위대한 민족이라는 가상적 존재에 대한 죄의식에서 비롯된 것이 아니었던가. 유대인 학살로 표현된 '원한'과 위대한 게르만으로 표현된 '가책'의 결합이 파시즘의 광풍으로 나타났던 것 아닌가. 세계대전을 목격한 프로이트는 에로스Eros보다 더 근본적인 것으로 타나토스Thanatos, 즉 죽음충동을 설정하지 않으면 안 되었다. 그런데 정말 생명체에게 죽음충동이라는 근원적인 기제가 있다고 할 수 있는가. 도대체 어떤 생명체가 자살을 원하겠는가. 프로이트가 명명한 죽음충동이라는 것은 저 금욕주의적 죄악설에 의한 "구원을 위한 훈련"이 일으킨 역사적 결과라 볼 수 없겠는가. 그렇다면 프로이트는 징후만을 본 것이지, 더 근본적인 금욕주의적 죄악설과 그에 따른 훈련과정은 못 본 셈이다. 그래서 들뢰즈와 가타리는 죽음본능은 없다고 단정한다. 죽고자 한다면 그것은 특정한 배치 때문에 그런 것이라고. 배치가 바뀌면 더 살고 싶어진다고. 이들이 말하는 배치란 곧 니체가 말하는 금욕주의적 죄악설과 그 훈련체계라 할 수도 있으리라. 니체는 이 죄와 벌의 해석학보다 유럽인의 건강에 더 치명적인 것은 알코올 중독과 매독을 제외하고는 없다고 말한다. "조금도 과장하지 않고, 우리는 그것을 유럽인 건강의 역사에서 진정한 재앙이라고 부를 수 있다."『도덕의 계보』「세번째 논문」21절

역사의 복합적 결을 확인하라

너무 단도직입적으로 죄와 벌의 해석학을 이야기했다. 수천 년

의 인류 역사에서 인간이 결코 벗어나지 못하는 '죄인'이라는 병자는 그렇게 단순하게 형성된 게 아닌데도 불구하고 말이다. 일직선적이지 않은 게 역사적 과정이다. 원한에서 가책으로의 과정은 그보다 훨씬 복잡하다.

질문을 던지면서 시작해 보자. 아무리 병자의 병이 낫기 힘든 것이라 해도 최소한 죄인은 정화될 수도 있지 않았을까. 다시 말해 죄인은 벌이라는 죗값을 받으면 다시 정상인으로 되돌아올 수도 있는 것이 아닐까. 그런데도 어찌하여 2000년 동안 인간은 늘 죄인이었단 말인가. '원죄'니까? 원죄를 받아들이지 않으면 문제는 사라지는 것 아닌가. 그런데 어찌 인간은 원죄라는 해석을 강고히 붙잡고 자신의 삶을 유죄판결을 받아야 하는 것으로 만들고 있는가. 이런 점에서 보면 죄란 단순히 내가 받아들이기 거부한다고 사라지는 해석이 아닌 셈이다. 죄와 벌의 해석학 이면에는 우리가 쉽게 거부할 수 없는 강력한 역사적 과정이 있었던 것이다.

니체는 단일한 기원과 단일한 목적(효용)의 역사학을 거부한다. "어떤 사물, 어떤 관습, 어떤 기관의 '발전'이란 결코 어떤 목적을 향한 진보가 아니며"『도덕의 계보』「두번째 논문」 12절 다양한 힘들의 투쟁에 따라 새로운 의미와 목적이 부가되는 복합적 과정이다. 그래서 니체의 계보학을 분석한 미셸 푸코는 이렇게 말한다. "계보학은 모든 단선적인 목적성의 외부에서 사건들의 고유성을 기록해야만 하며, 계보학은 가장 가망 없는 장소에서, 우리가 느끼기에 역사 없는 곳에서 ——즉 정서, 사랑, 양심, 본능과 같은 것에서 —— 사건들을 찾아야 한다." 미셸 푸코, 『미셸 푸코』, 이광래 옮김, 민음사, 1989, 330쪽 단선적 과정 대신 복합적 과정, 선천성(선험성) 대신 역사성을 찾는 것이 니체의 철학적 방법이다. '죄의식'과 같이 역사가 없을 것 같은 본능의 영역에도 역사가 있으며, 그 역사에는 결코 하나의 기원이 아닌, 수많은 사건들의 결합과 투쟁이 자리하고 있다는 것이다. 우리는 대개 이렇게 생각한다. 눈은 보기 위해 만들어진 것이고 손은 잡기 위해 만들어진 것이라고. 다시 말해 손은 붙잡음이라는 '목적(효용)'을 위해 '기원'에서부터 '발생'한 것이라고. 그러나 발생의 기원에서 볼 때 손이 과연 붙잡음이라는 단 하나의 목적을 위해서만 생겼겠는가. 그렇다면 코는 안경을 걸치기 위해서 발생한 것인가.

어떤 것이 현재의 목적(유용성)을 위해 존재한다고 해도 그것의 기원에서부터 꼭 그 목적과 함께 발생하는 것은 아니다. 흑인은 노예제도하에서는 노예가 되기 위해(목적) 태어난 것(기원)이지만, 노예해방의 상황에서는 그런 목적에 지배되지 않는다. 그렇다면 흑인이 노예로서의 용도와 기원을 갖는 것은 어떻게 가능한가. 흑인에 대한 야만적 지배가 아니라면 그것을 어떻게 설명하겠는가. 그러나 흑인이 인간으로 규정되는 것에도 야만적 지배를 종식시킬 수 있는 힘(권력)이 필요하다. 이처럼 해석의 변화는 힘들의 대결과 투쟁 없이 달성되지 않는다. 그래서 니체는 계보학적 관점으로 이렇게 얘기한다. "현존하는 것, 어떠한 방식으로든 성립하게 된 것은 그것보다도 우세한 힘에 의해서 항상 거듭해서 새롭게 해석되고 새롭게 압류당하며 새로운 용도를 위해서 변형되고, 이와 함께 그것에 새로운 방향이 부여된다. 유기적인 세계에서 모든 사건은 하나의 제압이자 지배이고, 모든 제압과 지배는 다시 새로운 해석이자 조정調整인데, 이러한 새로운 해석과 조정을 통해서 이제까지의 '의미'와 '목적'은 필연적으로 불분명하게 되거나 완전히 말소되어야만 한다."『도덕의 계보』「두번째 논문」 12절

　가책도 마찬가지다. 우리는 타고나면서부터 가책에 사로잡히지 않는다. 실제로 가책을 모르는 아이들은 또 얼마나 많은가. 인간이라고 다 자신이 겪는 '고통'에 대해 '죄'라는 도덕적이고 종교적인 개념으로 반응해야 하는 건 아니다. 그런데 어찌하여 인간은 (최소한 종교적인 의미에서라도) 원죄에서 벗어나지 못하고 있는가. 계보학자의 시선으로 역사의 다양한 결들, 그 사건의 결들, 그 우연적 결합의 결들을 확인해야 한다. 그렇지 않을 때 우리는 성급한 전망과 대안 속에서 또다시 길을 잃고 말 것이다.

길은 너무 환히 보여도 의심스럽지만 아무것도 보이지 않는다는 하소연도 믿을 건 못 된다. 아직 계보학적 시선이 부족한 것일 뿐이다. 물론 여기에 대해 어떤 질문이 있을 수밖에 없다. 왜 우리가 고통에 대해 죄라고 하는 도덕적이고 종교적인 해석에서 벗어나야 하는가 하는 질문 말이다. 죄 앞에서 우리가 부덕한 삶을 반성하고 경건한 삶으로 회귀할 조건을 발견하는 한, 그런 해석도 삶에 필요한 것은 아닌가 하는 질문 말이다. 윤리적으로 중요한 질문이다.

먼저 대답할 수 있는 게 있다. 어떤 불행한 사태에 대해 '죄'라는 반응을 보이는 것이 결코 인간의 본성은 아니라는 사실이다. 이는 범죄자들에게서 특히 자주 나타난다는 게 니체의 분석이다. 감옥에 갇힌 범죄자들이 당연히 느껴야 하는 감정이 죄의식일 것 같은데, 실상 전혀 그렇지 않다는 것이다. 오히려 그들은 신중하지 못했다는 어떤 후회를 한다. 후회와 죄의식은 완전히 다른 개념이다. 다음에는 이렇게 어리석은 실수를 하지 말아야지 하는 감정이 후회라면, 죄의식은 자신의 본질 자체를 부정하는 일이다. "진정한 양심의 가책이란 범죄자들과 수형자들에게 극히 드물게 생기는 것이기 때문에, 감옥이나 교도소는 [양심의 가책과 같은] 이러한 집게벌레가 번식하기에 좋은 온상이 아니다."『도덕의 계보』「두번째 논문」14절 죄의식을 주고 반성하게 하기 위해

투옥이라는 형벌을 가해도 범죄자들이 죄의식에 빠지기는커녕 훨씬 더 교활해진다는 사실은 도스토옙스키의 소설에서도 자주 관찰되는 바다. 어쨌든 죄라는 개념과 죄의식이라는 감정은 인간에 대한 어떤 역사적 작업의 결과이지 인간의 본성에 내재하는 게 아니다. 그렇다면 어떤 역사와 사건이 거기에 숨어 있는가.

죄의식을 느낀다, 양심의 가책을 느낀다는 표현은 정확히 분석하면 이런 의미를 담고 있다. 어떤 행위를 했다. 그런데 그것이 (행위자 자신에게든 아니면 타인에게든) 어떤 피해나 손해, 혹은 고통을 야기했다. 그래서 이렇게 생각한다. 그런 일을 하지 말았어야 했는데 왜 그랬는가. 결국 나는 악한 인간이고 당연히 벌을 받아야 된다. 그렇다면 그는 왜 벌을 받아야 한다고 생각하는 것인가. "달리 행동할 수도 있었기 때문이다." 이 문장 속에서 우리는 어린양의 논법을 다시 보는 것 같다. '힘을 억제할 수도 있었는데 억제하지 않다니, 맹금은 사악하다'라는. 행위를 하거나 하지 않을 수 있는 자유의지의 주체를 가정하고, 활동에 대해 주체의 사악함을 묻는 어린양의 사고방식이 그것이다. 이처럼 죄와 벌은 주체라는 허구, 주체의 자유의지라는 허구를 이용하는 고안물로서, 선사적 인간은 갖고 있지 않았던 해석술이다. 니체는 이렇게 말한다.

'범죄자가 처벌을 받아야 하는 것은 그가 달리 행동할 수도 있었기 때문이다'라는 사상은 사실은 인간의 판단과 추리의 매우 세련된 형식이며 극히 뒤늦게 성취된 것이다. 이러한 사상을 인류의 초창기부터 있었던 것으로 생각하는 사람은 고대 인류의 심리를 극히 조야하게 오해하고 있는 것이다. 『도덕의 계보』 「두 번째 논문」 4절

신, 인간의 채무를 대신 갚다

그렇다면 어떤 과정을 통해 이 고대 인간은 죄와 벌의 해석학 속으로 빠져들고 그 심각한 '병'에 걸리고 말았는가. 니체에 따르면 "가장 오래되고 가장 근원적인 인간관계"는 "채권자와 채무자의 관계"라고 한다. "가격을 정하고 가치를 측정하고 등가물을 생각해 내며 교환하는 것, 이것은 어떤 의미에서는 사유 자체라고 할 수 있을 정도로 인간의 원초적인 사유를 이미 지배하고 있었다." 『도덕의 계보』 「두번째 논문」 8절 '인간'manas이라는 말도 이렇게 "평가하는 동물"이라는 뜻을 갖고 있다. 값을 매기고 사고파는 것, 이것이 어떤 집단이나 사회의 시초보다 오래된 것이다. 채권과 채무의 관계 속에서 죄, 양심, 의무와 같은 신성한 개념

들이 만들어졌고, 이것이 금욕주의적 성직자에 의해 다른 의미로 전용되고 말았다는 게 니체의 분석이다. 아직 도덕적인 영역으로 들어가기 전의 채무법에서는 채무자가 상환의 약속을 보증하기 위해 신체나 영혼, 심지어는 생명까지 저당잡혀야 했다. 채무이행의 약속을 지키지 못하면 당연히 저당잡힌 신체와 영혼이 당하는 고통도 각오해야 했으니 손해배상으로서의 고통이 곧 상환인 셈이다. 이를 통해 채권자가 얻는 보상도 있었는데 그것은 채무자의 신체에 가하는 형벌이라는 쾌감이었다. 채무자의 약속 위반은 채권자에게 끼친 손해였고(결코 죄가 아니다!), 손해의 크기만큼 고통의 크기가 정해져 있었으며, 이 둘은 교환될 수 있는 것이었다. 선사적 감정에 있어 '정의로움'은 복수가 아니라 고통을 통해 당한 피해만큼의 등가의 쾌락을 주고받는 것이었다. 즉 언제든 피해에 따른 배상을 받을 수 있는 게 '정의'였고, 배상을 해주면 채권자와 채무자의 관계가 정리되는 것이 정의였다. 따라서 고통스럽게 만드는 것은 채권자의 '권리'였고, 고통을 당하면서 자유로워지는 것은 채무자의 '의무'였다. 너무 잔인하다고 생각할지 모르겠다. 그러나 거기에 현재와 같은 진한 우울함이 아니라 발랄한 명랑함이 있었다는 사실도 잊지 말았으면 한다.

개인과 개인의 관계가 경제적 채무법의 영역에 있었듯이

공동체와 개인의 관계도 채권자와 채무자의 관계를 바탕으로 구성되었다. 그리고 이는 다시 현존하는 사람들과 그 조상의 관계로 바뀌어 해석된다. 원시적인 종족집단은 현재의 세대보다 앞선 세대, 특히 종족의 기초를 세운 최초의 세대에 대해 의무감을 갖고 있었다. 따라서 조상에게 희생과 공헌을 통해 부채를 갚아야 한다고 생각했다. 조상이 무상無償으로 그렇게 했을까. 그러나 "야만스럽고 '영혼이 빈약한' 시대에는 '아무런 대가도 없다는 것'은 있을 수 없다." 그리고 그들이 조상에게 되돌려줄 수 있는 것은 음식물이나 자기 육체, 축제, 예배, 복종 등이었다. 그렇게 자신들의 수확물을 바치면서도 그들에게는 이런 의혹이 자라난다. 우리가 과연 조상에게 진 빚을 다 갚은 것일까. 선조에 대한 부채의식과 공포감은 당연히 종족 자체의 힘이 커지는 것에 비례해서 커지게 되어 있다. 부족이나 종족의 힘이 클수록 조상에 대한 부채의식도 커지는 것이다. 따라서 아주 강력한 종족의 선조들은, 후손들의 상상력에 의해 선조의 힘에 대한 공포감이 커감에 따라 어마어마한 존재로 간주되고 마침내 신적인 무서움까지 띠게 된다. "선조는 결국에는 필연적으로 하나의 신으로 변형된다. 아마도 여기에 신들의 기원 자체가, 즉 공포로부터의 기원이 존재한다!"『도덕의 계보』「두번째 논문」19절

　　조상에 대한 채무감정이 신에 대한 채무감정으로 변모하면

당연히 신의 위대함에 비례해서 그 감정도 커지게 되어 있다. 여기서 기독교 신의 위력이 나타난다. 세계 전체를 장악한 신, 유일신인 기독교 신의 출현은 당연히 채무감정의 최대치를 이 지상에 선사한다. 다신多神들의 죽음, 그리고 유일신의 세상. 이 유일신의 위대함은 당연히 우리에게 신에 대한 자부심과 그 자부심에 기반한 종족의 자긍심을 키우는 방향으로 우리를 살게 했어야 했다. 그런데 사태는 완전히 반대다. 유일신과 함께 우리는 원죄의 존재, 타락의 존재, 지옥의 운명을 겪어야 하는 존재가 되고 말았다. 종족 선조의 위대함이 종족의 위대함에 대한 자부심을 낳았다면 왜 유일신은 인류 전체의 위대한 자긍심을 낳지 않은 것인가. 신(조상)에 대한 최대치의 채무감정이 어찌하여 후손들에게 최대치의 풍요로움을 선사하지 않는 것인가. 이 유일신의 탄생에 있어 도대체 어떤 일이 일어난 것인가. 계보학적 시선에서 볼 때 최대의 관건은 바로 여기다. 니체가 신의 죽음에 대해 여러 가지 버전을 이야기할 때도 바로 이 사건이 관건이다. 신은 죽는다. 그것도 여러 방식으로. 신을 죽인 자에 따라 신의 죽음이 갖는 의미도 달라진다.

　　노예와 약자는 어떻게 사랑을 발명했는가. 영향 받을 수 없는 무능력 때문에 힘을 발휘하는 모든 고귀한 자들을 악한 존재라고 비난하고 대신 자신들만이 신의 사랑을 받을 수 있고 사랑할 수 있는 존재라고 가치를 전도하면서가 아닌가. 사랑을 외치는 자는 누구인가. 바로 병든 노예들이다. 그들은 이렇게 말한다. 우리만이 선량하고 우리만이 삶을 사랑하고, 우리만이 신의 사랑을 받는 자라고. 이들의 사랑은, 그리고 이 사랑에 대한 매혹은 그 이면의 증오를 은폐하면서 확산시킨다. 사랑을 외치는 증오. 여기서 관건은 이 사랑이 증오의 결과라는 것을 숨겨야 한다는 점이다. 어떻게? 바로 신의 죽음을 통해. 유대의 신은 자신과 유대민족으로부터 독립시키기 위해 자신의 아들을 죽음에 처하게 한다. "유대교의 의식은 유대인의 전제들 자체와는 별개인 그의 아들 속에서 신을 표현한다. 그것은 신을 죽음에 처하게 할 때 그의 신을 정말로 전세계적이고, 모두를 위한 보편적 신으로 만드는 수단을 발견했다." 들뢰즈, 『니체와 철학』, 269쪽 다시 말해 십자가에 못 박힌 신은 유대인으로 보이길 그만두고, 전세계의 신이 되는 것이다.

'사랑'을 외친 신, 그러나 이스라엘의 '증오'에 의해 십자가의 죽음을 맞이한 신, 따라서 기독교의 신이 된 예수는 유대적 증오와는 아무런 관련이 없는 것 같은, 사랑을 선포하는 신이 된다. 이렇게 증오는 은폐되고 사랑이 전면에 나선다. 이것이 신의 죽음에 대한 유대적 해석이고, 원한의 해석이다. 니체의 표현을 보자.

신 개념이 이렇게 변질됨으로써 '신의 왕국'은 확대되었다. 그 전에 신은 단지 자신의 민족, 자신의 '선택된' 민족만을 가졌다. 그동안에 신은 자신의 민족과 전적으로 똑같이 타향으로 나가 방랑했다. 그때 이래로 신은 어디에도 정주하지 못하게 되었으며, 마침내 그는 모든 곳을 자기 집으로 생각하는 위대한 사해동포주의자가 되어 버렸다. ─마침내 그는 '대다수의 인간'을 그리고 지구의 절반을 자기편으로 얻었다. 그럼에도 '대다수'의 신, 민주주의자인 이 신은 긍지에 찬 이방인의 신이 되지는 못했다. 그 신은 유대인으로 남았고 구석지의 신, 온갖 어두운 구석과 어두운 장소의 신, 세계의 불건강한 지역 전체의 신으로 남았다. 『안티크리스트』 17절

"사해동포주의자"로서의 신으로는 부족하다. 원죄가 인간의 본성이 되는 치명적인 사건이 있기 위해서는 또 다른 신의 죽음이 필요하다. 여기서 중요한 인물은 사도 바울이다. 그는 누구인가. 예수의 죽음을 새롭게 해석한 자, 그리하여 기독교를 구성하는 의미를 결정적으로 제공한 자다. 신이 어떻게 자기 아들을 죽일 수 있단 말인가, 이 이해되지 않는 죽음을 어떻게 해석해야 하는가. 여기에 대해 바울이 답한다. 신은 우리 죄지은 자를 위해 죽었다. 채무자가 빚이 너무 많아 갚을 수 없게 되자 채권자

인 신이 자기 아들을 대신 희생해서 빚을 갚았던 것이다. "아버지는 더 이상 자기 아들을 독립시키기 위해서 그 아들을 죽이지 않는다. 그러나 우리를 위해서, 우리 때문에 그를 죽인다. 신은 사랑으로 자기 아들을 십자가에 못 박는다."들뢰즈, 『니체와 철학』, 270쪽 끔찍하지 않은가? 우리의 부채를 신이 대신 갚았는데, 그것도 자기 아들을 '희생양'으로 삼는 방식이라니. "죄 있는 자들의 죄 때문에 죄 없는 자가 희생된다니."『안티크리스트』 41절 빚 지고 죄 지은 자는 우리인데, 우리에게는 묻지도 않고 따지지도 않고 자기 아들을 죽음으로 내몰면서 채무를 알아서 변제해 버리다니. 아, 이것은 진정 인류에 대한 사랑인가, 아니면 사랑으로 은폐된 저주인가. 사랑으로 받아들이기엔 너무 끔찍한 일이 발생해 버린 것이고, 저주로 받아들이기엔 신의 은혜에 대한 배덕이 되어 버리고. 갈팡질팡하는 인류에게 이 사건은 사랑이라 하기엔 너무 처참한 것이라 한 편의 역설처럼 보인다.

그래서 니체는 이를 "기독교의 천재적 수완"이라고 표현할 수밖에 없었나 보다. "신 스스로가 인간의 죄 때문에 자신을 희생한다. 신 스스로가 자신을 자기 자신에게 대가로 지불한다. 신이란 인간이 상환할 수 없게 된 것을 인간을 대신해서 상환할 수 있는 유일한 존재이다. […] 사랑에서. **이것을 믿어야만 할까?**"강조는 인용자 정말 믿어야만 하는가? 아니 믿을 수나 있는가? 우선 믿어 보자. 그렇다면 이 인류에 대한 신의 사랑과 예수의 처참한 희생에 대해 인간은 어떻게 보답해야 한단 말인가. 보답할 수나 있는 것인가. 지상 유일의 세계신, 그 신 앞에서 느끼는 극대치의 채무감정, 이 채무감정만으로도 벅찬데, 이제 그 신의 죽음까지 자신의 빚(죄)이 되고 말았다는 어처구니없는 사태에서 인간이 경험해야 하는 것은 무엇인가. 예수의 죽음에 대한 존재 전체를 건 참회 말고 인간이 이 신의 사랑과 희생에 보답할 수 있는 방법이 무엇이 있겠는가. 스스로 간절히 죄의식을 느끼고, 그런 죄책감으로 스스로를 비난하면서 참회하기. 그렇게 할 때만 겨우 부채의 이자라도 갚을 수 있다는 송구스러운 마음. 이제 인간은 죄의식의 존재가 되었다. 원죄의 탄생이다. 신의 사랑에 대한 응답으로 인간은 자신을 죄를 지은 존재로, 그러면서도 그 죄를 결코 갚을 수 없는 존재로, 근원적으로 타락해 버린 존재로 느끼지 않으면 안 되게 되었다. 산다는 게 죄 짓는 게 된다는 이상한 삶, 죄와 양심의 가책 없이는 삶이 구성되지 않는다는 처참한 삶. 스스로를 학대해야 신의 사랑을 표현하게 되는 도착적인 삶. 인간이 스스로를 송구스러워 몸 둘 바를 모르는 존재로 느껴야만 신이 사랑의 징표를 보이는 착란적인 삶.

채무의 크기가 클수록 그것이 채권자(조상)와 채무자(후손)에게 영광으로 돌아가던 위대한 시대는 갔다. 극한의 채무는 채권자가 아니라 이제 온통 채무자가 떠맡게 되는 시대가 되었다. "양심의 가책은 그런 식으로 채무자에게 깊이 뿌리를 내리고 잠식하고 퍼져나가고 무좀처럼 넓고 깊이 자라난다. 그 결과 마침내는 빚을 상환할 수 없다는 것과 함께 죄도 보상할 수 없다는 생각, 즉 속죄가 불가능하다는 ('영원한 벌') 사상이 싹트게 된다." 『도덕의 계보』「두번째 논문」21절 이로써 채무 상환은 불가능해졌다. 죄의식은 씻을 수 없게 되었다. 인간의 삶은 그 근본에 있어 타락의 장소이기에 이 장소를 정화할 방법이 없어졌다. 그렇다면 인간이 원죄의 칼날로 자해하는 이 상황의 의미는 무엇인가.

그러한 의지는 자신이 구원받을 수 없을 정도로 죄를 지었고 저주받아 마땅하다고 생각하는 인간의 의지이다. 그것은 자신이 벌을 받고 있다고 생각하지만 어떠한 벌도 자신이 지은 죄를 보상할 수 없다고 생각하는 인간의 의지이다. 그것은 이러한 '고정 관념들'의 미궁에서 나오는 탈출구를 철저하게 폐쇄하기 위해 사물의 가장 깊은 근거를 벌과 죄의 문제로 오염시키고 독을 타려는 인간의 의지이다.

인간이 스스로를 저주받을 존재로 보는 이 의지, 이것을 니체는 "의지의 착란"이라 부른다. 도대체 어떤 생명체와 동물이 자신을 저주받을 존재로 간주하면서만 삶의 의미를 찾는단 말인가. 의지의 착란에 빠진 동물을 본 적이 있는가. 그런 점에서 이것은 병이 아닌가. "지금까지 인간에게 창궐했던 가장 무서운 병"이라 할 수 없겠는가. "오오, 이 미쳐 버린 가련한 짐승인 인간이여! 만일 그가 야수처럼 행동하는 것을 조금이라도 방해받게 될 때, 얼마나 반자연적인 일이, 얼마나 어처구니없는 발작이, 어떠한 야수적인 관념이 곧바로 폭발하게 되는 것일까?" 양심의 가책은 어쨌든 야수로서의 인간이 가진 본능의 발산이 저지되면서 발생한 사건이기에, "야수처럼 행동하는 것"이 방해받지 않는다는 것, 다시 말해 행위를 표현한다는 것처럼 중요한 일은 없는 듯하다. 그러나 원한에 빠진 자들, 이들을 지배하려는 금욕주의적 성직자들에게 이 표현처럼 소름끼치는 일은 없기에 외부로 발산되는 잔인성을 내부로 전환해야 하고(가책), 내부로 전환된 고통을 죄와 벌의 해석학(고통의 도덕화)으로 감싸는 일이 필요한 것이다. 증오와 저주와 복수심 속에서 사랑을 외치는 환희의 목소리들. 자신을 학대하는 지옥의 고문 속에서 신적인 가치를 발견하는 착란의 정신들.

인간에게는 이렇게 너무나 끔찍한 것이 존재한다! 대지는 너무 오랫동안 정신병원이었다! 『도덕의 계보』 「두번째 논문」 22절

금욕주의적 이상과 허무주의

고통과 불쾌감을 벌로 해석하는 가책의 논리가 특히 니체에게
문제가 되는 이유는 무엇일까. (종교적) 가책 없이 사는 사람도
많을 테니까 말이다. 하지만 여기서 중요한 것은 종교적인 죄의
식의 문제가 아니다. 니체의 비판은 기독교에만 국한된 게 아니
다. 기독교에 대한 집중적인 비판(특히 『안티크리스트』)은 그것이
"일반적인 것이면서도 살금살금 기어 다녀 잡기 쉽지 않은 비상
상황"을 보여 주는 "확대경"(『이 사람을 보라』 「나는 왜 이렇게 현명한가」 7절)
이라는 점에서 생각할 필요가 있다. 세계를 움직이는 원리이지
만 확장시켜서는 잘 보이지 않는 것, 그런 것을 작은 부분에 한
정해서 확대해 볼 필요가 있을 때 기독교는 세계의 확대경 역할
을 충분히 할 수 있는 것이다. 기독교에서 보아야 할 것은 기독
교만이 아니라 세계의 병적인 원리다. 바로 가책이 그렇다. 양심
의 가책은 개인의 고통과 불쾌감을 죄와 벌의 해석으로 전환시
키면서 거기서 구원을 발견하는 의지의 착란이라고 했다. 예수
의 죽음에 대한 바울의 해석은 이 죄의식의 소멸 불가능성을 지
시하며, 동시에 인간 삶의 원천적 타락을 지시한다. 타락한 인간
이 할 수 있는 유일한 일은 신에 대한 복종이며, 이 복종은 고통
에 대한 애타는 갈망이 된다. 이제 고통에 대항해 탄식하지 않는

다. 왜? 기도할 수 있으니. 이렇게 갈망하기 시작한다. "더 많은 고통을! 더 많은 고통을!" 고통을 받아도 마땅한 존재, 고통 속에서 경험하는 환희를 갈망하는 존재. 이것만이 구원의 길이다.

어떻게? 여기에 바울의 해석이 또 개입한다. 예수의 부활을 둘러싼 해석이다. 죄의식에 휩싸인 존재들의 고통, 그리고 이 고통의 내면화에 따른 환희, 이것은 도대체 무엇인가. 예수의 부활이 없다면 신에 대한 우리의 믿음은 무엇이란 말인가. 예수의 고통이 부활과 불멸이라는 보상을 받지 않는다면 우리의 이 고통이 다 무엇이란 말인가. 채무는 갚을 수 없다. 우리는 원죄의 인간이다. 그러나 우리는 부활할 수 있다. 바로 저 세상에서. 기쁜 소식, 바로 복음福音은 인간의 불멸이라는 것, 이것이 바울의 가르침이다.『안티크리스트』, 41절 이 순간 무슨 일이 일어나는가. 바로 삶 자체의 무가치, 허무주의nihilism다. 허무주의에서 허무nihil는 무無나 공空을 뜻하는 게 아니다. 그것은 '무가치'를 의미한다. 인간이 삶을 부정하고 비하하는 한에서 삶은 무가치해진다.들뢰즈, 『니체와 철학』, 259쪽 삶이 무가치하다는 것, 그것이 허무주의다. 그렇다면 동물심리학의 한 편을 건너뛰고 발생한 가책이 인간의 삶을 타락과 원죄로 보고, 저 세상에서의 부활을 구원으로 간주할 때, 그때부터 삶은 이미 무가치해지고 만 것이 아닌가. 그렇다면 허무주의의 역사야말로 인간의 역사라 할 수 있겠다. 역사의 한 시기가 아니라 역사 자체가 허무주의인 것이다. 그렇다면 인간 극복의 경지, 그 위버멘쉬의 세계는 허무주의와 결별하는 순간에 이룩되는 것이리라.

자신을 죄 지은 존재로 간주하고 이에 따라 자신의 모든 인간적 본성과 본능들을 저주의 대상으로 삼는 것, 자신의 삶을 오로지 신의 척도에 맞춰 살아가는 것, 이런 착란적인 의지의 본성과 세계를 니체는 '금욕주의적 이상'ascetic ideals이라 부른다. 누가 이런 이상을 필요로 하는가. 바로 병들고 지치고 실패하고 대우를 제대로 못 받고 파괴된 자 아니겠는가. (건강하고 성공하고 자긍심 있는 강자를 비난할) 원한을 요청하고, (죄와 벌의 해석학과 결합한) 가책에서 위안을 받는 자들, 이들이 금욕주의적 이상을 필요로 할 때 그들은 저 세상의 구원을 위해 정말 죽고 싶은 것인가. 죽기 위해 사는 것인가. 그럴 리 없다. 이들도 살고 싶은 것이다. 저 참을 수 없는 고통과 불쾌감에서 벗어나고 싶은 것이다. 그런데 그 방법이 "감정의 무절제"를 야기하는 원한과 가책이었을 뿐이다. 고통을 이겨 낼 능력이 없는 자들에게 가장 감미로운 것은 마취제다. 바로 금욕주의적 성직자가 만들어 낸 원한과 가책의 해석술이야말로 최대의 마취제이자 진정제였던 셈이다. 고통이 저 강자들 때문이라거나 자신의 죄에 따른 징벌이라는 해석은 감정을 들뜨게 하는 흑마술이다. 이렇게 될 때 삶은 살 만한 게 된다.

"금욕주의적 이상은 퇴화되어 가는 삶의 방어 본능과 구원 본능에서 생겨난 것이다. 그러한 삶은 모든 수단을 강구해 자신을 유지하려고 하며, 자신의 생존을 위해 투쟁한다."『도덕의 계보』「두번째 논문」13절 그렇다면 삶의 보존수단이자 투쟁의 무기는 무엇인가. 강자에 대한 복수심과 자신에 대한 가책이다. 증오와 가책, 이 모든 '부정'의 행위와 감정은 무엇을 위해 쓰이는가. 원한은 강자에 대한 부정이고, 가책은 자신에 대한 부정이다. 병자의 세계에서는 모든 것이 부정을 중심으로 회전한다. 이 '부정'은 무엇을 위해 쓰이는가. 바로 병든 삶의 보존을 위한 것이 아니라면 무엇이겠는가. 그렇다면 우리는 여기서 어떤 '긍정'을 발견할 수도 있겠다. 바로 삶을 보존하고자 하는 그 긍정의 의지 말이다. 원죄를 들어 삶을 저주했던 자들조차 삶을 긍정하고 있었다니! 이것이 니체의 위대한 발견이다.

이 금욕주의적 성직자, 겉보기에는 삶의 적대자로 나타나는 자, 이 부정하는 자야말로 삶을 보존하고 긍정하는 가장 거대한 힘에 속하는 것이다.

병든 자들은 이 "아직 원래대로 남아 있는 삶의 가장 깊은

본능"『도덕의 계보』「세번째 논문」 13절이라는 그 긍정의 본능으로 살고
자 투쟁한다. 그런데 기묘한 것은 이 긍정의 의지가 부정을 요청
한다는 사실이다. 원한과 가책 속에서 긍정은 부정으로 전환되
고 만다. 달리 말하면 부정하지 않으면 자신의 존재를 긍정할 수
없게 된다. 하지만 병자들의 부정엔 이미 긍정이 자리잡고 있다
는 게 니체의 분석이다. 긍정의 힘, 살고자 하는 힘, 자기 삶을 더
고양시키고 싶은 의지가 우선적이다. 그런데 이 긍정의 의지는
어찌하여 원한과 가책 속으로 빠져들고 말았으며, 자신을 학대
하고 타인을 증오하는 것 속에서만 성취되고 말았는가. 바로 금
욕주의적 성직자의 해석술 때문 아닌가.

　"'인간은 무엇을 위해 생존하는가?'라는 물음에 대한 답이
없었던 것이다. 인간과 대지를 위한 의지가 결여되어 있었다. 인
간이 겪는 모든 거대한 운명의 배후에는 더욱더 거대하게 '헛되
다!'라는 후렴이 울리고 있었다. 무엇인가가 결여되어 있었다는
것, 무서운 공허가 인간을 둘러싸고 있었다는 것." 고통 받는 이
삶, 도대체 이 삶은 왜 존재하는가. 차라리 고통이 없다면 좋을
것을, 고통이 있는데도 그 의미를 알 수 없다면 존재하는 의미는
무엇이란 말인가. "헛되다!" 살아갈 이유, "인간과 대지를 위한
의지"가 결여되어 있었다. "가장 용감하고 고통에 익숙한 동물
인 인간은 고통 그 자체를 부정하지는 않는다. 아니 고통의 의미

나 고통의 목적이 밝혀져 있기만 하다면, 인간은 고통을 바라고 고통 자체를 찾기까지 한다. 고통 자체가 아니라 고통의 무의미가 바로 이제까지 인류에게 내려진 저주였다." 그런데 금욕주의적 성직자가 일목요연하게 해답을 준다. 고통받는 이유에 대해, 삶의 존재 의미에 대해. 강자에 대한 원한과 자신의 사악한 본능에 대한 저주, 이 저주와 자기 학대 속에 삶의 구원이 있다는 사실을.

"금욕주의적 이상에 의해 고통이 해석되었으며, 무서운 공허가 채워진 것으로 보였다. 자살을 부르는 모든 허무주의로 통하는 문이 폐쇄되었다. 이러한 해석은 의심할 여지 없이 새로운 고통을 가져왔다. 그것은 더 깊은, 더 내면적인, 더 유독한, 더욱 삶을 갉아먹는 고통이었다. 이 금욕주의적 이상은 죄라는 관점에서 모든 고통을 해석했다. 그러나 이 모든 것에도 불구하고, 인간은 그것에 의해서 구원을 받았고, 의미를 갖게 되었으며, 이제 더는 바람에 휘날리는 나뭇잎이나 무의미한 장난감이 아니었다." 인간이 드디어 이 삶을 일관되게 해석할 수 있는 의미를 가지게 된 것이다. 고통은 죄 때문이고, 죄는 구원을 위한 길이라는 해석을. 불합리나 무의미가 아니라면 인간은 뭐든 할 수 있다. 의미가 있다면 뭔가를 의욕할 수 있는 것이다. 이렇게 해서 "의지 자체가 구원된 것이다."『도덕의 계보』「세번째 논문」 28절 그런데 이 의지는 어떤 방향과 가치를 갖는 것일까. 중요한 것은 이것이다.

인간의 의지를 구출한 금욕주의적 해석술은 삶이 죄의 대가라는 점에서 삶의 무가치함을 주장하는 허무주의다. 그런데 이상하게도 허무주의 안에는 살고자 하는 의지가 들어 있다. 삶이 무가치하다면서 살고자 한다고? 그렇다. 살기 위해 삶의 무가치를 주장하는 것이 가능한 것도 인간이라는 동물의 기묘한 역사다. 병자들의 살고자 하는 부정과 죽음의 의지. 그래서 들뢰즈는 이렇게 표현한다. "금욕주의적 이상은 반응적 힘들을 승리하게 만드는 의지를 표현한다." 들뢰즈, 『니체와 철학』, 254쪽 병든 자들에게도 의지가 없는 것은 아니다. 권력의지가 없는 존재는 없다. 모두 자기 삶을 긍정하고 있고, 자기 삶의 주인이 되고 싶고, 자기 삶을 더 고양시키고자 한다. 그런데 금욕주의적 이상 속에서 우월에의 의지라는 그 긍정의 의지는 기묘하게 삶에 대한 부정으로 흐른다. 강력하게 의욕할 수만 있다면 인간은 뭐든 붙잡는다. 비록 그것이 자신을 더 병들게 하는 것이라 하더라도. 원한과 가책의 해석술만큼 인간의 의욕을 북돋워 주는 것은 없었다. 감정의 무절제를 이처럼 훌륭하게 자극하는 것은 없었기 때문이다.

"금욕주의적 이상은 인간에게 하나의 의미를 준 것이다! 그것은 지금까지 유일한 의미였다." 인간에게 주어진 일목요연한 해석, 삶의 의미와 고통의 의미에 대한 정연한 해석은 이것밖에는 없었다. 그리고 가장 대중적인 해석도 이것밖에는 없었다. 대중이 열광에 빠질 수 있는 해석도 이것밖에 없었다. 그것이 인류사의 비극이었다. 병든 자의 긍정은 부정이라는 수단에 의해 결국 부정의 의지가 되고 만다. 자신에 대한 긍정이 자신에 대한 부정에 이르는 것이다. '나는 죄인이다.' '나의 고통이 곧 구원이다.' 결국 삶은 무가치하다. 오직 저 세상만이 가치로운 것이다. 인간이 인간으로 존재한다는 사실 자체를 증오한다는 것, 이것은 삶에 대한 신뢰 자체를 파괴하는 행위다. 삶은 이미 훼손되고 말았다는 것, 그리하여 훼손되지 않은 삶이 저편에 있다는 것. 저편의 구원과 이편의 무가치. 삶이 무의미함으로써 존재한다는 의미, 삶이 무가치하기에 구원의 가치를 갖는다는 해석.

금욕주의적 이상에 의해서 방향이 정해진 저 모든 의지가 도대체 무엇을 표현하고 있는지는 은폐할 수 없다. 인간적인 것에 대한 증오, 동물적인 것에 대한 더 심한 증오, 물질적인 것에 대해서는 더욱더 심한 증오, 이성과 관능에 대한 공포, 행복과 아름다움에 대한 공포, 모든 가상, 변화, 생성, 죽음, 소망, 욕망 그 자체로부터 도망치려는 갈망, 이 모든 것이 의미하는 바는──우리가 감히 그것을 파악하려고 시도한다면── 무를 향한 의지이고 삶에 대한 혐오이며 삶의 가장 근본적인 전제들에 대한 반역이다.

삶에 대한 부정을 통해서만 삶에 대한 긍정의 의지가 고양되는 병. 그리하여 긍정을 소멸시키는 부정. 부정에게 온통 의지를 내주는 긍정. 이렇게 긍정의 의지는 철저히 부정의 의지가 되고 말았다. 원한과 가책의 해석술로 인해. 인간은 그런 존재인가보다. "인간은 아무것도 의욕하지 않기보다는 오히려 무를 의욕하기를 원한다."『도덕의 계보』「세번째 논문」 28절 인간은 권력의지의 존재다. 의욕과 의지를 불태우게 해주는 해석술을 요청하는 존재다. 이것을 일찍 간파한 것이 기독교의 천재적 수완이었다. 그러니 저 허무의 해석술을 해체하는 것만큼 중요한 일이 어디에 있겠는가. 권력의지가 긍정의 방향을 찾을 수 있도록. 더 이상 삶에 대해 적대감을 가지지 않을 수 있도록.

신 앞에 훼손된 인간, 신에 의해 무가치해진 삶, 자신을 부정해야만 긍정되는 구원, 이런 금욕주의적 이상이 어찌 종교에만 한정될 것인가. 금욕주의적 성직자는 타자를 부정하려는 원한의 방향을 바꿔 자신을 증오하라는 가책을 발명한 자다. 신을 비난할 수 없다. 그리고 교회도, 사제도. 오직 너 자신을 비난하라.

"이제 반응적 존재들은 밖에서 죄인을 찾아서는 안 되고, 우리 모두가 그것에 대해, 외부에 대해, 교회에 대해, 신에 대해 죄인이다."들뢰즈, 『니체와 철학』, 250쪽 이것이 종교의 협소한 영역에서 해방된 가책의 진정한 의미다. 우리가 우리 자신보다 국가를 먼저, 우리 자신보다 사회를 먼저 생각할 때 우리는 이미 가책의 존재다. 우리가 국가에 대해 가책을 느낄 때, 우리가 사회에 대해 가책을 느낄 때 우리는 이미 허무주의자다. 국가를 위해 희생하라고 말할 때, 그 희생의 거룩함이 칭송될 때 바로 그때 선포되는 게 허무주의다.

위계

민주적 평등을 넘어 차이의 증식으로

+ + +

'위계'라는 새로운 문제

이런 경우가 있었다고 한 번 가정해 보자. 국가 안위와 관계되는 심각한 사건이 있었고, 수개월에 걸친 정부의 조사와 발표가 있었다. 그런데 한 철학자가 정부의 발표에 대해 매몰찬 비판을 가했다. 최소한의 과학적 검증도 이뤄지지 않은 가설 수준의 발표에 불과하다는 것이 이유였다. 만약 이런 발표가 정부의 공식 입장이 되고 동시에 국민이 오직 그것만을 믿어야 한다면 국가 전체의 합리적 수준에 심각한 결함이 발생한다는 것이었다. 묻지말고 함께 속아 보자는 것이 아니라면, 다시 말해 공동의 허위 속에 빠져들자는 것이 아니라면 작금의 사태가 무슨 의미이겠느냐는 냉소도 포함되어 있었다. 그런데 사태는 여기에 그치지 않고 훨씬 더 희극적으로 흘러가기 시작했다. 이 철학자의 비판을 참을 수 없었던 어떤 단체가 이적행위라는 이유로 철학자를 고소까지 했던 것이다. 진리냐 아니냐 하는 합리성의 문제가 선이냐 악이냐 하는 도덕성의 차원으로 전환되어 버린 것이다. 이 사태를 어떻게 평가해야 하는가.

철학자의 진단은 이러했을 것이다. 우선 최소한의 인과관계조차 해명되지 않았다면 일차적으로 과학적 허위라는 것. 다음으로 이런 허위에 기반해 국민 전체의 믿음이 구성된다면 국가 전체의 비이성, 즉 합리적 사유조차 번거로워하는 국민 전체의 피로감을 증명하는 것이기에 심각한 위기라는 것. 그런 점에서 과학적 엄밀성을 따지는 이 철학자의 비판은 정부에 대한 단순한 비판에 그치는 것이 아니고, 이 사회 전체의 병증에 대한 진단과 이 병증을 치료하기 위한 처방을 담고 있는 것이라 할 수 있을 것이다. 비판에 담겨 있는 핵심이 이것이라 할진대, 그의 발언을 유치하게 정부 비판이라는 맥락 속에 놓아 버리게 될 때 무엇이 발생하는가. 그리고 그가 반정부적 선동과 이적행위로 고소당한다면 그때는 어떤 일이 발생한 것인가. 먼저 철학자를 고소한 자들의 사고 패턴, 즉 철학자를 고소할 수 있다는 생각이 가능한 토대가 무엇인지 검토하지 않을 수 없다. 그리고 이 고소 사건이 철학자에게 야기하는 효과와 철학자에 대한 봉쇄가 사회 전체에 끼치는 영향의 문제를 검토해야 한다.

저들은 어떻게 철학자를 고소할 수 있었는가. 철학자는 고소대상일 수 있는가. 그렇다. 왜냐하면 인간은 모두 법 앞에서 평등하기 때문에. 철학자라고 예외일 수 없다. 아무리 대단한 철학자라 해도 국가의 이익을 생각지 않는다면 반국가적인 존재로서 법의 쓴맛을 봐야 한다. 이 순간 법 앞의 평등이라는 이념은 분명 이들에게 가장 적절한 수단인 셈이다. 자신들의 삶의 척도에 맞지 않는 자들을 응징하는 '공평한' 수단이자 '민주적' 수단인 것이다. 그렇다면 우리는 여기서 서로 다른 삶의 척도들이 법을 매개로 전투를 벌이고 있다는 사실을 눈치 챌 수 있다. 법 바깥에 그 누구도 있을 수 없다고 말하는 이들이 실상 주장하고 싶은 것은 국가 중심의 삶이기 때문이다. 국가가 주도하거나 국가에 종속된 삶이 아니라 개체의 창조적 삶이, 개체를 위해 재편되는 국가의 삶이 더 소중한 척도일 수도 있는 법이다. 하지만 평등의 이념은 척도의 차이를 용납하지 않는다. 특히 (니체식으로 표현해서) 병들고 실패하고 좌절한 자들은.

이 순간 신 앞에 평등한 만민이라는 말이 떠오르는 것은 아주 자연스러운 일이다. 신 앞에 평등하다는 것은 무엇인가. '평등'이라는 단어 때문에 착각할 수 있지만 실상 평등은 긍정적인 개념이 아니다. 신 앞에 만인이 평등하다는 말을 듣고 가장 분노

할 존재는 누구일까. 바로 스스로를 긍정할 수 있는 고귀한 인간들이다. 그렇다면 이 말을 듣고 가장 환영할 존재는 누구인가. 병들고 실패하고 퇴화되고 좌절한 자들이다. 신 앞에 그 누구도 위대한 존재일 수 없다는 것, 모두 타락과 원죄의 존재라는 점에서 같다는 것, 이 말에 환호성을 지를 자는 약자들이다. 사실 신 앞에서의 평등이라는 근사한 말도 실패한 자들의 증오와 원한이 만들어 내고 실패한 자들의 소망이 투영된 타락한 이념이다. 따라서 신 앞의 평등은 모든 고귀하고 강한 자들에 대한 증오이자 복수다. 신을 믿지 않는다는 것, 신을 믿을 수 없다는 것, 이것은 악이다. 바로 고귀한 자들이 악이다. "도덕적으로 심판하거나 단죄하는 사람은 정신적으로 뒤떨어진 자들이 덜 뒤떨어진 정신을 가진 사람들에게 즐겨 행하는 복수다. 또한 그것은 그들이 재능을 제대로 타고나지 못한 것에 대해서 일종의 보상을 받으려는 행위이며 궁극적으로는 정신을 획득하여 세련되기 위한 기회다." 손해배상을 받고 싶은 복수심, 그리고 고상해지고 싶다는 욕망, 이것이 평등 주장의 배경이다.

그렇다면 평등 주장이 어떻게 고상해질 수 있는 기회를 부여하는가. "정신적인 자질과 특권이 넘칠 정도로 주어진 사람들이 그들[범용한 자들]과 동등한 것으로 간주되는 척도가 존재한다는 것은 그들의 마음 깊은 곳에서 만족을 준다."『선악의 저편』 219

절 신 앞에서는 모두 난쟁이에 불과하다는 인식, 이렇게 모두를 끌어내리는 방식으로 자신을 드높이는 것이 약자들의 방식이다. 신이라는 척도 없이, 신이라는 동등의 척도 없이 어떻게 이것을 달성할 수 있었겠는가. 마찬가지로 법에 대한 믿음이 필요한 것도 이런 복수심과 증오심 때문이라는 게 니체의 분석이다. 철학자들에 대한 고소는 법에 대한 존중이라기보다는 평등이라는, 약자의 이념이 만들어 낸 효과라고 봐야 한다. 철학자도 법의 예외자일 수 없다는 것, 이런 근대적 사고방식이 고소를 가능하게 한 배경이다. 이렇게 평등이라는 새로운 민주적 정치 이념에 의해 대중이 철학자를 판단하기 시작한다.

그렇다면 이 사건이 철학자와 사회에 끼치는 영향은 무엇인가. 철학자의 문제제기는 분명 가장 기본적인 과학적(학문적) 질문이자 철학적 질문이다. 그런데 대중들은 이 질문을 다른 것, 즉 정치적이고 도덕적인 질문으로 바꿔 버렸다. 학문적인 질문에 대해서는 학문적 대답이 있어야 한다. 그리고 철학적 질문에 대해서도 마찬가지다. 그런데도 대중이 질문을 정치화하고 도덕화할 때, 도덕적이고 정치적인 대답으로 돌려줄 때 철학자의 자리는 사라진다. 그는 발언하고 싶지만 발언할 때마다 저 속류화된 정치적 소용돌이에 휩싸이게 될 것이므로 위축된다. 그러나 인간적인 위축보다 더 큰 타격은 사회 전체, 혹은 인류 전체에 가해진다. 철학자란 무엇인가. 그는 "필연적으로 내일과 모레의 인간이 될 수밖에 없"『선악의 저편』 212절는 존재다. 그는 미래의 비전을 만드는 자다. 과거와 현재를 종합적으로 진단해 내일과 모레의 청사진을 준비하는 자인 것이다. 그런데 이 청사진이 어찌 저 속류 정치학(윤리학)의 수준에서 조망될 수 있는 것이겠는가. 민족 전체 혹은 국가 전체, 나아가 세계 전체의 그림을 그리는 자의 발언이 봉쇄될 때 그게 어찌 철학자 자신의 타격으로만 그치겠는가. 이런 현실에서 환멸을 느끼지 않을 철학자는 없다. 그래서 그는 고립되고 고독하다. 어쩌면 그것이 그의 숙명일는지도 모르겠다.

저 대중의 고소 고발 사건은 결코 법적인 다툼에 한정되지 않는다. 민족적 사명이라는 거대한 문제의 정치화 혹은 법정 분쟁화. 사태의 핵심은 단순히 문제를 축소했다는 데 있지 않다. 대중은 대개 그렇게 문제를 뒤틀면서 진정 중요한 문제에 대해 접근하지 못하게 막아 버린다. 베르그송식으로 말하면, '거짓 문제들'의 가상을 통해 참되고 진정한 문제제기에 이르지 못하게 하는 것이다.* 대중이 갖고 있는 역사적 사명이 위대한 존

---

* 베르그송에 따르면 철학은 무엇보다 문제를 제기하는 것이고, 특히 문제를 잘 제기하는 것이다. 문제만 잘 제기되면 해결은 자연스럽게 뒤따르기 때문이다. 따라서 문

재에 대한 훼방이라고 니체가 말했던가. 이 말은 한 치도 틀림이 없다. 법 앞의 평등, 혹은 '평등' 그 자체는 철학자의 입을 틀어막는 고약한 수단이자, 대중이 자기 고양을 달성하는 근대적 수단이다. 평등이라는 이름 아래 대중과 '철학자'의 차이, 혹은 비천한 자와 고귀한 자의 차이가 과연 소멸되어도 좋은 것인가. 우리는 소멸을 바라는가, 아니면 지속을 바라는가. 짐작하겠지만 세상에는 '차이'라는 게 있다. 니체의 표현으로 바꾸면 '위계'classification가 있다. 철학자와 대중, 고귀한 자와 비천한 자, 강자와 약자의 위계가 있는 것이다. 대중은 지금 위계를 평등으로 대체하고 있다. 엄청난 일이 발생하고 있는 것이다. 그래서 니체는 '위계'의 문제야말로 실로 중차대한 것이라 했다. 그리고 우리도 위계라는 개념을 빼놓고는 니체의 철학에 단 한 발도 깊이 들어갈 수가 없다. 『비극의 탄생』과 『반시대적 고찰』을 쓰고 나서 세번째로 지은 책 『인간적인 너무나 인간적인 1』「머리말」7절에서 니체는 이렇게 말한다.

제제기적인 철학은 거짓 문제들과의 싸움을 반드시 수반할 수밖에 없다. 앙리 베르그송, 『사유와 운동』, 이광래 옮김, 문예출판사, 2003, 73~79쪽. 그리고 질 들뢰즈, 『베르그송주의』, 김재인 옮김, 문학과지성사, 1996, 15~22쪽.

자유정신인 우리가, '우리의' 문제라고 말할 수 있는 것을 '위계의 문제'라고 가정한다면, 이제 우리 삶의 정오에서 우리는 그 문제가 우리 앞에 생기는 일이 '허용되기' 전에 어떠한 준비·우회로·시련·유혹·변장을 필요로 했던가를 비로소 이해한다. […] "여기······ 하나의 '새로운' 문제가 있다! 여기 하나의 긴 사다리가 있다. 그 계단에 우리 자신이 앉아 있었고 그것을 오르기도 했다. 우리 자신이 언젠가 그 사다리였던 적도 있다! 여기에 더 높은 것, 더 깊은 것, 우리 아래에 있는 것, 하나의 엄청나게 긴 서열이, 하나의 위계가 있다. 그것을 우리는 보고 있다. 여기에, '우리의' 문제를."

권력의지란 무엇인가

새로운 문제가 있다. 니체는 그것을 위계의 문제라고 한다. 그림자가 가장 짧아지는 시간, 그리하여 모든 망상과 기만과 거짓과 형이상학적 허구가 제거되는 시간, 그 '정오'의 시간에 비로소 이해되는 게 위계다. 위계가 아닌 것처럼 보이는 것도 위계의 문제이고, 우리도 모르게 우리가 앉아 있던 곳도 위계라는 사다리라고 한다. 우리는 모두 위계를 위해 살았고 앞으로도 위계를 위해 살 거라는 얘기다. 니체에게 문제 중의 문제는 위계다. 위계를 잊는 순간 우리는 니체를 오독하게 되고, 니체를 오용하게 된다. 그러므로 위계의 문제 앞에서는 늘 주의해야 한다. 니체는 위에 인용한 구절 바로 앞에서 이렇게 말한다. 사회적인 미덕을 따를 게 아니라 주인의 미덕을 만들어야 한다고. 삶은 평등이라는 말과 달리 결코 공평하지 않다고. 위계는 이렇게 주인의 미덕을 '창조'하는 것과 관련되고, 삶의 불공평이라는 자연적 원리에 기초한다.

물론 이런 반문을 던지는 이가 있을 것이다. 왜 사회적인 미덕을 따라서는 안 된다는 말인가. 왜 자신만의 미덕을 만들어야 한단 말인가. 그리고 삶이 불공평하다면 공평한 것으로 바꾸는 게 인간적 미덕 아닌가. 공평하지 않다고 그 불공평을 위계로 확정한다는 것이야말로 반근대적이고 반자유주의적인 사상 아닌가. 니체를 가장 많이 오해하게 되는 부분도 바로 이곳이다. 니체는 불공평이 가장 심한 곳이란 바로 이런 곳이라고 말한다. 즉 "자기를 지탱하게 하기 위해서 더 높고, 더 위대한 것, 더 풍부한 것을 남몰래 조금씩 끊임없이 부수며 의심하지 않을 수 없는 곳"『인간적인 너무나 인간적인 1』「머리말」6절이라고. 니체에게 삶은 그런 곳이다. 스스로 풍부해지고 더 높아지기 위해 뭔가를 끊임없이 파괴하는 곳. 그렇다면 삶이 의문을 제기할 때는 언제인가. 바로 높이와 풍부함을 새롭게 얻고자 할 때다. 삶은 높아지고자 할 때 분명 기존의 뭔가와 싸운다. 삶은 풍부해지고자 할 때도 분명 뭔가와 다툰다. 삶은 높아지고 풍부해지기 위해서 싸우고 파괴하지 결코 더 작아지기 위해 그렇게 하지 않는다. 이를 니체의 철학 개념으로 하면 삶은 권력의지의 표현이라고 바꿀 수 있을 것이다. 삶의 문제는 위계의 문제이고 권력의지의 문제다.

"살아 있는 것은 무엇보다도 자신의 힘을 발산하고 싶어 한다. 생명 자체는 권력의지이다."『선악의 저편』13절 생명은 힘(권력)만이 아니라 권력의지다. 그렇다면 힘power과 권력의지will to power의 차이는 뭔가. 들뢰즈는 이렇게 말한다. "힘은 할 수 있는 것이고 권력의지는 원하는 것이다."들뢰즈, 『니체와 철학』, 104쪽 어떤 행동을 하는 것, 혹은 그 행동에 반응하는 것, 이런 것들은 모두 힘의 표현이고 특히 물리적 힘의 표현이다. 그러나 우리는 이렇게만 살지는 않는다. 힘이 없는 자들도 지배하고자 하는 바를 포기하는 법은 없다. 또한 우리는 세상을 긍정하기를 원할 때도 있고 부정하고 싶을 때도 있다. 칭찬하기도 하고 비난하기도 한다. 이런 것들이 모두 권력의지의 표현이다. 무력함 속에서 세상을 저주할 수도 있고, 무력함 속에서 세상을 축복할 수도 있다. 이 태도의 차이가 바로 권력의지다. 동일한 '무력'無力도 긍정의 의지와 부정의 의지에 따라 전혀 다르게 세상에 표현된다. 권력(힘)이 아니라 권력의지가 특히 인간사의 다채로움과 흥밋거리를 만들어 왔던 것이다.

여기서 우리는 니체가 말하는 강자와 약자의 차이를 정확히 알게 된다. 니체는 결코 힘의 강약에 따라 강자와 약자를 나누지 않는다. 중요한 것은 힘이 아니라 권력의지이기 때문이다. 원한의 기제에서 알 수 있었듯이 약자들도 권력의지에 있어서는 결코 강자에 뒤지지 않는다. 힘은 없어도 그 역관계를 뒤집을 만한 권력의지는 갖고 있기 때문이다. 강자란 힘(능력)과 그 힘의 표현이 동일한 자라면, 약자는 표현할 수 없는 힘으로 인해 가치를 전도함으로써 힘을 소유하고자(즉 지배하고자) 하는 자다. 자기 긍정에서 출발하는 자가 강자라면 타자 부정에서 출발하는 자가 약자다. 창조적 반작용의 능력이 강자의 것이라면 관성적이고 변형하지 못하는 반작용은 약자의 것이다. 니체에게 중요한 것은 힘의 양적인 차이가 아니라 힘에 내재한 어떤 특질의 차이다.질 들뢰즈, 『시네마 2 : 시간—이미지』, 이정하 옮김, 시각과 언어, 2005, 278~282쪽 참조 그것을 권력의지라 부른다.

"증오, 시기, 소유욕, 지배욕과 같은 정념"이 "생명에 필수적인 정념"『선악의 저편』 23절인 까닭은 그것들이 바로 권력의지이기 때문이다. 왜 증오하고 질투하고 소유하려 하고 지배하려 하는가. 이 모든 것들은 더 우월해지기 위해 필요한 정념들이다. 더 우월해지기 위한 수단으로 (돈과 정치권력과 명예를) 소유하려 하고, 지배하면서 (타자와 강자보다) 우월해지고자 하며, 더 우월해지다 못해 (타자와 강자의 우월성에 대해) 질투하고 증오하는 것이다. 권력의지는 단순히 권력을 소유하려는 의지가 아니라 지배하고 주인이 되고자 하는 의지이다. 그러므로 권력의지와 보존의지를 명확히 구별할 필요가 있다. 생명체는 결코 '자기보존'을 위해 살지 않는다. 다시 말해 생명체의 본성에 보존의지가 있는 게 아니라는 말이다. 행여나 보존의지처럼 보이는 것이 있다고 하더라도 그것은 삶의 의지가 일시적으로 제한된 것이지 결코 생명체의 본성은 아니다. "자연을 지배하고 있는 것은 곤궁이 아니라 […] 무의미할 정도의 과잉과 낭비"라고 니체는 주장한다. 궁핍의 관점에서 보면 생명체의 유지와 보존에 급급해야겠지만, 과잉의 관점에서 보면 생명체의 우월 욕망은 자연스러운 것이다. 풍요로운 자가 짚는 세상과 궁핍한 자가 짚는 세상은 그 원리에서부터 다른 법이다.

자연의 원리에 낭비가 존재한다는 사실은 심지어 자기보존이라는 것조차 문제 삼지 않는 희생에서 잘 드러난다. 조국을 위한 군인의 희생, 여기에 자기보존이 들어설 여지는 없다. 그렇다면 왜 희생하는가. 자신보다 더 큰 신체인 조국이 명예로워질 때, 그리고 그 위대한 조국의 명예에 자신의 봉사가 기여했다고 할 때 희생자의 우월성도 함께 상승하기 때문이다. 이는 신을 위한 순교에서도 마찬가지로 목격되는 현상이다. 피의 순교는 자신을 다른 모든 인간보다 더 신과 가까운 존재, 그리하여 가장 숭고한 존재로 경험하게 하는 일이다. 여기서도 우리는 권력의지를 목격한다. 이처럼 인간은 희한하고 흥미로운 동물이다. 죽음을 통해 사는 법을 찾기도 하는 게 인간이고, 죽음조차 소망하면서 우월해지고자 하는 게 인간이기 때문이다. 그런데도 누군가 자기보존 충동을 삶에서 가장 결정적인 것으로 여긴다면 여기서 폭로되는 것은 자기보존 충동이라는 원리가 아니라 위기에 처한 자기 자신이다. 세상만사가 자기보존 충동을 일차적인 원리로 하는 것처럼 경험되는 것은 오히려 자신의 삶의 의지가 제한되어 있고 병들어 있다는 "증상"인 것이다. 니체의 말을 들어 보자. "크고 작은 투쟁은 항상 우월, 성장, 확대를 둘러싸고 선회하고 있다. 권력의지에 따라서. 권력의지가 바로 삶의 의지이므로."『즐거운 지식』 349절

그러나 권력의지를 단지 우월해지는 것이라고만 하면 너무 단순해진다. 어떻게 우월해지는가 하는 그 방법이나 방향이 문제되기 때문이다. 강자의 능력을 박탈하는 원한의 방식, 자신의 능력을 박탈하는 가책의 방식이 있기 때문이다. 원한과 가책에서 권력의지는 부정의 특질을 띤다. 약자는 자기 삶을 긍정하고

이 긍정을 더 고양하기 위해서 강자의 삶을 부정한다. 타자의 삶에 대한 부정에 기반하는 약자의 긍정은 그런 점에서 진정한 긍정은 아니다. 대신 강자는 자신의 삶을 긍정하지만 그것이 결코 약자에 대한 부정에 기반하지 않는다. 긍정에 긍정을 더해 고귀해지기, 이것이 강자가 보여 주는 권력의지의 특질이다. 그런 점에서 권력의지를 이렇게 정의내릴 수 있겠다. 지배하고 우월해지고 성장하기 위해 긍정이나 부정의 방식을 사용하는 힘의 질적 성질. 모든 생명체는 권력의지를 갖는다. 이 말은 생명체가 항상 "자기 자신을 극복해야 하는 것"이라는 뜻이다. "성에의 의지 아니면 보다 높은 것, 보다 먼 것, 보다 다양한 것을 향한 충동"이라고 부르는 모든 것들도 "하나의[동일한] 비밀"을 가지고 있다. 비밀은 권력의지에 있다. 권력의지는 생명체 외부에서 부과되는 성질이 아니라 생명체에 내재적인 동력이다. 지배하기 위해서라도 생명체는 자신을 극복해야 한다. "내가 무엇을 창조하든, 그리고 그것을 얼마나 사랑하든, 곧 그것과 나의 사랑의 반대자여야 한다. 나의 의지는 그것을 원한다."『차라투스트라는 이렇게 말했다』「자기 극복에 대하여」 내가 창조한 것들이 아무리 사랑스러워도 다시 그것을 파괴하고 더 고양된 것을 만들어 내지 않을 수 없는 것은 동일한 것에 머무르지 않으려는 권력의지의 속성에서 기인한다.

크게 보면 권력의지는 두 개의 유형(위계)으로 구분된다. 긍정의 권력의지와 부정의 권력의지. 먼저 부정의 권력의지는 약자와 병자의 권력의지다. 강자의 능력을 박탈하는 방식이 아니면 자기가 더 우월해졌다는 감정(권력감정)을 느낄 수 없는 존재들의 권력의지는 그래서 부정적 유형이다. 그들은 자신의 능력을 실제적으로 증가시키는 대신, 누군가의 능력을 빼앗거나 신의 선택을 받았다는 특정한 허구를 작동시킨다. 그래서 이들은 권력감정을 자극하는 것들로 돈, 명예, 정치적 권력, 특권 등을 거론한다. 이들은 이런 항목들로 권력의 있음과 없음을 비교한다. 그런데 안타까운 것은 약자들이 내세우는 가치들이 늘 현재의 지배적 가치들이라는 사실이다.들뢰즈,『니체와 철학』, 153쪽 사회에서 통용되는 것들로만 가치의 우월을 따지는 것, 이미 존재하는 가치들의 항목에 따라 우월감을 비교하는 것은 전형적으로 평범한 자들의 특성이다. 어쨌든 우월감을 줄 수 있는 것이면 된다.

따라서 이들이 경험하는 우월감에는 본질적으로 표상들의 비교가 숨어 있다고 할 수 있다. 능력의 신장이 아니라 타인에게서 얻어 낸 존경의 표상을 통해 우월해지고자 하기 때문이다. 돈이나 명예나 정치권력과 같은 것들이 기능하는 방식이 원래 그렇다. 타인의 인정 속에서 주인이 되고자 하는 자, 불행히도 그는 자신이 노예에 불과하다는 사실을 그렇게 드러내고 만다. 왜냐하면 타인의 인정이 없으면 결코 주인으로 자부할 수 없는 존재가 되기 때문이다. 그러나 고귀한 유형이 또 있다. 긍정을 말하고 긍정을 부르는 권력의지의 유형이 있는 것이다. 이들은 자기 긍정을 위한 수단으로 타자를 요청하지 않으며, 타자에 대한 부정을 바탕으로 자신의 고귀함을 이끌어내지도 않는다. 그들은 스스로 정당하고 스스로 향유하는 자다. 즐겁고 명랑한 의지, 그래서 기존의 가치에서 벗어나는 창조적 상승을 핵심으로 하는 의지이다.

'권력의지'라는 말에서 '의지'가 '권력'을 욕망한다고 보면 여러 오해가 발생한다. 그렇다면 대상으로서의 '권력'이 뜻하는 것은 무엇이겠는가. 노예들이라면 당연히 돈, 명예, 국가의 부유함, 정치권력 등을 거론할 것이다. 만약 권력의지에서 권력이 그런 대상들이라면 좀 수고스럽긴 하지만 그래도 그런 권력을 얻기가 불가능하지는 않을 것이다. 돈이 많아져서 자신이 고귀해졌다고 생각하는 자들은 누구인가. 영혼이 궁핍한 자들 아닌가. 따라서 약자들은 권력의지라는 말에서 권력을 늘 저렇게 쟁취하고 얻을 수 있는 대상들로 생각한다. 우월함이 현재적인 가치 목록에서만 확보되는 사태를 벗어날 수 없는 것이 노예와 약자들의 숙명인 셈이다. 이들의 문제는 권력의지를 (현재적인 가치들이라 할 수 있는) 권력에 대한 의지로 해석할 수밖에 없는 존재론적 무능력이다. 다시 말해 남과의 비교를 통해, 즉 표상적 비교를 통해 확보될 수 있는 게 권력이라고 생각하는 노예적 발상이 문제인 것이다.

차이에 대한 강자의 긍정과 약자의 부정

노예들의 권력의지는 한마디로 "순응주의"라 할 수 있다. 현재의 가치목록에서 벗어나는 것들에서는 권력의 의미를 포착하지 못하기 때문에 그렇고, 차지해야 하는 대상들로만 권력을 사유하기 때문에 그렇다. 권력에 대한 표상이 잘못되어 있기는 하지만 그럼에도 불구하고 노예들도 우월해지고자 하는 의지 속에서 움직인다는 사실에는 변함이 없다. 어쨌든 권력의지는 어떤 차이에 대한 욕망이다. 따라서 권력의지에서 의지가 원하는 것은 '대상'이라기보다는 차라리 '차이'이다. 그렇다면 긍정의 권력의지와 부정의 권력의지 사이의 변별점은 차이에 대한 태도에 있다고 하는 게 더 정확한 설명이 될 것이다.들뢰즈, 『니체와 철학』, 148쪽 차이를 긍정하는 쪽에 속하는가 아니면 차이를 부정하는 쪽에 속하는가. 차이를 어떻게 대할 것인가. 여기에 주인과 노예의 궁극적 차이가 있다.

약자들도 차이에 대한 의지를 갖는다. 그러나 그 의지는 타자에 대한 부정과 능력의 박탈을 중심으로 표현된다. 따라서 그들에게 권력은 자연스럽게 존재 자체에서 분리될 수 있는 대상이자 획득할 수 있는 대상이 되어 버린다. 맹금에게서 능력과 활동을 분리했던 원한의 오류추리의 필연적 귀결이 권력의지에 대한 오용에 이르는 것이다. 그러나 강자들의 권력의지는 차이를 긍정하면서 그 고유의 특질을 표현한다. 차이를 긍정한다는 것은 무엇인가. 그것은 '거리의 파토스'에 따라 움직이는 것으로 차이 자체에 대한 욕망이라고 보면 될 것이다. 존재 자체에서 차이의 의지를 보는 것, 능력이 곧 활동이 되고 활동은 곧 차이에 대한 의지가 되는 것이다. 따라서 강자는 다른 누구와의 비교 없이도 자신에게서 차이에 대한 욕망을 가장 고귀한 자부심으로 향유한다. 스스로 차이를 만들 수 있기에, 그리고 차이를 내는 것이 존재의 본성이기에 타인의 인정이 필요하지 않은 것이다. 이런 존재만이 타인과의 경쟁에서도 원한이나 증오에 빠지지 않을 수 있다. 그래서 강자는 강자끼리의 경쟁을 자기 능력을 고양하는 적절한 계기로 삼으며 패배조차 복수의 구실이 되지 못한다.

차이의 부정이 원한이라는 노예의 전도된 우월의식을 낳는다면 차이의 긍정은 그 어떤 감정의 왜곡도 없는 자기 긍정을 낳는다. 강자에게 경쟁은 이렇게 타자에 대한 부정에서 출발하는 게 아니라 자기를 더 상승시키기 위한 경외심에서만 나온다. 그래서 "이 지상에서 정녕 '적에 대한 사랑'이 가능하다면, 그것은 오직 그러한 인간에서만 가능하다." 원수를 사랑할 수 있는 자는 약자나 병자가 아니라 오로지 강자다. 사랑을 외치기 전에 사랑할 만한 충분한 능력이 있는지, 다시 말해 차이에 대한 긍정에 존재를 걸 수 있는지 되돌아볼 일이다. 그렇다면 강자는 어떤 적(원수)을 원하는가. "그는 실로 자신을 위해서, 자신의 영예를 위해서 자신의 적을 필요로 한다. 그는 경멸할 점이 전혀 없고 존경할 점이 매우 많은 자만을 자신의 적으로 삼는다!" 「도덕의 계보」 「첫번째 논문」 10절 강자가 사랑할 수 있는 적은 자신을 자극해서 더 상승하도록 고무하는 적이다. 차이에 대한 부정에서 출발해 원한과 가책이라는 허구에 의해 거짓 차이(그리고 현재적 가치의 차이)를 만들어 내는 노예와 달리 차이에 대한 긍정에서 출발해 어떤 허구도 없이 참된 차이(새롭게 창조되는 가치)를 만들어 내는 자가 강자이자 주인이다.

니체는 이 차이에 대한 강자의 의지를 "높은 고지의 숙명"이라 부르기도 한다. 너무 끊임없이 높아져 자주 오해되는 존재들, 평범한 자들은 늘 올려다봐야만 하는 존재들. 사람들은 이들을 늘 혼동한다. "우리 자신은 계속 자라며 변화한다. 우리는 우리의 허물을 벗고 매해 봄마다 새 껍질을 입으며 계속해서 더욱 젊어지고 미래로 가득 차며 더 커지고, 더 강해지기 때문이다. 우리는 우리의 뿌리를 더 강하게 땅속으로 ——악惡 속으로—— 깊이 박는다." 더 깊어지면서 높아지는 자들, 이들을 이해하기가 어찌 수월하겠는가. 이들은 "한 장소만이 아닌 모든 곳에서, 한 방향이 아닌 위로, 밖으로, 안으로, 아래로 똑같이 성장한다. 우리들의 에너지는 줄기, 가지, 그리고 뿌리들에서 동시에 일하고 있다." 높아진 이들은 도대체 어디로 닿는가. '점점 더 번개에 가까이' 다가간다. 이것이 이들의 '불길한 숙명'이다. 하지만 존재 자체에서 나오는 숙명인 것을, 그리하여 평범한 자들에게 오해 받는 게 숙명임을 어찌 거부할 수 있겠는가. 이 오해야말로 강자의 유일한 '명예'다. 니체의 말대로 이것이 "우리들의 숙명"『즐거운 지식』371절이 될 수 있다면 얼마나 좋겠는가.

삶은 그렇게 끊임없이 성장하는 것이고 위로 솟는 것이다. 솟을 때마다 우리의 관점도 변화시켜야 한다. 그렇다면 우리는 지금 어떤 존재의 유형인가. 강자인가 약자인가. 그러나 오해해서는 안 되는 게 있다. 강자에 대립하는 게 약자라는 생각 말이다. 이것은 전혀 니체적이지 않다. 강자와 약자는 차이에 대한 태도에서 다르고, 따라서 그 원리가 아주 다르다. 니체의 표현으로 하면 두 원리는 '위계'가 다른 것이다. 위계에 따라 '좋음'에 대한 판단이 달라졌듯이, 그리고 '권력'에 대한 표상도 달라졌듯이 위계는 이미 의미의 차이를 파생시키는 역할을 한다. 그리고 강자의 원리가 이미 약자의 원리에 대한 비판이 되듯이 위계는 비판적 요소가 된다. 니체가 위계야말로 새로운 문제라고 했던 의미의 일면이 여기에 있다. 약자에 대립하라는 게 아니라 약자와 원리를 달리하는 강자의 원리를 창안해야 한다는 뜻이다. 이는 약자보다 위계가 더 높은 강자의 삶을 창안하라는 뜻이다. 약자를 비판한다고 강자가 되는 것이 아니다. 삶을 더 상승시키지 않으면 강자적 원리를 구현할 수가 없다.

강자의 찬성이 있고 약자의 찬성이 있다. 강자의 의견이 있고 약자의 의견이 있다. 그렇다면 어떤 의견과 찬성이 진리인가. 약자와 강자가 대립적이라면 진리를 따질 수 있으리라. 하지만 둘은 위계적으로 다른 존재다. 상승하는 삶이 있고 하강하는 삶이 있다. 긍정을 원리로 하는 삶이 있고 부정을 원리로 하는 삶이 있다. 차이를 긍정하는 삶이 있고 차이를 부정하는 삶이 있다. 강자의 '좋음'은 자기 자신의 고귀함이었다. 반면 약자의 '좋음'은 강자에 대한 부정에서 나온 가짜 긍정이었다. 따라서 '좋음'이라는 말이 지칭하는 것도 완전히 다르고, 당연히 선과 악에 대해 말하는 것도 차원이 아주 다르다. 위계의 문제에서는 결코 진리치를 따질 수 없다. 약자는 약자의 관점에서 세상을 바라보고, 강자는 강자의 관점에서 세상을 바라본다. 그리고 그 관점은 위계적으로 차이가 난다. 따라서 문제는 어떤 삶을 선택하느냐가 아니라 어떤 삶을 지금 내가 살고 있느냐이다. 니체의 표현으로 하면 우리의 생리적 건강성이 강자적인 것인가 아니면 약자적인 것인가를 알아야 한다는 뜻이다.

"모든 찬반에 담긴 '필연적인' 불공정성"을 배워야 하고, "그 불공정이 삶에서 분리될 수 없는 것"이라는 사실도 배워야 하며, "그 삶 자체도 원근법(관점주의)이나 그것의 불공정성에 의해 제약되고 있는 것으로서 터득해야" 하는 것이다. 중립적인 관점에서 강자의 판단과 약자의 판단을 논할 수가 없다. 누구든 어떤 생리적 조건에서 강자에 속하거나 약자에 속해야 한다. 진리가 있다면 바로 그 관점주의perspectivism에 의한 투쟁에 의해 획득된 진리만 있을 뿐이다. 니체의 진단대로 근대는 약자가 지배하는 세상이다. 따라서 현재의 덕목과 가치는 약자의 가치평가에서 비롯되는 것이고, 진리치도 그것에 의해 정해진다. 그렇다고 좌절할 일은 아니다. 약자의 가치평가와는 다른 원리가 위계라는 개념에서 발견되기 때문이다. 그래서 위계는 이미 비판적인 요소이자 새로운 삶을 생성하게 하는 원리가 된다.

삶은 그렇게 불공평한 것이고 관점주의적인 것이다. 강자와

약자에서 벗어난 어떤 절대적인 관점, 절대적으로 공평한 시선
은 없다. 달리 표현하면 '물자체Ding an sich는 없다!' 만약 그런 게
있다고 한다면 이 삶에서 벗어난 자의 시선에서나 그럴 것이다.
그런데 불행히도 우리는 우리 삶 바깥으로 나가 본 적이 한 번도
없다. 삶을 저주하는 것도 하나의 삶이며, 삶에서 도피하는 것도
하나의 삶이다. 삶을 살아간다는 것은 자신의 위계에 맞춰 삶을
겪는다는 것이고, 자신의 위계에 맞는 판단을 내린다는 뜻이다.
따라서 "위계의 문제"를 보아야 한다. 위계가 다르다면 미덕도
달라져야 하리라. 강자에게 어울리는 도덕이 있다면 약자에게
나 요청되는 도덕이 있는 것이다. 약자였다가 강자가 되었다면
과거의 미덕을 "떼어내 버리는 것을 배워야만" 하고, "자신의 미
덕의 주인"『인간적인 너무나 인간적인 1』「머리말」 6절이 되어야만 한다. 미
덕을 떼었다 붙일 수 있다는 것은, 미덕이 주인이 아니라 순전히
수단이라는 사실을 알게 해준다. 그러나 모든 사람에게 미덕이
수단이 되지는 않는다. 그리고 보편적인 도덕도 있을 수 없다.
위계의 차이는 도덕의 차이를 낳는다. 그래서 문제는 위계이고,
오직 위계만이 새로운 문제다.

본성상의 차이와 정도상의 차이

위계를 분별하는 것이 중요한 까닭을 '차이'에 대한 규정을 통해 살펴보도록 하자. 니체의 철학을 '가치의 철학'이라 말한다. 들뢰즈는 3대 비판서를 썼던 칸트조차 비판철학의 성공적 위업을 달성하지 못했는데 그것이 비로소 니체에게서 가능했다고 말한다. 어째서인가. 바로 철학에 가치 개념을 도입한 것 때문이라는 것이다. 니체는 이렇게 말한다.

> 우리는 도덕적 가치들에 대한 비판을 해야 하지만, 사실은 이러한 가치들이 갖는 가치 자체가 우선 문제시되어야만 한다. 그리고 이를 위해서는 이런 가치들을 발생하게 하고 발전시키고 변화시킨 조건과 환경에 대한 지식이 필요하다. […] 그와 같은 지식은 이제껏 결코 존재한 적이 없었을 뿐만 아니라 사람들은 그것을 원하지도 않았다. 사람들은 이러한 '가치들'이 갖는 가치를 주어진 것으로서, 사실로서, 의문의 여지가 없는 것으로 여겨 왔다. 『도덕의 계보』, 「서문」 6절

니체의 말을 풀어 보면 이렇다. 지금까지 가치롭다고 간주된 가치의 목록들이 있다. 그런데 그 가치의 목록이 진정 가치로

운지를 아직까지 따져보지 않았다. '가치의 가치'를 당연한 사실로, 의문의 여지없이 주어진 것으로 받아들여 온 게 철학의 역사다. 따라서 가치의 가치를 묻는 작업은 "이제껏 결코 존재한 적"이 없다. 니체가 이것을 시도했고, 그래서 니체의 철학을 가치의 철학이라 말하는 것이다. 가치롭다고 하는 가치가 과연 가치 있는 것인지 질문할 때 기존의 가치는 무조건적으로 수용되지 않는다. 가령 우리에게는 질서를 지키는 것, 법을 준수하는 것, 국가를 우선적으로 고려하는 것, 타인과 사회를 배려하는 것들이 가치로운 것(도덕적인 덕목)으로 설정되어 있다. 우리는 이런 가치들로 수많은 행위와 사건을 평가한다. 그런데 이런 가치의 덕목들이 진정 우리 삶을 낫게 하는지 따져 본 적이 있는가. 가치 있는 것의 가치 있음, 이 맹목성에 니체의 철학이 반기를 들고 있는 것이다.

우리는 가치나 척도 없이 뭔가를 평가할 수 없다. 다시 말해 평가하기 위해서는 가치가 필요하다. 그래서 가치로운 것들의 목록이 있는 것이다. 그런데 "더 깊이 있게 다루자면" 가치야말로 '평가'를 전제한다고 해야 한다.들뢰즈, 『니체와 철학』, 16쪽 어떤 행위에 어떤 가치가 있다고 하기 위해서는 그 가치가 가치로운 것이라는 평가를 먼저 획득하지 않으면 안 된다. 평가를 위해서는 가치가 필요하지만 가치를 위해서도 평가가 필요한 것이다. 따라서 '가치'는 원래부터 선험적으로 주어진 것이 아니라 평가를 통해 형성된 것이라 할 수 있다. 그렇다면 이 평가는 어떻게 형성된 것일까. 다시 말해 누가, 어떤 조건에서, 무엇을 위해 그것을 가치롭다고 간주했을까 하는 의문이 드는 것이다. 가치의 철학은 "이런 가치들을 발생하게 하고 발전시키고 변화시킨 조건과 환경에 대한 지식"『도덕의 계보』「첫번째 논문」6절을 요청한다.

하지만 가치에 대한 평가가 동일할 수는 없다. 조건에 따라, 그리고 평가하는 존재에 따라 평가는 달라질 수 있는 것이다. 즉 평가에는 이미 차이가 내재되어 있다. 그렇다면 이 차이가 비롯되는 기원은 어디겠는가. 존재방식과 존재양태의 차이 말고 다른 기원은 있을 수 없다. 니체의 말로 하면 건강함과 병듦의 생리적 조건의 차이에서 평가의 차이가 나타난다. 존재의 양식 자체에 이미 '고귀함과 저속함', '우아함과 비루함'의 차이가 있고, 여기서 서로 다른 평가가 발생하고, 서로 다른 가치의 목록이 만들어진다. 이렇게 가치는 '창조'된 것이다. 고귀함과 저속함이라는 삶의 차이에 의해 차이 나는 방식으로 창조된 것이다. 니체에게 모든 척도는 이미 삶이다. 삶을 초월하는 것에 대한 비판도, 삶을 거부하는 것에 대한 비판도 삶의 내재적 관점이지 그 어떤 외재적 관점이 개입한 것이 아니다. 저속함에 의해 발생한 가치가 있다면 그것의 '가치'는 평가절하될 것이다. 반대로 고귀함에 의해 발생한 가치가 있다면 그것의 '가치'는 평가절상될 것이다. 가치의 '가치'를 따지는 니체의 철학(계보학의 세번째 특성)에서 '가치'는 가치에 대한 비판과 진단의 의미를 띠게 된다. 가치가 과연 가치로운 것인지 아니면 무가치한 것인지를 따져 묻는 것, 그래서 계보학은 이미 삶에 입각한 근본적 비판이 된다. 니체는 이렇게 표현한다.

> 그러한 가치판단들 자체는 어떠한 가치를 갖고 있는가? 그것들은 이제까지 인간의 번영을 저지해 왔는가 아니면 촉진해 왔는가? 그러한 가치판단들은 삶의 위기와 빈곤 그리고 퇴화의 징후인가? 아니면 반대로 그것들에는 삶의 충만함과 힘, 삶의 의지와 용기, 삶에 대한 자신감과 미래가 나타나 있는가?『도덕의 계보』「서문」3절

가치에 대한 비판적 검토, 즉 가치의 가치에 대한 물음은 곧 바로 삶의 고귀함과 비루함의 차이에 대한 질문으로 인도된다. 아무리 가치로운 것으로 보인다고 해도 그것이 비루함에서 나온 것이라면, 그리하여 "삶의 위기와 빈곤 그리고 퇴화의 징후"라면 인류의 미래를 위해서라도 재검토되어야 한다. 반대로 가치판단들 자체에 힘과 미래가 나타난다면 장려되고 육성되어야

할 것이다. 니체의 가치철학이 근본적인 것은 그것이 삶의 생리학을 묻기 때문이다. 그리고 가치의 상대주의가 들어설 자리가 없는 것은 그것이 생리적 상태의 고귀함과 비루함이라는 위계적 차이 속에서 형성되기 때문이다. 사실 위계적 차이 속에서 고귀함과 저속함은 독자적으로 존립할 수 없는 관계적 개념이 된다. 고귀한 것은 고귀함으로써 저속함을 내려다볼 수 있게 하며, 저속함은 고귀함에 대한 증오 속에서 거짓 고귀함을 창조해 내려 한다. 고귀함의 긍정이든 저속함의 부정이든 어쨌든 모두 관계적 차이, 더 정확히는 위계적 차이 속에서 형성되는 것이다.

그렇다면 이 위계적 차이가 강자와 약자 각각에서 어떤 식으로 변모하는지 살펴보도록 하자. 본성상으로 고귀함과 비루함의 위계적 차이를 가치평가의 기원에서 발견하는 게 첫번째 문제였다면, 이제 차이 자체가 어떻게 본성적으로 다른지를 살펴보자는 것이다. 앞의 문제를 '본성의 차이'라 명명할 수 있다면 지금 살펴보려 하는 문제는 '차이의 본성'이라 이름붙일 수 있을 것이다.* 약자들이 의존하는 차이 혹은 약자들에게서 파생

---

* 이 구분은 베르그송의 철학을 정리한 들뢰즈에게서 빌려온 것이다. 질 들뢰즈, 「베르그손에게 있어서의 차이의 개념」, 『들뢰즈가 만든 철학사』, 박정태 편역, 이학사, 2007, 309쪽.

되는 차이의 본성은 무엇인가. 약자는 강자의 힘과 자신의 힘을 동일한 양으로 비교하면서 강자가 그 힘을 표현했다고 비난한다. 그리고 이 비난과 부정을 통해 자신의 주인됨을 거짓으로 만들어 낸다. 따라서 우리는 약자의 차이를 '외재적 차이' 혹은 '정도상의 차이'라 말할 수 있을 것이다. 저 사물이 전제되지 않으면 드러나지 않는 이 사물의 특성, 이런 차이는 이 사물 자체에 내재하는 것이 아니므로 '외재적 차이'라 할 수 있다. 그리고 동일한 것으로 가정된 저 사물의 힘과 양적으로 어느 정도 차이 나는지를 따졌으므로 '정도상의 차이'가 된다. '외재적 차이'(혹은 '정도상의 차이') 개념은 그것과 다를 수 있는 다른 사물에 대한 요청, 그리고 이 다른 사물에 대한 부정의 요청을 핵심으로 한다. 약자에게 차이는 '정도상의 차이'에 머무르며, 타자에 대한 부정적 전제를 요청하는 '외재적 차이'가 된다.

이제 이렇게 질문할 수도 있겠다. 그렇다면 타자를 전제하지 않는, 타자를 부정하지 않는 차이는 무엇인가. 그리고 '정도상의 차이'가 아닌 것은 무엇인가. 우리는 그것을 '본성상의 차이'라고 명명할 수 있다. 질서에 대립하는 무질서(혼돈), 존재에 대립하는 무無, 다자多者에 대립하는 일자, 이와 같은 모순의 대립개념들은 모두 다른 것을 전제해야만 성립하는 쌍이다. 여기에 조화로운 세계가 있는 것은 그 이전에 혼돈이 있었기 때문이라거나, 존재는 무에서 기원한다는 등의 모든 형이상학적 세계는 이렇게 거대한 추상적 일반성을 바탕으로 한다. 그런데 왜 꼭 존재 아니면 무, 이렇게 물어야 하는가. 베르그송적인 질문은 이와 전혀 다르다. "왜 다른 것이 아니고 이것인가? 왜 지속의 이 같은 긴장인가? 왜 다른 속도가 아니고 이 속도인가? 왜 이 같은 비율인가?"들뢰즈, 『들뢰즈가 만든 철학사』, 286쪽 베르그송이 이런 질문을 통해 드러내고자 하는 것은 저 사물을 전제하지 않고 이 사물을 논할 수 있는 방법이다. 타자와 대립자를 전제하지 않고 그 자체로 사물을 규정할 수 있는 방법을 찾자는 말이다.

이 세상에 오직 유일하게 어떤 A라는 사물 하나만 있다고 하자. 비교할 대상이 없다. 있다면 추상적인 무無라는 개념이 있겠지만 그것은 A의 고유성을 드러내기보다는 그냥 존재한다는 사실 정도를 보여 주는 것에 불과해서 무의미하다. 그렇다면 이제 이 사물의 특이성을 어떻게 드러낼 수 있을까. 비교할 다른 사물이 아예 없는데도 이 사물을 규정할 수 있을까. 이때 필요한 게 '본성상의 차이'라는 개념이다. 다른 사물과 다른 게 아니라 자기 자신과 다른 것, 이것이 '본성상의 차이'라는 개념으로 '내재적 차이'라 해도 동일한 의미가 된다. 이 사물이 바로 이 사물로서 자신의 본질을 드러내려면 스스로 차이를 만들어야 한다. 양적인 차이가 아니라 본성상의 차이를 만들어야 하는 것이다. 다수가 아니어도, 다른 것과 비교하지 않아도 '다름'이 존재할 수 있는 것이다. 사물 스스로 자신의 고유성을 드러내는 방법이 이렇게 성립한다. 이제 다른 사물은 필요 없어졌다. 이 사물은 왜 이 사물인가. 이 속도는 왜 이 속도인가. 물질의 있고 없음이나 힘의 양적인 비교는 이 속도 자체를 설명할 수 없다. 아킬레스의 걸음이 공간상의 점으로 환원될 때는 '정도상의 차이'(위치상의 이동)만 확인할 수 있지만 그 걸음 자체의 질적인 변동을 느낄 수 있다면 '본성적인 차이'를 판별할 수도 있다.

그런데 이 '본성상의 차이'(다름)가 '정도상의 차이'로 환원되는 순간이 있다. 바로 약자의 원한에서다. 약자는 '본성상의 차이'를 '정도상의 차이'로 환원하고, 스스로 차이 내는 존재를 다른 것과 비교해서 차이 내는 존재로 전도시켜 버린다. 약자의 전도된 가치 평가 속에서 모든 강자적 원리, 다시 말해 스스로 고귀함을 드러낼 수 있다는 원리는 망실되고 만다. 이제 우리는 스스로 차이를 낸다거나 스스로 고귀한 존재라 규정하는 존재를 만날 때마다 비정상적인 존재라고 부를 준비가 되어 있다. 우리는 이미 강자의 가치평가 원리를 이해할 수 없는 세상에 살고 있는 것이다. 이제 베르그송과 들뢰즈를 따라 니체의 강자를 스스로 다름을 만들어 내는 존재라 명명할 수 있을 것이다. 또한 스스로 차이를 만들어 낼 수 없는 자, 스스로 자신의 고귀함을 긍정할 수 없는 자, 타자에 대한 부정에서만 자신을 규정하는 자를 약자라 말할 수 있겠다.

고귀함과 비루함, 질적인 차이와 양적인 차이, 내재적 차이와 외재적 차이, 본성상의 차이와 정도상의 차이 등 여러 개념의 대립쌍들을 통해 우리는 차이들의 본성이 결코 서로 혼동되어서는 안 된다는 사실을 알 수 있게 되었다. 스스로 차이를 만들고 스스로 높아지는 존재, 이 강자들이 약자의 양적이고 부정적인 비교에 의해 스스로 자신의 가치를 의심하게 되는 것, 이것을 니체는 병 중에서도 가장 위험한 병이라 불렀다. 따라서 병을 치료하기 위해서라도 우선 필요한 것은 강자와 약자의 위계적 차이를 명확히 하는 일이다. 그래서 위계문제는 중요하다. "드높은 정신성은 지상에서 위계질서를──인간들뿐 아니라 사물들에서도── 유지하는 것이 자신의 사명임을 알고 있는 저 자애로운 엄격성과 정의의 정신화인 것이다." 『선악의 저편』 219절 위계가 혼동될 때 인간은 자기 긍정성을 잃어버리는데, 그러면서도 그것이 인간의 일반적이고 정상적인 모습이라고 착각하게 된다. 모두가 약자인 세계에서 강자는 스스로 자기 존재를 의심한다. 자신의 원리가 고귀한 것이 아닐 수 있다는 의심을. 이것이야말로 얼마나 큰 위험인가. 위계를 재정립해야 한다.

그렇다면 니체가 '세계의 위계질서'의 구체적인 모습으로 생각하고 있는 것을 살펴보자. 우리는 여기서 니체가 생각하는 유토피아를 만날 수도 있다. 니체는 건강한 사회란 "위생법, 일의 고유한 영역, 완벽성에 대한 고유한 느낌"을 중심으로 세 유형이 자연스럽게 구분된다고 말한다. 즉 통치자, 조력자, 생산자의 세 계급으로 나눈 플라톤과 유사하게 "정신이 뛰어난" 유형과 "근육과 기질이 강한" 유형, 그리고 "범용한 인간들"이라는 유형이 바로 그것이다. 우선 정신적인 유형은 선택된 자들이고, 범용한 유형은 대다수를 차지한다. 힌두의 성전인 『마누법전』에 대한 분석을 통해 이런 세 유형의 피라미드적 위계를 니체는 사회의 완전성을 위한 가장 안정되고 정교한 체계라 보는 것 같다. 이 위계적 체계는 모든 강자를 몰락시키고 병자들의 '무리들'에 의해 사회 전체를 평범한 가축떼들로 만드는 기독교적인 체계와 선명한 대조를 이룬다. 첫번째 유형은 최고의 계급으로, 니체가 "극소수"라고 부르는 자들(원래 강자는 극소수이며, '무리들'의 반대다)이다. 이들은 완전한 계급이고 소수의 특권을 갖는다. 그들에 대한 묘사를 보자.

그 특권 가운데는 행복, 아름다움, 선의를 지상에서 체현하는 것이 속한다. 가장 정신적인 인간에게만 아름다움과 아름다운 것들이 허용된다. 그들에게서만 선의는 악함이 아니다. 아름다움은 소수의 것이다. 선은 하나의 특권이다. 한편 그들에게 추한 태도나 염세적인 시각, [사물들을] 추하게 만드는 눈 이상으로 엄격하게 금지된 것은 없다. ──사물의 전체적인 모습에 대해 분개하는 것조차도 그들에게는 허용되어 있지 않다. 분개는 찬달라들의 특권이다. 염세주의도 마찬가지다. '세계는 완전하다.' ──가장 정신적인 본능, 긍정하는 본능은 그렇게 말한다. ──'불완전, 우리보다 미천한 모든 것, 사람과 사람 사이의 거리, 거리의 파토스, 찬달라족 자체가 이러한 완전성에 포함된다.'

최고의 계급이라고 해서 특권만 누린다거나 군림만 하는 게 아니다. 우리가 알고 있는 최고 계급은 니체가 말하는 이 소수의 계급과는 아무런 공통성도 없다. 세상에 대한 염세적 시각도, 세계에 대한 부정적인 판단도, 세계에 대한 분노도 이 계급에게는 있을 수 없다. 세계를 아름다움 그 자체로, 저 노예 같은 인간들의 불완전함조차도 세계의 완전성의 일부로 볼 수 있는 긍정의 정신은 도저한 깊이에서만 획득될 수 있는 경지다. 따라서 이런 경지에 오르는 인간이 최고 계급으로 대우받는다는 것이야말로 얼마나 건강한 사회이겠는가. "가장 강한 자"인 이들은 평범한 자들이 몰락을 발견하는 곳에서 자신들의 행복을 발견한다. 즉 인식의 "미궁"에서, 자신과 타인에 대한 "혹독함"에서, 위험한 "시험"에서, "극기"에서. 그들에게 금욕은 본성이고 욕망이다. 어렵지 않으면 과제가 아니라고 보고, 어려울 때만 특권을 느낀다. 한마디로 "그들이 지배하는 것은 그들이 원하기 때문이 아니라 존재하기 때문이다."

다음으로 두번째 계급과 세번째 계급에 대한 묘사를 보자.

두번째 계급——그들은 법을 수호하는 자들, 질서와 안전을 유지하는 자들, 고귀한 전사들, 그리고 전사와 재판관과 법의 보호자를 나타내는 최고 형식으로서의 왕이다. [⋯] 공업, 상업, 농업, 학문, 대부분의 예술, 한마디로 직업적 활동이라고 할 만한 것은 모두 능력과 욕망에서의 범용성하고만 어울릴 수 있다. 그러한 것들은 예외적인 인간들에게는 어울리지 않고, 그러한 것들에 속한 본능은 무정부주의뿐만 아니라 귀족주의에도 반대된다.

두번째 계급은 당연히 정신적인 계급의 행정관 역할을 하는 자들의 집합이다. 전사도, 판관도, 심지어 왕도 두번째 계급밖에는 되지 않는다. 이들은 정신적인 계급의 추종자여야 하고 오른팔이어야 한다. 세번째 계급은 '톱니바퀴'처럼 특정한 하나의 기능을 발휘하는 데에 자연적 소질이 있는 존재들의 집합이다. 한 가지 일에서는 아주 대가적인 솜씨를 발휘하기에 "전문성"은 이들의 자연적 본능이 된다. 그렇다면 이 "카스트 질서", 즉 '서열'(혹은 위계)은 왜 존재하는가. 분명 이 체계는 지배와 피지배, 권력과 비권력의 구분이 아니다. 중요한 것은 사회와 민족의 유지, 그리고 민족의 미래를 위한 완전한 체계의 형성이다. 그래서 왕이 두번째 계급에 속한다. 그렇다고 세번째 계급이 불필요하다거나 불완전한 것이 아니다. "각자의 특권은 각자의 존재양식에 의해 결정된다. 범용한 자들의 특권을 과소평가하지 말자." 평균적인 존재들, 이 존재들의 광범위한 건강성과 넓은 지반 위에서만 높은 문화가 형성될 수 있기 때문이다. "범용성은 예외적인 것들의 존재를 위한 첫번째 필요조건이다. 높은 문화는 그것을 조건으로 한다." 예외적인 인간이 평균적인 인간을 부드럽게 대하는 것은 예의가 아니라 그의 의무이기 때문이다. 서로가 서로의 존재를 인정하면서도 위계적 차이를 긍정할 수 있는 사회, 이것을 건강한 사회가 아니라면 무엇이라 이름할 수 있단 말인가.

　카스트적 피라미드 위계 속에서 권리의 평등은 불가능하다. 아니 권리의 평등은 위계 자체를 붕괴시킨다. "삶은 높은 곳으로 올라갈수록 점점 더 추워지고 책임도 무거워진다." 따라서 첫번째 계급에게 가장 많은 권리가 주어지지만 동시에 가장 심오한 의무와 임무가 부여된다. 바로 민족 전체의 비전을 제시한다는 임무 말이다. 특권계급에게는 그에 해당하는 의무가 요청되고, 평범한 계급에게는 손쉬운 의무만이 부여된다. 의무의 크기는 (정신적) 능력의 크기에 비례한다. 니체는 특권계급도 평범한 계급도 불필요하다거나 무의미하다고 말하지 않는다. 대신 니체가 특히 공격하고 미워하는 게 있다. 증오와 복수와 가당찮은 욕심에 빠진 두번째 계급이나 세번째 계급이다. 자신이 차지하지 못한 특권으로 인해 복수심에 빠진 존재들처럼 지독한 존재는 없다. 니체는 이들을 "사회주의자-천민, 찬달라적-사도들"이라고 부르는데, 까닭은 당시 사회주의자들 중에서 "노동자의 본능과 즐거움 그리고 보잘것없는 자신의 존재에 대한 자족감"을 파괴하고 노동자에게 "시기심을 불어넣고, 원한을 가르치는" 자들이 많았기 때문이다. 주인의 특권을 누릴 능력과 정신성을 가지지도 못했으면서, 주인의 특권에 따른 희귀한 임무를 감당할 능력도 없으면서 주인이 되고자 하는 것, 이것을 니체는 천박한 사회주의적 선동이라 부른다. 명예욕으로부터 자유로운 자의 명예욕 비판과 명예욕으로 불타는 자의 명예욕 비판은 그 의미와 가치가 완전히 다른 법이다. 후자에 속한 사람들이 파괴하는 게 바로 위계의 고귀한 가치다. 권리의 불평등이 능력의 불평등에서 자연스레 흘러나온다는 것, 이 위계의 견고한 구조가 민족의 비전을 위해 우선적으로 요청된다는 사실이 이들 천박한 '찬달라'들의 복수심에 의해 여지없이 무너지고 만다. 첫번째 계급은 분명 '철학자' 계급일 것이다. 이제 찬달라들에 의해 철학자는 법정에 서야 하는 신세가 되었다.

평등을 위한 차이와 차이를 위한 평등

니체는 불평등한 권리를 결코 부당하다고 말하지 않는다. 오히려 평등한 권리를 주장하는 것이 부당하다고 말한다. 강자와 약자의 위계를 구분했던 것은 이 불평등한 권리, 즉 강자의 특권을 인정하기 위해서였다. 권리가 평등해지면 오히려 권리가 사라져 버린다는 게 니체의 불만이었다. 가령 고귀하고 정신적인 존재가 제3계급과 모든 권리를 평등하게 나누게 될 때 어떻게 그들의 고유한 권리가 존재한다고 말할 수 있겠는가. 대중에 의해 고소당하는 철학자가 있을 때 어떻게 철학자의 특권과 임무가 있다고 말할 수 있겠는가. 그래서 "권리의 불평등이야말로 권리가 존재하기 위한 조건"『안티크리스트』 57절이라 할 수 있다. 권리가 존재하기 위해서 권리의 불평등이 있어야 한다고? 평등에 대한 근대 자유주의적 이념에 익숙한 우리에게 니체의 이 같은 주장은 낯설고 혼란스럽다. 그렇다면 억압받는 여성의 평등 요구도, 인간적인 대접을 받고자 하는 장애인의 평등 요구도, (국적은 달라도) 같은 인간으로 대하라는 요구를 하는 외국인 노동자들의 평등 요구도 모두 비판의 대상인가. 그런 평등의 외침이 노예와 약자의 반란이라는 것인가. 문제가 혼란스러워졌다.

먼저 철학자가 고발되는 사태, 즉 법 앞의 평등의 경우를 보자. 이때의 평등은 분명 가장 정신적인 인간을 대중의 수준에 맞춰 재단하는 것이 된다. 이를 니체는 "평준화"라 부르는데, 왜냐하면 고귀한 자의 권력의지의 토대를 허물어 버리기 때문이다. "그것은 인간을 왜소하게 만들고, 비겁하게 만들며, 향락을 추구하는 존재로 만든다. 이러한 제도에 의해 매번 개가를 올리는 것은 무리 동물이다."『우상의 황혼』「어느 반시대적 인간의 편력」38절 철학자의 정신적 영역이 법의 심판의 대상이 될 때, 다시 말해 민족의 과거와 미래를 진단하고 살피는 희귀한 정신적 능력이 일반 대중의 안목에 의해 비판될 때 모든 것은 작아지고 비겁해진다. '뭐 잘난 거 있어?'라는 말, 이 말을 가부장적인 남성이 여성에게, 백인이 흑인에게, 이성애자가 동성애자에게, 비장애인이 장애인에게, 내국인이 이주노동자들에게 내뱉었다고 해보자. 서로 다를 바 없다는 이 비아냥 섞인 말을 사회적인 권력자, 즉 다수자majority(니체식으로 하면 약자)가 내뱉을 때 그것은 다수자의 척도를 넘어서는 소수자minority(니체식으로 하면 강자)를 견제하고 끌어내리기 위한 것이 된다. 다 같은 인간인데 뭘 그렇게 따지냐고, 뭘 그렇게 귀찮게 하냐고 남성(백인, 내국인, '정상인')이 말할 때 그것은 다수자의 근거 없는 권력이 허물어지는 것을 막기 위한 방어책이자, 여성들(소수자들)로 하여금 다수자의 척도를 넘어서지 못하게 하는 족쇄가 된다.

남성의 가부장적 권력은 근거 없는 권력이다. 왜냐하면 가부장적 권력은 복종하는 여성이 있기 때문에 가능한 것이지 남성의 고유 능력 때문에 형성된 게 아니기 때문이다. 그렇다면 여성들의 복종은 어떻게 만들어졌는가. 남성의 능력이 아니라 남성이 지배하고 있다는 사실에 의해 만들어진다. 지배하고 있기 때문에 복종하는 것이지 복종할 근거가 있는 게 아니라는 말이다. 남성이 다수자이고 지배자이기에 가부장적 권력이 유통되는 것이지 남성의 능력 증명에 의한 것이 아니라는 말이다. 근거가 없기에 따지고 드는 것(남녀평등 같은 주장)은 다수자인 남성에겐 피곤한 일이고 위험한 일이 된다. 그럴 때 다수자들은 저 소수자들(고귀한 자들)을 자신과 동일한 수준으로 끌어내리려 한다. 평등이라는 이름의 폭력, 평등이라는 이름의 하향 평준화, 평등이라는 이름의 지배, 평등이라는 이름의 무력화. 이런 차원에서 법 앞의 평등은 약자들(다수자들)의 지배 수단인 것이다.

그러나 '뭐 잘난 거 있어?'라는 말을 장애인이, 여성이, 동성애자가 외칠 때 그 의미는 다수자들의 용법과 완전히 달라진다. 장애인들이 자신도 인간이라고 말할 때, 인간답게 살고 싶다고 말할 때 이것은 법 앞의 평등처럼 하향 평준화의 욕망이 아니다. 저 다수자들은 자신에 대한 긍정성을 혼자서는 획득할 수 없다. 능력에 의해 지배하는 게 아니라 지배에 의해 능력을 획득하는 게 다수자들이기 때문이다. 여성과 장애인과 흑인들의 능력을 박탈하면서, 다시 말해 그들을 인간 이하의 존재라고 규정하면서 자신을 인간적인 존재, 지배적 존재로 만들어 내는 것이다. 소수자(강자)에 대한 부정, 그리고 이를 통한 자신의 긍정. 전형적인 약자의 논리다.

하지만 강자는 스스로 자신의 고귀함을 자부할 수 있는 존재다. 그런데 우리 시대 강자들인 소수자들은 자기긍정성에 도달하지 못하게 되었다. 왜냐하면 자기긍정 자체를 다수자적인 척도가 박탈해 버렸기 때문이다. 장애인으로 살아가는 일이 힘든 까닭은 장애 자체를 부정적이고 병적인 것으로 간주하는 사회적 차별과 편견 때문이다. '비정상'이라는 낙인 속에서 어찌 장애인이 자신을 오롯이 긍정할 수 있겠는가. 자기 존재에 대한 사랑, 이것은 정상과 비정상을 가르는 배제적 원리에 의해 애초부터 불가능해진다. 그런 점에서 이 시대 강자들은 스스로를 저주해야 하는 존재가 되고 말았다. 자기 존재를 사랑할 수 있어야 한다. 자신을 저주하면서 산다는 것, 이것이야말로 생명 있는 모든 존재의 본성을 거스르는 일 아닌가. 모든 생명체는 자신의 삶을 향유하면서 살고자 하지 결코 죽음과 같은 삶을 위해 살지 않는다. 하지만 삶이 죽음과 비슷한 양상을 띠게 되는 것은 장애 때문이 아니라 장애를 비정상으로 간주하는 사회적 낙인 때문이다.

우리 시대 강자들은 이렇게 자신을 사랑하기 위해서라도 싸워야 한다. 그 싸움이 바로 '평등'이라는 슬로건 속에 표현되고 있다. 우리도 남성과 동등하다, 우리도 정상인과 동등한 인간이다, 우리도 백인과 동등한 인간이다. 정상과 비정상을 가르는 척도, 부자와 가난한 자를 가르는 척도, 남성과 여성을 위계적으로 가르는 척도, 그런 근거도 없고 무가치한 척도들을 문제 삼는 것, 이것이 소수자의 평등 요구에 담긴 본질이다. 정상과 비정상이라는 실체 없는 분할선을 지우고 새로운 분할선을 긋고자 하는 것이다. 정상과 비정상(백인과 흑인, 이성애자와 동성애자, 남성과 여성)의 구분이 아니라 주인 대 노예, 고귀함 대 비루함, 함께하는 삶 대 고립된 삶, 선물을 주고받는 관계 대 착취와 수탈의 관계라는 새로운 구분을 만들고 싶은 것이다. 이들의 평등 요구는 새로운 분할선을 긋는 것이자 스스로 사랑할 수 있는 삶을 창안하고자 하는 절실한 요청이다. 그것은 삶을 평준화하고자 하는 싸움이 아니라 서로 더 고귀해지기 위한 싸움이다.

만약 이들이 법 앞의 평등을 요청한다고 한다면 그것은 법에 종속된 삶을 살기 위한 것이 아니라 법에라도 의지하지 않으면 도저히 살 수가 없기 때문이다. 인간답게 살고 싶다는 그 절실함에는 모두 다 (신 앞에서는 초라해질 수밖에 없는, 국가의 일개 국민에 불과한) 인간이라는 냉소가 아니라, 장애인으로 차별해야만 인간이라는 정체성에 만족할 수 있는 그런 비루한 척도와 분할선을 지워야 한다는 소망이 담겨 있는 것이다. 남을 부정해야만 자신을 긍정할 수 있는 척도, 남과 비교해서만 우월해지는 척도가 아니라 스스로 차이를 내는 척도, 비루함에서 고귀함으로 질적 차이를 내는 삶, 고립된 삶에서 함께하는 삶으로 상승하는 척도를 만들기 위한 차이의 운동인 것이다. 그래서 법을 지키라고 싸우는 것이다. 최소한 인간이 평등하다는 그 법적인 원칙이라도 지켜지면 그나마 숨 쉴 수 있겠다는 것이다.

그러므로 평등에도 차이를 위한 평등이 있는가 하면 차이를 지우기 위한 평등이 있다. 스스로 차이를 내기 위해 요청되는 평등이 있다면, 자발적인 차이를 낼 수 없는 무능력으로 인해 차이를 지우고 거짓 차이를 만드는 평등이 있는 것이다. 즉 '차이를 위한 평등'과 '평등을 위한 차이' 사이에는 분명 거리가 있다. '우리도 인간'이라는 소수자들의 평등 선언은 누군가를 배제하면서 만들어지는 외재적 차이가 아니라 스스로 더 고귀해지고 싶어하는 내재적 차이의 표현이다. 장애인에 대한 차별을 없앤다는 것이 단순히 정상인이 된다는 뜻은 아니지 않겠는가. 장애인이 과연 정상인이 되어야 하겠는가. 장애인은 장애인이지만 그럼에도 스스로 삶을 긍정하고 스스로 고양되는 삶을 살고 싶다는 것, 장애인으로서 차이를 생성하는 내재적인 삶을 살고 싶다는 것, 그럴 수 있는 최소한의 조건은 장애인과 비장애인의 현실적 차별이라는 분할선을 문제 삼고 그것을 새로 그릴 수 있는 조건을 만드는 것일 수밖에 없다. 평등에 대한 소수자의 문제제기는 이처럼 분할선에 대한 문제제기다. 그리고 그것은 평등에 머물고자 하는 게 아니라 새로운 차이를 낳기 위한 시발점인 것이다.

그러므로 저 다수자들의 "평등에의 의지"는 그것이 아무리 '정의'라는 이름으로 치장하고 있다고 해도 차이의 운동일 수 없다. 잘난 존재, 고귀한 존재, 끊임없이 차이를 창조하는 존재, 그래서 사회적으로 위험한 존재들에 대한 "은밀한 복수심에 불타는 자들"의 "광기"이며, "울분에 찬 자만심"과 "억눌린 질투심"에서 비롯된 앙갚음의 표현이다. 차라투스트라는 이렇게 말한다. "나는 나를 이 평등의 설교자들과 착각하거나 혼동하기를 원하지 않는다"고. 왜냐하면 "인간들은 평등하지 않다"는 것이 곧 "정의"이기 때문이라고. 평등해서는 안 된다. 인간들 사이에는 "더 많은 불평등"이 조성되어야 한다. 그들 사이에는 "더 많은 전쟁"『차라투스트라는 이렇게 말했다』「타란툴라에 대하여」이 벌어져야 한다. 여기서 불평등은 소수자에 대한 배제의 불평등이 아니라 서로가 위로 솟는 불평등, 스스로 차이를 내고자 하는 운동을 말한다. 그래서 그것은 전투일 수 있다. 고귀해지고자 하는 전투, 그래서 가장 고귀한 전투. 이 불평등에의 욕망, 차이의 의지야말로 가장 거룩한 분투다. 이것 외에 고귀함으로 갈 수 있는 길이 없기 때문에. 복수 없는 분투, 적에 대한 참된 사랑에 의한 전투, 따라서 화약 냄새가 나지 않는 전쟁도 가능한 것이다. 오직 위계를 확립하기 위한 차이의 운동 속에서만.

평등은 노예의 의지이다. 불평등을 찬미하는 니체도 평등을 얘기할 때가 가끔 있다. 짐작하겠지만 평등이 가능한 영역은 오직 주인과 주인 사이이다. 동등한 힘을 가진 자에게만 권리를 넘겨주는 것, 이것처럼 현명한 일은 없다. 그렇다고 주인들이 평등을 꿈꾼다는 게 아니다. 평등을 욕망하는 주인은 없다. 주인의 본성상 주인은 차이의 욕망이다. 대신 자신과 같이 자신을 긍정하는 고귀한 자에 대한 존경심만은 확실히 표현한다. 이것이 니체가 말하는 주인의 평등이다. 하지만 노예는 노예들 사이에서도 평등하게 존재하지 못한다. 상대를 더 끌어내리지 않으면 만족할 줄 모르는 게 노예의 본성이기 때문이다. 오직 고귀한 자들 수준에서만 서로에 대한 평등한 권리와 의무가 정의롭게 부여될 수 있을 것이다. 니체가 정의에 입각한 사회주의적 사고방식의 가능성을 인정하는 것도 유일하게 이곳에서다. 능력을 서로 인정하는 자들, 이 인정 속에 그 어떤 허영도 끼어들지 않은 자들만이 평등한 권리를 부여하고 그 권리에 따른 의무도 경건하게 수행한다. 그러니 원한에 들뜬 자들이 권리의 평등을 요구한다고 해도 결코 속지 말아야 한다. 그것은 결코 "공정의 발로"가 아니다. "야수에게 피투성이 고깃덩어리를 가까이에서 보여 주고는 다시 숨겨 마침내 그 야수가 울부짖을 때, 여러분은 이 울부짖는 소리가 정의를 뜻하는 것이라고 생각하는가?"『인간적인 너무나 인간적인 1』 451절 그것은 '욕망의 발로'다.

거짓

진리라는 우상을 전복하는 관점주의적 능력

+ + +

불확실성을 원한 적이 있는가

니체에 따르면 지금까지 인류는 하나의 해석을 중심으로 살아왔다. 바로 "금욕주의적 이상"이라는 기독교적 해석으로. 삶이 삶 그것 자체로 가치를 갖는 게 아니라 구원에 이르러야만 가치 있게 되는 삶. 삶이란 불모의 것에 불과하다는 그 부정의 규정을 삶으로 받아들여야만 가치 있게 되는 그런 해석을. 삶을 무가치한 것으로 저주하는 의지, 그러면서 동시에 그렇게 규정하는 자들의 삶을 보존하게 해주는 의지, 이를 니체는 허무주의라 불렀다. 이렇게 세계와 삶이 해석되었고 이 해석만이 지배적인 것이 되었다. 니체의 말대로 "금욕주의적 이상은 인간에게 하나의 의미를 준 것이다! 그것은 지금까지 주어진 유일한 의미였다."『도덕

의 계보』「세번째 논문」 28절 이편의 무가치한 삶과 저편의 가치로운 삶
이라는 대립, 저주받은 현세의 삶과 구원받는 내세의 삶이라는
대립, 거짓과 기만과 지옥의 삶이 있다면 참과 정의와 순수의 천
국이 있다는 대립. 살아가는 매 순간이 이미 죄와 타락이라는 이
상한 규정, 이것이 금욕주의적 이상의 해석술이다. 모든 거짓이
이 세상에 있다면 참된 진리는 신에게 있다. 속이고 기만하고 죄
를 짓게 하는 모든 것이 이 세상에 있다면 영원한 안식과 정의와
진리는 신의 편에 있다.

그렇다면 이 기독교적 해석술이 어떻게 인류를 지배할 수
있었던가. 여기엔 '진리'에 대한 인간의 이상한 복속이 숨어 있
다. 다시 말해 니체가 말하는 '인간', 즉 극복되어야 할 그 '인간'
은 진리라면 사족을 못 쓴다는 말이다. 이 기독교적 해석술이 늘
'유일한' 진리를 바탕으로 했다는 것, 그것이 진리라고 간주되었
다는 것, 거기에 지배의 비밀이 있다. 이 금욕주의적 이상은 다
른 모든 해석에 대해 배타적이다. 그것만이 유일한 '진리'여야
하기 때문이다. "금욕주의적 이상은 시대, 민족, 인류를 가차없
이 이러한 하나의 목표에 비추어 해석한다. 그것은 다른 어떤 해
석이나 다른 어떤 목표도 허용하지 않는다. […] 일찍이 그것보
다 더 철저하게 사유된 해석체계가 있었던가?"『도덕의 계보』「세번째
논문」 23절 이렇게 철저히 체계적으로 진리의 해석체계를 가동시

킨 것이 금욕주의적 이상이다. 모든 종교나 모든 해석술이 배타적일 수는 없을 것이다. 하지만 금욕주의적 이상은 그 해석체계 안에 이미 맹목적인 배타성을 숨기고 있다. 따라서 이 해석술과 다른 '진리'를 이야기하는 모든 해석술은 이미 금욕주의적 이상과 전쟁상태에 돌입할 수밖에 없다.

금욕주의적 이상의 해석술은 배타성 못지않게 강력한 흡인력을 갖고 있다. 세상사 모든 것이, 세계를 구성하는 모든 요소들이 이 이상에 따라 해석되어야 한다. 이 해석의 예외지대는 없다. 과학적 발견이 이 해석술과 충돌하면 우선 그 과학적 성과를 종교적 권력으로 억압해 버린다. 그러나 이런 일차적 방식에 득이 없으면 다음엔 그런 과학적 발견을 아우르는 해석술을 만들어 버리는 것이다. 지동설이 대표적이다. 등장 초기에는 수난의 대상이지만 그 후에는 기독교적 해석 체계 안에서 아무런 문제도 일으키지 않게 포섭되는 것이다. 따라서 이것만큼 강력한 해석체계는 없었고, 지금도 없다. 그래서 문제인 것이다.

그리고 무엇보다 중요한 것은 이 해석술이 늘 '진리'를 바탕으로 전개된다는 사실이다. 대중을 설득하는 데 있어 진리를 내세우지 않는 언술은 없다. 진리라고 간주되는 한 대중은 자신의 존재 전체를 걸기도 한다. 이에 대한 가장 전형적인 예는 독일과 소련의 정치형태, 즉 전체주의에서 찾아볼 수 있다. 히틀러의 인

종주의와 스탈린의 사회주의는 모두 그 이데올로기의 '법칙성' 때문에 가능할 수 있었다. 유대인에 대한 살해든 낡은 계급에 대한 숙청이든 이 모든 "인종 청산"은 늘 "역사과정"의 합법칙성에 의해 합법성을 얻을 수 있었고, 실제로 전체주의의 운동가들은 모두 이 "법칙"한나 아렌트, 『전체주의의 기원 2』, 이진우·박미애 옮김, 한길사, 2006, 84쪽을 믿고 있었다. 인종학살도 자연의 법칙이고, 계급투쟁도 역사의 법칙이다.* 다시 말해 모두 다 '진리'였던 것이다. 아렌트에 따르면 전체주의 운동의 주요 목적은 "자연의 힘이나 역사의 힘이 어떤 자발적인 행동에 의해 방해받지 않고 자유롭게 인류를 통과할 수 있게 하는 데" 있었다고 한다. 이 순간 특정한 범죄를 저질렀기 때문에 유죄가 성립하는 게 아니라 유대인으로 존재한다는 것, 낡은 계급으로 존재한다는 것 자체가 죄가 된다. 그들은 "자연 과정이나 역사 과정의 앞길을 가로막는 사람"이었던 것이다. 여기서는 살해당하는 자도 살해하는 자도 결코 범죄행위 때문에 기소될 수는 없다. 살해된 자는 체제에 반대하는 일을 하지 않았기 때문에 그렇고, 살해하는 자도 실제적인 살인이 아니라 자연과 역사의 법칙이라는 "좀더 높은 법정"아렌트,

---

* 전체주의 운동이 법칙, 다시 말해 '진리'를 중심으로 전개된 상황에 대해서는 아렌트, 『전체주의의 기원 2』 11장과 13장 참조. 특히 78~86쪽, 258~262쪽.

『전체주의의 기원 2』, 262쪽에서 사형을 선고하는 것이기 때문에 그렇다. 따라서 여기서는 테러조차 합법화된다. 그것이 진리를 수행하는 것이라면.

　이런 사태를 두고 니체는 어떻게 말했을까. "진리를 향한 무조건적인 의지"『도덕의 계보』「세번째 논문」 24절라고 하지 않았겠는가. 진리가 아니면 의지를 발휘할 수 없다. 의지는 진리인 곳에서만 발휘된다. 인류의 해석술을 지배한 금욕주의적 이상은 "진리를 향한 무조건적인 의지"를 은연중 드러낸다. 하지만 우리가 만약 위계라는 문제를 여기에 들이댄다면 사태는 어떻게 될까. 삶이 불공평하고 관점주의적인 것이라면 금욕주의적 이상이 자신의 해석술을 유일한 진리라고 선포하는 것에 대해, 니체는 그것이 '누구'의 '진리'인지 묻지 않을까. 만인보편의 진리 개념을 필요로 하는 자는 누구인가. 세계 그 자체, 혹은 물物 그 자체를 필요로 하는 자는 누구인가. 그는 무엇 때문에 진리를 필요로 하는가. 이것이 니체의 질문 방식이다. 가치의 가치로움을 물었듯이 진리의지의 가치로움을 다시 묻는 것이다. 무엇 때문에 진리가 필요하고 무슨 이유로 진리를 의지하며, 진리의지의 가치는 무엇인지 물어야 한다. 이런 질문을 던져 본 적이 있는가. 바로 진리의지에 대한 질문을.

우리로 하여금 여전히 많은 모험을 하도록 유혹하는 진리에의 의지 [...] 우리 안의 무엇이 '진리'를 원하는가? 사실 우리는 오랫동안 멈춰 서서 이러한 [진리에의] 의지의 원인에 대해서 물었다. 이와 함께 우리는 마침내 훨씬 근본적인 물음에 직면하게 되었다. 우리는 이러한 의지가 갖는 가치에 대해서 묻게 된 것이다. 우리가 진리를 원한다고 인정하더라도, 왜 우리는 차라리 허위를, 불확실성을, 무지를 원하지 않는가? 진리의 가치라는 문제가 우리 앞에 다가왔다.

"진리의 가치 문제"가 우리 앞에 처음으로 주어졌다. 우리는 왜 불확실성을 원하지 않는가. 우리는 왜 모두 진리를 원한다고 가정하는가. 차라리 무지를 원할 수는 없는 것인가. 이것이 진리의지의 가치에 대한 질문이다. 다시 니체의 계보학적 작업이 시작된 것이다. 진리의 가치에 대한 계보학적 질문은 『선악의 저편』의 제1절에서 시작된다. 그런데 아무래도 이상하다. 선악의 도덕을 넘어 좋음과 나쁨의 윤리로 전환하는 데 있어 왜 진리의 가치가 가장 먼저 문제시되는 것일까. 여기엔 분명 새로운 윤리학을 정립하기 위해서라도 진리에 대해 근본적인 질문을 던져야 한다는 뜻이 담겨 있는 듯하다. 선악을 따지는 비루함의 도덕에서 좋음과 나쁨을 따지는 고귀함의 윤리로 위계적 상승을 이루기 위해서라도 가장 먼저 진리 자체를 점검하지 않으면 안 된다는 뜻이리라. 니체의 말대로 이 진리에 대한 문제제기는 "제기된 적이 한 번도 없"는 문제임이 확실하다. 아니 누가 도대체 진리가 아닌 불확실성과 무지를 원할 것인가. 그런데도 니체는 불확실성을 원해서는 안 되는 것인지 뒤집어 묻고 있지 않은가.

 니체의 질문 방식은 상상 이상으로 낯설다. 한 번도 제기된 적 없는 문제이기에 우리는 당혹스럽다. 하지만 이렇게 질문을 던지는 스핑크스가 우리라고 되지 못하리란 법이 어디 있는가. 그 스핑크스의 도전에 실존 전체를 걸고 대답하는 오이디푸스가 되지 말란 법은 또 어디 있겠는가. 질문을 던지는 것도 우리고 대답하는 것도 우리여야 한다. 우리는 모두 스핑크스이자 오이디푸스다. 질문을 제대로 던지는 자만이 대답을 찾는 법이다. 이 질문은 과연 우리를 어디로 이끌어갈 것인가. 여기에는 분명 '모험'이 있다. "그것보다 더 큰 모험은 아마도 없"『선악의 저편』 1절는 그런 모험이. 해답을 찾아가는 여정 속에서 잃어버린 '진리'를 회복할 수 있을까. 아니면 '진리' 없는 혼돈의 세계로 내팽개쳐질까. 아주 큰 모험이 시작됐다.

"왜냐하면 그들은 아직 진리를 믿고 있기 때문이다"

진리라는 개념은 참된 것으로 규정된 세계를 전제한다. 현상들의 세계와 구별되는 현상들의 진리 혹은 본질의 세계가 그것이다. 그런데 "참된 세계는 […] 참된 인간을 전제한다."들뢰즈,『니체와 철학』, 175쪽 광기에 빠진 존재가 진리에 다가설 수 있겠는가. 만약 우리가 이성적인 존재라면, 다시 말해 최소한 광기(비이성)에 빠지지만 않는다면 참된 진리의 세계를 확보할 수 있다는 게 데카르트의 사유였다. 그렇다면 누가 참된 인간인가. 참된 인간은 자신을 기만하는 이 세계 속에서도 결코 스스로 기만하지 않으려하는 인간이다. 그것이 비록 자신에게 불리할지라도 속여서는 안 된다. 아무리 세계가 속임수의 세계라고 해도 나는 결코 나자신을 속이지 않겠다는 것, 이것이 진리에 대한 의지다. "이것과 함께 우리는 도덕의 지반에 도달하는 것이다."『즐거운 지식』344절 나의 세계 속에서는 참된 것만 존재하게 하겠다는 것, 따라서 진리에 대한 의지는 세계의 이름 아래서라기보다는 세계가 아닌 것의 이름 아래서 행해진다고 해야 할 것이다.들뢰즈,『니체와 철학』, 176쪽 왜냐하면 그들이 이해하는 삶이란 길을 잃게 하고, 속이고, 감추고, 현혹시키고, 눈멀게 하는 것을 목적으로 삼기 때문이다.

그런데 자세히 보면 삶이란 원래 이런 것 아닌가. 삶이란 그렇게 위장과 오류와 속임수의 세계가 아닌가. 살기 위해서라면 속여야 할 때도 있고, 믿는 척할 때도 있으며, 오류와 착오에 빠져들 때도 있는 것 아닌가. 프로이트가 말하는 '무의식'이야말로 그런 것 아닌가. 내가 모르는 나의 속임수, 나를 속이는 나 아닌 나. 그렇게 착오나 속임수는 삶에 내재하는 것이다. 그런데 진리만을 원하는 자들은 이런 속임과 기만의 세계를 '오류'나 '외관(비본질)'으로 규정해 버린다. 그에게 '삶'은 '(진리에 대한) 인식'에 대립하게 되고, 이 세계는 저 세계에 대립하게 된다. 속이지 않는 세계는 분명 존재한다는 것, 이것만이 참된 세계이고 진리의 근원이라는 것, 이것이야말로 삶의 이름이 아니라 삶이 아닌 바의 이름 속에서 가능한 믿음이다. 문제는 이런 진리에 대한 믿음이 이 세계를 허황된 외관으로 만들어 버린다는 것, 혹은 이 세계에 대한 부정의 의지를 진리라는 이름으로 미화한다는 것이다.

우리의 세계를 왜 부정하는가. 이 세계를 못 견디기 때문 아닌가. 왜 못 견디는가. 견딜 능력이 없기 때문 아닌가. 견딜 수 없기에 차라리 이 세계를 죄악과 타락의 장소로 해석해 버리려 하는 것이 아닌가. 이 세계와 삶보다 더 우월한 가치들을 설정하는 것과 동시에 삶을 부정하는 의지들이 결합한다. 퇴화되고 축소된 인간 유형들이 자신의 보존과 승리를 관철시키려는 의지가 가득하다. 표현하고 활동하고 행위하고 작용하는 모든 건강한 것들, 즉 삶 그것을 비하하고 부정하기 위한 의지로 가득하다. 그것은 어떻게 가능한가. 바로 자신의 모든 고통이 죄에서 비롯되었다는 해석과 더불어, 그러니 이 삶의 고통이 당연하다는 해석과 더불어, 고통 없는 세상, 진리의 세계가 이 비본질의 세계 아닌 곳에 있다는 해석과 더불어. 그들에게 삶은 "저 다른 생존을 위한 하나의 다리"이며 "결국에는 출발했던 지점으로 되돌아가야만 하는 미로"다. 그리고 "행동에 의해서 바로잡아야 할, 반드시 바로잡아야만 하는 오류"『도덕의 계보』「세번째 논문」11절가 된다.

가치와 무가치, 참됨과 죄악, 진리와 거짓의 대립은 이렇게 만들어졌다. 이렇게 해서 우리는 진리와 금욕주의적 이상의 강고한 결합을 이해할 수 있게 되었다. 니체에 따르면 철학이 철학으로 성립하기 위해서라도 먼저 금욕주의적 이상이 전제되어야 한다. 철학은 진리를 추구하는 것이라고 말한다. 그런데 왜 거짓이 아니고 진리인가. 오직 진리만이 대단한 것이기 때문이다. 아니 진리만이 모든 것의 근거라는 믿음이 있기 때문이다. 진리를 떠받치고 있는 것이 바로 믿음이다. 이 진리만이 유일하게 숭고하다는 믿음, 그것이 바로 금욕주의적 이상의 역사적 작업 속에서 형성된 것이다. 인간이 본성적으로 진리를 추구하는 것은 결코 아니다. 자신의 존재를 유지하기 위해서라면 언제든 기만하는 것이 생명체의 본성이다. 따라서 진리만이 가치 있다는 믿음, 진리가 존재한다는 믿음, 진리의 세계에 접근할 수 있다는 믿음은 철저히 역사적으로 형성된 선험성인 것이다. 푸코식으로 말해서 '역사적 아프리오리a priori'인 것이다.

서구 형이상학의 근원이라 할 수 있는 플라톤을 보자. 그는 본질과 진리와 불변의 영원한 '존재'로 이데아Idea를 설정한다. 그리고 우리가 경험할 수 있는 현실적 삶은 이데아의 복사본(모델)과 시뮬라크르simulacre(복사본의 복사본)로 이루어져 있다고 했다. 복사본은 이데아의 좋은 복사물이며, 근거 있는 그림자들이다. 그러나 시뮬라크르는 이데아와의 유사성을 상실한 나쁜 복사물이며, 근거 없는 그림자들이다. 신이 인간을 창조했다고 해보자. 이때 인간은 복사본이라 할 수 있겠다. 하지만 그 인간이 타락해서 신과의 유사성을 잃어버리게 되면 그때 인간은 시뮬라크르가 된다.들뢰즈, 『의미의 논리』, 411쪽 이런 위계적 구도에서 잘 드러나듯이 플라톤에게 세계는 저 이데아라는 본질에서 가까운 것과 멀어진 것으로 구분되는데, 여기에는 신학적 구조가 숨어 있다. 그래서 니체는 기독교와 플라톤을 이렇게 관련짓는다. 기독교는 "신은 진리이고, 진리는 신적인 것이라는 신앙이며, 그것은 플라톤의 신앙이기도 하다."

그런데 이 가상에 불과한 시뮬라크르가 세계의 전부라면

과연 어떤 일이 벌어질까. 다시 말해 이 가상의 세계를 판별하는 저 이데아적 척도가 없어진다고 하면 타락한 시뮬라크르라는 규정은 어떻게 될 것인가. 그때도 원본과 복사본, 진리와 비진리, 신의 세계와 타락한 인간의 세계라는 위계가 유지될 수 있을까. 원본이 사라졌는데 어찌 복사본이 있으며, 진리가 사라졌는데 어찌 비진리가 있겠는가. 참된 신적 본질의 세계가 사라졌는데 어찌 타락한 인간의 세계라는, 세계에 대한 부정적 규정이 있을 수 있겠는가. 다시 말해 "신 자체가 우리의 가장 오래된 거짓"으로 드러난다면 도대체 어떤 일이 벌어지겠는가. 거짓들의 세계, 혹은 시뮬라크르들의 세계 이외에 그 무슨 진리와 원본의 세계가 있겠는가. 니체의 비판철학은 바로 이 세계, 우리가 발딛고 서 있는 이 세계를 긍정하기 위한 작업이다. 철학이나 학문(과학)은 결코 금욕주의적 이상의 대체물일 수 없다. 오히려 모든 철학과 학문의 근거가 금욕주의적 이상이었던 것이다.

오직 "진리가 존재로서, 신으로서, 최고의 심급 자체로서" 세워져 있었던 것이다. 금욕주의적 이상의 위상이 이처럼 어마어마한 것이다. 따라서 철학의 역사에서는 "진리 자체를 의문시하는 것은 허용되지 않았"『도덕의 계보』「세번째 논문」 24절다고 말할 수 있다. 이것이 진리인가 저것이 진리인가 하는 탐문은 수없이 행해졌지만 진리 자체에 대해서는 묻지 않았던 것이다. 그것을 묻는 순간 모든 철학적 근거가 사라지기 때문이다. 무신론이라고 해서 사정이 더 나은 건 아니다. 과학은 무신론을 기반으로 하지만 그럼에도 금욕주의적 이상에 대립하는 것이 아니다. 니체는 우리의 통념을 완전히 뒤집는다. 오히려 과학이야말로 금욕주의적 이상의 "가장 새롭고, 가장 고귀한 형식"『도덕의 계보』「세번째 논문」23절이라고 말하면서 말이다. 과학과 종교(기독교)의 대립적 이미지, 이는 상당히 피상적인 수준의 분석이다. 니체에게 과학이 위험한 형식인 것은 그것이 종교와 대립각을 세운다는 것으로 자신의 근거를 확보하려고 하기 때문이다. 하지만 과학은 종교와 대립하지 않는다.

"무조건적으로 성실한 무신론"인 과학은 오히려 종교의 "마지막 발전 국면의 하나"이며, 그 "추리 형식이나 내적 논리적 결론의 하나"일 따름이다. 금욕주의적 이상은 종교적 형식으로 표현될 수도 있고 철학의 형식으로 표현될 수도 있다. 니체가 플라톤의 철학이 대중화된 기독교라고 말하는 까닭은, 금욕주의적 이상이 공통적으로 있기 때문이다. 마찬가지로 금욕주의적 이상은 또 다른 자신의 은폐물을 찾는다. 종교적 표현 방식에 위기가 초래될 때 그 돌파구로 과학을 찾는 것이다. 최소한 우리는 "신은 죽었다"는 말을 오래 전에 들었다. 신의 죽음이 선포되는 마당에 어찌 금욕주의적 이상이 종교적 은폐물 속에서 안전할 수 있겠는가. "신에 대한 신앙이라는 허위"가 금지된 시대, 다시 말해 신앙의 대상으로서의 신보다는 도덕적 삶의 대상으로서의 신이 더 지배적인 시대에 우리는 살고 있다. 우리는 신을 믿기보다 교회에서의 공동체적 감응에 더 의존하고 있지 않은가.

그런데 신기한 것은 신의 죽음, 즉 종교의 몰락이 종교 바깥에서 초래되지는 않았다는 사실이다. 다시 말해 과학이나 학문의 발전이 신의 죽음을 불러오지는 않았다는 것이다. "모든 위대한 것은 자기 자신에 의해서, 자신을 지양하는 행위 때문에 몰락한다." 기독교의 신을 이겨 낸 것은 과학도 다른 종교도 아니고, 바로 기독교에서 내세우는 도덕성 자체다. 기독교적 도덕성이란 뭔가. "엄격하게 해석된 진실성"이라는 개념, "과학적 양심으로 번역되고 승화되었으며 어떤 대가를 치르더라도 지적인 결백성으로 번역되고 승화된" 고해신부의 "예민함"이다. 기독교는 이런 도덕성을 바탕으로 한다. 결백하고 성실하라. 지적이든 윤리적이든 모든 부분에서 극도로 결백하라는 게 기독교의 가르침이다. 그런데 문제가 바로 여기에 있다. 스스로를 궁지에 모는 게 이런 결백성이다. 즉 "자연을 신의 선의와 보호의 증거인 양 보는 것", "역사를 신적 이성에 경의를 표하기 위한 인륜적 세계질서나 인륜적 궁극 목적의 영원한 증인으로 해석하는 것", "자신의 체험을 마치 모든 것이 섭리이고 암시"인 것처럼 해석하는 것, "모든 것이 영혼의 구원을 위해 고안되고 주어진 것처럼 해석하는 것"『도덕의 계보』「세번째 논문」 27절들이 결백한 양심에 반하는 것으로 받아들여졌던 것이다.

따라서 금욕주의적 이상은 출구를 찾아야 했다. 그것이 바로 과학이다. 과학이 언제나 "진리의 가치 자체에 대한 신앙"『도덕의 계보』「세번째 논문」 24절에 입각하기 때문이고, 이것과 더불어 형성된 것이기 때문이다. 금욕주의적 이상의 또 다른 표현, 그것이 과학인 것이다. 따라서 과학과 종교는 결코 대립적이지 않다. 둘은 모두 진리인 한 평가할 수도 없고 비판할 수도 없다는 신앙위에 기초하고 있다. 심지어 요즘에는 종교보다 과학이 훨씬 더 진리에 집착한다는 사실을 우리는 충분히 알고 있다. "과학의 기능은 확실성을 제공하는 것, 우리가 의지할 수 있는 참조점이 되는 것, 그리고 희망을 주는 것"이다. 그래서 슬라보예 지젝은 과학을 "대학담론의 가장 순수한 형태"라 말하는데, 그 까닭은 "대학담론이라는 지식 속에서 주인기표(권력)는 '진실'"이기 때문이라는 것이다. 과학이 과학으로서 존립할 수 있는 것은 "우리가 의지할 수 있는 참조점"으로서 진리라는 권력의 장소를 갖고 있기 때문이다. 과학이 진리의 자리를 차지했다면 그에 따라 종교는 "사회에 대한 비판적 의문을 제기할 수 있는 장소 중 하나"로 변질되기에 이른다. 한마디로 "종교는 저항의 장소가 된

것이다."슬라보예 지젝, 『폭력이란 무엇인가』, 이현우 외 옮김, 난장이, 2011, 125쪽
과학은 종교를 대신한 것이지 종교에 대립하는 것이 아니다. 어쨌든 진리에 대한 집요한 의지를 바탕으로 하는 금욕주의적 이상의 두 표현물이다.

우리는 이제 금욕주의적 이상이 더 이상 자신의 은폐물을 찾지 못하도록 해야 한다. 어떻게? 답은 명쾌하다. 진리에 대한 신앙을 문제 삼으면 되는 것이다. 다시 말해 진리가 있고, 진리만이 믿음의 대상일 수 있다는 "도덕으로서의 기독교", 거기에 대해 질문을 던져야 하는 것이다. 과학을 공격하는 게 아니라 진리에 대한 믿음을 공격해야 하는 것이다. 기독교적인 진실성은 "하나씩 결론을 끌어 낸 후, 최후에는 자신의 가장 강력한 결론을, 즉 자기 자신에 반하는 결론을 끌어 내게 된다." 바로 진리란 거짓이었다는 결론을. 이런 사건이 일어나는 것은 이 "진실성"이 "진리를 향한 모든 의지는 무엇을 의미하는가?"라는 물음을 던질 때다. 참되게 살라고, 양심에 충실하라고, 그것이 구원의 길이라고 2,000년간 훈련받아 왔다면, 그 성실성에 대한 엄격함이 결실을 거둘 때도 된 셈이다. 스스로 성실했는지 물어야 하는 것이다. 그때 진리에 대한 신앙에 바탕을 둔 모든 것들은 몰락한다. 신의 몰락이 신 대신 교회, 공동체, 국가, 인류라는 추상물로 대체되기 때문에 무신론만으로는 부족한 것이다. 진리에 대한

의지가 갖는 가치가 무엇인지를 묻는 것만이 가장 근본적인 비판이 된다. 우리는 왜 참된 것만을 추구해야 하는가. 참된 것이란 도대체 어떤 가치를 갖는가.

　　교의로서의 기독교가 몰락했다면, 그리하여 과학이 지배하는 시대에 우리가 살고 있다면 우리 시대에 우리의 존재 의미는 무엇인가. "저 진리를 향한 의지 자체가 문제로 의식되는 것"이 우리의 유일한 의미가 아니라면 진정 우리의 존재 전체가 어떤 의미가 있겠는가. 금욕주의적 이상의 해석술이 지금까지의 '인간'에게 의미를 주었다면 이제 진리의지의 가치에 대한 질문이 '우리'에게 의미를 부여한다. '인간'을 넘어서야 하는 '우리'에게. "우리는 이런 사건의 문턱에 서 있다."『도덕의 계보』「세번째 논문」 27절 그렇다면 어찌하여 진리의지에 대한 비판이 금욕주의적 이상을 몰락시키는가? 그 까닭은 "금욕주의적 이상이 진리의지 너머에는 더 이상 은신처를 가지고 있지 못하며, 그를 대신해서 대답할 그 누구도 데리고 있지"들뢰즈, 『니체와 철학』, 181쪽 못하기 때문이다. 금욕주의적 이상은 진리 이외에는 자신의 인도자를 찾지 못한다. 진리였다고 믿었기 때문에 지배적 해석술이 될 수 있었고, 그렇게 '인간'을 만들어 온 것이다. 이제 과학을 대신해서 진리를 참칭할 수 있는 영역이 없다. 그래서 문제는 진리인 것이다.

우상을 캐내는 니체의 방법

진리에 대한 의지, 그 의지의 가치를 묻는 니체의 질문은 사실 신에 대한 절대적 믿음이 성립하는 바탕을 묻는 것이라고 할 수 있다. 신을 믿지 않겠다고 해도, 신을 숭배할 수 있는 조건이 존재한다면 신은 언제든 돌아온다. 신을 진리로 믿고, 진리를 최고의 가치로 믿는 상태는 어떤 조건에서 성립하는가. 다시 말해 진리는 무엇으로 이루어져 있는가. 우상을 우상일 수 있게 하는 진리의 우월함에 대한 가치 부여, 그리고 이 진리의 구성 방식, 그것이 니체가 말하는 '우상'idols이다. 어떤 민족이 믿는 신을 우상이라며 공격해도 그 우상숭배가 사라지는 것은 아니다. '우상'을 믿는 민족이든 (자칭) '하나님'을 믿는 민족이든 뭔가를 숭배하고 있다는 사실에서는 아무런 차이가 없다. 따라서 정통적인 신이 있다는 믿음, 신이 진리라는 믿음 그리고 믿음을 가능케 하는 바탕으로서 진리의 가치를 탐사하지 않는 한 그 어떤 우상숭배에 대한 비판도 진정한 비판일 수 없다. 우상으로 불린 적이 없는 '우상', 하지만 우상을 가능케 하는 근본적인 '우상', 이것이 '진리'라는 것의 실질적인 이름이다. 그래서 이런 우상은 "한 시대의 우상들", 다시 말해 중세시대의 '신'과 같은 시대적 숭배 대상이 아니다. 그것은 오히려 "영원한 우상들"이며, 우상을 가능케 하는 선험적 토대와 같은 것이다. 그래서 "이 우상들보다 오래되고 확신에 차 있고 교만한 우상은 존재하지 않는다." 이제 우리는 이런 "우상들의 비밀을 캐보는 것"『우상의 황혼』「서문」에 접근한다.

『우상의 황혼』을 시작하는 글은 「소크라테스 문제」이다. 왜 소크라테스인가. 악법도 법이라며 법의 위엄을 증명했던 소크라테스인가. 아니다. 니체에게 소크라테스는 전혀 다른 맥락 속에 위치한다. 그는 "이성reason=덕virtue=행복happiness"이라는 도식을 관철시킨 인물, 그리하여 본능을 철저히 무가치한 것으로 만들어 버린 인물이다. 육체 대신 정신, 본능 대신 이성, 이런 흐름이 곧 서양 형이상학의 핵심이라는 사실을 알 때 소크라테스는 그리스에서, 그리고 그리스에서 발원한 전체 서구 형이상학의 역사에서 가장 의미심장한 인물이 된다. 근거를 들어 정당화하지 않으면 안 되는 변증술, 이 변증술의 발명가가 바로 소크라테스다. '근거'라는 것은 무엇인가. 본능이 이끄는 대로 움직이는 것이 아니라 의식적으로 따져 보는 일이지 않은가. 그는 몰락 아니면 "불합리할 정도로 이성적"『우상의 황혼』「소크라테스 문제」10절일 것 사이에서 선택하라고 한다. 이성적이지 않으면 곧 그리스 전체가 몰락할 것이라는 경고다. 자신의 본능에 대적한다는 것, 자신의 본능이 불쾌한 것이 되었다는 것, 이것이야말로 소크라테스의 비밀이자 "데카당스의 공식"이다. "삶이 상승하고 있는 한, 행복은 본능과 동일한 것이다."『우상의 황혼』「소크라테스 문제」 11절

그렇다면 철학자들이 중시하는 이 '이성'이라는 것을 살펴보지 않으면 안 되겠다. 이성의 우월성은 곧 감각과 육체에 대한 경멸을 뜻한다. 이들에게 감각(육체)은 너무 다양하고 변화가 많아 우리를 속임수에 빠지게 하는 미혹의 매개가 된다. '존재(혹은 본질)'는 영원불변이지 생성변화는 아니다. 그런데 이 '존재'가 왜 우리에게 제대로 포착되지 않는 것인가. 우리로 하여금 영원한 본질을 포착하지 못하게 하는 속임수가 어딘가 있음에 틀림없다. 그것은 바로 "감각이다!" 감각의 사기와 생성의 오류에서 벗어나야 한다. 육체를 부정해야 한다. 이것이 결론이다. 그러나 "감각은 도무지 거짓말을 하지 못한다." 태양이 한 200걸음 앞에 있는 것처럼 내 눈에 보인다고 할 때, 이 지각에는 어떤 거짓도 없다. 태양의 실제 거리를 안다고 해도 내 눈엔 늘 200걸음 앞에 있는 것으로 보일 것이기 때문이다. 따라서 오류는 "감각의 증언을 가지고 우리가 만들어 내는 것"『우상의 황혼』「철학에서의 '이성'」 2절에 있는 것이다. 예를 들어 '단일성'이라는 개념, '실체'나 '지속'이라는 개념 등이 거짓말이다. 나뭇잎들을 자세히 관찰하면 어느 것 하나도 동일한 게 없다. 그런데도 우리는 나뭇잎이라

는 일반개념을 만들어 내고 그것이 동일하고 단일한 것인 양 생각한다. 여기에 오류가 있는 것이다. 다시 말해 실상 거짓을 산출하는 원인은 감각이 아니라 감각의 증거를 변조해 내는 '이성'에 있다고 해야 한다.

　육체와 감각을 박대하는 철학자들은 생식, 성장, 죽음, 변화, 노쇠와 같은 모든 변화무쌍한 것들을 자신의 주장에 이의제기를 하는 것으로 받아들인다. 그런 점에서 니체는 "이집트주의"자들이라 부른다. 이집트인의 최고 기술은 피라미드이지만 피라미드의 존재 이유는 미라였다. 생성하는 모든 것들을 "영원의 상 아래에서 탈역사화"하면서 미라로 만들기 때문에 이성 중심의 철학자들은 이집트주의자들이다. 이 철학자들에게 가장 결여된 것이 생성과 변화, 혹은 "역사적 감각"『우상의 황혼』「철학에서의 '이성'」1절이다. 단일성, 동일성, 원인, 실체, 본질, 영원성, 이데아, 이 모든 참된 것이라고 가정된 것들은 '허구'다. 인간이 만들어 낸 것이고 세계에는 결코 존재하지 않는 것들이다. 형이상학자들이 오류와 기만이라 부르는 이 감각 가능한 세계, 즉 '가상세계'만이 우리의 유일한 세계다. 그들이 말하는 '참된 세계'는 이 가상세계에 덧붙여 날조된 것일 뿐이다.

　이성을 신봉하는 철학자들이 이집트주의자인 것만은 아니다. 이들은 늘 일반적이고 추상적이며 공허한 개념들을 가장 중요한 것으로 여긴다. 예를 들어 '신'이라는 개념이 있다고 하자. 신은 무한히 완전하기에 인간이나 만물보다 훨씬 더 우월해야 한다. 그런데 이런 신이 다른 어떤 개념이나 존재에게서 도출된 다고 한다면 어떤가. 그때 우리는 그런 존재를 신이라 부를 수는 없을 것이다. "최고의 지위를 갖는 것은 자기원인이어야만 한다. 다른 어떤 것에서 비롯된다는 것은 결점을 갖는 것이며, 그 가치 가 의심스러운 것으로 간주된다."『우상의 황혼』「철학에서의 '이성'」 4절 가령 진리는 오류에서 생겨나서는 안 된다. 진리의 기원과 오류의 기원은 신과 인간의 구분처럼 엄격해야 한다. 마찬가지로 사심 없는 행위도 이기심에서 생겨날 수 없고, 현자의 순수한 관조도 욕정에서 생겨날 수 없다. 최고의 가치를 갖는 것은 모두 "독자 적인 기원"을 가져야 한다. 그것은 "덧없고 현혹하고 기만적인 하찮은 세계, 망상과 욕정이 이렇게 뒤얽혀 있는 혼란한 세계에 서는 생겨날 수 없다." "오히려 존재의 품속이나 불변적인 것 속 에, 숨어 있는 신과 '물자체' 속에" 있어야 한다. 이것을 니체는 "가치들의 대립에 대한 믿음"『선악의 저편』 2절이라 부른다. 이런 식 으로 존재 자체, 물자체, 무조건적인 것, 진리, 선, 완전성 등은 모 두 그 어떤 다른 것으로부터도 생겨날 수 없는 것, 즉 자기 원인 이어야 한다.

그런데 이 자기 원인이어야 하는 개념들, 다른 것으로부터 유래할 수 없는 '실체'와 같은 것들은 사실 공허하다. 선 자체는 뭔가. 악 자체에 대립시키지 않으면 무의미한 개념이다. 완전성은 뭔가. 불완전성이 없으면 설명도 안 되는 개념이다. 존재한다는 것, 무無가 아니고 존재한다는 것은 뭔가. 무無를 전제하지 않으면 무의미한 개념이다. 삶의 수많은 감각들에 대해 '질서' 일반을 제시하고 여기서 '무질서' 혹은 '카오스'라는 다른 일반적 기원을 도출하듯이, 기원으로 가정된 자기 원인은 늘 "가장 일반적이고 가장 공허한 개념들, 증발하는 실재의 마지막 연기"『우상의 황혼』, 「철학에서의 '이성'」 4절에 불과하다. 다시 말해 "사물들의 '참된 존재'에 부여되었던 특징은 바로 비존재의, 즉 무의 특징들이다." 세상에 어떻게 무조건적인 것이 있을 수 있겠는가. 그래서 스피노자는 이렇게 수많은 인과의 연쇄로 이뤄진 삶 자체를 신이라고 해석하지 않았는가. 세계의 모든 생성과 변화, 소멸과 탄생은 유한한 존재(같은 말이지만 다른 외부 원인에 의해 제약되는 존재)들 간에 형성되는 영원한 우발적 마주침과 그 필연적 결과에 다름 아니다. 만약 신이라 이름할 수 있는 존재가 있다면 그는 무조건적인 존재도, 이 세계를 만든 존재도 아니고, 오직 이 세계 전체와 일치된 존재, 이 세계가 되어 버린 존재라고 스피노자는 생각했다. 이처럼 형이상학자들은 "최후의 것과 최초의 것을 혼동하는 데"『우상의 황혼』, 「철학자에서의 '이성'」 6절 일가견이 있다. 그래서 수많은 세계들을 설명하기 위해 나중에 고안된 것들을 최초의 자리에 놓고 거기에 최고의 가치를 부여한다. 그리고 그렇게 추후에 추가된 것에 '최고의 가치'를 부여하고 이 세계에 대해서는 거짓과 가상의 위상을 부여한다. 그러나 저 '참된 세계'라는 설정 자체가 하나의 거짓이자 가상이다.

형이상학의 네 가지 오류

그렇다면 이성에 대한 신뢰, 가치의 대립에 대한 믿음, 자기 원인이라는 개념, 참된 세계와 가상세계의 대립에 대한 믿음을 낳는 근본적 오류는 어디서 기원하는가. 형이상학의 진리를 구성하는 것들의 오류는 무엇인가. 니체는 "네 가지 커다란 오류"를 거론한다. 이 네 가지 오류와 거짓을 바탕으로 형이상학이라는 건축물이 구축된 것이다. 거짓에 바탕한 진리의 건축물. 이 네 가지 오류를 지적함으로써 이제 그 웅장하지만 공허한 건축물은 붕괴될 수밖에 없다.

먼저 '원인과 결과를 혼동하는 오류'라고 명명할 수 있는 게 있다. 니체는 결과를 원인과 혼동하는 일보다 더 위험한 오류는 없다면서 이런 오류를 "이성의 특유의 타락"이라 부른다.『우상의 황혼』「네 가지 커다란 오류들」1절 예를 들어 장수하고 싶으면 적게 먹어야 한다는 주장이 있다. 장수의 원인이 소식小食인 셈이다. 이것을 종교적이고 도덕적인 명령의 형식으로 바꾸면 이렇게 될 것이다. '(도덕과 종교의 명법대로) 그렇게 하라, 그러면 행복해질 것이다.' 이처럼 종교적(도덕적) 명법은 나름대로 엄밀한 인과관계의 형식을 띠고 있어 규제적 능력이 상당히 크다. 그런데 그 인과관계에 엄청난 혼동이 있다는 게 문제다. 정말 적게 먹으면 장수하는가? 그렇지 않다. 적게 먹어서 오래 살지 못하는 사람도 많다. 사실 적게 먹어서 장수하는 게 아니라 적게 먹을 수밖에 없는 체질이라 소식한 것이고 그랬더니 오래 살 게 된 것일 뿐이다. '적게 먹어서'라는 장수의 '원인'은 적게 먹을 수밖에 없는 체질의 '결과'였던 것이다. 이렇게 인과관계를 혼동하면서 삶의 정당한 상황을 왜곡하고 잘못된 도덕적 명령을 처방하는 것은 그래서 "이성의 본래적 타락"이다.

　도덕대로 살아서 행복한 게 아니라 행복하게 살면 그 삶의 방식 자체가 덕인 것이다. 악습 때문에 민족이 망한다는 한탄이 많다. 원인과 결과에 대한 혼동이, 그 혼동의 오류가 이런 지긋지긋한 발언들에도 숨어 있다. 민족의 생리적 타락이 진행되면 그 결과로 자연히 악습이 생긴다. 생리적 조절체계가 무너진 사람은 자신의 몸에 좋지 않은 일도 서슴지 않고 해버린다. 퇴폐적인 문화 때문에 타락하는 게 아니라 이미 타락했기 때문에 퇴폐적인 문화를 바란다는 말이다. 원래 소진되어 버린 본성은 더 강렬하고 빈번한 자극들을 요청하는 법이다. 과오로 인해 자멸하는 게 아니라, 과오 자체가 이미 어떤 퇴락한 본성의 표현인 것이다. 과오는 원인이 아니라 결과다. 적게 먹는 것도, 악습도, 퇴폐문화도 이미 결과인 것이다. (신학적으로 전환해 보면) '저 참된 세계'의 율법을 지키지 않아 타락한 게 아니라 본능의 퇴락이 저 참된 세계의 율법을 요청하는 것이다. 원인과 결과를 혼동할 때 저 참된 세계에 대한 우리의 배반이 모든 것의 원인인 듯이, 그 생리적 퇴락과 관련 없이 자체적으로 그 참된 세계가 존재하는 듯이 여겨지는 것이다. 사실 퇴락해 버린 본성의 요청, 즉 자극받고자 하는 욕망과 무절제함에 빠지고자 하는 욕망이 저 참됨의 세계라는 도덕을 필요로 하는 법이다.

그렇다면 다시 저 참된 세계는 어떻게 가능하게 되었는지 물어야 한다. 여기엔 또 다른 오류가 개입하는데 그것은 "원인이 무엇인지를 잘못 파악하는 오류"라고 할 수 있다. 이런 오류는 '행위가 있었고, 그 행위의 원인은 정신 속의 의식이다'라는 방식으로 전개된다. 우리는 이렇게 어떤 행위의 원인으로 정신적인 동기나 의지를 생각하는데, 이것이 행위의 '주체'가 된다. 세계는 무엇인가. 각각의 의지와 동기를 갖는 행위자들(주체)의 행위로 이뤄진 것이다. 이렇게 인간은 자신의 오류를 세계에까지 확장한다. 인간은 "자신의 형상에 따라", 그리고 "원인으로서의 자아라는 개념에 따라"『우상의 황혼』「네 가지 커다란 오류들」 3절 세계의 '사물'도 그렇게 존재하는 것으로 설정한다. 과거 야만인들은 자신들이 노를 젓고 있음에도 그 노 젓는 행위가 배를 움직이게 한다고 생각지 않았다. 대신 노 젓는 행위를, 배후에서 배를 움직이게 하는 정령에게 배를 저어 달라고 기원하는 행위로 간주했다. 이것은 분명 미신이다. 이렇게 모든 사물과 관계에 정신과 의지와 주체가 끼어든다. 나의 행위가 나의 의지에서 비롯되듯이 세계도 신의 의지와 의사 표명이 된다. 이렇게 각각의 주체가 (혹은 사물이) 자신의 의지로 행위하는 것이 세계의 현상이라고 설정되자 그 끝에서 신이라는 척도가 만들어지는 것이다. 그런 점에서 볼 때 이 세상과 저 참됨의 세계를 주재하는 신이라는 의지는 노를 젓는 것은 자신이면서도 정령이 배를 움직여 준다고 생각하는 야만인의 사고방식에서 그렇게 멀리 떨어진 것이 아니다.

이것은 다시 세번째 오류인 "공상적인 원인을 설정하는 오류"『우상의 황혼』「네 가지 커다란 오류들」 4절와 관련이 있다. 알려지지 않은 것을 알려진 것으로 환원해야만 안심이 되는 게 모든 생명체, 특히 인간의 심리적 조건이다. 해석되지 않는 것들은 위험과 불안정과 걱정을 수반한다. "어떤 설명이든 설명이 전혀 없는 것보다는 낫다." 설명만 된다면 그 수단이 좋든 나쁘든 가리지 않는다. 알려진 것으로 설명이 될 때의 기쁨이 얼마나 컸던지 불안에 비례해 그 설명을 '진리'라고 간주할 정도가 된다. 그렇다면 진리는 어떻게 성립하는가. 기쁨에 근거한 것이라고 말할 수 없겠는가. 즉 "쾌감('힘')이 진리의 기준"『우상의 황혼』「네 가지 커다란 오류들」 5절인 것이다. 설명되지 않는 것들을 설명할 수 있을 때 기쁘기 마련인데, 이 기쁨은 실상 힘의 증가, 혹은 권력의지의 증가를 의미한다. 진리의 근거는 이처럼 생리적 고양의 느낌, 니체식으로 표현하면 권력의지의 증가에 따른 기쁜 권력감정이다. 진리를 탐구하는 이유는, 다시 말해 원인을 찾는 충동은 진리에 대한 인식 의지에 있는 게 결코 아니다. 사실은 위험과 불안정과 걱정을 피하고자 하는 욕망에 있는 것이다. 쉽게 말해 진리에 대한 의지는 그 바탕에 공포감을 깔고 있다. 이때 원인이라고 설명되는 것들은 낯설고 새로운 것들은 회피되고, 알려지고 체험되고 기억에 쉽게 각인되는 것으로만 선별된다. 익숙한 것으로 설명하지 낯선 것으로 설명하는 게 아니다. 이렇게 해서 익숙하고 알려진 것들로만 구성된 특정한 종류의 설명이 지배적이게 되는데 이제 이런 설명들이 진리의 자리에 들어서게 될 때 문제가 커진다.

도덕과 종교 영역 전체는 이런 가상적 원인들이 지배한다. 생리적 불안과 곤경, 불쾌감에 대하여 원인이 설명되지 않으면 안 된다. 그래서 종교적 설명은 '죄'를 붙들고 늘어진다. 분명 불쾌감은 생리적 문제이다. 즉 생리적인 것이 원인이다. 그러나 죄가 원인이 될 때 생리적 불쾌감은 원인의 자리에서 결과의 자리로 옮겨간다. 가령 어떤 행위를 했는데 좋은 결과를 얻지 못했다고 해보자. 이럴 때 불쾌감을 느끼는 것은 당연하다. 그런데 이 불쾌감에 '잘못이 있다', '죄가 있다'는 해석이 끼어들면 죄가 있어서 불행한 결과를 얻었고 불쾌감도 얻었다는 식으로 바뀐다. 불쾌감이 죄에 따른 벌, 즉 생리적 원인과 상관이 없는 결과가 되어 버리는 것이다. 그렇다면 쾌감은 어떻게 생겨나는가. 이것도 마찬가지다. 원래 생리적 상태가 좋을 때 유쾌해진다. 그런데 죄와 벌의 해석학은 이 쾌감조차 신에 대한 믿음으로 설명한다. '보잘 것 없는 내게 어찌 이런 충만한 기쁨이 있을 수 있단 말인가. 신의 은총이 아니고서야.' 이런 식이다. 사실 진리이고 덕이기 때문에 믿는 것이 아니라 생리적 기쁨을 주기 때문에 진리이고 덕인 것이다. 여기서 그 덕과 진리가 가상이어도 하등 문제될 게 없다. 중요한 것은 생리적 고양이다. 따라서 "도덕과 종교는 전적으로 오류의 심리학에 속한다." 『우상의 황혼』「네 가지 커다란 오류들」 6절 그렇다면 '죄'라는 가상적 원인은 어떻게 등장할 수 있었을까. "자유의지라는 개념의 오류"가 그것과 관련되어 있다. 극악한 살인자가 무죄 판결을 받는 경우는 그의 정신이상이 증명될 때다. 정신이상은 의지의 통제가 불가능하다는 것, 즉 이성적인 사고와 판단이 불가능하다는 것을 뜻한다. 그렇다면 유죄판결을 받을 수 있기 위해서라도 인간은 이성적으로 자신의 의지를 통제할 수 있다는 사실이 전제되어야 할 것이다. 따라서 죄를 부과할 수 있게 하기 위해 인간에게 자유의지가 전제된다. 각각의 행위는 그가 원한 것이어야만 하고 그 원함과 동기는 그의 의식 안에 있어야 한다. 다른 것에 의해서 강제되었다면, 다시 말해 그 행위가 필연적이라면 책임을 지울 수 없다. 정신이상에 무죄를 선고하는 것도 마찬가지다. 그는 자신이 통제할 수 없는 상황, 그가 책임을 오롯이 떠안을 조건에 있지 않은 것이다. 자유의지에 대한 학설은 이처럼 벌을 목적으로 고안된 것이다. "책임을 따지는 곳 어디에서나, 책임을 따지는 것에는 대개 처벌하고 심판하려는 본능이 있기 마련이다." 이런 맥락에서 사용되는 모든 자유의지는 "신학자들의 가장 못된 기술"로 "죄를 찾아낼" 『우상의 황혼』「네 가지 커다란 오류들」 7절 목적으로 고안된 것이다. 사실 우리는 그렇게 할 수밖에 없기 때문에 그렇게 하지 의지의 자발성으로 그렇게 하지는 않는다. 대신 우리는 그렇게 의지하게 된 원인을 모를 뿐이다.* 원인에 대한 무지가 자유의지라는 오류를 낳는 것이다.

삶을 긍정하는 거짓의 능력

진리에는 분명 엄청난 오류가 포함되어 있다. 그렇다고 역으로 오류를 걸어 낸 진리를 확립해야 한다는 것은 아니다. 들뢰즈의 말처럼 진리를 원하지 않으면서도 진리를 원하는 것처럼 속이는, 진리에 대한 허위의 열망을 비판해야 하는 게 아니라 진리 자체, 즉 이상으로서의 진리 자체를 비판해야 하는 것이다.들뢰즈, 『니체와 철학』, 175쪽 진리를 만인보편인 것처럼 간주할 때 진리의 가치에 대한 물음은 불가능하다. 사실 우리는 진리를 그 자체로 소유하지는 않는다. 진리이기 때문에 우리 삶에 근거로 기능하

---

* 스피노자에 따르면 인간이 자신을 자유롭다고 믿는 것은 그릇된 것인데(오직 유일하게 신만이 자유롭다), 왜냐하면 모든 것에는 그 원인이 있기 마련인데도 우리가 원인을 모르면 그 원인이 없다고, 즉 자유로운 결정이라고 생각하는 오류를 저지르기 때문이다. 그래서 인간의 행위가 의지의 자발성에 따른다고 말하는 사람은 의지가 어떻게 신체를 움직이는지, 그 의지를 결정한 것은 무엇인지를 모른 채 무지하다는 사실을 떠들고 있는 것에 불과하다.(B. 스피노자, 『에티카』, 강영계 옮김, 서광사, 1990, 제2부 명제35 주석 참조.)

는 게 아니라 우리 삶에 가치 있다고 평가하기 때문에 진리가 되는 것이다.들뢰즈, 『니체와 철학』, 189쪽 진리조차 이미 특정한 권력의지와 결합되어 있는 것이다. 정확히 말해 "철학자의 의식적 사고의 대부분은 그의 본능에 의해 은밀하게 인도되고 특정한 궤도를 따라서 움직이게 된다." "모든 논리와 외관상으로는 독립적인 그것의 운동의 배후에 가치평가가 있다." 더욱 명료하게 말한다면 "특정한 종류의 생명을 유지하기 위한 요구가 도사리고 있다."『선악의 저편』 3절 어떤 특정한 생리적 상태가 있어 이것이 본능적으로 가치평가를 하면서 어떤 것은 진리로, 어떤 것은 거짓으로 받아들이는 것이다. 혹은 어떤 것은 선한 것으로 어떤 것은 악한 것으로 받아들이는 것이다. 선이고 진리이기 때문에 받아들이는 게 아니라 생리학적 요구에 맞기 때문에 선이고 진리인 것이다. 스피노자의 말로 하면 '악'은 아무것도 아닌 것이다. 동시에 '선'도 아무것도 아닌 것이다.

철학자라고 해서 보편적이고 추상적인 언명만 할 수 있는 게 아니다. 오히려 니체는 그 투명한 합리의 세계에서 철학자의 생리적 조건을 찾아낸다. 생리적 조건을 떠난 철학자는 있을 수 없다. 삶이란 특정한 생리적 조건에 있는 힘들에 의한 특정한 관점이고 가치평가다. 그래서 공평할 수 없고 부당하기도 하며 취사선택도 가능한 영역이다. 특히 "철학자의 경우에는 비개인적인 것이 전혀 존재하지 않는다."『선악의 저편』 6절 철학자의 형이상학적 작업은 극히 개인적인 본능의 표현이다. 언어화되고 논리화되어 은폐된 것뿐이지 순전히 만인보편의 논리적 구축물은 아니다. 니체가 거론하는 스토아 철학자들을 보자. 이들은 자연에 따라 산다고 말했다. 그렇다면 자연은 어떤 것인가. "한없이 낭비적이고, 아무런 관심도 의도도 없으며, 정의감도 배려도 자비도 없고, 풍요로운가 하면 황량하고 동시에 불확실하다." 한마디로 자연은 무관심하다. 그렇다면 인간이 자연처럼 무관심하게 살 수 있는가. 무관심은 생명체의 본성에서는 나올 수 없는 태도다. 무관심조차 하나의 관심 아닌가. 그런데도 스토아 철학자들은 자신의 삶을 자연의 삶이라 주장한다. 그러나 이것이야말로 기막힌 기만이다. 그들은 자연을 다른 방식으로는 볼 수 없을 때까지 자연을 계속해서 그릇되게, 즉 스토아적인 방식으로만 보려고 노력했고 결국 이것이 성공하게 되었다. 그러고는 자연의 삶을 스토아적인 삶이라 주장했던 것이다. 그러나 스토아 철학자들은 자연이 자신들 철학에 따른 자연이기를 원했던 것이고, 자연의 모든 존재를 자신의 모습에 맞추어 존재하게 하고 싶어 했던 것뿐이다. 자연이 스토아적인 게 아니라 자연을 스토아적인 것처럼 생각했을 뿐이다. 이처럼 철학은 "자신의 모습에 따라 세계를 창조"『선악의 저편』 9절하며, 달리 할 수도 없다. 스토아 철학자들이 자연에 대해 진리를 말할 때 그것은 스토아 철학자들의 요청과 분리된 보편적 진리가 아니다. 진리는 관점 이상도 이하도 아니다. 진리는 특정한 관점이며, 가치평가다. 그런 점에서 진리는 하나의 거짓이다. 하나의 '시각'인 것이다.

나의 눈은, 아무리 강하든지 약하든지 아주 조금밖에 멀리 보지 못한다. 더구나 이 하잘것없는 곳에서 나는 활동한다. 이 지평선은 나의 가까운 커다란 숙명과 작은 숙명이고, 나는 그곳으로부터 도망칠 수 없다. 어떤 존재 주위에도, 중심점을 가지고 있고 이 존재에 고유한 하나의 동심원이 있다. 마찬가지로 귀가 우리를 하나의 작은 공간 속에 가두어 둔다. 촉각도 같다. 형무소의 벽처럼, 우리의 감각이 우리 한 사람 한 사람을 가두는 이 지평선에 따라, 우리는 지금 세계를 측정한다. 우리는, 이것은 가깝고 저것은 멀다, 이것은 크고 저것은 작다, 이것은 딱딱하고 저것은 부드럽다고 부른다. 이 측정을 우리는 감각이라고 부른다──모두 오류 자체이다!

「형무소에서」라는 글의 일부다. 우리는 감옥에 갇힌 존재다. 우리의 감각이라는 감옥에. 우리는 이 감옥의 지평 내에서만 세계를 측정하고 세계를 평가한다. 나의 감각이 아닌 타인의 감각을 느낄 수 있는가. 타인의 고통을 동일하게 경험할 수 있는 가. 불가능하다. 사랑하는 사람을 만나 그 사랑을 느낄 때도 우리는 사랑하는 대상이 경험하는 사랑의 강도를 알 수 없어 애태운다. 아, 어쩔 수 없는 타자여! 우리는 서로에게 타자다. 우리는 모두 감각이라는 독방에 갇힌 죄수들이다. 우리의 감각기관들이 "우리의 모든 판단과 인식의 기초"가 된다. 이것에서 벗어날 수 있는 방법은 없다. 우리 감각을 떠난 세계, 그런 물자체의 세계로 나갈 "샛길"도 없다. "우리는 자기의 그물 속에 있다." 그런 점에서 우리는 거미다. 우리들 거미는 이 "그물 안에서 무엇을 붙잡으려 해도 바로 우리의 그물에 걸리는 것 이외에는 아무것도 붙잡을 수 없다."『서광』117절 우리 그물을 출렁이게 하는 진동으로만 우리는 세계를 알 수 있다. 그물에 걸리지 않는 세계는 실상 없는 세계다. 그리고 나는 내 그물만을 느낄 뿐이다. 따라서 보편적인 진리는 있을 수 없다. 다른 식으로 말하면 우리는 각자 오류를 범하면서 사는 것이다.

우리가 특정한 관점이 아니라 보편적인 관점을 가지려 할 때 우리가 할 수 있는 일은 우리 존재로부터 이탈하는 것이다. 다시 말해 삶을 그만두어야 하는 것이다. 물론 그럴 수는 없다. 그리고 살아가는 한 우리는 항상 관점의 변이를 겪는다. 생리적 위계가 상승할수록 그에 따른 가치평가도 상승하게 되어 있고,

그 반대도 마찬가지다. 그렇다면 삶 그 자체에 대한 가치평가는 어떨까. 가능할까? 특정한 누군가의 광학에 따른 삶이 아니라 삶 자체에 대한 평가 말이다. 그런데 삶의 가치라는 문제야말로 우리로서는 "해결할 수 없는 문제"다. 왜냐하면 삶 자체의 가치라는 문제를 "조금이라도 건드리기라도 하려면" "삶의 바깥"에 위치해야 하기 때문이다. 우리가 삶의 과정 속에 있는 한 삶에 대해서 말할 수 없다. 살아 있는 한 삶의 외부로 나갈 수 있는 존재는 없기 때문이다. 삶 자체는 가치평가를 할 수 없지만 삶에 대한 특정한 가치평가는 가능하다. "우리에게 가치를 설정하라고 강요하는 것은 삶 자체이며, 우리가 가치를 설정할 때 우리를 통해 삶 자체가 가치평가를 하는 것이다." 『우상의 황혼』「자연에 반하는 것으로서의 도덕」 5절 각자 자신의 입장에서 좋고 나쁜 삶을 산다. 어떤 것은 고귀한 삶이고 어떤 것은 비천한 삶이라고 각자 판단할 뿐이다. 삶 전체를, 삶 자체를 평가하고자 하는 것은 실존적 조건 자체를 무시하는 실로 오만한 일이자 오류에 귀착하고 말 일이다.

모든 진리는 그런 점에서 하나의 관점이며 살아가기 위한 관점이다. 동일성의 세계, 수의 세계, 인과의 세계 등 모든 논리적이고 수학적인 개념들은 현실을 측정하고 현실을 살아가기 위한 논리적 허구이다. 한 마디로 거짓인 것이다. 원인과 결과로 분할하는 것도, 법칙이라는 것도, 근거라는 것도 모두 우리가 꾸며 낸 것들이다. 오해하지 말아야 할 것은 법칙이 없다는 게 아니라는 점이다. 이것도 우리의 해석일 뿐 세계 자체가 아니라는 말이다. 그렇다고 세계 자체가 있다는 말은 아니다. 세계 자체를 말하기 위해서는 세계 바깥으로 나가야 한다. 특정한 인간들의 해석과 그 해석들의 교체가 있을 뿐이다. 그런 점에서 "앎에의 의지는 그것보다 훨씬 더 강력한 무지, 몽매함, 허위에의 의지"를 기반으로 해서 일어날 수 있었다고 말할 수 있다. 진리에 대한 의지, 진리가 있다는 믿음은 "무지와 대립되는 것"『선악의 저편』 24절으로서가 아니라 차라리 이 무지를 세련되게 한 것이라 해야 한다.

　모든 게 '감옥'에서 만들어진 거짓이므로 진리를 다시 찾아야 하는 것인가. 삶은 어쨌든 광학에 의한 삶이다. 곤충은 곤충의 광학으로 삶을 짊어내고, 우리는 인간의 광학으로 삶을 짊어낸다. 물론 이 말에는 우리 인간에게도 수많은 생리적 위계와 차이가 있다는 사실을 재빨리 덧붙여야 하리라. 중요한 것은 삶은 광학(관점)이라는 것이다. 관점에서 분리된 삶은 없다. 그래서 모든 판단은 거짓된 판단이며, 날조다. 모든 진리는 특정한 관점이며 거짓이고, 허위에 대한 의지를 바탕으로 하는 세련된 무지다. 우리의 판단이 늘 거짓일 뿐이라면 판단하지 말아야 한다는 말인가. 그러나 살아가는 한 판단하지 않는 건 불가능하다. "잘 못된 판단을 포기하는 것은 생을 포기하고 생을 부정하는 것"이 기 때문이다. 어디서든 진리를 찾으려는 것, 어디서든 만인보편의 개념을 찾으려는 것, 어디서든 삶 자체나 세계 자체 혹은 사물 자체를 찾으려는 것, 그것이 문제일 뿐이다.

따라서 "거짓을 삶의 조건으로 인정하는 것"『선악의 저편』 4절이야말로 '가치의 전환'이라 부를 수 있다. 거짓과 가상과 오류는 삶에서 제거되어야 하는 게 아니다. 삶의 조건 자체가 이미 거짓을 담고 있기 때문이다. 선이라 명명하고 악이라 명명하는 것, 선악이라 명명하는 것, 진리의 척도로 거짓과 악을 규정하는 것, 이 모든 것은 특정한 삶의 조건에서 나온 특정한 가치평가다. 그렇다면 누가 진리와 확실성과 근거를 원하는가. 누가 신의 진리와 구원의 약속과 신에 의한 창조라는 근거를 요구하는가. 확정된 것이 불확정적인 것보다, 진리가 가상보다 더 가치가 있기를 원하는 자들은 누구인가. "불확실한 어떤 것보다는 차라리 확실한 무를 위해 죽으려고 하는" 그런 존재는 누구인가. 그들은 바로 "절망에 빠져 있고 빈사상태에 이를 정도로 지쳐 있는 영혼"이다. "가라앉고 약화되고 지쳐 버린 삶, 매도당해 유죄판결된 삶"『선악의 저편』 10절이다. 영혼이 지친 자들만이 기댈 곳을 찾는 법이다. 진리라는 그런 근거, 그런 확실성이 아니면 죽을 만큼 지친 영혼이 기댈 곳이 어디에 있겠는가. 진리 그리고 진리에 대한 의지는 병들고 퇴화된 삶의 광학 속에서 도출된 거짓이고 기만에의 의지이다.

그런 점에서 니체가 제시하는 사유는 진리를 요소로 하지 않는다. 사유의 주요한 범주는 참과 거짓이 아니라 힘들의 우아함과 비루함, 고귀함과 저속함이 된다.들뢰즈, 『니체와 철학』, 190쪽 비루함과 저속함의 귀결은 '진리'에 대한 의지, 더 정확히는 자기 나름의 "허위에의 의지"『선악의 저편』 24절다. 반면 우아함과 고귀함은 진리에 대한 의지로 귀결되지 않는다. 그들도 그들 나름의 "허위에의 의지"를 표현한다. 대신 그것이 진리로 귀결되지는 않는다. 여기서 참된 세계, 진리의 세계는 사라져 버린다. 그렇다면 병든 자들이 만들어 낸 가상세계, 신적인 진리의 세계 이편에 존재하는 이 남루한 속된 세계만 남는 것인가. 우리는 거짓된 세계에만 사는 것인가. "아니다! 참된 세계와 더불어 우리는 소위 현상의 세계도 없애 버렸다!"

니체는 이 순간을 "정오, 가장 짧게 그늘이 지는 순간, 가장 긴 오류의 끝, 인류의 정점, 차라투스트라의 등장"『우상의 황혼』 「어떻게 '참된' 세계가 마침내 우화가 되었는가」이라고 말한다. 진리와 거짓을 분별하는 세계가 사라지면 남는 것은 가상이나 거짓이 아니라 '삶'이 된다. 생리적 조건에 따라 서로 다르게 가치평가 하는 삶, 가치평가와만 연결된 삶이 남는 것이다. 이 순간이 그림자가 가장 짧아지는, 인간이 경험했던 가장 심각한 오류인 진리의지가 분쇄되는 '정오'인 것이다. 이 정오의 시간에 우리는 꿈을 꾼다. 누구도 꿈을 깬 적이 없다. 꿈을 깨라고 말하는 자조차도 꿈속에 있다. 꿈과 가상과 거짓에서 벗어나는 삶은 없다. 삶은 꿈인 것이다. 그러니 우리가 할 수 있는 일은 더 열심히 꿈꾸는 일뿐이다. 그럴수록 더 창조적인 거짓을 만드는 일뿐이다. 기막히게 아름다운 니체의 문장이 있다.

지금 나에게 있어서 '가상'이란 무엇일까? 틀림없이 본체의 대립물이 아닌, 본체에 관하여 내가 말한 것이면서도, 그것은 단지 그 가상의 술어에 지나지 않는 것은 아닐 테지! 확실한 것은, 미지의 X에 덮어씌워 벗겨 낼 수도 있는 죽은 가면은 아니다! 가상은 나에게 있어서 정말로 생생하게 움직이는 것 그 자체이다. 그것은 자기조롱의 극極이며, 나로 하여금 다음과 같이 느끼게 만든다. 즉 여기에서는 가상과 도깨비불과 유령의 무도舞蹈가 곧 있을 것 같다는 것 —— 모두 이런 몽상자 속에서의 '인식자'라는 것, 나 자신도, 나의 춤을 추고 있다는 것이다. 인식자는 지상의 춤을 오래 끌게 하는 하나의 수단이다. 그런 면에 있어서 생존의 축제를 주선하는 지위에 속한다는 사실이다. 또 모든 인식의 숭고한 논리와 연계는, 아마도 몽상의 보편성이거나 이러한 모든 몽상자 상호간의 공통이해를 유지하며, 따라서 그것에 의해 '꿈의 지속을 유지'하는 바의 최고의 수단이다.『즐거운 지식』 54절

사유

무죄와 필연성을 향한 슬픈 통찰

+ + +

낭만적 염세주의와 학문의 비밀

기존의 철학, 도덕, 종교는 모두 진리와 거짓의 이분법적 대립을 기반으로 정초되었다. 한마디로 진리에 대한 의지야말로 모든 형이상학과 도덕, 종교적 건축물의 지반이자 근거이며, 척도다. 그렇다면 이때 우리의 사유는 그리고 우리 사유와 삶의 관계는 어떤 양상으로 펼쳐질 것인가. 형이상학적 사유는 분명 우리에게 어떤 인식의 기준을 제공하는데, 문제는 그 기준들이 과연 삶의 풍요와 관계되는지 아니면 빈곤과 관계되는지를 아는 일이다. 지금까지의 사유들이 삶에 봉사하지 않았다고는 말할 수 없을 것이다. 사유들은 분명 삶에 봉사하기 위해 존재했다. 그런데 이상하게도 니체는 삶에 종속된 사유를 비판한다. 그렇다면 사유란 삶에 봉사하지 않아야 한다는 말을 하고 싶은 것인가. 그러나 핵심은 다른 데 있다. 비극을 몰락시킨 소크라테스를 비판하면서 니체가 하고 싶었던 말은 사유가 삶에 봉사한다는 것이 아니라 어떤 특정한 삶에 봉사한다는 것이었다. 사유가 어떤 삶의 징후라는 것에 비판의 핵심이 있다는 말이다.

모든 학문을 삶의 징후로 볼 때 그것은 도대체 무엇을 의미하는가? 모든 학문은 무엇을 위한 것인가? 조금 더 심하게 말해서 모든 학문은 어디에서 비롯되는가? 어쩌면 학문은 염세주의에 대한 두려움이자 그것으로부터의 도피에 불과한 것은 아닐까? 진리에 대한 세련된 정당방위가 아닐까?『비극의 탄생』「자기비판의 시도」(1886년 서문) 1절

니체의 질문법은 상당히 특이하고 낯설다. 학문이 진리를 위한 것이라는 당연한 상식을 뒤집어 니체는 학문이 염세주의로부터의 도피책이자 진리에 대한 정당방위라고 말한다. 학문과 염세주의? 이상한 관계다. 여기서 중요한 개념은 염세주의가 되겠다. 위에서 인용한 부분은 염세주의에 대한 두려움이 학문이고, 염세주의로부터 도피할 때 진리라는 개념에 매달리게 된다는 정도로 정리할 수 있겠다. 그렇다면 염세주의란 무엇인가.

먼저 니체가 '낭만적 염세주의'라 부르는 게 있다. 고귀함과 비천함의 위계를 구분했듯이 니체에게 모든 개념은 이미 의미의 차이를 내포한다. 고귀함에 따르는 권력의지가 있고, 비천함에 관련된 권력의지가 있다. 고귀함이 표현하는 공격성이 있고 비천함이 표현하는 복수심이 있다. 마찬가지로 고귀함과 비천함은 진리에 대해서도 다른 태도와 의미를 추출한다.

　삶의 궁핍으로 인해 고뇌하는 자들이 원하는 것은 무엇일까. "안식, 정적, 고요한 바다, 예술과 인식"에 의한 "자기로부터의 구제" 혹은 "도취, 경련, 마비, 광기"『즐거운 지식』 370절에 대한 추구이리라. 이들에게 인식은 휴식이자 도취이고, 이를 통한 '구원'이다. 다시 말해 형이상학적 개념과 생리적 휴식(도취)은 실상 구별되지 않는 동일한 것의 양면일 뿐이다. 휴식이 되지 못하는 개념은, 다시 말해 자신의 실존을 위협하는 개념은 개념으로서 형이상학의 세계에 입장할 수 없다. 그것들은 모두 치료제이자 구제수단이라는 점에서 하등 다를 바가 없다. 온화할 것과 선의를 보일 것을 요구하는 자들이 곧 지치고 병들고 실패한 자들이라는 사실에는 의심할 여지가 없다. 이들은 사유에서조차 안정감과 확실성을 요구한다. 주체, 사물, 존재, 선, 진리, 완전성, 무조건적인 것, 물자체 등은 모두 인간이 세계를 설명하기 위해서 만들어 낸 오류들이지만 이런 오류들이 가치 있었던 까닭은 그 무엇보다 이런 개념들이 확실성의 토대가 되었기 때문이다. 확실성을 갖는 것만이 근거로 작동할 수 있고, 이런 것들만이 최고의 가치를 갖는 근본 개념이 된다. 이렇게 논리적으로 고안된 개념들은 고뇌하는 자들에게 세계의 불확실성에 대한 공포도 막아 주고, 분명한 윤곽의 세계를 선사한다는 점에서 신뢰를 준다.

원래 인식은 진리에 대한 본능이 아니라 "친숙한 것"에 대한 본능이다. 낯설고 익숙하지 않고 의심스러운 것 안에서 우리가 더 이상 불안해하지 않아도 될 친숙한 것을 찾아내려는 본능인 것이다. 그래서 니체는 이렇게 말한다. "세계를 '이념'idea에 연결시키고는 그것을 '인식'이라고 생각한 철학자가 있었다. 그것은 '이념'이라는 것이 그에게는 이미 친숙한 것이었고 그가 이미 그렇게 잘 알고 있었기 때문"『즐거운 지식』 355절이 아닐까? 한마디로 인식의 영역에서 지배적인 것은 낯선 것에 대한 두려움의 본능이지 진리에 대한 본능이 아니다. 세계는 분명 낯설고 두려운 대상이다. 낭만적 염세주의란 기본적으로 세계를 고통과 공포와 무상無常의 대상으로 간주하면서 여기서 도피할 수 있는 영원하고 안정된 형이상학적 개념들에 대한 요청으로 구성된 것이다. 따라서 '무엇이 그러한 형이상학적 세계를 창조하고 있는가'라고 물어볼 필요가 있다. 고통 받고 병든 자도 결코 (권력)의지가 부재하지 않는다. 오히려 그들은 부정의 의지와 강력하게 결합한다. 고통 받는 자의 관점에서 표현되는 고통 없는 세계에 대한 욕망이 있다. 이들의 의지에 의해 세계는 그런 것으로 채색되어야 한다. 그들은 "고뇌와 본래적으로 분리되어 있지 않은 특질을 구속적인 법칙과 강제로 전환시키고자 한다——말하자면 그 자신의 이미지像, 그의 고통의 상을 모든 사물에게 찍어누르고, 비집고 들어가며, 흔적을 남김으로 인해 모든 것들에 복수하는 것이다."『즐거운 지식』370절 세계가 원래 그런 것이 아니고 세계가 그러해야 한다고 강제적으로 자신의 이미지를 각인한 것이다. 그것이 바로 진리와 거짓, 신과 영원성, 존재와 주체, 사물의 동일성과 모순적 대립에 대한 개념들이다.

확실성에 대한 요구는 무엇의 징후인가. 버팀목과 지지대가 필요하다고 느끼는 사람은 누구인가. 그것이 진리라고 확신하지 않을 때 믿을 수도 없고 의존할 수도 없다고 두려워하는 자들은 누구인가. 확실성에 대한 요구는 "어떤 것이든 확고하게 갖고 싶다고 하는 바람"에 다름 아닌데, 이게 사실은 자신의 약함을 폭로하고 있다는 사실을 알까. 나약한 본능들은 늘 강력한 지지대를 필요로 한다. 따라서 "오늘날 광범위한 대중 사이에서 과학적, 실증적으로 일어나고 있는 이 격렬한 확실성에의 바람" 뒤에서 우리는 모종의 "염세주의적인 암울한 연기"가 뿜어져 나오는 것을 목격할 수 있다. 이런 관점에서 볼 때 광적인 내셔널리즘이나 미학적 자연주의에는 차이가 없다. 국가라는 확실성의 토대를 요청하는 게 내셔널리즘이라면 대상의 확실성을 확보하려는 게 미학적 자연주의이기 때문이다. 모두 확실성에 대한 요청, 믿고 의지할 수 있는 근거에 대한 요청에서 나온 나약함의 표시들이다.

"의지가 결핍되어 있는 곳에서 항상 신앙이 가장 턱없이 갈망되며 긴급히 요구된다." 여기서 의지의 결여는 명령할 줄 모르는 자, 자기 정열의 의지를 표현할 줄 모르는 자의 생리적 조건을 말한다. 강력하게 명령하고 표현하는 것은 힘의 표징이고 자기 주권의 표현이다. 반면 명령할 줄 모르는 자, "의지의 병약화"『즐거운 지식』 347절에 빠진 자들은 늘 명령하는 자를 기다리며 확실하게 의욕할 수 있는 것들을 기다린다. 이런 점에서 볼 때 유일 주권의 독재자에 대한 대중의 갈망도 실상 대중의 노예화된 의지의 상태를 표현한다. 일반화된 노예상태는 일반화된 권력집중의 상태를 갈망하는 법이다. 믿고 의지할 수 있는 것에 대한 '열광주의'를 통해, 그 존재가 갖는 힘만큼 자신도 강력한 힘을 가지고 있다는 듯 '의지의 강화'에 이를 수 있기 때문이다.

불확실성의 심연 위에서 춤추기

정신이 모든 신앙이나 확실성에 대한 바람과 작별하고, 작은 로프라든가 가능성 위에 몸을 놓고서도 심연 가까이에서조차 춤출 수 있는 힘을 얻게 되는 것이다. 이러한 정신이야말로 틀림없이 탁월한 자유의 정신이리라.『즐거운 지식』347절

불확실성이라는 심연 위에서도 춤을 추고 기쁨과 의지의 자유를 발휘할 수 있는 자는 누구인가. 낯설고 두려운 것들을 회피하는 대신 오히려 적극적으로 요청하고 찾아가는 자들은 누구인가. 먼저 그리스인들을 살펴보는 게 좋겠다. 명랑했다던 그리스인들이 비극과 예술을 필요로 했음은 무엇을 뜻하는가. 이는 굉장히 심각한 질문인데, 왜냐하면 그리스인들이라는 존재의 특이성과 예술과 비극의 본질에 대한 규정이 가로놓여 있기 때문이다. 그리스인들은 어떤 존재인가. 신전의 조각들과 그리스 신화에서 나타나듯 올림푸스 신들의 사회는 그야말로 찬란했고, 예술적으로도 조화의 극치를 이뤘다. 또한 작품에서 볼 수 있듯 그리스인들은 "환상적인 삶의 충일"을 경험하고 있었던 듯하다. "도대체 어떤 마법의 술을 마셨기에 이 거만하기 짝이 없는 자들은 그들이 어디로 눈길을 돌리든 그들 자신의 존재의 이

상적인 모습인 헬레네가 '달콤한 관능 속에 떠돌면서' 그들에게 미소로 화답하는 모습을 볼 정도로 삶을 즐길 수 있었을까?"『비극의 탄생』「음악정신으로부터의 비극의 탄생」3절 그들은 단순히 명랑한 존재였던가. 너무 명랑해서 삶의 고통과 삶의 비극을 몰랐던 것인가. 그렇지 않다. 이 그리스 예술 자체가 이미 고통의 산물이었다.

그렇다면 예술이라는 가상은 어떻게 만들어지는가. 가령 이 세계를 신의 작품이라고 해보자. 그 신은 어떤 신일까. 분명 선한 일만 하는 신은 아닌 것 같다. 왜냐하면 세계에는 삶뿐만 아니라 죽음도 있고, 기쁨뿐만 아니라 눈물도 있기 때문이다. 니체는 이런 신을 이렇게 말한다. "완전히 무모한 성격의 반도덕적 예술가로서의 신"인 그는 "건설에서뿐 아니라 파괴에서도, 선에서뿐 아니라 악에서도 한결같이 자신의 쾌락과 독재권을 만끽하려 드는 신이다." 도덕적인 신이라면 선의 세계만 창조해야 하리라. 하지만 그는 진정 예술가다. 예술가의 풍요로움을 갖고 있기에 이렇게든 저렇게든 뭔가를 창조하고 만들지 않고서는 만족할 수 없다. 파괴해야 하는 까닭은 기존의 작품을 넘어서야 하기 때문이고 새로운 충만함으로 가득 찬 것을 표현해야 하기 때문이다. 건설과 파괴, 선과 악의 계속적인 창조, 이것이 그의 풍요에 따르는 고통이고, 세계다.

따라서 "세계는 매 순간 신의 구원이 실현된 상태"로서 "가장 고통 받는 자, 그 자체 내에서 가장 대립, 상극하는 자, 가장 모순에 가득 찬 자인 신의 영원히 변전하면서 영원히 새로운 환영"『비극의 탄생』「자기비판의 시도」5절이라 할 수 있다. 신에게 세계는 예술작품이고 가상이지만 이는 그의 풍요로움을 표현한 것이라는 점에서만 설명되는 하나의 가상이다. 궁핍한 자는 원래 영원한 변전의 세계를 자신의 구원으로 가상화하지 못하는 법이다. 그들은 영원불변의 이상, 그런 낭만적 이상에만 만족할 뿐이기 때문이다. 이 예술가로서의 신의 속성을 그리스인들에게도 동일하게 적용할 수 있다. 저 찬란하게 아름다운 올림푸스의 세계와 전율할 만한 비극의 세계를 창조한 것도, 신처럼 가상을 만들면서 자신의 풍요로움의 고통을 표현할 수밖에 없었던 그리스인들이었던 것이다. 그래서 다음과 같은 질문은 중요하다.

"이제까지의 인간들 중에서 가장 성공했으며 아름답고 가장 많은 부러움을 받았으며 우리를 삶으로 가장 강력하게 유혹하는 민족이 그리스인들인데, 뭐라고? 바로 이들이 비극을 필요로 했다고? 더 나아가 예술을 필요로 했다고?" 그렇다면 그리스 예술은 도대체 "무엇을 위한 것인가?" 아름다움과 공포스러운 것에 대한 선망, 낯설고 두려운 것에 대한 추구는 낭만적 염세주의와는 아무런 관련이 없다. 염세주의자들은 모두 세계를 비극적인 것으로 묘사한다. 그렇게 하면서 이 세계로부터 도피하고자 한다. 그러나 그리스인들의 염세주의는 다르다. '강함의 염세주의'pessimism of strength는 "행복으로부터, 넘쳐나는 건강으로부터, 그리고 생의 충만함으로부터 비롯되는" 것이고, "삶의 가혹함과 두려움 그리고 삶의 악함과 문제적인 것에 대한 지적인 욕구"를 표현한다. 이들은 "공포를 불러일으키는 것을 적으로서 만나기를 원하는 도전적인 용기, 즉 자신의 힘을 시험해 볼 수 있는 호적수로서 만나기를 원하며 이 적에게서 '두려워한다'는 것이 무엇인지를 배우기를 원하는 가장 날카로운 눈초리를 가진 도전자의 용기"『비극의 탄생』「자기비판의 시도」1절를 갖고 있다. 이들은 어떤 안정적이고 확실한 것도 원하지 않는다. 파괴와 변화, 새로운 것과 미래, 생성에 대한 열망으로 가득하다. 이들이 니체가 말하는 '디오니소스적인 인간'이다.

> 최고의 풍부함으로 충일해 있는 자, 디오니소스적인 신神과 인간은 공포스럽고 의심스러운 외관을 스스로에게 허락하는 정도가 아니라, 끔찍스러울 만한 행위 자체조차도 파괴, 해체, 부정이라고 말할 수 있는 온갖 사치조차도 허락한다. 이러한 자에게 있어서는 어떠한 사막도 풍요한 옥토로 화해 버리는 것처럼, 생산하고 결실 맺을 수 있는 힘의 과도함 덕분에 악惡, 무의미, 추악함이, 말하자면 용인되어지는 것이다.『즐거운 지식』370절

금욕주의적 이상과 결합한 사유는 진리를 보존한다. 그리고 그 진리를 구성하기 위해 다양한 개념들을 정초한다. 그런데 이런 진리에 대한 의지, 확실성의 기초가 약함에서 유래한다는 사실을 알 때 여기서 우리는, 철학과 학문이 이미 염세주의적인 공포의 표현이라는 사실, "진리에 대한 세련된 정당방위"『비극의 탄생』「자기비판의 시도」1절, 다시 말해 진리라는 이름으로 행해지는 병자들의 정당성 표현이라는 사실을 눈치챌 수 있다. 약한 의지에서 비롯된 사유는 삶에서 그 능력을 박탈하는 법칙이나 행동을 금지하는 법칙들을 삶에 제공한다. 즉 병든 삶의 한계 속에서 병든 삶이라는 규준에 의거해서 만들어진 법칙들만을 제공하는 것이다. 불확실함보다는 확실함, 불안정보다는 안정, 변화보다는 영원성, 현상보다는 본질, 흐름과 생성보다는 윤곽을 갖는 실체. 그리고 이 금지의 법칙이 병든 삶의 유형에서 유래했다는 사실이 은폐될 때 (형이상학적) 사유는 자신의 목적을 달성하게 된다.들뢰즈, 『니체와 철학』, 183쪽 다시 말해 (그들의 약함에서 유래하는, 확실성에 대한 나약함의 의지인) 진리가 만인보편의 것으로 선포되고, 진리라는 이름으로 그것이 하나의 명령이 될 때 병듦과 비루함이라는 기원의 유래가 은폐되는 것이다. 진리라는 이름의 나약함이, 진리라는 이름의 병든 사유가, 진리라는 이름의 삶에 대한 부정이 보편성으로 위장하는 것이다.

비극의 몰락을 초래한 소크라테스에 대한 니체의 비판은 그러므로 비극의 회복을 주장하는 것이라기보다는 더 근본적으로 소크라테스라는 생리적 유형과 이성(사유, 철학, 진리)의 관계에 대한 비판이라 할 수 있다. 그것은 또한 병든 삶의 보전에만 봉사하는 이성, 그리고 그 이성에 봉사하는 것으로 축소되는 삶에 대한 비판이기도 하다. 사유가 삶에 봉사할 때 척도가 되는 것은 이미 병든 삶이고, 삶이 사유에 봉사할 때도 척도가 되는 것은 병든 삶이다. 반면 니체가 표현하는 새로운 사유는 "삶이 할 수 있는 것의 끝까지 갈 사유, 삶을 그것이 할 수 있는 것의 끝까지 데리고 갈 사유"이다. 다시 말해 "삶에 대립하는 인식 대신 삶을 긍정하는 사유"다. 여기서 척도가 되는 삶은 능력의 박탈로부터 힘의 거짓 우월성을 만들어 내는 삶이 아니라 삶의 능력을 긍정하면서 계속해서 그 위계를 높여 가는 고귀한 삶이다. 삶이 사유의 적극적인 힘이 되어야 하고 사유는 삶을 긍정하는 능력이 되어야 한다.

삶의 긍정이 선차적이다. 부정은 병든 자들의 보존의지가 허구적 해석술과 만날 때 파생되는 것이다. 그렇다면 삶이 삶을 부정하지 않고 긍정하면서 재차 자신을 긍정하는 일은 어떻게 가능한가. 동시에 진리라는 확실성의 토대에 갇히지 않고 삶의 긍정성을 고취할 수 있는 사유는 어떻게 가능한가. 삶이 새로운 가능성을 창조하고 사유가 새로운 사유를 창안하지 않는다면 어떻게 그것이 가능하겠는가. 그래서 들뢰즈는 니체의 새로운 사유는 삶의 새로운 가능성을 발견하는 것이라고 말한다. 진정한 사상가는 사유를 적극적인 것으로 만드는 삶을 창안하고 삶을 긍정적인 것으로 만드는 사유를 발명하는 자이다. 삶의 새로운 가능성을 창안하는 것은 "어려움"에 속하지만, 동시에 그것은 "비범함"과 관련되는 삶이다. 이것이 (니체적인) 사상가들의 삶이다. "위대한 항해자들"처럼 "창의력과 사색과 과감성과 절망과 이상"들뢰즈, 『니체와 철학』, 184쪽이 공존하는 게 (니체적인) 사상가들의 삶이다. 이렇게도 말해 볼 수 있겠다. 정착한 영토가 삶의 가능성을 제한할 때 정착한 영토의 새로운 가능성을 창안하는 노마드적 사유가 삶을 강요하는 것, 사유가 나약한 확실성에 고착될 때 삶의 무서운 심연 위에서도 적극적 사유가 가능하도록 노마드적 삶이 사유를 강제하는 것, 그것이 니체가 말하는 사유와 삶의 새로운 관계다.

현존의 의미는 무엇인가

삶을 긍정적인 것으로 만들 수 있는 사유는 과연 무엇인가. 진리에 대한 의지는, 혹은 진리를 중심으로 구성된 사유는 삶의 불확실성에 대한 두려움의 징후이자 세계에 대한 부정의 의지이다. 가상과 변전과 생성과 죽음의 세계를 불변의 영원한 이데아의 구축물에 의해 부정하는 진리, 이렇게만 구원되는 병든 자의 삶. 진리를 구성하는 순간이 이미 삶에 대해 유죄 선고를 내리는 순간이다. 따라서 삶을 긍정하기 위해서라도 우리는 진리에 대한 의지를 비판에 부쳐야 한다. 삶의 무죄를 이끌어내기 위해서, 그리고 삶을 긍정성에 의해 무한히 능력 있는 것으로 만들기 위해서 우리는 진리를 넘어서야 한다.

우리는 이미 허무주의자다. 지금 이 순간의 삶을 미래의 삶을 위한 들러리로 만들 때, 현재의 삶을 도래할 미래에 비해 보잘것없고 부정되어야 할 것으로 만들 때 우리는 '이미 지금 이 순간'의 허무주의자다. 과거도 없고 미래도 없다. 지금 이 순간, 살아가는 이 순간밖에는 없다. 이 순간을 벗어날 수 있는 존재는 없다. 벗어날 수 있다고 믿는 존재는 이미 '삶'을 떠난 자이다. "현존의 의미"(들뢰즈)를 물어야 한다. 왜 우리에게 현존은 이렇게 항상 정의롭지 못한 것으로만 다가오는가. 현존은 꼭 그런 것인가. 과연 현존은 정의로울 수 없단 말인가. 현존의 의미를 물어보자. 다시 말해 삶이 과연 정의로운 것인지 아니면 정의롭지 못한 것인지 묻자. 들뢰즈는 현존의 의미에 대한 질문이야말로

"철학의 가장 고귀한 의문"이라고 했다. 이 의문과 더불어 현존에 대한 해석과 평가의 문제가 제기된다. 우리의 사유를 허무주의적 사유에서 구출하기 위해서라도 현존의 의미를 본원적으로 물어야 한다. 지금까지 현존의 의미에 대한 사유는 무엇이 있었으며 앞으로 무엇이 있을 수 있는가 하고. 기독교적 사유는 삶에 대한 유죄판결, 즉 현존에 대한 허무주의적 평가다. 이 현존을 신에 의해 신성화하지 않고서는 정당화할 수 없는 사유다. 이것만이 전부인가. 그런데 니체는 이 지배적인 기독교적 해석술 너머에서 그리스인들의 사유가 은폐되고 있음을 간파한다. 기독교적인 것만이 전부는 아니었다. 그리스만의 독특한 사유, 현존에 대한 그리스적 의미 부여에서 새로운 사유를 위한 힌트를 찾을 수는 없을까.

존재의 풍요로움으로 인해 공포스럽고 잔인한 삶의 비밀을 찾아 나섰던 그리스인들, 비극을 창조하고 비극을 즐겼던 그 그리스인들은 어땠을까. 오이디푸스와 프로메테우스에 대한 그리스적 해석에서 이를 찾아보도록 하자. 오이디푸스라는 저 "수동성의 영웅"은 지혜의 인물이다. 그의 지혜는 스핑크스의 수수께끼를 풀 정도로 뛰어났다. 그는 자신에게 부여된 (근친상간의) 신탁에서 벗어나기 위해 의식적인 노력을 하지만 결국 그 운명을 그대로 실현하는 존재가 되고 만다. 운명을 따르면서 운명을 배반하는 세계, 혹은 운명을 배반함으로써만 실현되는 운명의 세계. 세계는 왜 이토록 참혹한가. 이것이 그리스인들에게 보이는 세계였고 그 의미였다. 그렇다고 그들에게서 약한 자들의 낭만주의를 찾아서는 곤란한다. 그들에겐 니체가 명명하는 "그리스적 명랑성"『비극의 탄생』「자기비판의 시도」 1절이라는 게 있었다. 매년 축제가 열릴 때마다 이 비극을 보고 또 보는 그리스인들, 이 비극적인 해결 앞에서도 명랑한 분위기가 감도는 작품 전체.

우리는 여기서 이중적인 양상을 경험한다. 세계는 비극적인데 그것을 즐기는 그리스인들은 명랑하다. 명랑하게 비극 속에 침잠하며 세계의 고뇌 앞에서 전율하는 그리스인들. 그러므로 그리스적 명랑성은 위험이 없는 유쾌한 상태가 아니라 "자연 내부의 가공스런 것을 들여다본 눈이 만들어 낸 필연적인 산물"이며, "소름끼치는 밤을 보고 상처 입은 눈을 치료하기 위해서 빛나는 반점"이라고 말할 수 있겠다. 그러면 "소름끼치는 밤"이란 뭔가. 스핑크스의 수수께끼를 푼 오이디푸스는 아버지의 살해자이고 어머니의 남편으로서 자연의 질서를 파괴한 자다. 그처럼 인간이 자연의 비밀을 드러내려면 반드시 비자연적인 일이 벌어져야 한다. 다시 말해 "지혜라는 것, 특히 디오니소스적인 지혜라는 것은 자연에 거역하는 하나의 만행"이고, "자신의 지혜에 의하여 자연을 파멸의 심연에 빠뜨리는 자는 그 자신에게서도 자연이 해체되는 것을 경험해야 한다"는 침통한 진실이다. 과도한 호기심은 지혜의 상징이기도 하지만 동시에 악의 근원이기도 하다. 이처럼 삶에서 악과 고뇌는 제거될 수 없는 불가분의 것이 된다.

오이디푸스가 셈족의 신화, 다시 말해 악과 죄에 수동적으로 빠지게 되는 타죄堕罪신화와 관련된다면 이보다 더 능동적인 신화가 있다. 바로 프로메테우스의 독신瀆神행위, 즉 신에 대한 적극적인 모독행위가 그것이다. 그는 인간을 위해 불과 지혜를 선사한 신이자 제우스와 대결하려 한 신이다. 프로메테우스 신화의 전제는 '불'에 원시인류가 부여했던 가치와 관련된다. 하늘이 내리는 선물의 방식이 아닌 형태로 불을 얻는다는 것은 원시인들에게는 독신행위이자 약탈로 여겨졌다. 그렇다면 불은 왜 인간의 위대함의 상징만이 아니고 신에 대한 모독의 의미까지 포함하고 있는 것일까. 여기에 그리스인들이 세계를 대하는 태도가 숨어 있다. 문화를 발전시키기 위해서는 모독과 약탈을 감행해야 한다는 것, 그리고 신을 모독했기에 고통을 감수해야 한다는 것. 즉 그리스인들은 세계에 늘 고통과 모순과 참담함을 새겨 두고 있었던 것이다. 이것이 저 원시적 그리스인들이 세계에 대해 내놓은 하나의 철학이다. 세계가 아무리 위대하더라도 거기엔 고통이 있다는 것, 그리고 그 고통은 어떻게 해도 제거할 수 없다는 것. 이를 니체의 말로 표현하면 이렇게 된다.

이렇게 해서 최초의 철학적 문제가 인간과 신 사이에 풀 수 없는 고통스런 모순을 설정하고, 이것을 모든 문화의 입구에 하나의 바윗덩어리처럼 세워 놓게 된다. 인간이 가질 수 있는 최선의 것이자 최고의 것을 인간은 모독행위에 의해서 얻어냈고 이제 다시금 고통과 근심, 걱정의 홍수로 그 대가를 치러야 한다. 모욕당한 하늘의 신들은 상승하려고 숭고하게 노력하는 인류를 이런 것들로 괴롭힌다. 이것이야말로 매우 신랄한 생각이라 하지 않을 수 없다.

인간과 신 사이에 설정된 고통스런 모순, 이것이 그리스인들이 내놓은 세계에 대한 해석이자 "철학"이다. 중요한 것은 프로메테우스가 간을 쪼인다는 게 아니라 간을 쪼이지 않고는 위대한 행위를 할 수 없다는 사실이다. 오이디푸스도 마찬가지다. 근친상간을 저지르고 스스로 눈을 찌르지 않고는 스핑크스의 수수께끼를 풀 수가 없는 것이다. "사물의 본질에 깃들어 있는 재앙", 혹은 "세계의 심장에 깃든 모순", 이것이 그리스 비극의 세계다. 오이디푸스는 죄가 있는가 없는가. 유죄인가 무죄인가. 여기에 대해 그리스인들은 이렇게 답할 것이다. "현존하는 모든 것은 정당하고 부당하며 두 가지 면에서 똑같이 정당화된다."
정당하고도 부당하다? 그렇다. 정당하고도 부당하기에 이율배
반이다. 그리고 이율배반은 세계에 깊이 각인되어 있어 그 어떤
이성의 범주로도 풀어 낼 수 없는 문제가 된다. "문화의 입구"에
놓인 이 이율배반, 수긍하는 것 이외에는 풀어 낼 방법이 없는
이율배반.

이 전율할 만한 사상을 뭐라고 명명하면 좋을까. 니체는 "염
세주의적 비극의 윤리적 토대"라고 말한다. 여기서 인간적인 악
이 정당화되지만, 그럼에도 악에 의한 죗값은 꼭 치러져야 한다.
이렇게 해서 악에 의해 야기된 고통도 정당화된다.

인간은 행위하는 순간 이미 신과 자연의 경계를 침범한다.
근친상간이든 영웅적 행위든 인간과 신 사이에 "풀 수 없는 고
통스런 모순"이 무조건 설정된다. 인간과 신 사이의 모순, 이것
이 바로 세계(현존)에 대한 그리스인들의 해석이다. 삶은 유죄
다. 그러나 유죄의 방식을 통해서만 인간은 위대해질 수 있다.
고통은 위대함의 도약대다. 따라서 고통 없는 현존은 있을 수 없
으며, 유죄의 현존을 살아가는 것이야말로 인간의 숙명이 된다.
그렇지만 그것은 늘 정당화된다. 삶의 심연을 바라보는 그리스
적 명랑성의 힘이 있기 때문이다. 이런 비극적 세계 해석을 철학
적으로 표현한 이가 아낙시만드로스다. "존재들은 시간의 질서

를 따라 자신들의 정의롭지 못함의 고통과 사죄를 서로에게 갚는다."『비극의 탄생』「음악정신으로부터의 비극의 탄생」 9절 생성은 정의롭지 않다, 그래서 유죄다. 그렇다면 왜 생성되는가. 속죄하기 위해서다. 생성도 유죄고 소멸도 유죄다. 그리고 유죄인 생성이 끊이지 않는 것은 죄가 깊기 때문이다. 그만큼 삶이 모순과 고통의 비극성으로 점철되어 있다고 간주되었던 것이다.

삶은 유죄다, 그래서 고통은 죗값이다. 이와 같은 그리스적 현존의 의미는 기독교의 가책의 원리와 너무나 닮았다. 그래서 기독교의 죄 해석학이 그 기원으로 그리스를 지목할지도 모르겠다. 그러나 결정적인 차이가 없지 않다. 비록 그리스인들이 현존을 죄로 만들기는 했지만 그럼에도 그들은 기독교적인 '죄'에 대해서는 전혀 몰랐다. "거인족들조차 유대인과 기독교인의 놀랄 만한 발명인 가책, 잘못 그리고 책임에 대해서는 여전히 알지 못한다."들뢰즈, 『니체와 철학』, 53쪽 그것은 영웅적인 행위에 따른 고통이고 죄였지 내면을 공격하는 죄는 아니었다. 그것은 신과 자연에 끼친 손해의 일종이지 원죄는 아니었다. 현존은 유죄였지만 그렇다고 그 죄를 씻을 수 없는 것은 아니었다는 말이다. 오이디푸스는 눈을 찌르고 스스로 테베에서 추방당함으로써 신의 용서를 받지 않는가(『콜로누스의 오이디푸스』를 보라). 생성도 소멸도 모두 유죄라는 아낙시만드로스의 세계 인식에서 우리는 기독교적인 원죄를 찾아낼 수 없다. 오히려 인간이 행위를 통해 신과 자연의 영역을 침범한다는 것, 즉 신성모독의 죄가 인간의 위대함과 뗄 수 없이 결합되어 있다는 사실에 대한 표명을 읽어야 한다. 영웅적 행위가 있었기 때문이지 인간의 수동성 때문에 죄가 만들어지는 것이 아니다. 다시 말해 신이 너무나 '사랑해서' 무죄한 아들을 대신 희생해서 인간의 채무를 변제해 버린 그런 수동성의 원죄와는 차원이 다른 것이다. 기독교에서 인간은 죄 짓지 않고도 죄인이 된다. 그리고 이 죄인은 영원히 풀려날 가능성이 없다. 그러나 그리스인들에게서 죄는 행위와 분리되지 않으며 고통을 통한 부채 탕감의 가능성도 항상 존재했다. 따라서 고통에 대한 그리스적 명랑성이 가책에 의한 '감정의 방탕(열광)'과 얼마나 다르겠는가.

심지어 그리스인들은 자신을 기만한 신들에게 죄의 책임을 돌릴 수도 있었다. 『오딧세우스』에서 한탄하는 제우스의 말이다. "저 죽음을 면할 수 없는 자들이 신들을 향해서 소리 높여 비난을 퍼붓다니 괴이한 일이로다! 오직 우리에게서만 악이 빚어진다고 그들은 말하지만, 그들은 스스로의 어리석음 때문에 운명을 거스르면서까지 불행을 빚어내는구나." 그리스인들은 불운의 원인으로 늘 어리석음이나 무분별함, "머리의 혼란"을 인정했다. 그러나 "인정한 것은 어리석음이지 죄가 아니었다!" 그렇다면 이런 어리석음이나 혼란스러움은 어디서 왔는가. "신이 그를 기만했음이 틀림없어."『도덕의 계보』「두번째 논문」 23절 온갖 만행과 악덕을 볼 때마다 그리스인들은 이렇게 생각했다. 이것이 그리스인들의 전형적인 해결책이었다. 그것은 광기이거나 어리석음이지 죄가 아니었다. 그들은 인간의 실수와 고통, 만행을 정당화하기 위해 신을 이용했다. 그러나 기독교는 네 잘못이라는 원한과 내 잘못이라는 가책 속에서, 그리고 "공동의 책임 속에서" 현존을 저주한다. 우리는 이렇게 신에 대해, 세계에 대해, 삶에 대해 죄를 지은 존재가 된다. 세계가 고통스러운 것은 우리들 때문이다. 세계에 악이 이렇게 만연한 것도 우리들 때문이다. 우리들의 공동의 잘못이 아니고서는 현존을 정당화할 방법이 없다. 사는 게 이렇게 고통으로 가득 한 까닭, 다시 말해 현존의 의미야말로 우리의 원죄를 중심으로 해석된다. 따라서 "기독교에 비할 때 그리스인들은 어린아이들이다"들뢰즈, 『니체와 철학』, 55쪽라고 말할 수 있으리라.

'책임 없음', 니체의 가장 우아하고 아름다운 비밀

그렇다면 니체의 철학은 기독교와는 거리를 두더라도 그리스와는 가까운 것인가. 들뢰즈는 이렇게 말한다. "책임 없음은 니체의 가장 우아하고 아름다운 비밀"들뢰즈, 『니체와 철학』, 55쪽이라고. 현존의 의미에 있어 그리스와 기독교의 해석에는 차이가 있다. (기독교의) 유죄와 (그리스의) 광기, (기독교의) 신에 대한 죄와 (그리스의) 신의 잘못. 두 해석의 차이는 실로 엄청나다. 실수의 변상이 가능한 그리스와 채무의 이행 자체가 불가능한 기독교 사이에는 그야말로 준족의 아킬레스도 뛰어넘지 못할 심연이 가로놓여 있다. 그리스에 살 것인가 아니면 기독교의 신 안에 살 것인가. 이 사이에서 선택을 해야 한다면 우리는 그리스를 골라야 하리라. 거기서라면 비록 우리 삶에 죄가 있다고 하더라도 우리 자신을 학대하는 방식으로 이 삶을 긍정하지는 않을 것이기 때문이다.

그러나 그리스의 해석이 더 우월하게 보일지라도 이것은 아직 니체의 철학에는 미치지 못한다. 다시 말해 두 해석은 니체 해석에 비하면 공통적인 게 더 많다. 그렇다면 두 해석의 공통점은 뭔가. 바로 현존에 대한 '정당화'다. 그럼 '정당화'에는 어떤 의미가 포함되어 있는가. 무엇을 정당화해야 한다고 느낀다는 것은 무엇인가를 그 자체로 인정하지 않는다는 의미가 포함되어 있지 않은가. 누군가를 변호한다(정당화한다)는 것은 그가 옳고 정당하다는 규정을 내려줘야 하는 존재라는 뜻이다. 정당화란 어떤 책임 있는 존재에 대해 그 책임의 소재를 물어 가면서 변호하는 일이라 할 것이다. 그리스와 기독교의 해석은 현존을 정당화하려 한다는 점에서 차이가 거의 없다.

　현존은 바로 고통이기 때문에 어떻게든 정당화해야 한다. 이 말은 고통을 포함하고 있는 이 현존이 그 자체로 긍정되지는 않는다는 뜻이다. 다시 말해 삶에 고통이 없었다면 이런 정당화 자체가 불필요했을 테니 말이다. 두 해석은 이렇게 그 자체로 받아들일 수 없는 삶에 대해 현존의 유죄를 주장하며 정당화했고, 대신 그 책임의 소재를 서로 다른 곳에서 구했다. 책임 소재의 차이에도 불구하고 현존에 대한 부정(혹은 정당화에 의한 긍정)에 있어서는 공통적이다. 그렇다면 이런 질문의 방식도 가능하겠다. 유죄인 현존에 누가 책임이 있는가 하는 질문이 아니라 "현존이 유죄냐 무죄냐"들뢰즈, 『니체와 철학』, 56쪽 하는 질문 말이다. 질문이 바뀌는 순간 세계에 대한 해석이 완전히 달라진다. 그리스와 기독교는 현존의 무죄에 대해서는 생각할 수 없었다. 바로 이것이 세계에 대한 모든 해석과 니체의 해석을 구분하는 변별지점이다. 니체는 현존의 무죄를 주장한다. 니체는 "기독교에 대한 맹목은 가장 탁월한 범죄다." 곧 "삶에 대한 범죄인 것이다"『이 사람을 보라』「나는 왜 하나의 운명인가」 7절라고 했다. 그렇다면 삶에 대한 범죄를 거두는 일은 기독교에 대한 극복이면서 동시에 현존의 무죄를 복원하는 일이 될 것이다. 그렇다면 책임을 지우는 일이 어떻게 가능한지 보자.

이 세계의 한 부분을 골라 비난해 보자. 우선 이런 일이 가능할까. 그 부분은 '그 부분'으로만 존재하는 것일까. 그 부분과 관련된 나머지 것들은 어떻게 되는가. 세계의 어떤 한 부분에 책임을 지울 수 없다. 왜냐하면 세계는 온통 연결된 하나의 전체이기 때문이다. 그래서 니체는 이렇게 말한다. '전체밖에는 아무것도 존재하지 않는다.' 존재하는 것은 한 부분이 아니라 그냥 전체다. 만약 한 부분을 비난하기 시작하면 자동적으로 연결된 전체를 비난해야 한다. 그러나 이것도 불가능하다. 왜냐하면 전체에서 분리된 어떤 개체도 없기 때문이다. 만약 신이 이 세계와는 다른 초월적 원리에 의해 존재하는 것으로 설정된다면 신은 분명 이 삶과는 관련이 없는 존재여야 한다. 왜냐하면 모든 것은 서로 연결되어 있고 상호관련성 속에서 존재하기 때문이다. 세계와 아무런 공통점도, 연결점도 없는 신은 이 세계에 대해 준엄한 비판의 태도를 간직할 수 없다. 아니 세계와 동떨어진 채 세계 전체를 한 묶음으로 성토한다고 해도 그런 성토는 우리의 삶과 아무런 관련이 없기 때문에 실상 공허한 외침에 불과하다.

그러나 이 세계를 유죄라 말할 수 없는 더 심오한 이유가 있다. "전체가 존재하지 않는다"는 사실이 그것이다. 세계가 과연 하나의 전체인가. 그렇다면 그렇게 하나라고 말하는 자는 누구인가. 세계 바깥에 있는 자 아닌가. 앞에서 우리는 관점적 존재라고 했다. 우리는 우리 자신의 힘과 능력에 따라 세계를 압박하고 세계를 본다. 세계라는 대상이 저기 멀리 떨어져 있고 우리가 그런 세계를 인식하는 게 아니다. 우리의 인식이 곧 세계다. 인식 바깥에 있는 물자체는 존재하지 않는다. 그런 세계에 대한 강박은 불필요하다. 우리는 우리의 능력만큼 세계를 만나기 때문에 수천의 인간만큼 수천의 세계가 있게 된다. 세계는 결코 하나가 아니다. 혹은 하나의 전체가 아니다. 전체라는 하나가 존재하지 않는데 어떻게 세계에 대한 일반적 책임추궁이 가능하겠는가. 힘과 능력의 차이, 이 차이들의 접속에 의한 수천의 세계, 이 생성의 세계는 그러므로 결코 유죄의 대상이 될 수 없다. 능력만큼의 해석과 관점이 있을 뿐이다. 따라서 능력이 문제다. 이렇게 해서 니체는 기독교의 해석도, 나아가 그리스의 해석도 넘어선다. 그렇게 멀리 삶에 대한 완전한 긍정에 이른다.

이타적인 도덕은 없다

그렇다면 우리의 사유는 현존의 무죄를 어떻게 달성할 수 있는

가. 자신의 운명과 철학을 스스로 정의 내린 『이 사람을 보라』에서 니체는 자신을 "최초의 비도덕주의자"라 규정한다. 그는 어찌하여 자신을 비도덕주의자라 불렀으며, 같은 의미에서 "탁월한 파괴자"『이 사람을 보라』「나는 왜 하나의 운명인가」2절라고 불렀던가. 실상 비도덕주의적인 파괴만이 사유를 이끌 수 있는 유일한 길이다. 사유는 분명 현존의 무죄로 나아가야 한다. 진리에 대한 의지를 문제삼았듯이 현존에 대한 도덕적인 유죄판결도 극복해야 한다. 삶에 거스르는 삶은 삶에 대한 유죄판결 속에서 행해진다. 삶이 자신의 긍정성을 회복하기 위해서라도 우리는 비도덕주의자가 되어야 하고 비도덕적인 사유로 나아가야 한다. 그런 점에서 비도덕주의자는 파괴자이다. 기존의 형이상학과 도덕, 그리고 종교의 체계 전체를 허무는 파괴자인 것이다.

지금까지의 모든 형이상학은 '선한 인간'을 척도로 전개되었다. 기만하지 않는 인간, 기만하지 않는 세계, 기만하지 않는 사유. 그러나 세계가 그렇게 기만하지 않는가. 세계가 그렇게 선한 것인가. 혹여 악과 기만이 있다고 하더라도 그것을 제거해야 한단 말인가. 편하고 안락하고 안정되고 불변하는 것들로만 세계를 구성하고자 하는 의지 자체가 혹시 재앙은 아닌가. "그들은 실재가 본질적으로 어떻게 구성되어 있는지에 대해 어떤 대가를 치르더라도 절대로 보려고 하지 않는다. 즉 실재는 언제나 자애로운 본능을 요청하는 것이 아니며, 더군다나 실재가 언제나 근시안적인 선한 사람들이 영향력을 행사하도록 놔두는 것은 더욱 아니라는 것을 보려고 하지 않는다." "모든 종류의 위기를 전반적으로 대립되는 것으로, 없애야만 하는 것으로 생각하는 것은 최고의 어리석음"이다. 가령 "가난한 자들에 대한 동정으로" "나쁜 날씨를 아예 없애 버리려는 의지"와 거의 유사하게 "그 결과는 진정한 재앙이고 어리석음의 운명인 것이다." 거짓과 기만을 제거하려는 도덕적 인간 자체가 실은 가상이고 거짓이다. "모든 것이 선한 인간들에 의하여 그 근본에 이르기까지 기만되고 왜곡되었다." 세계는 결코 이 선한 인간들에게 호의적이지 않다. 세계를 선한 인간들의 호의와 "작은 행복"으로만 구축하는 것 자체가 이미 거짓이고, 인류의 위험이다. 우리는 도덕적 사유에서 벗어나야 한다.

모든 것이 '선한 인간'이 되어야 한다고, 무리 동물이 되어야 한다고, 푸른 눈을 가지고 자애롭게 되어야 한다고, '아름다운 영혼'이 되어야 한다고 요구하는 것 ──또는 허버트 스펜서 씨가 바라는 것처럼 이타적이 되어야 한다고 요구하는 것은 실존에서 그 위대한 특성을 빼 버리는 것을 의미하고 인류를 거세하는 것을 의미하며 인류를 가련한 중국인의 상태로 끌어내리는 것을 의미한다──그런데 바로 이것이 사람들이 추구했던 것이다! … 바로 이것이 도덕이라 불렸던 것이다.

'선한 인간'과 '아름다운 영혼', 그리고 '이타성'은 도덕을 구성하는 핵심적 요소다. 그런데 바로 이런 요소들이야말로 "실존에서 그 위대한 특성을 빼 버리는 것"이며 "인류를 거세하는 것"『이 사람을 보라』 나는 왜 하나의 운명인가」 4절이다. 역으로 삶을 그 위대함에서 보존하는 것, 인류를 거세하지 않는 것, 그것은 도덕의 극복, 다시 말해 '선악의 저편'에서나 가능하다. 그렇다면 어떻게 도덕을 극복할 것인가. 여기서 핵심은 '이타성'이다. "모든 존재는 죄가 없고 인식은 이 죄없음을 향한 통찰에 이르는 길이다"라고 니체는 말했다. "죄없음을 향한 통찰"『인간적인 너무나 인간적인 1』 107절은 이타성에 대한 비판에서부터 출발한다. 이타성, 이타주의, 자기희생, 동정, 공리주의 등 이 모든 도덕적 가치들은 근본적으로 이기주의에 대해 적대적이다. 그렇다면 이타주의는 가능한가. 이 질문은 (이타주의에 기초하고 있는) '도덕은 가능한가'라는 질문과 동일하다.

이런 예를 생각해 보자. 죽어도 길을 비키지 않겠다는 어떤 고집쟁이가 있었고, 그래서 결국 맞아죽었다고 해보자. 그의 행동을 어떻게 해석해야 하는가. 자신을 죽음에까지 몰아넣는 고집쟁이의 '고집'에 집중하면 그는 이기주의적 본성이 없었던 듯하지만, 죽음을 각오하고라도 지키고자 하는 그 '어떤 것'이 있다고 한다면 그의 죽음에서도 자아의 특정 부분을 고수하고자 하는 의지를 발견할 수도 있다. 만약 (원자처럼) 자아가 하나라면 그 자아는 자아를 버림으로써 희생과 이타성이라는 칭송을 들어야 할 것이다. 하지만 자아가 분할가능하다면 어떠한가. 자신을 버린 자아 덕분에 자아의 다른 부분이 만족할 수도 있지 않은가. 즉 이기적 욕망을 위해 자신의 어떤 부분을 희생하는 것도 가능한 것이다. 조국을 위해 희생한 군인도 마찬가지다. 우리는 여기서 이타주의의 전형적 사례를 보지만, 그 군인의 자아가 여러 개의 충동으로 분할되어 있다면 죽음 속에서도 만족되는 충동이 결코 없었다고 하기는 어려울 것이다.

우리는 분할불가능한 자아가 아니라 분할가능한 복합체적 자아다『권력에의 의지』786절. 한 충동의 만족은 다른 충동의 희생이나 포기, 혹은 불만족을 전제로 한다. 그래서 이기주의적일 수밖에 없는 게 인간이다. 그런데도 도덕은 자아의 분할 대신 자아와 비자아의 대립을 설정하고는 비자아에 무한한 가치를 부여한다. 즉 인간의 자기 포기 상태가 가장 도덕적인 것으로 칭송되는 것이다. 그러나 단일한 자아는 없다. 자신을 완전히 포기하는 존재는 결코 존재할 수 없다. 따라서 이런 결론이 가능하다. 만약 이타적인 행위만이 도덕적인 것이라면 (도덕을 주장하는 이들에게 불행히도) 도덕은 존재할 수 없다. 한 충동의 희생은 다른 충동의 만족이기 때문이고 그런 점에서 인간은 철저히 이기적이기 때문이다. 동정과 연민도 마찬가지다. 타인에 대한 자비로움, 이것의 가치도 이타성에 있다. '동정'은 철저히 이타적인 것인가.

그렇다면 남을 도울 때 느껴지는 쾌감이 있다면 어떻게 되는가. 개인적인 감정이 아예 개입되지 않는 자선행위가 있을 수 있는가. 우리는 여기서 다시 인간의 이기주의적인 속성을 발견하게 된다. 타인을 돕고 쾌감을 느낀다거나 타인의 불행에 대해 기쁨을 느끼는 것들은 모두 비도덕적인 것으로 간주된다. 그러나 "쾌감은 그 자체로서는 좋은 것도 나쁜 것도 아니다."『인간적인 너무나 인간적인 1』 103절 예를 들어 내가 타인을 고통스럽게 했다고 하자. 그때 내가 타인이 고통을 느낀다는 사실을 모르면 나의 쾌감이나 우월감은 생기지 않는다. 다시 말해 나의 쾌감은 타인의 고통에 대한 인식을 전제로 한다. 따라서 이런 쾌감만으로 그런 행위를 악한 것이라 비난할 수는 없다. 고통에 대한 인식을 바탕으로 타자와 연대하려는 윤리적 의식이 형성될 수도 있기 때문이다. 어쨌든 인간은 자신이 제어할 수 없는 쾌감이나 불쾌를 자신 안에서 경험한다. 하나의 자아가 아니기 때문에 그런 현상이 벌어지는 것이다.

분할가능한 존재이기에 인간은 이기적일 수밖에 없다. 인간의 이타성을 주장하는 공리주의 도덕은 분할불가능한 자아라는 전제와 쾌감 자체에 대한 증오, 의지의 자유라는 허구를 중심으로 구성된 것이다. 나의 행위는 '나'라는 '한' 존재의 '자유로운' '의도'에 따른 것이기에 이 의도가 '이기적인 것'이라면 당연히 부도덕한 행위가 된다. 그러나 우리는 결코 자유롭지 않다. 자유의지 자체가 망상이다. "우리는 우리 자신의 자유를 '꿈꿀' 수 있을 뿐이지 자유로운 몸이 될 수는 없다." 우리는 부자유라는 "청동빛으로 반짝이는 운명의 벽"『인간적인 너무나 인간적인 2』「제1장 여러 의견과 잠언」 33절에 갇혀 있는 존재다. 나의 자유로운 행위조차 그것이 어디서 기원하는지 우리는 결코 모른다. 혹시 그것이 수천 년 이어져 온 습속의 힘일지 어떻게 알겠는가. 따라서 이타주의에 기반한 도덕은 도덕으로서도 존립할 수 없다.

사유, 무죄를 향한 통찰

만약 도덕이 지배하게 되면 어떤 일이 벌어지는가. 인간은 무아無我나 비아非我일 수 없다. 대체 어떤 인간이 단순히 다른 사람을 위해서, 그것도 개인적인 어떤 동기도 없이 일을 할 수 있단 말인가. 있다고 하더라도 숨겨진 (무의식적) 동기를 우리가 모를 뿐이다. 자아는 자아 없이 행동할 수 없다. 다시 말해 인간은 "자신에게 관계가 없는, 따라서 내면적인 필요성이 없는" 어떤 일을 결코 할 수 없다. "일반적으로 타인을 위해서 무엇인가를 행할 수 있게 되자면 자신을 위해서 '아주 많은' 것을 행하지 않으면 안 된다."『인간적인 너무나 인간적인1』 133절 우리는 과연 누군가를 그 자체로 사랑할 수 있는가. 다시 말해 그가 주는 어떤 쾌감이나 편안한 감각들에 대한 사랑을 제하고 사랑할 수 있는가. 사랑이라는 숭고한 덕목조차 이렇게 이기적인 면모를 갖는다. 그러므로 이기적인 게 결코 악한 것일 수는 없다.

그런데도 이기적인 요소가 하나도 없는 존재를 가정하고 여기에 도덕성을 부여하면 인간의 자기애착에 심각한 장애가 발생하지 않을 수 없다. 비아와 몰아를 하나의 이상적 가치로 규정하면 늘 이기적일 수밖에 없는 인간은 당연히 자기경멸 속에 빠져들어야 한다. 이에 따라 '죄'나 '타락'의 느낌이 생겨나고 돌이킬 수 없는 자기혐오와 자기부정에 이르게 된다. 순수하게 이타적인 존재에 대한 허구, 이것이 인간을 극도로 병적인 상태로 만들 수 있는 것이다. 비아적인 행위가 불가능한 이기적이고 사악한 존재로서의 인간. 소유하려는 욕망, 지배하려는 욕망, 사랑하려는 욕망, 자아를 드러내려는 이 모든 욕망들은 추악한 타락으로 낙인찍힌다. 인간의 비참한 자기경멸감과 함께 승려와 성자라는 존재가 인간의 이상이 된다. 자신의 욕망을 억제하는 인간이라는 반인간적인 작업이 진지하게 시작되는 것이다. 절대적 순결, 절대적 복종, 절대적 빈곤, 이렇게 삶의 본능을 거스르는 일이 신성한 것이 되고 평신도의 이상이 된다.『권력에의 의지』786절 승려와 성자는 신이라는 거울을 세상만사에 비추는 역할을 한다. 신이라는 거울 앞에서 자신을 극단의 혐오와 타락 속에서 보지 않을 인간이 어디에 도대체 있겠는가. 완전한 이타주의라는 결벽적 이상, 그 이상이라는 허구, 혹은 인간에 대한 불완전한 판단력이 만들어 낸 인간의 자기경멸. 인간은 아직도 인간에 대해 너무 머나먼 존재다.

소크라테스와 플라톤이 이렇게 말했다고 한다. 인간은 무슨 일을 하든지 언제나 선을 행한다고. 여기서 선을 행한다는 것은 도덕적인 행위를 한다는 뜻이 아니라, 자신에게 선하고 유리하게 보이는 것만을 행한다는 뜻이다. 인간의 모든 행위는 이기주의적이다. 따라서 이타적인 도덕은 존재할 수 없다. 그렇다면 비도덕적인 행위는 어떤가. 도덕이 없어졌는데 어떻게 비도덕이 존립할 수 있겠는가. 이 이기적 면모는 무의식적으로도 충족되고 사실 무의식적인 게 더 많다. 나는 나도 모르는 상황에서 나를 위해 산다. 중요한 것은 무의식이라는 본능이다. 이 수준까지 천착해 들어가지 않을 때 그것을 (니체의 즐거운) '학문'이라 하기는 어렵다. 책임과 죄라는, 극히 반인간적이고 인간혐오적인 개념, 인간부정의 도덕적 개념을 떠나면 사유는 어디까지 나아갈 수 있을까. 니체는 책임과 죄 대신 '필연성'을 내세운다. 어떤 존재가 어떤 행위를 하는 것은 사악한 의도가 아니라 그 존재의 필연성에서 그렇게 한다는 것이다. 존재하는 모든 것들은 필연성의 존재다. 니체가 비판하는 병자들도 필연성을 가지고 있다. 원한과 증오, 허영과 자기부정, 이웃사랑이라는 도덕적 기만과 자기경멸. 이것이 병자의 필연이다. 그들도 그럴 수밖에 없었던 것이다.

이 순간 무슨 일이 일어나는가. 병자마저 필연성의 차원에서 본다는 것, 모든 사태를 그럴 수밖에 없음의 지점에서 본다는 것, 이 지점에서 사라지는 것들이 바로 비난과 칭찬이다. 세계에 대한 비난도 불필요하고 칭찬도 불필요해진다. 이렇게 생각해보자. 천둥과 번개를 동반하는 엄청난 비가 내려 인간이 고립무원에 빠졌다. 그렇다고 우리가 자연을 비난할 수 있는가. 자연이 비도덕적이라고 하늘에 대고 삿대질을 한다면 아무래도 정상은 아닌 셈이다. 이렇게 자연의 '악'에 대해 우리는 비난하지 않는다. 애완동물이 우리를 물었다고 저주하거나 증오하지 않는 것처럼 우리는 자유로운 의지를 갖고 있지 않은 존재에게는 그 어떤 책임도 묻지 않는다. 천둥과 번개도 마찬가지다. 그것은 자연의 필연이지 신의 의도가 아니기 때문이다. (아무런 의도도 없는) 애완동물과 자연을 비난하는 게 무의미하듯이 그런 대상을 칭찬하는 것도 무의미하다. 아름다운 무지개는 칭찬의 대상이 아니라 감탄의 대상일 뿐이다. 이처럼 자유의지라는 허구와 주체의 의도라는 개념을 제거하면 우리는 세계의 비도덕성에 대한 저주와 경멸에서 벗어날 수 있게 된다. "인식자가 삼켜야만 하는 가장 쓴 한 방울의 즙은, 인간이 자신의 행위와 본질에 대해서 전혀 책임이 없다는 것이다."『인간적인 너무나 인간적인 1』, 107절 도덕주의자들이 심판자가 되기를 원한다면 철학자는 공정한 자가 되기를 원한다. 인식의 공정성은 필연성에 대한 인식에서만 가능하다.

자유의지라는 허구는 정말 무시무시한 개념이다. 그래서 인간적인 의지가 가진 완전한 비자유성에 대한 인식, 이 "가장 힘찬 인식"은 늘 "가장 성과 없는 인식"이 된다. 왜냐하면 인간들은 늘 자신이 자유로운 존재라는 "허영심"에서 벗어나지 못하기 때문이다.『인간적인 너무나 인간적인 2』「제1장 여러 가지 의견과 잠언들」50절 우리가 만약 이런 자유의지라는 허영심에서 벗어날 수 있다면 우리의 물음방식은 달라질 것이다. 왜 그런 의도로 그런 행위를 했을까, 하고 묻는 게 아니라 그렇게 할 수밖에 없었던 필연성은 무엇일까, 하고 묻게 된다는 말이다. 하지만 모든 행위가 필연적이라 할 때 이 필연에도 위계가 있다는 사실을 알아야 한다. 필연적이라는 것은 행위의 이기주의를 전제한다. 그가 그렇게 행위한 필연성은 그의 이기주의, 다시 말해 그가 무엇을 자신의 이득으로 해석하는가에 달려 있기 때문이다. 병자들의 이기주의는 무엇인가. 편안함, 안락함, 행복, 사랑받음 등등이다. 이것은 병자들의 필연이다. 그렇다면 왜 이렇게 행동하는가. 그것은 판단능력이 좌우한다. 미숙하고 충분히 발달되지 않은 조잡한 개인은 이득 역시 가장 조잡한 것으로 이해하게 되어 있다. 누군가 동정할 수밖에 없었다면 그것이 그에게 가장 이로운 것으로 간주되었기 때문이다.

어린아이가 동물에 대해 보이는 잔인함은 어린아이의 몰이해에서 비롯된다. 그 아이는 동물이 고통받는다는 사실을 아직 몰랐던 것이다. 결국 어떤 행위가 악하다고 말하지만 사실 그것은 늘 "어리석은 행위"일 뿐이다. 그런 행위를 선택했던 지성의 정도가 너무 낮았던 것이다.『인간적인 너무나 인간적인 1』 107절 우리는 고통을 어느 정도까지 느낄 수 있는가. 당연히 우리의 신경 조직이 미치는 정도만큼일 것이다. "만약 더 멀리까지 신경 조직이 미친다면, 즉 이웃 사람에게까지 미친다면 우리는 누구에게도 해를 가하지 않을 것이다."『인간적인 너무나 인간적인 1』 104절 이렇게 타인의 고통을 유추할 수 있는 능력, 우리의 기억과 상상력을 활용해 고통을 주는 행위에 대해 혐오감을 느낄 수 있는 능력, 이것은 오로지 배움에 의해 가능해진다. 배움이 커지면 이득에 대한 해석도 달라진다. 비루한 이기적 필연성이 더 고양되는 이기적 필연성으로 바뀔 수 있는 것이다.

이런 과정을 거칠 때 우리는 "도덕적인 인류"에서 "지혜로운 인류"로 진화해 간다. 모든 것을 자유의지에 따른 죄악으로 보는 관점에서 지성의 정도에 따른 어리석은 행위로 보는 관점으로 이동하는 것이다. 우리는 죄를 지은 게 아니라 어리석은 행위를 한 것이다. 지금의 최고 지성도 언젠가는 더 우월한 지성에 의해 추월당할 것이므로 우리는 여전히 어리석다. 우리가 지금 여전히 어리석다고 하더라도 우리의 인식능력까지 신뢰하지 않을 이유는 없다. 우리는 지금까지 늘 잘못 평가하고 잘못 규정했다. 하지만 "자라나는 인식의 영향을 받아 그러한 습성은 약화되어 갈 것이다. […] 새로운 습성은 서서히 우리 속에서 같은 땅을 일구고 정착하여 수천 년 뒤에는 아마도 지혜롭고 죄 없는(무죄를 의식하는) 인간을 규칙적으로 만들어 내는 힘을 인류에게 부여할 수 있을 정도로 충분히 강력해질 것이다." 우리는 그때 식물 앞에 서 있듯이 인간의 행위 앞에 서 있을 수 있을 것이다. 식물이 이렇게 자라는 데 참여했던 모든 조건들은 식물의 선택이 아니라 식물의 필연이다. 그렇게 필연적으로 행위하는 인간을 도덕적인 인간 대신 세울 수 있다는 것, 이것이 사유의 능력이다.

　이때 선한 행위와 나쁜 행위 사이에는 본성상의 차이가 아니라 정도상의 차이만 존재하게 된다. "좋은 행위란 승화된 나쁜 행위이며, 나쁜 행위란 다듬어지지 않고 어리석은 좋은 행위이다." 모든 행위를 일으키는 충동들은 그것이 아무리 나쁜 것이라 해도 우리 내부에서 비롯된 것이고, 충동들의 수준에선 어떤 것도 나쁘거나 선하지 않기 때문이다. 지배적인 충동이 있을 때 그것이 사회적으로 인정받게 되면 선한 행위가 되지만, 그 반대일 때는 나쁜 행위가 된다. 물론 설령 '선'이라는 것을 인정한다고 하더라도 '하나'의 선이 아니라 선의 '위계'를 설정해야 한다는 조건에서만 그런 것이지만. 행위의 필연성에 자리할 때 우리는 지금까지의 저 도덕적인 인류가 너무나 편협하고 경솔해 보일 것이다. 그리고 죄 없는 인간, 자유의지 없는 인간을 떠올려야 할 때마다 우리의 모든 척도가 무너지는 느낌으로 인해 심각한 고통이 찾아올지도 모르겠다. 도덕적 인류의 저 오류, 인간 의지의 자유와 죄책감이라는 오류, 단일한 영혼의 주체라는 오류, 인간의 자기경멸이라는 오류 등 이 모든 오류가 인류를 지배했다는 사실로 인해 인간이라는 사실 자체에 대해 커다란 실망감을 품게 될지도 모르겠다.

척도가 무너지는 아픔, 인간에 대한 실망감, 이런 것에 오래 집착할 필요가 없다. 그 아픔 뒤에 반드시 위안이 찾아올 것이므로. 좌절할 필요가 없다. 왜냐하면 이런 고통은 출산의 고통이기 때문이다. "나비는 자신의 껍질을 깨고 나가려고 그것을 잡아당겨 찢어 버린다. 그때 미처 알지 못했던 빛과 자유의 왕국이 나비의 눈을 속이고 어지럽힌다." 지금 '죄'와 '필연성' 사이에서 혼란스럽다면 그것은 이 "자유의 왕국"이 보낸 밝은 빛으로 인한 것일 뿐이다. 우리가 그렇게 슬픔의 능력을 지닐 수 있을 때 우리는 현명한 인류로의 변화를 시도할 수 있다. 척도가 무너지는 아픔 없이 우리의 변신은 불가능하다. 모든 것은 필연이다. 그리고 이렇게 인류의 삶 전체를 필연성으로 인식할 수밖에 없게 된 이 과정도 인류의 필연이다. 인류사의 모든 오류는 스스로 자신을 교정하기 위한 수단이 된다. 인간의 자기 구원은 인간의 심각한 오류 속에서만 가능한 법이다. 만물은 그렇게 변화한다. "하나의 목표를 향해." 바로 현명한 인류, 필연성을 인식하고 필연성으로 세계를 보는 인류를 향하여. 니체의 아름다운 문장을 보자.

새로운 복음의 태양이 최초의 빛을 개개인의 영혼 속에 있는 맨 꼭대기까지 던진다. 그때 안개는 예전보다 더 짙게 피어오르고 가장 밝은 빛과 가장 어두운 여명이 나란히 자리하게 된다. 모든 것은 필연이다. 이렇게 새로운 인식은 말한다. 그리고 이 인식 자체도 필연인 것이다. 모든 존재는 죄가 없고 인식은 이 죄없음을 향한 통찰에 이르는 길이다. 쾌감·이기주의·허영심이 도덕적 현상이나 그 최고의 개화를, 진리나 인식의 공정성에 대한 감각을 낳게 하기 위해서 '필요'하고, 오류나 공상의 과오가 이 정도의 자기 조명이나 자기 주제에까지 인류가 점차 고양될 수 있었던 오직 하나의 수단이었다면 그 누가 그러한 수단을 과소평가할 수 있단 말인가? 그러한 길들이 통하는 목표를 깨닫는다면 그 누가 슬퍼하겠는가? 도덕의 영역에서 모든 것은 생성한 것이며, 변화할 수도 있고, 동요하고 있다. 만물은 흐름 속에 있다. 그것은 진실이다. 그러나 '만물은 유전한다'. '하나의' 목표를 향해. 『인간적인 너무나 인간적인 1』 107절

삶, 인식의 수단이라는 위대한 해방자

우리는 이렇게 죄 개념에서 세계를 빼내왔다. 그렇다면 책임 없음의 사상, 필연성의 사유는 어디까지 나아갈 수 있을까. 범죄자

의 경우는 어떤가. 그는 당연히 '벌'을 받아야 하지 않겠는가. 그러나 우리가 자유의지를 없애게 되면 범죄자의 '사악한 의도'도 없어져야 한다. 범죄자의 행위도 필연이다. 그렇다면 필연이란 무엇인가. 범죄자가 상습적으로 범죄를 저지른다고 하면 습관성일 터이니 당연히 형벌은 경감되어야 할 것이다. 왜냐하면 습관성이란 '저항하기 어려운 성향'에 따른 범죄를 지칭하는 말이기 때문이다. 반대로 모범적인 사람이 범죄를 저질렀을 경우 습관성이 아니므로 더 큰 벌을 받아야 할 터이다. 그런데 왜 현실은 그 반대일까. (모범적인 사람에 대해) 정상을 참작해서 형량을 낮춰 준다는 말이 있으니 말이다. 사실 형벌은 범죄자에 따라서 정해지는 게 아니라 사회가 받는 손해와 위험을 기준으로 정해진다. 그래서 과거에 범죄를 저질렀는데 또 범행을 하면 더 유해한 존재로 가중처벌된다. 이게 사회적 통념이다.

이런 통념에는 어떤 존재의 과거까지 함께 처벌하고자 하는 의지가 포함되어 있다고 할 수 있을 것인데, 그렇다면 더 거슬러 올라가서 과거의 원인들에 해당하는 모든 것을 처벌해야 하는 것 아닌가 하는 의문이 드는 것도 사실이다. 부모와 교육자, 친구와 재판관 심지어 사회 전체도 어떻게든 범죄자의 죄와 관련이 있을 것이다. 이렇게 범죄자를 '죄'의 관점에서 보기 시작하면 모든 과거를 처벌해야 하지만 역설적으로 아무도 처벌할 수 없는 상황이 도래하게 된다. 그래서 이런 사회적 통념은 결국 어떤 범행이 과거와 관련이 있으면서도 없다는 이상한 논리로 빠져들고 만다. 관계된 원인 전체를 처벌할 수가 없으니 이제 범죄는 범죄자 한 개인의 의지에 달린 문제가 된다. 자유의지에 따라 "어떠한 행위에도 과거는 없다"『인간적인 너무나 인간적인 2』「방랑자와 그의 그림자」 28절고 말하는 신비한 논리로 말이다. 그런데 이런 게 가능한가. 필연을 없애기 위해 과거와의 관련을 끊고 어떤 동기도 없이 갑자기 솟아나는 자유의지. 사악한 자유의지에 따른 일회적 범죄. 사회의 영향에서 벗어난 진공상태의 범죄. 이런 것이 도대체 가능한 것인가.

이 어처구니없는 비논리에서 벗어나기 위해서라도 우리는 범죄자에 대해 다른 관점을 적용할 필요가 있다. 다시 말해 범죄자를 (니체적 개념에서) 하나의 '병자(어리석은 자)'로 보는 것은 어떤가. 실제로 극악무도한 살인자의 경우 정신병자와 구별이 안되기도 한다. 정신병과 범죄의 명확한 구별선을 긋는 것도 쉽지 않은 일이다. 따라서 그 구별선을 긋기 위해 말 그대로 자의적인 규정을 만드느니 모든 범죄자를 병자로 보는 게 더 나을지도 모르겠다는 말이다. 이들의 범죄는 그들의 어리석음의 필연성에서 표현된 이기적 행동이었다. 이렇게 범죄자에게서 자유의지를 제거하면 범죄자들에게 복수하고자 하는 의지도 사라지게 된다. "병자에게 복수를 하려고 하는 자는 현재 비인간적이라고 불리울 것"이기에. 죄라는 개념을 제거했으니 당연히 벌이라는 개념도 세계에서 추방해야 한다. 형벌을 통해 범죄자에게 보상받고자 하는 복수심까지도 극복해 나가야 한다는 말이다. "적에게 축복을 기원하고, 우리를 모욕한 자에게 선행을 베푸는 것을 행복한 자의 탁월한 현명함이라고 생각하면 일반적인 감정은 얼마나 즐거워질 것인가!"『서광』 202절 니체는 범죄자들에 대한 새로운 태도를 다음과 같이 말했다.

범죄자에게는 전지轉地, 다른 사회, 일시적인 실종, 어쩌면 고독과 새로운 일 등이 필요하다——좋다! 아마 그는 어떤 기간 동안 계속 형무소에서 생활하여, 자기 자신과 무거운 짐이 되는 잔학한 행동의 해를 입지 않도록 보호하는 것이 자기의 이익이 된다고 생각할 것이다——좋다! 범죄자에게는 치유의(저 충동의 근절, 개간, 순화의) 가능성과 수단을, 또 형편이 나쁜 경우에는 치유될 것 같지 않다는 것을 아주 명백하게 제시해야 한다. […] 양심의 가책을 불결한 것인 것처럼 그의 혼으로부터 닦아내고, 그가 아마 어떤 사람에게 가한 손해를 타인에 대한 아니 어쩌면 사회 전체에 대한 선행으로써, 어떻게 보상하고 어떻게 비싼 값을 매기는가 하는 것을 그에게 지시해 주어야 한다. 모두 아주 조심스럽게 돌보면서! 그리고 특히 익명과 새로운 이름을 사용하고, 자주 장소를 옮김으로써, 그의 평판 좋음과 장래의 생활이 가능한 한 그때 위험에 빠지지 않도록. 『서광』 202절

"자기가 무엇을 하는지 알지 못하는 사람들을 어떻게 용서할 수 있단 말인가!" 『인간적인 너무나 인간적인 2』 「방랑자와 그의 그림자」 68절 이 말을 바꿔서 악한 행위를 한 사람이 자신이 왜 그렇게 행동했는지도 모르고 있다면 그에게 벌을 내리는 게 가능할까. 벌은 행위의 모든 의도를 다 알 수 있다는 전제하에서 가능한 법이다. 그러나 우리는 우리 자신에 대해서도 모르는 것이 태반이다. 우리는 우리 본능과 육체와 정신의 운동을 정확히 파악하고 있지도 않다. 따라서 우리는 범죄자를 병자, 혹은 어리석은 자라고 명명할 수 있어야 한다. 범죄자에게서조차 죄를 빼내야 한다. 그러나 아직은 그렇게 할 시간이 오지 않았다. 따라서 우리에겐 실험할 것이 너무 많다. 이 실험은 어떻게 가능해졌는가. 바로 필연성에 대한 슬픈 통찰 때문이 아닌가. 우리가 필연성을 사유하기 시작할 때 우리는 이미 '반시대적'인 사유에 접어들게 된다. 반시대적이면서도 이미 시대를 앞질러가는 것이다. 우리의 반시대적 사유 속에서 드디어 죄도 사라질 것이다. 결국 "신은 죽었다"고 말할 순간이 올 것이다. 그래서 니체는 이렇게 환호성

을 울린 적도 있었다.

기다리고 기다린 끝에 우리의 배는 다시 모험을 떠날 것이며,
위험을 무릅쓸 것이다. 인식을 사랑하는 자의 모든 무모성(모
험)이 다시 허용되어진다. 바다, 우리의 바다가 다시 열리고 있
다. 아마도 이와 같은 '자유의 바다'는 아직까지 없었으리라.『즐
거운 지식』 343절

진리라는 척도가 사라졌으니, 자유의지라는 비논리가 사라
졌으니, 죄와 벌의 해석학이 분쇄됐으니 사유는 새로운 인식의
모험을 향한 항해를 시작할 수 있게 되었다. 그래서 우리는 강한
염세주의를 갖는다. 낯설고 공포스러운 것으로의 항해. 삶이 긍
정의 능력에 이를 때까지 진리의지에 묶인 부정적 사유를 해체
하는 모험. 삶에서 어떤 부분을 도려내 부정하고 증오하는 것을
멈출 때, 한 존재의 숙명이 '이미 존재했었고 앞으로도 존재할
모든 것의 숙명에서 분리될 수 없다'는 사실을 알게 될 때 삶은
사유에게 모든 것을 선사한다. 이때만 '삶은 사유의 수단'이 되
고, 사유는 삶을 긍정성으로 휘황찬란하게 바꿔 준다. 사유가 진
리의지에 갇혀 참과 거짓, 참된 세계와 가상세계를 분별할 때 삶
은 결코 사유의 수단이 될 수 없다. 오히려 사유가 삶을 재단하

고 부정하고 왜곡하게 되며, 결국 사유가 삶에서 배우고자 하기보다 삶을 단죄하고자 하기 때문이다. 모든 사람들이 인생을 다짐하는 날이 있다. 바로 새해. 이 새해에 니체는 이렇게 다짐했다. "나는 사물에 있어 필연적인 것을 아름답게 보는 법을 더욱더 배우고자 한다. 때문에 나는 사물을 아름답게 만드는 사람들 중 한 명이 될 것이다."『즐거운 지식』 276절 화가에게 배울 기술이 있다. 세상을 아름답게 덧칠하는 기술 말이다. 세상이 가혹하고 추하게 보일 때마다 더 아름답게 보이도록 덧칠하자. 그것이 바로 필연성에 대한 인식이다. 우리의 삶이 모두 필연일 때, 그럴 수밖에 없을 때 이 삶에서 무엇을 빼고 무엇을 더하겠는가. 무엇을 벌하고 무엇을 칭찬하겠는가. 자유의지가 없는 자연을 칭찬하는 것은 바보 같은 짓 아닌가. 그렇게 자연을 보듯이 삶을 봐야 할 것이다. 세계는 삶의 능력과 사유의 능력이 맞닿아 무한한 해석을 내포하고 있기 때문이다.

위버멘쉬

인간 육성의 새로운 방법론

+++

신은 과연 죽었는가

세계가 죄로 뒤덮였기에, 인간의 역사도 죄인의 역사였다. 죄라는 개념에서 세계를 빼내오고자 한다면 인간도 변신해야 하리라. 죄와 병에 중독되어 버린 '인간'이 과연 건강한 인간으로 전환될 가능성이 있는가. 인간으로 존재한다는 것의 의미는 바로이 질문에 달려 있다고 해도 과언이 아니다. 이 가능성을 탐사하기 위해 우리는 니체가 말한 '선사적'先史的 시대로 눈을 돌려본다. 선사시대antiquity는 원시인들의 세계를 말하는가. 그럴 수도 있지만, 시간적 차원에서 규정하는 역사 이전의 시기 이상의 의미를 갖는 것으로 보인다. 이런 상황을 생각해 보자. 병자들의 부정의 권력의지도 원래는 자기 존재를 긍정하고자 하는 긍정의 의지에서 시작된다. 그런데 이 긍정의 의지가 원한과 가책의 기제에 의해 부정의 의지로 전도되는 사태가 발생한다. 애초의 긍정은 부정이 되고 부정이 긍정을 대체한다. 하지만 이 부정의 의지 속에서도 긍정의 의지는 계속 작동한다. 이를 아감벤의 용어를 사용해서 긍정의 잠재성potenza이라고 해보면 어떨까. 이 잠재적인 긍정의 의지는 부정의 권력의지 속에서 사라진 게 아니라 부정의 형태로 계속 작동하고 있는 것이다. 다시 말해 긍정의지의 잠재성은 허구적인 가능성이 아니라 현실적 작동 속에서 분명 확인되는 힘이다.

이처럼 인간의 역사가 비록 허무주의의 역사라고 해도 허무주의적 힘만이 지배하는 것은 아니다. 허무주의적 힘 아래 인간 긍정의 의지가 계속해서 작동하고 있기 때문이다. 그렇다면 그것을 어떻게 확인할 수 있는가. 우리의 삶은 현실태로 완전히 해소되지 않는다. 이렇게 살아가고 있다는 것에 대해 우리가 질문을 던지는 순간, 다시 말해 왜 꼭 이런 방식으로 우리가 살아가야 하는가 하는 질문을 하는 순간 우리는 이미 다른 존재로 변이할 수 있는 능력potenza(잠재성)을 표현하고 있는 셈이다.* 현재

---

* 삶의 형식과 잠재성(역량)의 관계에 대해서는 조르조 아감벤, 『목적없는 수단』, 김상운·양창렬 공역, 난장, 2009, 1장 참조.

의 삶에 대해 질문을 던지지 못한다는 것은 곧 자기 존재를 바꿀 수 있는 능력이 고갈되어 있다는 뜻일 터이다. 하지만 우리는 이 피폐한 자본의 삶 속에서도 반자본의 삶, 반국가주의적인 삶들을 꿈꾼다. 이는 곧 이 세계와 삶의 자명성에 대해 질문을 던진다는 것이다. 그리고 그것이 곧 우리들에게 삶의 변이를 가능케 하는 잠재성을 부여한다. 따라서 잠재성은 허구적 '가능성'과는 달리 현실적으로 존재하는 힘이다.

이렇게 우리는 지금도 허무주의적 가치에 반하는 가치들, 인간적인 인간에 반하는 "반시대적" 인간상들을 꿈꾸고 창조해 가려 노력하고 있다. 우리는 허무주의적 상황 속에서도 원한과 가책에 반대하는 삶, 금욕주의적 이상에 반대하는 삶을 살아가려고 애쓴다. 물론 대규모적인 운동을 불러일으키지는 못하지만 그럼에도 늘 시대를 거스르는 투쟁은 계속되고 있다. 그래서 니체의 말대로 선사적인 시대를 돌이켜본다는 것은 역사 이전의 과거로 돌아가려는 회고적이고 낭만주의적인 태도와는 아무런 관련이 없다. 선사시대는 어느 시대에나 존재하고 있으며, 다시 존재할 수도 있는 시대다.『도덕의 계보』「두번째 논문」 9절 참조 우리가 이 선사적 문화를 반시대적 힘으로 솟구치게 하려 해도 저 원한의 가치 전도와 가책의 죄의식 속에서 왜곡되고 지연되고 패배하고 있는 것일 뿐이다. 그렇다고 해도 저 반시대적 운동은 결코 멈추지 않는다. 이는 분명 현실적인 삶에 내재하는 삶의 긍정적 의지이자 잠재적 긍정성이기 때문이다.

그렇다면 우리의 반시대적 운동은 진정 원한과 가책의 인간을 넘어서고자 하는 것인가. 우리는 원한과 가책의 인간, 저 허무주의적인 인간을 넘어 진정 건강하고 위대한 인간을 열망하는 것인가. 이를 위해서라도 우리는 인간의 위대함과 건강함이 어떤 것인지 알고 있어야 하리라. 위대함의 의미를 제대로 짚지 못할 때 저 반시대적 운동들이 다시 (죄 짓고 병든) '인간'이라는 늪에 빠져들지도 모르기 때문이다. 그렇다면 위대함이란 어떤 조건에서 가능한가. 이 물음을 신의 죽음과 관련지어 이야기해 보자. 신은 죽었다고 말했다. 이 말은 무슨 뜻인가. 신의 죽음이 단순히 무신론을 선포하는 것으로 완성되는가. 하지만 신 대신 다른 것이 또 숭배의 대상이 되고 있다면 그것을 무신론이라 부를 수는 없는 노릇이다. 과학이든 국가든 신의 자리를 대체하는 것들이 존재하는 한 우리는 아직도 신의 죽음을 완성한 적이 없다. 따라서 신의 죽음을 선포할 수 있는 자의 자격이 문제다. 이런 여러 질문에 단서가 되는 우화를 니체가 들려준다.

밝은 대낮. 등불을 켜들고 광장에 나와 "나는 신을 찾고 있노라!"라고 계속 고함쳤다는 저 광인의 이야기를 그대들은 들은 적이 없는가? […] "신이 어디로 가셨느냐고?" 그는 소리쳤다. "내가 그것을 너희에게 말해 주마! '우리가 신을 죽였다'──너희들과 내가 말이다. 우리 모두가 그의 살해자다! […] 지구는 지금 어디로 가고 있는가? […] 마치 무한한 무無를 통과하는 것처럼 방황하고 있는 것은 아닌가? […] 우리에게 계속 밤이 다가오는 것은 아닐까. 대낮에 등불을 밝힐 필요는 없을까?

한 광인이 있다. 대낮에 등불을 켜들고 우리가 신을 죽였다고 외치는 광인이. 광인은 한탄한다. "나는 너무 일찍 세상에 왔다." 신의 죽음을 선포하는 광인은 왜 세상에 일찍 도래했음을 한탄하는가. 이 광인의 한탄에 우화의 핵심이 있다. 신의 죽음은 사실 "엄청난 사건"이다. 그런데 문제는 인간들이 이 사건의 '의미'를 아직 모른다는 것이다. 신을 죽인 게 바로 그 인간들인데 범행을 저지른 자들이 정작 신의 죽음이라는 사건의 의미를 모르는 것이다. 원래 모든 사태는 늘 이런 식이다. 의미는 사건과 함께 오지 않는다. 사건의 의미는 나중에 파악된다. 그래서 광인은 너무 일찍 왔다. 그의 때는 아직 오지 않은 것이다. 왜 등장인물이 '광인'으로 설정되어 있는지 여기서 알 수 있다. 의미의 도래보다 먼저 도착하는 사람, 다시 말해 의미를 혼자만 소유하고 있는 자는 광인이 되고 만다. 그의 말을 그 누가 알아듣겠는가.

사건은 도래했지만 의미는 인간들의 귀에 도달하지 못한다. 따라서 "이 엄청난 사건은 아직도 계속 중이며 방황 중이다. 그것은 아직 인간의 귀에까지 도착하지 못했다. 번개와 뇌성도 시간이 필요하다. 별빛도 시간이 있어야 한다."

그렇다면 이 사건의 의미는 무엇인가. "이보다 더 위대한 행위는 없었다"는 광인의 말 속에 힌트가 있다. 우리는 이 행위로 인해 그 어떤 역사보다 더 높은 역사에 속하게 될 것이라고도 했다. 신을 죽인 행위는 왜 그렇게 위대한가. 그것은 신의 정의, 혹은 신의 용법에 담겨 있다. 금욕주의적 이상에 대한 해석에 따르면 신이야말로 진리의 척도이자 도덕의 척도이고 종교의 척도다. 세상만사의 척도가 신이다. 이 척도를 기준으로 삶의 무가치를 선언했던 게 인간의 역사였다. 그런데 이 척도가 살해당한 것이다. 세상에서 척도가 사라지고 만 것이다. 그렇다면 이렇게 물어야 한다. 척도 없이 살 수 있는가. 척도가 없는데, 삶이 카오스로 변하고 말았는데 "우리는 어떻게 스스로를 위안할 것인가?" 과연 "지구는 지금 어디로 가고 있는가?"『즐거운 지식』 125절 "유럽의 도덕 자체가 이 신앙 위에 구축되어" 자랐났으니 "장기적인" "붕괴, 파괴, 몰락, 전복"이 임박해 있다.

척도가 없어졌으니 대낮에도 방향을 알 수 없을 정도로 캄캄해야 하고 따라서 대낮이라 하더라도 등불을 켜야만 한다. 그래서 광인이 등불을 들고 대낮에 나타났던 것이다. 척도의 상실은 대낮을 밤으로 바꾸어야 한다. 다시 말해 진정으로 척도를 상실한 자들은 대낮에도 삶의 암흑 속을 헤매는 미아의 심정이 되어야 한다. 그런데 이 사건의 의미를 아는 광인에게만 세상이 캄캄한 어둠이다. 반면 사건을 저지른 주범인 인간들에게는 아직도 세상이 훤한 대낮이다. 뭔가 이상하다. 정작 신을 죽인 인간이 척도의 상실로 인해 고통스러워하지 않는 것이다. 따라서 "대저 어떤 일이 그것에 의해 일어났던가, 또 이런 신앙이 뒤집어진 후에는 대강의 것이 붕괴되지 않을 수 있을 것인가를 아직까지 많은 사람들이 재빨리 알았다고는 생각할 수 없다." 그렇다면 정말 우리 인간이 신을 죽인 것인가. 신이 죽었는데 어찌 아직 대낮이란 말인가. 따라서 사건은 발생했지만 사건이 완성되지는 않았다. 의미가 도래하지 않는 한 사건은 결코 완성될 수 없다. 그렇다면 "오늘날 어떤 사람이 이 당치도 않은 공포의 논리를 가르치는 자, 예고하는 자로서의 역할을, 필시 지상에서 일찍이 그 유례를 볼 수 없는 암흑화와 일식의 예언자로서의 역할을 떠맡지 않을 수 없다는 자각과 통찰에 도달해 있을 것인가?"

『즐거운 지식』 343절

이 사건의 진정한 의미는 다음과 같은 말에 숨어 있다. "이와 같은 행위의 위대성은 우리에게는 너무 지나친 위대성이었을까? 우리는 단순히 그것의 가치를 나타내 보이기 위해서라도 스스로 신들이 되어야 하는 것이 아닐까?"『즐거운 지식』 125절 신만이 신을 살해할 수 있지 않을까. 다시 말해 인간이 신이라는 척도 없이 신처럼 위대해질 수 있다면 그때가 바로 신의 진정한 죽음의 순간이 아니겠는가. 그런데 인간들은 아직 그 행위를 감당할 정도로 위대해지지도 않았음에도 불구하고, 위대한 행위를 저지르고 말았다. 위대하지 않은 인간이 신을 죽여 놓고도 밝은 대낮이라고 아무렇지도 않게 살아가고 있는 것이다. 삶의 순간이 아직도 대낮일 때 신은 결코 죽은 것이 아니다. 따라서 신의 죽음의 참다운 의미를 포착하는 것은 인간이 진정 위대해지는 순간에만 가능하다. 그때 비로소 우리는 위대한 인간이라는, 스스로 정초한 척도 아래서 신의 지배 없이 준엄하게 살아갈 수 있는 인간이라는 자격을 얻을 수 있다. 아니, 척도 없이도, 그 심연의 구렁텅이 위에 가로놓인 밧줄 위에서도 명랑하게 춤을 출 수 있을 것이다. 신에 대한 가책 속에서 자기경멸에 빠진 왜소한 인간, 자신을 부정하고 삶을 부정하는 인간은 어떻게 위대해질 수 있는가. 우리는 지금부터 위버멘쉬의 도정에 오른다.

문화의 의미와 인간 형성의 기억술

원한과 반응본능은 "문화의 도구"로서 인간을 거세하고 가축으로 길들인다. 이와 같은 문화의 도구를 통해 인간은 훈련되어 왔다. 모든 문화는 인간을 특정한 양식으로 창조하기 위해 동원되는 훈련의 일종이다. 비록 자의적이라고 하더라도 습관을 만들기 위해서 습관이 있어야 하듯이 문화에도 복종해야 하는 법칙이 있는 법이다. 이 문화의 기제들, 혹은 풍습들은 특별한 이유나 구체적 필요에 따라 제정된 것들이 아니다. 가령 캄차카인들은 신발에 묻은 눈을 절대로 칼로 긁어내서는 안 되고 칼로 석탄을 찔러서도 안 된다는 강한 규정을 갖고 있었다고 한다. 이런 규정을 위반하면 죽는다는 엄포를 들어가면서 말이다. 석탄을 칼로 찌른다고 무슨 큰일이 나는 것도 아니고, 눈이 묻은 신발을 칼로 긁어낸다고 일이 안 풀릴 것도 아니다. 도대체 합리적 이유가 없는 풍습인 셈이다. 한마디로 풍습 자체를 위한 풍습이라 이름할 수 있을 텐데 사실 문화는 이런 이유 없는 규정들을 많이 갖고 있다. 그렇다면 문화는 왜 이런 규정들을 요청하는가. 그것은 다름이 아니라 풍습을 따르지 않으면 안 된다는 사실을 의식시키기 위해서이다. 다시 말해 "어떤 풍습이라도 풍습이 없는 것보다는 낫다고 하는 문명의 기원에 대한 위대한 명제를 강화하"『서광』 16절기 위해서인 것이다.

풍습 자체 혹은 규칙 자체를 위해 말도 안 되는 풍습이 존재하는 것이다. 그것도 위반하면 죽음의 위협이 가해진다는 협박과 함께. 사실 곳곳에 위험이 상존하는 시대, 궁핍이 삶의 조건인 시대에 죽음은 그렇게 드문 일이 아니었다. 따라서 꼭 규정을 위반해서 죽는 것은 아니더라도 죽음이 발생할 때는 어쨌든 저런 규정과 관련지어 해석될 수밖에 없었다. 알래스카 원주민들에게는 동물의 뼈를 불 속에 던지면 안 된다는 규정이 있는데, 이유는 그렇게 하면 사냥이 안 되기 때문이라는 것이었다. 그런데 우스운 것은 이곳이 원래 사냥이 잘 안 되는 지역이라는 사실이다. 불 속에 뼈를 던지든 안 던지든 사냥은 늘 잘 안 된다. 당연히 풍습의 명령이 현실적으로 완벽히 검증되기에 당연히 지켜야 된다는 동의가 사회 전체를 사로잡게 된다. 그러므로 이런 당연한 결과를 바탕으로 존속되는 풍습은 특별한 이유가 있어서가 아니라 풍습 자체의 강제력, 풍습 자체의 필요성에서 비롯된 자의적인 것들이라 할 수 있다. 그래서 "문화는 굴레들, 고문들, 인간을 훈련시키는 데 이용되는 잔혹한 수단들과 구분될 수 없다."들뢰즈,『니체와 철학』, 236쪽

니체에 따르면 문화는 두 종류로 구분된다. 최악의 인간, 원한과 가책에 중독된 인간을 낳는 문화가 있는가 하면, 이

런 '죄인'을 넘어서는 인간, 니체의 개념으로는 '주권자적 개체' *Sovereign individual* 라는 극히 자유롭고 드문 인간을 낳는 문화가 있다. 니체가 특히 '문화'라고 부르는 것은 이 후자의 인간을 낳는 선사적 활동에 집중되어 있다. 우리 '인간'의 문화는 그런 점에서 저 선사적 문화의 '오용'에 다름 아니다. 왜냐하면 선사적 문화는 원한과 가책의 인간을 낳는 기제를 갖고 있지 않기 때문이다. 우리 문화는 '문화'의 오용형태다. 그런 점에서 문화를 부분적으로 개선한다고 해서 문화의 상태가 좋아지는 게 아니다. 문화 전체의 전환, 다시 말해 문화를 '문화'로 바꾸는 작업이 있어야 한다.

그럼 선사적 문화가 목표로 하는 것은 무엇인가. 한 마디로 "약속을 지킬 수 있는 동물을 기른다는 것"이라고 요약할 수 있겠다. 인간이 된다는 것, 자연에서 벗어난 인간이 된다는 것은 인간으로서의 습관을 갖추는 것을 의미하고 이는 기본적으로 '기억'과 '망각'의 능력을 획득하는 것과 관련된다. 망각은 "적극적인 저지 능력"으로서 예컨대 소화과정이 무의식 속에 머물면서 의식에 떠오르지 않게 하는 것과 같은 기능을 한다. 만약 이 무의식적 과정에 이상이 생겨 소화과정이 의식 위로 떠오르게 되면 어떤 행복도, 명랑도, 희망도, 현재도 있을 수 없다. 소화되는 상태를 매번 의식해야 한다는 것처럼 고통스러운 일이 어디 있겠는가. 이렇게 되면 의식은 다른 일에 도저히 관여할 수 없게 된다. 한 마디로 '소화불량 환자'와 마찬가지 상태가 되어 그 "어떤 일도 제대로 해낼 수 없"는 상태가 되는 것이다. 외부에서 자극이 온다고 해도 의식이 온통 소화나 여러 생리적 과정에 집중하고 있으니 적절한 반응으로 되돌려주지 못하게 된다. 이것이 바로 망각능력에 생긴 장애로 인한 현상이다. 이런 점에서 문화는 불필요한 것들을 의식하지 않아도 되게 하는, 다시 말해 무의식적인 방식으로 경험할 수 있게 하는, 인간 형성의 중요 기제라 할 수 있다.

하지만 문화는 망각만이 아니라 기억의 능력도 요청한다. 문화는 인간에게 습관을 제공하고 여기에 법칙을 부여하여 복종하게 하고 훈련하는 것으로 이루어진다. 인간을 훈련시킨다는 것은 습관을 벗어나려는 무의식적인 반응적 힘들이나 의식에 영향력을 줘서, 그것들이 영향 받을 수 있도록 습관을 제공하고 모델을 강요하는 것이다. 동물에 불과했던 인간이, 그리하여 쉽게 망각에 빠져들었던 인간이 잊지 않는 인간이 된다는 것, 약속하고 그것을 지키는 인간이 된다는 것은 쉬운 일이 아니다. 그렇다면 이 '기억'은 어떤 종류의 기억인가. 여기서 기억을 각인시킨다고 할 때의 기억은 "일단 새겨진 인상에서 벗어나지 못하는 수동적인 상태"가 아니라 "일단 의욕한 것을 계속해서 의

욕하는 것", 즉 "의지의 본래적인 기억"이다. 더 정확히 말하자면 과거가 작동하는 기억이라기보다는 미래의 기억이다. 약속된 것을 미래에도 꼭 지키겠다는 의지, '나는 하고자 한다', '나는 하게 될 것이다'라는 약속과 그 약속의 이행 사이에 아무리 낯선 상황과 세계가 끼어들어도 결코 어기지 않고 완수하겠다는 능동적인 의욕 상태를 만드는 기억이다. 문화가 이런 기억을 각인시키기 위해 인간에 대한 훈련을 장기간 계속 진행하는 것이다. 자기 자신에 대해서도 예측할 수 없는 인간이라면 어떻게 미래에 약속을 지키는 인간이 되겠으며, 그런 인간을 어떻게 사회가 신뢰할 수 있겠는가. 동시에 그런 믿을 수 없는 인간들만으로 사회가 어떻게 유지될 수 있겠는가. 그렇게 스스로를 "예측될 수 있고 규칙적이고 필연적인 존재"『도덕의 계보』「두번째 논문」 1절가 되게 하는 기술, 이것이 문화의 훈련이다.

이런 인간만이 "책임"이라는 무거운 사명을 걸머질 수 있다고 한다. 그러기 위해서는 우선 인간을 "필연적이고 균일하며 서로 동등하고 규칙을 따르는 존재로 만들고 이와 함께 예측할 수 있게 만든다"『도덕의 계보』「두번째 논문」 2절는 과제가 요청된다. 인간을 예측할 수 있는 규칙적인 존재로 만드는 것, 한 번 저당 잡힌 말을 어떤 경우에도 잊지 않고 지키겠다고 약속할 수 있게 만드는 것, 지키지 못했을 때는 응분의 책임을 감수하게 만드는 것, 이런 일은 도대체 얼마나 어려운 일이겠는가. 얼마나 지속적인 노력의 시간을 요청하는 작업이겠는가. 이것이 과연 부드럽게 진행될 수 있었을까. "어떻게 해서 인간이라는 동물에 기억을 심을 수 있을까?" 더 정확히 말해 어떻게 "부분적으로는 우둔하고 부분적으로는 경박한 이 찰나적인 지성, 이 망각의 화신에 사라지지 않는 인상을 각인할 수 있는가?" 동물들을 생각해 보자. 경찰견으로 길들이거나 맹인안내견으로 길들이는 데도 엄청난 시간과 노력을 요한다. 아무리 잘 조련된 동물일지라도 늘 예측불허의 행동을 일으킨다. 기억과 습관을 신체와 영혼에 각인한다는 것은 이처럼 어려운 일이다. 그런데 인간이라는 동물을 미래에까지 약속을 이행할 수 있는 강력한 의지를 갖도록 만드는 것은 어려운 것 중에서 가장 어려운 일이었을 것이다.

따라서 인간을 길들인다는 이런 문제, 즉 "태곳적부터의 문제는 부드러운 해답과 방법으로는 해결되지 않았다." 선사 시기 "인간의 기억술만큼 무섭고 섬뜩한 것은 없었다." 잔인한 기억술! 바로 이것이 해결책이었던 것이다. 자기 자신을 긍지를 가지고 보증할 수 있는 존재, 이 "뒤늦게 성숙한 열매"를 얻기 위해 필요한 것은 바로, 고통이었다. "어떤 것이 기억에 남으려면 그것은 낙인처럼 달구어 새겨져야 한다. 끊임없이 고통을 주는 것만이 기억에 남는다." 피나 고문 없이 기억은 새겨지지 않는다.

"순간적으로 감정과 욕망의 노예"가 되는 인간들로 하여금 자신을 통제하게 하고 습관에 따르게 하며 약속과 책임의 규칙 속에 스스로를 가두게 하기 위해서 이미 인류의 고대 형벌들은 극도로 잔인했다. 그리고 첫 아이를 바치게 하거나 거세를 하게 하는 여러 종교의 잔인한 의례도 형벌과 마찬가지로 고통 속에 "기억술의 가장 강력한 보조수단"이 있다는 사실을 본능적으로 알아챘다는 증거다. 돌로 쳐죽이는 형벌, 수레로 사지를 찢어 죽이는 형벌, 범인을 기름이나 포도주로 삶는 형벌, 가슴에서 살점을 저며 내는 형벌, 범죄자에게 꿀을 발라 이글대는 태양 아래 파리떼가 우글거리게 놓아두는 형벌 등 이런 잔인한 형벌과 금욕주의적 절차들에 의해 "사회생활의 편익을 누리면서 살기 위해서 약속했던 일에 관해" 결코 잊지 않겠다는 기억이 각인될 수 있었던 것이다.

그리고 실제로 이와 같은 기억 덕분에 인간은 "마침내 '이성에' 이르렀다!" 이성이란 생각하고 회의하고 반성하는 고상한 정신적 작업의 결과가 아니었다. 더욱이 인간이 원래부터 이성적이라고 믿어서도 안 된다. 이성은 이렇게 만들어진 것이다. 동물을 잔인한 고통의 기억술로 오랜 시간 단련시킨 결과 자신을 돌아보고 통제하고 반성할 수 있는 인간을 형성하는 과정 속에서 만들어진 부산물인 것이다. "아, 이성, 진지함, 감정 들에 대한 지배, 숙고라고 불리는 모든 음울한 일, 인간의 모든 이러한 특권과 사치. 이것을 위해 얼마나 값비싼 대가를 치렀는가!" 따라서 선사적 작업에 냉혹함과 포학함, 우둔함과 무지가 포함되어 있다고 해도 그것이 결코 의미가 없는 일은 아니며 정당하지 않은 일도 아니다. "모든 '좋은 것'의 근저에는 얼마나 많은 피와 잔혹함이 존재하는가!" 『도덕의 계보』 「두번째 논문」 3절

문화의 결정체, 주권자적 개체

그렇다면 이런 약속하게 하는 기억술은 어떤 관계에서 필요했던 것일까. 니체는 이것을 특히 채권자와 채무자라는, "가장 오래되고 근원적인 인간관계" 『도덕의 계보』 「두번째 논문」 8절 속에서 찾는다. 채무자는 채무를 변제하겠다는 약속에 신용을 주기 위해서라도 상환하지 못할 경우 자신이 소유하고 있는 것들, 즉 육체, 아내, 자신의 자유, 생명, 영혼의 구원과 같은 것들을 저당잡혀야 했다. 책임지겠다고 약속하지 않는 한 물건을 빌릴 수도 살수도 없는 것이다. 그리고 채권자는 배상이나 보상의 일종으로 채무자의 육체에 온갖 종류의 능욕과 고문을 가하는 쾌감을 누릴 수 있었다. 채권자와 채무자라는 경제적 관계 속에서 인간은

약속했고 약속을 지켰으며, 지키지 못한 약속에 대해 벌을 받았고 벌을 주면서 쾌감을 느꼈다. 의무라는 개념, 의무의 신성함이라는 개념, 양심이라는 개념, 죄라는 개념이 발생한 것은 도덕적인 영역이 아니다. 오로지 이 채무법의 영역, 피와 고문의 냄새가 진동하는 영역에서 탄생한 것이다. 채무를 갚지 못한 죄, 죄를 육체로 갚고자 하는 양심, 약속을 지켜야 한다는 의무, 그리고 그 의무의 신성함 등은 모두 '죄와 고통'이라는 관념을 풀 수 없을 정도로 묶어 버린 채무법의 영역에서 탄생한 것이다. 그리고 이런 채권 채무의 관계가 모든 인간들의 관계를 지배했다. 그들은 서로에 대해 의무와 양심을 보여 줘야 했으며, 죄와 고통의 관계 속에서 서로를 받아들일 수 있었다.

문화는 이렇게 '고통'을 어떤 교환 수단, 화폐, 등가물로 간주했다. 망각에 대한, 야기된 손실에 대한, 지키지 않은 약속에 대한 등가물로서 고통이 활용되었던 것이다. 이것이 '정의'였으며, 그 정의의 수단은 형벌이었다. 야기된 손실=감내한 고통, 이것이 인간과 인간의 관계를 결정하는 등식이다. 인간을 부채에 대해 책임을 지도록 하는 것, 그것이 '정의로움'이라는 개념의 의미였다. 들뢰즈에 따르면 니체는 교환이 아니라 약속과 신용 속에서 사회조직의 원형을 보았다고 한다.들뢰즈, 『니체와 철학』, 239쪽 채권과 채무의 관계에서 재화의 교환을 가능하게 하는 것이 약속과 신용이기 때문이다. 약속할 수 없다면 교환도 불가능한 것이다. 교환 이전에 약속이 있고, 약속할 수 있는 인간을 위해 고통의 기억술이 있는 것이며, 이를 바탕으로 재화의 교환이 가능해진다. 그래서 인간은 교환과 함께 탄생한다기보다 약속을 위한 기억술과 함께 탄생한 것이라 할 수 있다.

그런데 가만히 보면 채권자가 채무자에게 가하는 고통은 일종의 복수라고도 할 수 있다. 그렇다면 약자들의 원한과 너무나 비슷한 것이 아닌가. 선사적 인간의 기억술이 원한의 기억술이란 말인가. 그러나 우리는 지금 원한과는 아무런 관계도 없는 영역에 자리하고 있다. 달리 행위할 수도 있었는데 그렇게 했으니 그 사악한 의도를 처벌한다는 원한과 가책의 논리, 자유의지에 기반한 그런 추리형식은 선사적 형벌과는 관계가 없다. 우리는 이것이 유대교와 기독교, 금욕주의적 성직자와의 우연적 결합에 의한 기원을 갖고 있다고 이미 알고 있다. 그렇다면 선사적인 형벌은 어떤 특징을 갖고 있는가. 이렇게 생각해 보자. 아이가 소중한 물건을 깨뜨렸을 때 부모는 어떻게 반응하는가. 아까운 물건을 깼으니 당연히 화가 날 것이고 따라서 손찌검도 할 수 있을 것이다. 손찌검을 아이가 저지른 '죄'에 대해 '벌'이라고 할 것인가. 소중한 것을 잃어버린 안타까움, 피해, 손해에 대한 즉각적인 분노를 표출한 것에 가까울 것이다. 아이의 의도(혹은 의지)를 비난하는 것과 깨진 물건에 대한 안타까움을 표출하는 것은 그 성격이 완전히 다르다. 만약 깨진 물건이 하찮은 것이라면 부모가 손찌검까지 할 이유는 없어진다. 동일한 잘못이 있음에도 불구하고 이 경우엔 왜 분노하지 않는가. 죄와 벌의 해석학에 따르면 아이의 의도는 어쨌든 비난받아야 하지 않는가.

따라서 사악한 자유의지(죄)에 대해 내리는 기독교적 벌과, 손해에 대해 내리는 선사적 고통은 그 의미가 완전히 다르다. 여기서는 달리 행위하려고 했을 수도 있다는 의도의 '가능성'을 목표로 하는 게 아니라 남에게 끼친 손해에 대해서만 집중한다. 따라서 선사시대의 형벌은 "가해자로 인해 입은 피해에 대한 분노"로 가해졌다고 할 수 있다. 손해만큼의 형벌이 가능한 영역이 바로 여기다. 사악한 의도가 문제라면 거기에 대한 벌은 분노하고 있는 자의 자의에 의해 무한대로 커질 수도 있지만 이 채권 채무의 영역에서는 정확히 계량가능한 것이다. '야기된 손실=감내한 고통=획득하는 쾌감'의 등식이 있기에 원한의 감정이 끼어들 틈이 없다. 선사적 형벌은 채권자가 손해를 입었을 경우 채무자에게 고통을 줄 수 있는 것만을 찾도록 한다. 채무자의 육체든, 자식이든, 영혼의 평화든. 즉 직접적인 이익 대신 채권자에게 쾌감을 누릴 권한을 주었던 것이다. "이는 자신의 권력을 무력한 자에게 마음껏 휘두를 수 있다는 쾌감이기도 하고, '악을 저지르는 쾌감을 위해 악을 저지른다'는 쾌락이기도 하고 폭행을 즐기는 것이기도 하다."『도덕의 계보』「두번째 논문」 5절 채권자는 형벌에 참여함으로써 한 인간을 '아래에 있는 존재'로 경멸하고 학대할 수 있다는 '우월감'을 맛보면서 일종의 지배권에 참여하게 된다. 그리고 채무자는 고통을 통해 채무를 해결하면서 다시 자유인이 된다. 그렇다면 이런 잔인한 기억술과 함께 탄생하는 인간은 어떤 존재인가.

우리는 그 나무의 가장 잘 익은 열매인 주권자로서의 개인을 발견하게 된다. 주권자로서의 개인은 오지 자신에게만 충실하고, 관습의 도덕에서 다시금 벗어난 개인이며, 자율적이고 초윤리적인 개인(왜냐하면 '자율적'과 '윤리적'은 양립할 수 없기 때문이다). 요컨대 자신만의 독립적이고 끈질긴 의지를 지닌 인간, 약속을 지킬 수 있는 인간이다. 이러한 인간에게는 그 자신이 마침내 성취하여 체화한 것에 대해서 모든 근육을 경련시킬 정도로 긍지를 갖는 의식이, 자신의 힘과 자유에 대한 의식이, 완성에 도달했다는 감정이 존재한다. 진정으로 약속을 지킬 수 있는 이 해방된 인간, 자유로운 의지의 소유자, 이 주권자가 약속을 지키지 못하면서 자신에 대해 책임을 질 수 없는 모든 자보다 자신이 얼마나 탁월한 자인지를, [다른 사람들에게] 얼마나 많은 신뢰와 공포와 경외를 불러일으키는지를 어찌 모르겠는가?

이 잔인한 풍습(문화)에 의해 탄생하는 존재가 "주권자적 개체"이다. 그는 자기 자신을 철저히 지배하는 자다. 그래서 자신을 침범하는 환경에 대해서도 물러서지 않으며 그것조차 지배하려 하고, 동시에 의지가 모자라 스스로를 신뢰할 수 없는 모든 인간들도 지배한다. 고통이라는 잔인한 기억술, 풍습이라는 철의 윤리에 의해 오랜 기간 주조의 과정을 거친 이 '자유로운 인간'은 무엇보다 "끈질긴 불굴의 의지를 소유한 자"이다. 그렇기에 그 어떤 불리하고 예측하기 어려운 상황에서도 자기 자신이라는 "가치 척도"를 갖고 있다. 사실 이 자기 자신이라는 척도를 갖는다는 것은 얼마나 드물고 위대한 일인가. 누가 감히 자신을 삶의 척도라고 내세울 수 있겠는가. 운명의 변화에 언제든 변명을 일삼는 인간은 자신만의 척도 자체를 상실한 인간이다. 자신을 극복하지 못하는 인간도 자신만의 척도가 부재한 인간이다. 어떤 일이 있어도 지키겠다는 내일과 모레의 약속은 자신을 늘 규칙적인 존재로 만들어 온 인간과 그래서 스스로도 자신을 예측할 수 있는 인간에게만 허용되는 엄숙한 일이다. 살아오고 견뎌 내고 이겨 낸 것만을 소유한 자, 그런 자만이 자신을 척도로 만물을 측정할 수 있으리라.

　그래서 그는 자신을 기준으로 타인을 바라보고, 이것을 기준으로 존경하기도 하고 경멸하기도 한다. 그리하여 자신과 동등하게 강하고, 신뢰하고 약속할 수 있는 자만을 존경한다. "주권자처럼 진중하고 드물게 그리고 오랜 숙고 끝에 약속하는 자, 쉽사리 타인을 신뢰하지 않으며 자신이 어떤 사람을 신뢰할 때 그러한 신뢰에 의해 신뢰받는 자에게 영예를 부여하는 자, 자신의 약속을 고초를 겪으면서도 심지어는 '운명에 저항하면서'까지도 지킬 정도로 자신이 충분히 강하다는 사실을 알기 때문에 신뢰할 수 있는 약속을 하는 자, 이러한 모든 자를 존경한다." 그렇다면 그가 약속할 수 없는 허약체질의 경솔한 인간을 하찮게 여기는 것도 당연하리라. 왜 그런가. 그들은 책임이라는 것을 모르는 인간이고 자신의 욕망으로부터 자유롭지도 않은 인간이고, 자기 자신도 지배하지 못하고 운명에 끌려다니는 인간이기 때문이다. 책임이라는 말을 쓸 수 있는 인간, 이 책임이라는 특권을 자랑할 수 있는 인간, "드문 자유에 대한 의식"을 갖고 있는 인간, 이 주권자와 같은 개체는 자기 자신과 운명을 지배하는 특정한 "힘에 대한 의식"을 갖고 있는데, 이것이 그의 "지배적인 본능"『도덕의 계보』「두번째 논문」 2절이 되어 버린 인간이기도 하다.

　'양심'이란 무엇인가. 양심 있는 존재란 무엇인가. 자신도 운명도 지배할 수 있는 힘을 갖고 있기에 경험할 수 있는 자유, 그 자유로움을 하나의 특권으로 인식하므로 그 어떤 운명의 가혹함도 자신이 감당해 내겠다는 책임의식, 이것이 양심이다. 여기서 '양심'은 '양심의 가책'과는 그 기원도 의미도 소유주도 다르다. 양심에는 그 어떤 죄의식도 없다. 채무를 졌을 때(손해와 피해를 야기했을 때) 그 부채를 고통으로 대신 갚으면서 자신의 욕망과 신체와 습속의 불규칙적인 요소들을 제거해 가는 강한 인간들만이 이렇게 가책 없이 양심을 소유할 수 있는 것이다. 양심은 이런 과정을 거쳐 형성된다. 아, 이런 행위는 타인에게 손해를 주었구나, 그럼 그 손해만큼의 고통으로 변상하자, 그러면 그 고통스런 기억 때문에 다시는 그런 행위가 등장하지 않으리라. 행위를 저지하는 것은 생각이 아니라 신체에 새겨진 기억이다. 특정한 행위를 하게 하는 것도 영혼의 반성적 사유가 아니라 신체에 새겨진 기억이다. 이런 오랜 기간의 신체적 교정 작업의 결과, 지키지 않을 약속은 하지도 않게 되고, 한 번 내린 약속은 어떤 시련 속에서도 지키는 존재가 형성되는 것이다.

들뢰즈는 니체가 '문화'와 '문화의 도구'를 구분하듯이 이것을 다음과 같이 구분한다. 원한과 가책이라는 문화의 도구가 "죄의식-책임성"을 기제로 작동한다면, 가책 없는 양심과 주권적 개체의 문화는 "채무-책임성"을 기제로 작동한다고.들뢰즈,『니체와 철학』, 242쪽 채무-책임성의 기제에서 그 수단은 정확히 의지박약의 힘에 대해 책임지게 하는 고통이라는 수단이다. 그러나 이런 채무-책임성이 단지 훈련과 선택의 '수단'이라는 사실을 강조할 필요가 있다. 조율과 절제와 극기에 무능한 반응적 힘들이 고통의 훈련을 통해 영향을 받고 다시 적극적인 힘에 의해 지배되는 능력을 만드는 수단인 것이다. 그런데 중요한 것은 이 수단이 늘 수단으로 머무를 뿐이라는 사실이다. 다시 말해 수단이기에 그 목적이 완료될 때는 사라져야 한다는 것이다. 수단은 목적 속에서 소멸되는 것만을 소명으로 하는 것이므로. 따라서 채무-책임성은 주권적 개체라는 자유와 지배의 본능을 갖는 존재의 탄생과 함께 문화의 과정 속에서 사라지게 된다. 즉 "채권자는 주인의 권리 속에 참여하기 때문에 해방되고, 채무자는 자신의 육신과 자신의 고통을 대가로 해방된다. 둘 다 해방되고, 그들은 훈련한 과정에서 자유로워진다."들뢰즈, 『니체와 철학』, 243쪽 이 사실은 아무리 강조해도 모자란다. 왜 그런가.

우리가 이미 금욕주의적 이상 속에서 살펴본 죄의식-책임성의 특징과 대비되기 때문이다. 금욕주의적 이상 속에서 죄의식은 결코 소멸되지 않는다. 신의 대속에 의해 오히려 채무는 영원히 변제할 수 없게 되었고, 인간은 원천적으로 타락의 존재가 되고 말았다. 채무는 갚을수록 쌓여만 가고 원한과 가책이라는 수단은 문화적 과정 속에서 인간의 자기부정과 함께 지속적으로 작동하는 기제가 된다. 인간인 한, 문화의 수단에 갇혀 있는 한 인간은 원한과 가책의 산물이 되고 동시에 원한과 가책 속으로 주입되어야 하는 대상이 된다. 인간을 주조하기 위한 죄의식-책임성이라는 수단이 그 목표를 달성하고도 계속 남아 있는 것이다. 차라리 죄의식-책임성은 수단이자 목표라 봐야 한다. 이것이 문제다. 반면 채무-책임성의 기제는 주권적 개체의 탄생과 함께 소멸한다. 그래서 니체는 주권적 개체에 대해 "풍습의 윤리에서 다시 벗어난 개체"라고 했으며, "사회와 관습의 도덕이 무엇을 위한 수단에 불과"하다고 했다.

선사적 문화의 특성은 그렇다. 잔인한 고통의 기억술이라는 풍습의 윤리는 "자율적이고 초윤리적인 개인"이라는, 관습의 도덕에서 해방된 인간을 낳는다. 이는 선사적 법에서도 마찬가지다. 법은 법에서 해방된 인간을 낳는 것을 목표로 한다. 니체에 따르면 법은 "능동적이고 공격적인 힘의 편에서 그 힘의 일부를 사용하여 반동적 파토스가 지나치지 않도록 막고 반동적 파토스에게 절제를 명하고 타협하도록 강제하는 싸움"을 뜻한다. 더 강한 힘으로 약한 자들의 불합리한 원한의 분노에 종지부를 찍게 하는 수단으로 법이 제정되는 것이다(이는 물론 법에 대한 강자의 관점이다). 수단으로서의 법은 법의 목적을 달성하는 순간 소멸되어야 하므로 예외적으로만 등장하는 것이라 할 수 있다. "최고의 생물학적 관점에서 보면 법률적 상태라는 것은 권력을 지향하는 본래적인 생명의지를 부분적으로 제약하는 것이라는 사실을 인정해야만 한다. 법률적 상태는 이러한 본래적인 생명의지의 전체적인 목적에 종속되는 개별적 수단이다. 간단히 말해서 법률적 상태는 더 거대한 권력의 단위를 창조하기 위한 수단으로서 항상 예외적인 상태일 뿐이다."『도덕의 계보』「두번째 논문」11절 법의 지양, 혹은 풍습의 윤리의 지양, 이것은 법과 윤리를 초월해 자기 스스로 율법을 만들어 낼 수 있는 주권적 개체라는 산물과 함께한다.

주권적 개체라는 이 자기 긍지와 긍정의 인간, 이 "성숙한 열매이며 또한 뒤늦게 성숙한 열매"를 위해 풍습은 그토록 잔인했으며, 반동적인 힘들과의 투쟁도 가혹했다. "이 열매는 얼마나 오랫동안 시고 떫은 채로 나무에 매달려 있어야만 했던가!"『도덕의 계보』「두번째 논문」3절 주권자적 개체의 근저에는 얼마나 가혹한 피와 전율이 있었던가. 선사시대에 "잔인함이 없이는 축제도 없다."『도덕의 계보』「두번째 논문」6절 고통 없는 인간 육성술이 있겠는가. 그렇다면 고통에 대한 과민함이 극도에 도달한 현대란 인간 육성에 있어서 최악의 시대라 할 수도 있지 않은가. 미세한 고통조차 견디지 못하는 시대, 이 시대에 고통의 기억술은 문화의 수단이 되지 못한다. 작은 고통도 엄청난 크기로 느끼기에 고통 자체를 삶에서 제거하기 위한 현대적 공정이 곳곳에서 진행된다. 인간은 그만큼 나약해지고 약속할 수 없는 인간이 된다. 대신 인간은 죄인이 되는 방식으로 인간으로 길들여진다. 원한과 가책이라는 문화의 수단은 사라지지 않고 인간의 영혼과 육체 구석구석 스며들어 끊임없이 자기경멸과 부정을 양산하고 있다. 그래서 원한과 가책은 이 시대에 엄청난 위력을 가진 새로운 권력이다.질 들뢰즈, 『비평과 진단』, 김현수 옮김, 인간사랑, 2006, 76쪽 이 권력과 함께 인간은 고통을 근거로 삶을 부정하고 고통을 들어 저편의 삶을 두둔한다. 이처럼 약속할 수 있는 동물을 위한 풍습의 윤리는 이상하게도 원한과 가책의 인간을 낳고 말았다. 도대체 어찌된 일인가.

더 우월한 인간이라고 상황이 좋은 것은 아니다

오랫동안 풍습의 윤리라는 나무에 떫고 신 채 매달려 있었던 그 열매는 어떻게 되었는가. 우리는 그 열매가 풍성하게 결실을 맺는 것을 목격했는가. 그러나 "그러한 열매를 사람들은 전혀 알아볼 수 없었다." "분명히 나무에는 이 열매를 맺기 위한 모든 준비가 갖추어졌고 이 열매의 성숙을 위해서 나무가 성장해 왔음에도 어느 누구도 그 열매가 성숙하리라고 약속할 수 없었다."

『도덕의 계보』「두번째 논문」3절 도대체 주권자적 개체는 어디로 갔는가. 인간이 만물의 척도라는 자부심 속에 살아가고 있지만 그럼에도 왜 인간은 주권자적 개체가 아닌가. 인간은 분명 목적에 도달했다. 바로 문화의 수단에 의해. 그런데 그 인간은 주권자적 개체가 아니다. 문화는 작동하고 있고 그 속에서 인간이 육성되고 있음에도 그 문화에 의해 도달한 인간은 어쩐지 실패한 인간이다. 인간이 목적에 도달하는 순간 이미 실패한 본성이 되고 만 것이다. 원한과 가책이라는 수단에 의해 인간에 대한 주조가 완성될 때 인간은 인간으로서 실패한다. 그래서 차라투스트라는 인간을 '대지의 질병'이라 불렀다. 깊은 의미에서 자기경멸에 빠지지 않은 인간을 본 적이 있던가.

그렇다면 이렇게 물어 봐야 하리라. 인간이 그렇게 모두 비천한 자는 아니지 않은가, 하고. 우리보다 더 우월한 인간들도 있지 않냐고. 그런 인간들이라면 감히 실패한 본성이라고 말할 수 없지 않겠느냐고. 문화의 목적이 훌륭하게 달성된 존재, 풍성하게 결실을 맺은 '열매'가 분명히 존재할지도 모른다. 그래서 우리는 『차라투스트라는 이렇게 말했다』의 4부를 보아야 한다. 여기엔 우리보다 더 우월한 인간들 higher man에 대한 이론이 전개

된다. 이 인간들이 병든 가책의 문화에서 마지막 희망일지도 모른다. 그들은 누구인가. 등장인물들은 이렇다. 예언자, 두 명의 왕, 거머리 학자, 마술사, 마지막 교황, 가장 추악한 인간, 자원한 거지, 그림자. 모두 위대한 차라투스트라의 동굴에 초대되어 만찬을 즐기는 자들로 저 비천하고 병든 인간들과는 분명히 다르다. 그러나 이 우월한 인간조차 니체의 시험을 거쳐야 한다. 본성의 고귀함과 비천함에 대한 선별의 시험을.

각각의 인물을 들뢰즈의 정리를 참고로 간략히 정리해 보자.들뢰즈, 『니체와 철학』, 287~290쪽 이들은 보통의 인간보다 더 정신적이거나 양심적이고, 그래서 인간의 현 상황에 대한 절망도 깊다는 점에서 분명 우월한 인간들이다. 문화의 산물인 우리 인간에겐 분명 이런 우월한 인간들의 형상이 숨어 있다. 이들이 곧 우리들일 수 있다. 먼저 '예언자'가 있다. 그는 가장 강력한 무기력의 예언자이자 수동적인 허무주의의 대표자이다. 그가 무기력의 예언자인 까닭은 "모든 것은 똑같다. 그 어느 것도 쓸모없다. 세계는 의미 없다"『차라투스트라는 이렇게 말했다』「도움을 구하는 외침」며 "지복의 섬"은 더 이상 존재하지 않는다는 것, 인간에겐 더 이상 그 어떤 가망도 없다는 사실을 퍼뜨리기 때문이다. 또 수동적인 허무주의자인 까닭은 "우리는 너무 지쳐서 죽지도 못했다. 우리는 여전히 잠들지 못하고 계속 살아간다. 무덤 속에서"『차라투스트라는 이렇게 말했다』「예언자」라며 익사할 바다를 찾지만 죽음조차 너무 적극적인 것으로 보여 엄두를 못 내기 때문이다. 그는 서서히 꺼지듯 소멸하기를 원하는 자이다.

두번째 인물은 '마술사'다. 그는 "누가 나를 따뜻하게 녹여주는가, 누가 나를 아직 사랑하는가? 뜨거운 손을 내밀라! 마음의 화로를 달라!"『차라투스트라는 이렇게 말했다』「마술사」라고 연민을 자극하기 위해 거짓 고통으로 화장을 한 가짜 비극이다. 그는 스스로를 위대한 존재라 생각하고 있지만 이것이 혹시 배우의 연기에 불과한 것은 아니었던가 하는 회의에 빠진 존재다. 사는 게 연기이고 위장인 존재, 그래서 진짜 본모습이 뭔지도 알 수 없는 존재다. 다음으로 '가장 추악한 자'는 차라투스트라가 이렇게 규정하고 있다. "나는 그대를 잘 안다. 그대는 바로 신을 살해한 자이다! 길을 비켜라. 그대는 그대를 본 자를, 그대를 항상 철두철미하게 꿰뚫어본 자를 참아내지 못했다. 그대 더없이 추악한 인간이여! 그대는 이 목격자에게 복수를 했다!"『차라투스트라는 이렇게 말했다』「더없이 추악한 인간」 강자에 대해 원한으로 복수하던 인간은 그래도 낫다. 그러나 이 더없이 추악한 자는 그 원한을 신에게 돌려 신의 이름으로 강자를 비난하던 것에서 더 나아가, 신 없이 그렇게 비난하고 싶어한다. 자신의 추악함을 신이 목격하는 것도 견딜 수 없는 것이다. 차라투스트라에게 진정 '크나큰 혐오감'을 준 인물로 그 어떤 고상한 가치도 인정하지 않고 모든 것을 추악한 것으로 만드는 자, 모든 것을 저주하고 원망하는 것으로 자신의 추악한 정체성을 형성하는 인간이다. 진정 인간이 도달할 수 있는 자기경멸의 극단을 전형적으로 보여 주는 인물이다.

'두 명의 왕'은 "풍속, 풍속의 윤리, 그 윤리의 양끝, 문화의 양 극단이다."들뢰즈, 『니체와 철학』, 288쪽 다시 말해서 그들이 두 명의 왕인 까닭은 풍습의 윤리라는 선사적 원리와 그 풍습이 제거되는 후역사적 산물을 대표하기 때문이라고 한다. 니체의 시대 구분을 다시 생각해 보자. 원한과 가책, 그리고 금욕주의적 이상의 지배가 인간의 '역사'이고, 잔인성의 기억술을 바탕으로 한 시기가 '선사'이며, 이것에 의해 창출되는 주권자적 개체가 '선사'의 산물로서 '후역사'를 대표한다. 이런 관점에서 왕을 규정해 보면, 왕은 주권자를 산출하고자 하는 풍습의 윤리와 그 윤리에 의해 산출되는 후역사적 산물로서의 주권자를 보여 준다. 그러나 이 왕들은 '역사'를 거쳐야 한다. '역사'는 인간을 '죄인'으로 만든다. 왕은 왕이면서 동시에 천민이 된다. 다시 말해 문화는 천민으로서의 왕을 산출한다. 왕들이 이렇게 말한다. "우리들 왕들마저 거짓이 되었으니, 구역질이 내 목을 조르네. […] 우리는 일인자가 아닐세. 그런데도 일인자인 척해야 하네. 이러한 사기극에 이제 넌더리가 나고 구역질이 나네. 우리는 바로 저 천민들을 피해 도망쳤네. 저 아우성치는 자들, 글을 끼적거리는 쇠파리들, 잡상인들의 악취, 발버둥치는 야심, 고약한 숨결을 피해."『차라투스트라는 이렇게 말했다』「왕들과의 대화」

'거머리 학자'도 문화의 산물이다. 하지만 그는 학문(과학)의 양심을 대변하는 산물이다. "얼마나 오랫동안 거머리의 뇌, 이 한 가지만을 좇았던가. 그 미끌미끌한 진리가 더 이상 내게서 빠져나가지 못하도록! 여기가 나의 영토다! 그것 때문에 나는 다른 모든 것을 포기했고, 그것 때문에 다른 모든 것에 무심했다. 나의 지식 바로 옆에 나의 캄캄한 무지가 자리하고 있다."『차라투스트라는 이렇게 말했다』「거머리」 확실성을 원하는 정신의 양심가로서 그는 분명 우월한 인간이다. 반쯤 알기보다는 아무것도 알지 않겠다는 학문적 양심의 대변자이기 때문이다. 양심에서는 위대하지만 덕분에 거머리 뇌 이외의 삶의 영역에서는 철저히 무지한 존재가 되고 말았다. 우리의 우월함이 이런 형상을 지니고 있는 것이다.

'마지막 교황'은 최후까지 신에게 봉사하는 자로서 '종교로서의 문화의 산물'을 대표한다. "나는 마지막 순간까지 그 늙은 신을 모셨다. 하지만 나는 이제 모실 주인이 없어서 일자리를 잃었다. 그런데도 자유롭지 못하다. 나는 추억에 잠길 때 말고는 한시도 즐겁지가 않다."『차라투스트라는 이렇게 말했다』「실직」 이 교황은 어떤 존재인가. 그는 신의 죽음이 선포된 시대의 상징이다. "그는 최후까지 신에게 봉사하고 거기서 눈을 잃는다. 잃은 눈, 그것은 틀림없이 적극적이고 긍정적인 신들을 본 눈이다. 남아 있는 눈은 그의 전 역사 속에서 유대의 신, 기독교의 신을 뒤쫓는다. 그는 무無, 모든 부정적 허무주의, 인간에 의한 신의 대체를 보았다. 그는 자기 주인을 잃고 절망하는 나이든 하인이다."들뢰즈, 『니체와 철학』, 288쪽 신에게 최후까지 봉사하는 자는 분명 적극적이고 긍정적인 신을 볼 수밖에 없으리라. 그러나 그 순간 그는 눈을 잃어야 한다. 유대의 신과 기독교의 신이 세계를 허무주의적으로 지배하고 있기에. 이제 신은 죽었다. 하지만 인간은 위대하지 않다. 그래서 그는 결코 즐겁지 않다.

'자원한 거지'는 이렇게 말한다. "음탕한 욕망, 악의적인 질투, 원한에 사무친 복수심, 천민의 자부심. 이 모든 것들이 내 얼굴로 날아왔다. 가난한 자에게 복이 있다는 말은 더 이상 진리가 아니다. 하늘나라는 암소들 곁에 있다."『차라투스트라는 이렇게 말했다』,「비렁뱅이를 자청한 자」 부자라는 사실을 부끄러워하며 모든 재산을 나누어 주고 가난한 자들을 찾아다녔지만 천국은 발견하지 못했다. 가난한 자에게도 복은 없다. 가난함과 부유함의 차이는 사라지고 오직 천민이라는 공통점만 발견하고 환멸이 그를 덮친다.

다음으로 '그림자'라는 우월한 인간이 있다. 그는 실체를 꿈꾸고 실체를 찾아다니지만 그럼에도 영원히 그림자일 수밖에 없는 존재다. 이것이 바로 문화의 산물로서의 인간을 상징한다. 여행하는 그림자는 "자신의 산물을 잃어버리는 한에서, 자신의 원리를 잃어버리고 그것들을 미친 듯이 찾아 헤매는 한에서"들뢰즈, 『니체와 철학』, 289쪽 문화의 산물이다. 역으로 말하자면 문화의 산물은 그 산물의 본래 목적을 벗어나는 산물이 된다. 벗어나는 것으로만 목적을 달성하는 산물이 문화이며 그림자다. 그림자는 이렇게 말한다. "나는 이미 그대의 발꿈치를 많이 뒤쫓아 다닌 나그네다. 목적지도 없고 돌아갈 집도 없이 언제나 떠돌아다녔다. 그래서 참으로 영원한 유대인 신세나 다름없다. […] 내게 아직 목표가 있는가? 나의 돛이 달려갈 항구가?"『차라투스트라는 이렇게 말했다』「그림자」

이 모든 우월한 인간들은 문화의 산물이고 그 산물의 대표자들이다. 문화가 낳을 수 있는 가장 우월한 인간들의 형상이다. 차라투스트라로 하여금 우월한 가치를 갖고 있는 인간으로 착각하게끔 만든 인간들이자 사이비 고귀함들이다. 인간은 문화 속에서 아무리 우월해져도 이런 인간들 수준을 벗어나지 않는다. 죽어 버린 신을 찾아 방황하는 인간, 죽을 힘도 없어 꺼지듯 소멸하기를 바라는 인간, 확실함을 위해 삶을 암흑으로 만들어 버리는 인간, 추구해 왔던 모든 것이 실체 없는 그림자에 불과한 인간. 니체는 '역사' 속의 인간, 그 인간을 주조하기 위한 '문화'에 대해 부정적이다. 문화에 긍정적인 측면과 부정적인 측면이 있는 게 아니라 문화 자체가 오용이듯이 인간에게도 긍정적인 인간과 부정적인 인간이 있는 게 아니다. 인간인 한에서 인간은 본질적으로 질병이다. 그러나 이것과 다른 '문화'가 분명 있다. 자유로운 주권자적 개인을 탄생시키기 위한 문화, 그러나 병자들과 약자들에 의해 왜곡되어 버린 문화가 있는 것이다. 우월한 인간들은 병들고 무기력한 인간들에 의해 선사적 문화가 왜곡될 때 나타나는 형상이다. 그래서 이들은 그 자체로 실패한 본성이다.

우월함이 거짓되었다는 게 아니라, 혹은 누가 우월한 인간들을 거짓된 존재라고 비난하는 게 아니라 우월한 인간들 자신이 스스로를 가짜라고 느낀다는 게 문제인 것이다.들뢰즈, 『니체와 철학』, 292쪽 마술사의 말이다. "나는 지쳤다. 나의 재주에 구역질이 난다. 나는 위대하지 않다. 내가 무엇 때문에 위대한 척하겠는가? 하지만 그대는 잘 알고 있다. 내가 위대함을 추구했다는 것을! […] 그러나 그런 거짓은 내 힘에 버거웠다. 나는 그 거짓 때문에 망가져 간다. 오, 차라투스트라여, 내 모든 것은 거짓이다. 그러나 내가 망가져 간다는 것, 이것만큼은 진실이다!"『차라투스트라는 이렇게 말했다』「미술사」 우월한 인간들을 잠식하는 이상한 허무감, 권태, 실패감, 우울함, 고뇌, 절망, 불행한 의식. 이런 것들이 우월한 인간들로 하여금 스스로를 가짜로 느끼게 만드는 실체들이다. 이런 느낌이 우리를 사로잡고 있다면 분명 우리도 이미 실패한 인간이다. 그러나 이렇게 느끼지 않는 인간이 어디에 있겠는가. 그런 점에서 인간은 모두 실패했다.

그래서 '역사'적 활동으로서의 문화, 이 문화의 목적은 늘 실패한다. "목적 자체는 달성되지 못했고 실패했지만 충분치 못한 수단 때문이 아니라, 목적으로서 그것인 바, 즉 목적의 본성에 근거해서이다."들뢰즈, 「니체와 철학」, 292쪽 목적에 도달하지 못해서가 아니라 도달함으로써 목적 달성에 실패한 것이다. 다시 말해 "실패한 목적"이기 때문에 실패한 것이다. 산물 자체가 실패이지만 이는 우연에 의한 것이 아니라 그 활동의 본성에 의해서라는 뜻이다. 선사적인 문화는 후역사적인 주권자적 개체로 가지 못했다. 그 사이엔 '역사'가 자리잡았고, 이 문화적 과정 속에서 인간은 병들고 우월한 인간들도 가짜가 된다. 그렇다면 니체의 '위버멘쉬'는 우월한 인간들이 실패한 곳에서 시작해야 하는가. 그러나 이는 위버멘쉬와 인간 혹은 우월한 인간의 본성 자체를 혼동한 데서 나타나는 잘못된 해석일 뿐이다. 위버멘쉬는 인간 본질을 능력 이상으로 발휘하는 인간이 아니다. 인간이란 무엇인가. 대지의 질병이라 했다. 대지를 푸르게 적시는 식물이 아니라 대지를 괴롭히는 피부병이라 했다. 인간은 삶과 세계에 대한 부정이다. 원한이고 가책이며 허무주의다. 따라서 위버멘쉬는 인간 너머이지 고양된 인간이 아니다.

위버멘쉬의 이유

선사적인 문화는 분명 후역사적 과정 속에서 주권자적 개체를 낳아야 했다. 우리 앞에 그 자유롭고 지배적인 본능을 가진 희한한 주권자가 열매로 달려 있어야 했다. 그런데 문화적 과정은 '인간'을 열매로 달아 놓았다. 주인이 되고자 하는 병자와 죄의식으로 가득찬 죄인을 매달아 놓은 것이다. 어찌하여 문화는 실패하고 말았는가. 어찌하여 문화는 실패함으로써만 그 목적을 달성하는가. 부정의 의지로 가득한 원한과 가책의 인간에게도 자신을 보존하려는 긍정의 의지는 선차적이다. 이 긍정의 의지가 부정의 의지와 만날 때 부정 속에서 자신을 우월하게 하려는 허무주의 속으로 떨어지고 만다. 이처럼 모든 생명체가 갖고 있는 긍정의 의지, 그리고 강자가 갖고 있는 긍정적이고 적극적인 의지가 자신을 긍정할 수 없을 때 '인간'이 탄생한다. 부정적이고 병든 의지들, 무절제하고 무기력한 의지들, 자신의 의지를 조율하지 못하는 아나키즘적인 의지들, 이들이 허무주의와 부정의 의지라는 동맹자를 만날 때 긍정하는 의지와 힘이 자신으로부터 등을 돌리게 된다. 적극적이고 긍정적인 힘과 의지는 부정의 의지에 인도되는 한 그 목적과 목적의 산물이 실패 자체가 된다. 이는 '죄의식-책임성'의 기제, 금욕주의적 이상의 허무주의적 기제들이 소멸되지도 않은 채 계속해서 인간을 주조하는 문화적 훈련의 수단으로 사용되고 있기 때문이기도 하다.

그렇다면 이 수단을 어떻게 사라지게 할 것인가. 적극적이고 긍정적인 힘을 부정이 아니라 긍정으로 인도하는 과업이 요청된다. 이중의 부정에 따른 가짜 긍정이 아니라 존재 자체의 적극적인 힘에 대한 긍정과 이 긍정에 의해 더 고양되는 긍정을 만들어 내야 하는 것이다. 이중의 긍정에까지 이르지 않는 모든 활동은 실패하게 되어 있고 자기 자신을 부정하는 대립자가 되고 만다. 그래서 "차라투스트라는 다른 것, 즉 가치들을 전환하고 부정을 긍정으로 변화시키는 것에 대해 말한다."들뢰즈, 『니체와 철학』, 295쪽 긍정을 "계획의 원리"로 갖지 못한 우월한 인간은 본질적으로 실패하게 되어 있다. 인간이 인간이라는 문화적 산물이 아닌, 우월한 인간의 본성을 넘어서는 위버멘쉬가 되기 위해서라도 새로운 긍정이 필요하다. 그것을 니체는 '디오니소스적 긍정'이라 부른다. 인간에게 가장 결여된 것은 무엇인가. 그것은 바로 '긍정'이다. 그렇다면 위버멘쉬에게 가장 필요한 것은 무엇인가. 그것도 바로 '긍정'이다.

니체는 유대적 가치의 전복 대신 '가치 전환'을 얘기한다. 기존의 가치들의 교체나 대체가 아니라 그 유형과 질적 성질을 달리하는 가치들의 창조다. 아무리 신을 죽여도 그것이 가치의 전환이 되지 못하는 경우가 있다. 종교를 대체했다는 과학이 진리에 대해 보이는 집착이 이를 잘 드러내 준다. 진리를 고수하는 한 삶에 대한 부정에 이른다. 신이 없어도 삶을 저주하는 인간이 있다. 우월한 인간 중에서 가장 추악한 자의 형상이 이를 상징한다. 가치로운 것은 더 이상 없다는 추악함, 모두 추악하다는 점에서 하나도 다르지 않다고 인정하는 추악함이 있는 것이다. 이런 극도의 자기 부정을 긍정으로 바꿔야 한다. 부정의 의지에 기반한 가치 대신 긍정의 의지에 기반한 가치를 만들어 내야 한다. 비하 대신 찬사를 삶의 원리로 삼을 수 있어야 한다. 가치의 전환은 완성된 허무주의라고 불리기도 한다. 왜 완성된 허무주의가 가치의 전환인가.

허무주의는 삶을 무가치하다고 부정하는 의지였다. 그렇다면 무엇이 필요한가. 바로 저 부정의 의지들에 대한 파괴가 아닌가. 니체가 차라투스트라의 입을 통해 "몰락"을 외칠 때 그것은 바로 (원한과 가책으로 규정된 허무주의적) '인간'에 대한 인간의 적극적인 자기 파괴를 뜻한다. 허무주의는 부정의 의지였다. 그 허무주의는 이제 인간에 대한 "크나큰 경멸" 속에서 인간 자신에 대한 부정의 의지로 돌변한다. 적극적인 몰락을 꿈꾸는 것이다. 이때 허무주의는 완성된다. 인간으로 존재한다는 것의 무가치함, 거기에 대한 허무주의적 구토가 따른다. 여기서 부정의 의지는 인간의 병듦을 유지하려는 모든 허구적 가치들과 인간적 조건들에 대한 파괴의 의지로 전환된다. 허무주의가 간직하고자 했던 '인간', 그 인간에 대한 부정마저 시도하는 게 허무주의를 완성시킨다. 이 순간 모든 부정의 가치들이 파괴된다. 그리고 남는 것은 순수한 긍정이 된다. 저편의 세계라는 척도, 진리라는 척도도 부정된다. 그것들이 저 병든 인간을 살아오게 한 근거이므로. 오직 삶 자체만이 척도로 남게 된다. '인간'은 사라지고 삶만이 남는다.

이때 긍정은 부정의 족쇄에서 벗어나 재차 자신을 긍정하기에 이른다. 건강한 삶은 건강한 삶으로만 지속된다. 건강한 삶의 관점에서 건강한 삶만이 긍정되고 고양된다. 긍정의 의지를 부정으로 견인했던 허구적 가치들이 자신들의 동맹자였던 허무주의에 의해 파괴되면서 가치들은 수천의 위계를 갖고 춤추게 된다. 진리라는 척도가 사라졌으니 수천의 관점이 위계를 오르내리며 삶을 인도한다. 삶은 자신을 긍정하면서 수천의 미덕을 창조했다 파괴했다 하는 무수한 변전을 시도한다. 위버멘쉬의 삶이 시작되는 것이다. (하지만 우리는 아직 그 위버멘쉬의 삶에 대해 적극적인 방식으로 말할 준비가 되어 있지 않다. 아직도 우리는 인간이기 때문이다.) "멸망되기를 원하고 극복되길 원하는 인간 속에서 부정은 자신을 여전히 억제시키는 모든 것을 파괴했고, 자기 자신을 극복했으며, 긍정하는 힘이 되었다. 이미 위버멘쉬의 권력, 위버멘쉬를 예고하고 준비하는 힘이 되었다."질 들뢰즈, 『니체와 철학』, 303쪽 우리는 이 순간 차라투스트라의 말을 조금은 이해하게 된다.

인간은 짐승과 위버멘쉬 사이에 매인 밧줄, 심연 위에 매인 밧줄이다.
저편으로 건너가는 것도 위험하고, 건너가는 도중도 위험하고, 뒤돌아보는 것도 위험하고, 덜덜 떨며 멈춰 서는 것도 위험하다.
인간의 위대한 점은, 인간이 다리이지 목적이 아니라는 데 있다. 인간의 사랑할 만한 점은, 인간이 건너감이고 몰락이라는 데 있다.
나는 오로지 몰락하는 자로서만 살아가는 이들을 사랑한다. 그들은 저편으로 건너가는 자들이기 때문이다.

나는 위대하게 경멸하는 자들을 사랑한다. 그들은 위대한 숭배자이며 저편 기슭을 향한 동경의 화살이기 때문이다.

나는 몰락하고 희생해야 하는 이유를 별들 너머에서 찾지 않고 지상이 언젠가는 위버멘쉬의 것이 되도록 지상에 헌신하는 자들을 사랑한다.「차라투스트라의 머리말」

인간이 존재의 의미를 갖는다면 그가 위버멘쉬로 가는 "밧줄"일 때만이다. 위버멘쉬라는 위치에 도달할 때 밧줄이 더 이상 필요 없듯이 인간도 사라지기 위해서만 존재해야 한다. 즉 "몰락"하기 위해서만 존재해야 하는 것이다. 자신이 인간임을 경멸할 수 있는 자, 그런 자만이 인간임을 적극적으로 받아들이면서 위버멘쉬의 길에 접어들 수 있다. 하지만 아직 우리는 긍정을 정확히 모른다. 몰락이 위버멘쉬에 이르는 길이라는 이 자기부정과 파괴가 어찌 위버멘쉬라는 긍정의 경지에 이르는 것인지 자세히 알지 못한다. 이는 이제까지 우리가 부정의 방식으로밖에는 긍정하지 못했기 때문이고, 긍정의 방식으로 부정하는 법도 있음을 터득하지 못했기 때문이다. 따라서 마지막으로 짚어야 하는 게 이 긍정과 부정의 관계다.

긍정

디오니소스적 변신과 영원회귀의 존재론

+ + +

디오니소스 대 십자가에 못 박힌 자

니체가 그의 첫 저작 『비극의 탄생』에서 최초로 건드린 문제는 디오니소스적인 것이었다. "인류에게 이제까지의 선물들 중에서 가장 큰 선물"『이 사람을 보라』「서문」 4절로 선사했다고 자부한 『차라투스트라는 이렇게 말했다』에서도 '최고의 행위'가 된 것이 디오니소스라는 개념이었다고 말한다. 그는 디오니소스라는 현상을 진지하게 받아들인 최초의 사람이 자신이라고 했으며, 철학자 디오니소스의 최후의 제자가 자신이라고도 했다. "현존하는 책들 중 최고의 책"이며 "진정 드높은 공기를 지닌 책"이라는 『차라투스트라는 이렇게 말했다』의 주인공, "존재하는 모든 것중 최고의 유형"『이 사람을 보라』「서문」 6절이라는 차라투스트라의 핵심도 디오니소스라고 얘기했다. 니체의 이런 여러 언급들을 보면 그의 철학이 디오니소스에서 시작해 디오니소스로 끝맺었다고 해도 좋을 정도다. 디오니소스라는 개념만큼 니체의 철학에서 심각하게 다뤄져야 할 것도 없는 셈이다. 사실 디오니소스를 알기 위해 이렇게 긴 시간을 돌아왔다고 해도 좋다. 그렇다면 디오니소스는 무엇인가.

니체는 디오니소스를 우선 긍정이라고 말한다. "디오니소스적 상징 안에서는 긍정이 가장 궁극적인 한계에까지 이르게 되는 반면에, 기독교는 가장 심층적인 의미에서 허무주의적이다."『이 사람을 보라』「비극의 탄생」 2절 기독교는 "가장 심층적인 의미"에서 허무적이고, 허무적 심층의 끝이다. 삶에 대한 부정과 무가치화의 극단이라는 뜻이다. 반면 디오니소스는 긍정의 궁극이고 삶에 대한 최고의 찬사다. 이를 니체는 이렇게도 표현한다. "나를 이해했는가? 디오니소스 대 십자가에 못 박힌 자."『이 사람을 보라』「나는 왜 하나의 운명인가」 9절 디오니소스는 예수가 아니라 기독교화된 예수와 대립한다는 말이다.* 또한 『우상의 황혼』에서도 디오

---

* 『안티크리스트』에서 니체는 예수야말로 진정한 기독교인이며, 십자가에서의 예수의 죽음 이후 기독교인은 한 사람도 없다고 말한다. 참된 기독교인의 삶, 예수의 실천적 삶이 보여 주었던 기독교적 세계는 십자가에서의 죽음과 함께 끝났다는 것이고, 이후 기독교는 예수의 죽음을 허무주의적이고 금욕주의적 이상에 맞춰 해석한

니소스는 긍정의 신이다.

가장 낯설고 가혹한 삶의 문제들과 직면해 있으면서도 삶을 긍정하는 것, 자신의 무궁무진성에 기쁨을 느끼면서 삶의 최고의 전형을 희생하는 것도 불사하는 생에의 의지,──이것이야말로 내가 디오니소스적이라고 불렀던 것이며, 비극 시인의 심리학에 이르는 교량으로서 인식한 것이다.『우상의 황혼』,「내가 옛 사람들에게 빚지고 있는 것」5절

여기서 디오니소스는 가혹한 삶의 조건 내에서도 강력한 삶의 의지로 충만한 긍정이다. 이처럼 디오니소스는 부정에 기초하는 기독교, 가혹한 삶의 조건 속에서 내세로 도피하는 기독교에 대해 대립적인 지점에 위치한다. 그래서 디오니소스의 참된 대립자는 삶에 대한 모든 부정이다(그 전형적 표현이 기독교다). 어떤 방식이든 삶을 부정하고 있다면 그는 디오니소스라는 적대자를 만나야 할 것이며, 디오니소스를 파괴하지 않고서는 그렇게 할 수도 없을 것이다. 긍정의 궁극에 이르는 존재, 최고의

것이라고 니체는 비판한다. 그런 점에서 "십자가에 못 박힌 자"는 여기서 예수가 아니라 허무주의적으로 해석된 예수, 혹은 예수 이후의 기독교라 해야 할 것이다.

가혹함 앞에서도 삶을 긍정하는 존재, 그가 디오니소스다. 그런데 이상하게도 디오니소스는 부정의 존재이기도 하다. 다음과 같은 표현을 보자. "나는 인간이 아니다. 나는 다이너마이트다." 『이 사람을 보라』「나는 왜 하나의 운명인가」1절 왜 니체는 스스로를 다이너마이트라고 부르는가. "나는 최초의 비도덕주의자다. 그래서 나는 탁월한 파괴자인 것이다."『이 사람을 보라』「나는 왜 하나의 운명인가」2절 그는 기존의 모든 도덕을 파괴하는 파괴자이기 때문에 다이너마이트이고 부정이다. 긍정의 궁극적 지점이면서 동시에 부정의 궁극적 지점이 디오니소스라는 이름에 모두 함축되어 있다.

그렇다면 디오니소스는 긍정인가 부정인가. 아니면 긍정이면서 동시에 부정인가. 긍정의 디오니소스가 어떻게 부정을 이끌고, 부정이 어떻게 디오니소스적 긍정을 따를 수 있는가. 우리는 아직 긍정과 부정을 알지 못한다. 지금부터 우리는 디오니소스의 속성 중에서 긍정과 부정의 관계와 관련되는 부분, 즉 긍정의 신인 디오니소스가 어찌하여 부정을 요청하는지 살펴보려 한다. 혹은 뒤집어서 부정의 심연에 이를 때만 긍정의 궁극에 이른다는 디오니소스를 살펴보고자 한다. NO를 외치는 YES, 혹은 YES를 외치는 NO. 차라투스트라와 같은 유형은 표면상 상충하는 이 긍정과 부정의 관계 속에서만 창출된다. 니체의 말을 들어보자.

이제까지 긍정되어 왔던 모든 것에 대하여 전대미문의 부정하는 말을 하고 부정하는 행동을 하는 그가 그럼에도 불구하고 어떻게 부정하는 정신의 반대일 수 있는가 하는 것이다. 가장 무거운 운명과 숙명적인 사명을 짊어지고 있는 정신인 그가 그럼에도 불구하고 어떻게 가장 가볍고도 가장 초월적일 수 있는가 하는 것이다. 차라투스트라는 춤추는 자다. 실재에 대해 가장 가혹하고 가장 무서운 통찰을 하는 그가, '가장 깊은 심연의 사상'을 생각해 낸 그가 그럼에도 불구하고 어떻게 그 사상에서 삶에 대한 반대를 생각하지 않고, 심지어는 삶의 영원한 회귀에 대한 반대도 생각하지 않고, 오히려 모든 것에 대한 영원한 긍정 자체로 존재할 수 있는 근거를 하나 더 갖게 되는가 하는 것이다. 즉 '거대하고 무한한 긍정과 아멘을 말할' 근거를 말이다. …… '모든 심연 속으로 나는 여전히 나의 축복하는 긍정을 가지고 간다.' …… 그런데 이것은 다시 한 번 더 디오니소스의 개념이다. 『이 사람을 보라』 「차라투스트라는 이렇게 말했다」 6절

전대미문의 부정을 행하는 자, 그 차라투스트라가 어떻게 긍정의 정신이란 말인가. 우선 긍정과 부정은 대립적인 관계 속에서 이해된다. 그런데 우리가 앞에서도 위계와 관점주의를 니체의 철학에서 중요하게 다뤘듯이 긍정과 부정의 두 범주를 같

은 평면에 놓고 보지만 않으면 이런 대립은 금방 해소된다. 부정을 요청했던 것은 누구인가. 바로 병자들, 금욕주의적 성직자들 아닌가. 니체는 이들을 '인간'이라고 불렀다. 그래서 들뢰즈는 부정을 "인간의 구성요소"라고 간명히 정리한다. 인간과 더불어 세계가 손상을 입었고, 병들었고, 삶 전체가 비하되었다. 인간은 부정의 전형이므로. 그러나 "긍정은 단지 인간 위에서, 인간 밖에서, 그것이 생산하는 위버멘쉬 속에서, 그것이 가져오는 미지의 것 속에서만 나타난다."들뢰즈, 『니체와 철학』, 306쪽 따라서 부정과 긍정은 그 위계가 아주 다르고 차원도 다르다. 인간적인 한에서 부정이 권력의지의 지배적인 성질이 된다면 인간을 넘어서는 한에서 부정은 긍정의 위대함에 종속된 부정, 긍정을 따르는 부정에 불과하게 된다. 우리는 긍정한다. 그러나 인간인 한에서 긍정은 왜곡되고 비소한 것이 되고 만다.

우리는 아직 디오니소스의 위대한 긍정, "모든 것에 대한 영원한 긍정", "거대하며 무한한 긍정"『이 사람을 보라』, 「차라투스트라는 이렇게 말했다」 6절을 모른다. 인간인 한에서 부정은 긍정마저 훼손하고 부정의 지배 속에서 긍정의 의미를 자기보존과 현실추수적인 가치 보전이라는 비소함으로 전락하게 만든다. 인간인 한에서 부정은 긍정과 모순의 관계 혹은 대립적인 관계 속으로 돌진한다. 그러나 인간을 넘어설 때 긍정은 부정마저 껴안는 영원한 긍정, 웅대한 긍정, 존재의 최고의 성좌가 된다. 우리가 인간인 한 긍정과 부정에서 대립과 모순만을 보게 되지만 인간이 아닌 한 대립과 모순은 사라지고 서로를 품는 긍정과 부정을 보게 된다. 그렇다면 어떻게 그럴 수 있는가. 니체에게서 부정은 긍정의 직접적인 결과인 경우가 많다. 다시 말해 긍정은 늘 부정을 뒤따르게 한다. 그러나 이때의 부정은 긍정을 위해 요청되는 것이라, 병자들의 허무주의적 부정과 달리 창조적 부정과 창조적 파괴의 부정이 된다. 어린아이의 신성한 긍정을 위해 사자의 신성한 부정과 전쟁이 선행되어야 한다고 차라투스트라는 말한다.『차라투스트라는 이렇게 말했다』「세 가지 변화에 대하여」참조 엄청난 부정으로 하여금 앞서가도록 하지 않는 긍정은 없다. 선행하는 작용으로서의 부정에서 분리된 긍정과 결과로서의 부정에서 분리된 긍정은 긍정이 아니며 긍정하고자 하는 것 자체도 불가능해진다.

부정을 부르는 위대한 긍정

니체의 말을 들어 보자. "나는 이제까지 존재했던 인간들 중에서 단연코 가장 무서운 인간이다. 그렇다고 해서 이것이 내가 가장 자애로운 인간이 되는 것을 막지는 못한다. 나는 내 파괴 능력에 적합한 정도만큼 파괴의 즐거움을 알고 있다 ——이와 같은 두 가지 면에서 나는 긍정과 부정을 구분할 줄 모르는 나의 디오니소스적 본성에 복종한다."『이 사람을 보라』「나는 왜 하나의 운명인가」 2 절 디오니소스적 본성은 긍정의 말에서 부정의 행위가 분리되지 않음을 뜻한다. 기독교가 금욕주의적 이상과 죄와 벌의 해석학에 의해 삶에 대한 부정의 극단에 이르고 있다면, "최초의 비도덕주의자"는 분명 삶에 대한 긍정의 극단에 이르러야 한다. 그러기 위해서 우선 "탁월한 파괴자"가 되어야 한다. 바로 저 극단의 허무주의를 파괴해야 하는 것이다. 삶을 긍정하기 위해서라도 삶에 대한 부정에 대해 부정해야 하는 것이다. 이렇게 긍정은 부정을 부른다. 디오니소스적 세계에서 부정은 긍정과 대립하지 않고 오히려 긍정에서 요청되는 결과라 할 수 있다.

이 지점에서 우리는 『차라투스트라는 이렇게 말했다』의 중요한 등장인물인 '나귀'와 '우월한 인간들'을 살펴봐야 한다. 이들은 긍정과 부정의 관계를 '인간'의 관점에서 아주 전형적이고 적나라한 방식으로 보여 준다. 나귀는 어떤 존재인가. 늘 '이-아'[예] 하고 우는 짐승이다. 나귀는 항상 '예'라고 말하지만 대신 '아니오'라는 말은 할 줄 모르는 짐승이다. 즉 부정과 비판과 거부를 모르는 긍정의 화신이다. 그렇다면 이런 나귀가 디오니소스적인 긍정의 상징일 수 있는가. 그러나 나귀는 부정할 수 없기 때문에 긍정할 수도 없다. 부정이 없다면 그건 긍정에 이르지도 못한다. 왜 그런가. '인간'의 삶을 생각하면 된다. 니체에게 인간이란 무엇인가. 원한과 가책이라는 문화적 과정의 산물 아닌가. 이 산물의 귀결은 무엇인가. 금욕주의적 이상에 따른 허무주의 아닌가. 그렇다면 허무주의란 무엇인가. 삶을 무가치하게 만드는 부정의 의지 아닌가. 삶의 가치를 부정하는 허무주의가 인간의 참된 본성이라면 나귀의 긍정은 허무주의에 대한 긍정이 될 수밖에 없다. 따라서 긍정의 화신인 듯한 나귀의 실재는 전적으로 기독교적이다.

허무주의적인 인간적 현실과 본성, 인간적 조건에 대한 무조건적인 긍정이 나귀의 본성이기 때문에 나귀의 긍정은 실상 삶에 대한 철저한 부정이다. 따라서 어떤 부정도 훼손할 수 없는 디오니소스적 긍정은 나귀의 긍정과는 비슷한 점이 조금도 없다. 어떤 부정도 포함하지 않은 '나귀의 긍정'은 그런 점에서 사이비 긍정이고 실상 삶에 대한 부정에 기초한 긍정에 불과하다. 긍정이 부정을 앞서 가게 하거나 뒤따르게 하지 않는다면 긍정은 늘 나귀의 긍정이 된다. 다시 말해 삶을 부정하는 허무주의적 인간의 긍정이 되고 마는 것이다. 긍정이 현실적인 힘으로 자신을 긍정하는 것에 이르기 위해서라도 긍정은 부정을 필요로 한다. 그러나 이때의 부정은 "긍정하는 힘으로서의 부정"이다. 삶에 대한 긍정의 관점에서 모든 허무주의적인 가치들을 적극적으로 파괴하지 않는다면 긍정은 긍정으로 자리하지 못한다.

　이때의 부정은 "자율적 힘"으로서의 부정 대신 긍정하는 힘을 위한 부정이며 "긍정 자체의 존재방식"으로서의 부정이 된다. 들뢰즈는 이것을 원한과 공격성으로 구분한다. "그래서 니체는 반응적 힘들 속에서 표현되는 부정하는 힘인 원한과 긍정하는 힘의 적극적 존재방식인 공격성 사이의 구분을 그토록 역설한다"는 것이다.들뢰즈, 『니체와 철학』, 309~310쪽 더 정확한 이해를 위해 긍정에 기초하지 않은 부정의 두 가지 형태를 보도록 하자. 하나는 우리가 이미 본 것으로 바로 차라투스트라를 흉내 내는 '원숭이'의 비판이 그것이다. 이 원숭이는 도시로 들어서는 차라투스트라에게 이렇게 경고했다. 이곳은 "지옥"이고 정신을 도륙하는 "도살장 냄새"가 나는 타락의 공간이고, 정신이 "말의 역겨운 구정물"을 토해 내는 것이 "신문"이라 불리는 것이며, "소상인의 황금"이 지배하는 세상이다. 그러니 "이 큰 도시를 향해 침을 뱉고 발길을 돌리십시오!" 세계에 대한 원숭이의 비판만큼 근본적인 것은 없을 터이다. 하지만 이 비판이 바로 차라투스트라에 의해 비판당하는 그다음 장면에서 이 원숭이의 정체가 드러난다.

썩어서 부글부글 거품 이는 늪의 피가 그대의 혈관을 타고 흐르기 때문에, 이처럼 꽥꽥 시끄럽게 떠들고 남을 비방하는 것을 배운 것이 아니냐? […]

나는 그대의 경멸을 경멸한다. 그대는 왜 내게 경고하면서 그대 자신에게는 경고하지 않는가?

나의 경멸과 경고하는 새는 오직 사랑으로부터 날아올라야 한다. 늪으로부터 날아올라서는 안 된다! […]

처음에 그대를 투덜거리게 한 것이 무엇이었느냐? 그대의 마음이 흡족하도록 아첨한 사람이 없었기 때문이 아니냐. 그래서 그대는 마음껏 투덜거릴 구실을 찾으려고 이 오물 더미 위에 앉아 있었던 것이다. 『차라투스트라는 이렇게 말했다』 「스쳐 지나감에 대하여」

'원숭이'는 모든 것을 불신하고 부정하며, "부정을 지고의 단계로까지 밀고 가려고 생각"하는 인간이라 할 수 있다. 그런데 세상의 비속함을 비판하는 원숭이의 공격성은 사랑에서 비롯된 게 아니다. 자신을 사랑해 주지 않는다는 증오, 자신의 허영을 만족시켜 주지 않는다는 복수심, 여기서 솟은 것이 바로 도시에 대한 경멸과 비판이다. 이 사랑(긍정) 없는 비판(부정)을 공박하는 일은 어렵지 않다. 이렇게 생각해 보자. 이 도시가 원숭이의 비판에 힘입어 숭고하고 신성한 공간으로 변모한다면 어떨까. 과연 원숭이가 이런 도시의 변모를 바랄까. 복수심을 표현할 대상이 사라져 버리면 원숭이의 삶이 바로 그 순간에 무너지리라는 것은 명약관화하다. 원숭이의 존재 이유가 타락한 도시에 있는데 어찌 도시의 숭고함을 바라겠는가. 이것이 바로 사랑(긍정)이 부재한 비판의 본성이다. 사랑(긍정)은 세상의 변화를 바라지만 증오심은 자신의 허영심만을 만족시키려 한다. 원숭이는 "부정을 독립적인 힘으로 체험하고, 부정 이외의 어떤 다른 성질도 가지고 있지 못하기 때문에 그것은 단지 원한, 증오, 복수의 피조물일 뿐이다."들뢰즈, 『니체와 철학』, 310쪽 그렇다면 어떻게 해야 하는가. 사랑할 수 있을 때까지는 그냥 지나쳐 가라. 이것이 차라투스트라의 교훈이다.

원숭이가 긍정에 기초하지 않은 부정과 그 부정의 귀결을 보여 준다면, 나귀는 반대로 부정을 따르게 하지 않는 긍정의 사례를 보여 준다. 다음은 차라투스트라의 동굴에서 우월한 인간들이 나귀를 경배하고 있는 장면이다. 이 더 우월한 인간들은 자기 존재 자체에 대한 불만과 경멸로 인해 차라투스트라의 말을 숭배하게 되었고 그에게서 구원을 발견하기 위해 온 자들이다. 구원의 외침을 발하고 차라투스트라에 의해 구조된 자들이다. 이들이 차라투스트라 대신 나귀를 숭배하기 시작한다. 물론 차라투스트라는 결코 숭배의 대상이 되길 원치 않는다. 필요한 것은 각자의 위대함으로 솟구치는 고유의 길이지 복종이나 숭배가 아닌 것이다. 그런데 그들은 왜 나귀를 숭배하는가.

그는 우리의 짐을 대신 짊어지며 종의 모습을 하고 있다. 그는 진심으로 인내하며 결코 '아니다'라고 말하지 않는다. 자신의 신을 사랑하는 자는 자신의 신을 징계하기 마련이다.

그러자 나귀가 '이-아' 하고 소리쳤다. […]

그가 긴 귀를 가지고 있으며 오로지 '그렇다'라고 말할 뿐 결코 '아니다'라고 말하지 않는 것은 얼마나 은밀한 지혜인가! 그는 자신의 형상대로, 즉 가능한 한 멍청하게 세계를 창조하지 않았는가?

그러자 나귀가 '이-아' 하고 소리쳤다.

그대는 곧은 길도 가고 굽은 길도 간다. 우리 인간들이 무엇을 곧다고 여기고 무엇을 굽었다고 여기는지 그대는 별로 상관하지 않는다. 그대의 나라는 선과 악 저편에 있다. 순진무구함이 무엇인지 모르는 것이 바로 그대의 순진무구함이다.

그러자 나귀가 '이-아' 하고 소리쳤다.

보라. 그대는 비렁뱅이든 왕이든 아무도 뿌리치지 않는다. 그대는 어린이들을 가까이 다가오게 하며, 짓궂은 개구쟁이들이 그대를 유혹하면 순진하게 '이-아' 하고 말한다.

그러자 나귀가 '이-아' 하고 소리쳤다.

그대는 암나귀와 신선한 무화과 열매를 좋아한다. 그대는 식성이 까다롭지 않다. 마침 배가 고프면, 엉겅퀴에도 마음이 동한다. 거기에 신의 지혜가 담겨 있다.

그러자 나귀가 '이-아' 하고 소리쳤다.『차라투스트라는 이렇게 말했다』

「소생」

차라투스트라는 우월한 인간들을 구조하고는 이들이 건강을 되찾고 있다고 기뻐하고 있었다. 그런데 갑자기 차라투스트라의 그 신성한 동굴 속에서 "연기와 향 냄새"가 진동하는 것 아닌가. "정말 놀랍고도 또 놀라운 일이었다!" 모두들 신앙심 깊은 노파처럼 무릎을 꿇고 나귀를 경배하고 있었던 것이다. 하나같이 경건해지고 말았도다. 모두들 기도를 하는 것이다. "다들 미쳤나 보다!" 평범한 인간들보다 더 우월한 이 인간들이 왜 나귀를 숭배하고 있는 것인가. 그것은 바로 차라투스트라가 말한 '긍정'의 의미를 오해했기 때문이다. 인간을 넘어서는 길, 인간보다 더 우월하고 고귀해지는 길이 긍정에 있다고 말한 차라투스트라의 말을 오해할 수밖에 없는 바로 그런 '인간'이었기 때문이다. 이들은 긍정을 '이-아' 하고 말하는 나귀처럼 그렇지 않다고 말하는 법이 없는 긍정으로 이해했던 것이다.

그런데 니체에 따르면 이런 긍정은 전형적으로 노예적인 긍정이다. 어린양의 긍정을 생각하면 된다. 맹금을 부정해 놓고 (맹금은 사악하다) 다시 이 맹금의 부정적 속성을 부정하면서 이르게 되는 자신에 대한 긍정(우리 어린양은 선하다). 이중의 부정을 기초로 한 사이비 긍정. 겉으로 보기엔 긍정 같지만 실은 이중의 부정만이 지배하는 긍정. 노예들은 자신들이 삶을 긍정하면서 산다고 생각하겠지만 자신의 삶 자체가 이미 부정에 기초하고 있다는 사실을 모른다. 여기서 긍정은 겉모습이고 유령이다. 왜냐하면 자신이 철저히 부정에 종속된 긍정이라는 사실을 모르기 때문이고, 참된 긍정을 위해서라도 자신을 규정하는 부정의 운동을 파괴해야 한다는 사실을 모르기 때문이다. 차라투스트라가 나귀를 숭배하는 이 우월한 인간들을 내쫓아 버린 것도 바로 디오니소스적 긍정에 이르지 못한 인간에 대한 연민을 극복하기 위해서다. "그들이 동굴 입구에 이르고 그들에 앞서 발소리가 먼저 동굴 밖으로 들려오자, 사자가 소스라치게 놀라 멈칫하더니 단숨에 차라투스트라를 등지고 사납게 포효하며 동굴을 향해 돌진했다. 더 높은 인간들은 사자의 울부짖는 소리를 듣자, 이구동성으로 비명을 지르며 순식간에 동굴 안으로 사라졌다." 『차라투스트라는 이렇게 말했다』 「징조」

디오니소스적 긍정은 나귀의 긍정과 같을 수가 없다. 디오니소스적 긍정은 아니오를 말하지 못하는 거짓된 긍정이 아니라 아니오를 필수적으로 동반하는 순수 긍정이다. (원숭이의 경우와 같이) 긍정하는 힘에 기초하지 않은 부정이 긍정이라는 우월함으로 도약하지 못하듯이 (나귀의 경우와 같이) 부정과 함께하지 않는 긍정은 삶에 대한 부정을 수락하는 비천함으로 전락한다. 나귀는 어떤 존재인가. 늘 무거운 짐을 짊어지는 존재 아닌가. 하지만 그러면서도 무겁다고도 말하지 않고, 짐을 지기 싫다고도 말하지 않는 체념의 존재 아닌가. "무거움의 정신"이 바로 나귀다. 짊어지기에 무거워야 삶이라는 듯이, 나귀에게서는 "있는 그대로의 현실"이라는 짐을 있는 그대로 수긍해 버리는 체념이 긍정이라는 외관을 입는다. 무거운 짐을 지고 땀을 뻘뻘 흘리면서도 현실을 예찬하는 인간이 나귀이고, 이 나귀를 숭배하는 우월한 인간들은 사이비 긍정에 사로잡힌 인간이다.

인간은 자신의 어깨 위에 신과 국가와 교회와 도덕과 죄와 벌을 올려둔다. 인간의 삶 자체를 비하하게 만드는 무거운 가치들을 짊어지고는 바로 이것들로 인해 삶이 무거워진 것인지도 모른 채 이 무게의 감당을 현실에 대한 긍정으로 간주한다. 춤추는 발을 사랑하는 니체에게 나귀야말로 얼마나 비천한 존재이겠는가. 춤추지 못하는 정신, 그래서 "지친 자신의 근육의 무게"가 곧 "짐의 무게"가 되고, 그것이 현실을 살아가는 원동력이어야 한다는 생각이 지배하게 된다. 그러나 삶을 무겁게 하는 것들, 인간이라는 존재 자체를 버겁게 만드는 것들은 바로 어깨 위에 올려진 허구적 가치들이다. 저 허구가 삶을 허무주의로 이끈다. 인간들은 "허무주의 자체에 대해 아니오, 라고 말할 줄 모른다." 그들은 "허무주의의 모든 산물을 끌어모으고 그것들을 사막에서 짊어진다."들뢰즈, 『니체와 철학』, 315쪽 모든 부정의 산물들에 대한 긍정을 통해 삶은 사막이 되고, 사막에서의 삶이 참다운 삶인 것처럼 간주된다.

원한과 가책의 문화적 과정 속에서 형성된 모든 것들이 우리가 '현실'이라고 부르는 것들이다. 우리가 이 '현실'을 긍정할 때 우리는 이미 긍정을 잃어버린 부정의 의지 속에 참여하는 셈이다. 니체는 그런 사이비 긍정과 싸운다. 아니오인 모든 부정적 허무주의의 산물을 현실로 수락하고 그것을 이성적인 것으로 간주할 때 니체라면 차라리 비이성을 택할 것이다. 이성과 합리가 허무주의적 산물에 대한 긍정인 한 그것은 이미 아니오인 모든 것에 대해 아니오를 말할 줄 모르는 나귀의 맹목성에 불과하게 된다. 아니오인 모든 것에 예라고 말하는 나귀와 아니오인 모든 것에 아니오를 말하는 디오니소스. 이 둘은 결코 혼동되어서는 안 된다. 나귀의 거짓 긍정은 "인간을 보존하는 방식"에 다름 아니다. 인간을 보존하는 방식은 또한 인간으로 하여금 삶을 저주하고 비하하게 만드는 모든 무거운 가치들을 긍정하게 하는 방식이다. 그리고 인간이 인간인 한, 인간은 늘 "짐을 지기 위해" 사막으로 달려가고 삶을 사막으로 만들려고 한다. 부정을 요청하는 위대한 긍정을 알 때 우리는 "최상의 악이 최상의 선에 속하게 된다"는 차라투스트라의 엄중한 말을 이해하게 된다. "최상의 선"인 디오니소스적 긍정은 허무주의적 현실과 인간 본성에 대한 부정의 공격, 즉 "최상의 악"을 우선적으로 요청하기 때문이다.

진실로, 나는 그대들에게 말한다. 영원히 변치 않는 선과 악은 존재하지 않는다! 선과 악은 자진해서 끊임없이 자신을 극복해야 한다.

그대 가치를 평가하는 자들이여, 그대들은 그대들의 선악에 대한 가치와 말로써 폭력을 행사한다. 이것이 그대들의 숨겨진 사랑이며, 그대들 영혼의 광채이고 전율이고 분출이다.

그러나 그대들의 가치에서 더 큰 폭력과 새로운 극복이 자라난다. 그래서 알과 알 껍질이 깨어진다.

선과 악의 창조자가 되어야 하는 자는 먼저 파괴자가 되어 가치들을 깨부숴야 한다.

최고의 악은 이렇게 최고의 선에 속한다. 그러나 최고의 선은 창조적인 선이다.

그대 최고의 현자들이여, 이런 말을 하는 것이 나쁘더라도 우리는 말해야 한다. 침묵을 지키는 것은 더욱 나쁘다. 모든 침묵된 진리는 독이 된다.

깨부술 수 있는 진리는 모조리 깨부숴야 한다!

우리는 아직도 지어야 할 집이 많다!『차라투스트라는 이렇게 말했다』「자기 극복에 대하여」

'충만과 과잉에서 탄생한 최고의 긍정 형식', 운명애

지금까지 우리는 긍정이자 동시에 부정인 디오니소스에 대해 살펴보았다. 긍정에 기초한 부정과 부정을 따르게 하는 긍정만이 디오니소스 개념에 합당한 것임을 알았다. 그러나 디오니소스적 긍정은 이보다 더 넓고 심오하다. 다음과 같은 표현을 보자. "그는 과거의 모든 것들을 정당화할 때까지, 그리고 구원할 때까지 긍정한다."『이 사람을 보라』「차라투스트라는 이렇게 말했다」8절 우리는 긍정이 아우른 부정과 파괴는 살펴보았지만 이처럼 우리를 이루는 모든 과거에 대한 긍정까지는 이르지 못했다. 우리는 지금까지의 모든 삶을 긍정할 수 있는가. 나만의 삶이 아니라 나를 포함한 이전의 삶과 나와 다른 모든 삶마저 긍정하는 그런 긍정에 이를 수 있는가. 이런 심대한 긍정은 부정과 긍정의 관계에서만 파악되는 것은 아닌 듯하다. "충만과 과잉에서 탄생한 최고의 긍정 형식", "고통에 대한, 심지어는 죄악에 대한, 그리고 심지어는 현존재의 모든 의문스럽고도 낯선 것들에 대한 무조건적인 긍정이라는 대립". 삶의 고통, 그리고 죄 지은 삶까지 "무조건적인 긍정"에 이르게 할 수 있는가.

니체는 이것을 다음의 문장 속에서 표현한다. "존재하는 것에서 버릴 것은 하나도 없으며, 없어도 좋은 것은 하나도 없다." 『이 사람을 보라』 「비극의 탄생」 2절 존재하는 모든 것을 긍정할 수 있는가. 저 비루함도, 저 속됨도, 저 허무주의도, 저 나귀도, 저 원한과 가책의 인간마저도 긍정할 수 있는가. 니체는 그 긍정의 비법을 여러 가지 언어로 표현한다. 그것은 "선물"이기도 하고("이 모든 것이 이 한 해의 선물이고, 그것도 마지막 석 달간의 선물이다! 어떻게 내가 나의 전 삶에 감사하지 않을 수 있겠는가? 그래서 나는 스스로에게 나의 삶을 이야기한다"『이 사람을 보라』 제사), "위대한 인간"이기도 하다("그가 고안하는 인간 유형은 실재를 있는 그대로 고안한다. 이 인간 유형은 그럴 수 있을 만큼 충분히 강하다. ──그는 이러한 실재에서 소외되어 있지도 않고 멀리 떨어져 있지도 않다. 그는 실재 자체다. 그는 실재의 무시무시하고도 의심스러운 모든 것을 자신 안에도 가지고 있다. 이로써 비로소 인간은 위대성을 획득할 수 있게 된다"(『이 사람을 보라』「나는 왜 하나의 운명인가」2절). 그것은 또한 "용기와 힘"이기도 하고("이 점을 파악하는 데는 용기가 필요하다. 그리고 그 용기를 위해서는 넘쳐 나는 힘이 필요하다. 왜냐하면 사람들은 용기가 과감히 전진해 나갈 수 있는 바로 그만큼, 바로 그 힘의 정도만큼 진리에 다가가기 때문이다. 강자에게 인식과 실재에 대한 긍정이 필연적이듯이…"『이 사람을 보라』「비극의 탄생」2절), "운명애"amor fati이기도 하다("네 운명을 사랑하라. 이것이 나의 사랑이 되게 하라"『즐거운 지식』276절). 이 말에 따른다면 우리에게 선물이 도착할 때 우리는 삶의 모든 추한 것들조차 사랑할 수 있으며, 그 선물이 도착하는 순간이 위대해지는 순간이 되고, 선물을 받을 수 있는 용기와 힘을 갖고 있는 자만이 운명을 사랑할 수 있는 셈이다. 모든 대립과 모순조차 긍정할 수 있는 영혼, 추악한 과거와 비루한 삶조차 긍정할 수 있는 영혼, 그 디오니소스적 긍정은 과연 어떤 것인가.

니체에게 삶을 한마디로 정리해 보라면 뭐라고 할까. 아마 '평가'라고 하지 않을까. 사는 것은 평가하는 것이다. 그것도 특정한 관점에 의한 평가밖에 없다. 우리가 '진리'라고 불렀던 것, '존재 자체'라고 불렀던 모든 형이상학적 척도들도 하나의 평가다. 형이상학이 아무리 보편성을 주장해도 그 보편성에 대한 주장 자체가 하나의 평가에 기초한 것에 불과하다. 다시 말해 보편성이라는 미명 아래 존재하는 하나의 관점('거짓')인 것이다. 지금까지 삶을 무가치하다고 부정하는 부정의 권력의지가 '평가'했던 것들이 보편성과 진리의 이름으로 지배해 왔다. 그렇다면 니체가 말하는 '긍정'은 무엇인가. 그것은 허무주의적 거짓 대신 진리를 만들어 내는 것일까. 아니다. 니체의 긍정도 하나의 평가다. 긍정이라 해서 존재하는 모든 것들을 다 받아들이고 수용하고 인정한다는 뜻이 결코 아니다(이때 나귀의 체념적이고 허무주의적인 긍정으로 전락할 것이다).

아니 더 중요한 관점이 있다. 우리는 방금 "존재하는 모든 것"이 있고, 이것을 주체가 수용하고 인정한다는 뜻으로 긍정의 개념을 썼다. 이 개념이야말로 니체가 적극적으로 비판하는 것 아닌가. "존재하는 모든 것"이 우리와 분리된 채 존재할 수 있는 것인가. 존재하는 대상이 있고, 우리가 이 대상을 긍정한다는 도식은 니체의 관점주의에 위배된다. "존재는 긍정의 대상이 아니며, 긍정에게 자신을 짐 지울 어떤 요소는 더더욱 아니다."들뢰즈, 『니체와 철학』, 321쪽 저기, 존재하는 대상이 있다, 그러면 이 모든 대상을 긍정할 수 있는가, 하는 질문은 결코 니체적 질문이 아니다. 우리는 평가의 존재다. 우리는 평가하는 만큼만 존재한다. 어떻게 평가하는가 하는 것은 결코 결정되어 있지 않다. 높이와 깊이에 따른 평가의 위계가 있을 뿐이다. '진리', '물자체', '영원성', '동일성', '존재'라는 것도 평가로서만 가치가 있다. 그런데 저런 평가는 무엇을 제거한 평가다. 즉 삶이라는 가상과 변전을 무가치하다고 제거해 버린, 영원과 동일성과 보편성과 진리를 가치로운 것으로 만든 평가다. 이들은 긍정에 이르지 못한다. 평가와 거짓이 부정에 기초했기 때문이다. 부정에 따른 평가가 있고 이것이 저들의 세계를 구성한다. 그리고 저들은 자신과 세계가 분리되어 있는 것처럼 평가하고, 그런 식으로 설정된 세계를 살아간다. 그러나 그런 세계조차 하나의 평가라는 사실을 모른다.

세계와 평가가 있는 게 아니라, 다시 말해 대상으로서의 세계가 있고 그것에 대한 평가가 따로 있는 게 아니라 '평가된 세계'만 있다. 저들의 부정은 자신의 생존형태를 보존하기 위한, 즉 긍정하기 위한 부정이었다. 그래서 그 부정은 긍정에 기초하지만 긍정을 긍정으로 확장시키고 적극적인 것으로 만들지 못한다. 저들의 부정의 의지, 그리고 그 부정의 의지에 전제되어 있는 긍정의 의지, 이 모든 것을 발견할 수 있는 것은 디오니소스적 긍정의 힘이다. 디오니소스적 긍정은 모든 것을 긍정의 형식으로 간주한다. 저 부정의 세계조차 이 세계에서 살아가기 위한, 변형된 긍정의 형식이라는 사실을 인식할 수 있고, 또한 저 부정의 세계조차 삶에서 제거하지 않고 삶을 이루는 구성부분

이라는 사실을 긍정할 수 있는 것도 디오니소스적 긍정의 능력
이다. 저 허무주의적 부정은 이런 긍정의 능력을 갖추지 못한다.
따라서 니체적 질문은 다음과 같아진다. 대상조차 이미 평가된
대상이라면 이 모든 평가들이 긍정의 형식으로 규정될 수 있는
것은 어떤 조건에서인가.

우연의 주사위를 던지는 필연의 손

비천한 삶이 차이를 부정하길 원한다면, 고귀한 삶은 차이를 향
유하고 차이를 긍정하길 원한다. 삶이 긍정의 형식일 수 있는 것
은 차이를 낼 수 있기 때문이다. 다시 말해 새로운 가치들을 창
조할 수 있기 때문이다. 니체가 예술을 중시하는 까닭이 여기에
있다. 계속되는 거짓과 가상에 대한 창조, 이것만이 예술이기 때
문이다. 새로운 가치를 창조하지 못하는 정신이 어떻게 세계를
긍정할 수 있단 말인가. 삶에서 새로운 선물을 받지 못했는데 어
떻게 자신의 삶을 긍정할 수 있단 말인가. 따라서 삶에 대한 사
랑, 운명애는 삶에 대한 체념적 수용과는 아무런 관련이 없다.
나귀처럼 모든 부정에 대해 '예'라고만 하는 부정의 정신은 자신
의 긍정이 부정에 이르고 만다는 사실을 모른다. 운명을 수용할

수 있는 능력은 창조를 요청한다. 창조할 수 있기 때문에 삶은 가벼워진다. 나귀는 창조할 수 없기에 현실의 무게에 짓눌려 있는 존재고, 그 무게를 체념적으로 수용하는 존재다. 그러나 창조할 수 있는 자는 춤을 추듯 가벼운 발걸음으로 사는 자다. 웃을 수 있는 자, 춤출 수 있는 자, 그가 바로 디오니소스적 긍정에 이른 자다. 그래서 새로운 평가, 새로운 가치, 새로운 창조, 이 모든 것을 가능하게 하는 '용기와 힘'만이 운명애와 관련되는 것이다.

들뢰즈는 "부정은 긍정에 대립되지만 긍정은 부정과 다르다"들뢰즈, 『니체와 철학』, 325쪽고 말한다. 부정의 정신은 긍정을 같은 평면상에 놓기 때문에 긍정과 대립하려 하지만, 긍정은 부정을 자신 안에 갖고 있기 때문에 부정과 대립하지 않는다. 그러나 긍정 안에 숨어 있는 부정은 허무주의적 부정의 성질을 전혀 갖고 있지 않다. 그것은 정확히 차이에 대한 의지를 뜻하기 때문이다. 차이를 향유하고 차이를 놀이로 즐기는 것이 긍정이다. 우리는 관점적 존재로서 평가된 세계만을 갖는다. 그리고 이 평가된 세계를 긍정한다. 그러나 이 세계를 긍정하기 위해서라도 차이의 운동이 있어야 한다. 디오니소스적 긍정은 이 차이를 내려는 의지이자 이 차이에 대한 긍정이다. 우리의 관점이 우리 위로 차이를 낼 때 어떤 일이 일어나는가. 기존의 무의미한 삶이 어느 순간 의미의 세계로 변전하지 않던가. 수많은 관점적 세계가 있다.

삶을 부정하는 허무주의적 진리가 있고, 여기에 기반한 철학이 있으며 종교가 있다. 이 종교적 위상에도 수많은 차이가 있다. 디오니소스적 긍정은 이 관점적 차이들을 긍정한다. 그러나 그것은 어떻게 가능한가.

그것을 필연으로 만들지 않고 어떻게 긍정할 수 있단 말인가. 내 삶이 무의미한 우연의 놀이일 때 어떻게 그것을 긍정할 수 있겠는가. 삶이 의미 있는 필연으로 전환되어야 한다. 이 순간이 바로 차이를 내는 순간이다. 기존의 관점에서 위로 차이를 만들 때, 차라투스트라의 말로는 높은 산에 오를수록 공기는 희박해지지만 삶 전체를 긍정할 수 있는 능력은 더 커진다. "삶에는 어떤 최고점이 있다." 이 정점에 이르면 "가장 예리한 힘을 가진 개인의 섭리"라는 생각이 우리를 찾아와 "우리가 만나는 모든 것이 언제나 최상의 것이 된다"는 것을 보여 준다. "나쁜 날씨이거나 좋은 날씨, 친구를 잃음, 병, 비방, 편지가 도착하지 않음, 발목을 뻠, 가게를 응시하기, 반대론, 책을 펴는 것, 꿈, 기만──이 모든 것은 당장에 혹은 매우 빨리 '없어서는 안 되는 것'으로 판명"된다. "그것들은 분명 우리에게 있어 깊은 의미와 이익으로 충만된 것들이다!"『즐거운 지식』 277절 이 모든 사소한 것들은 우리 삶의 '우연'에 속하는 것들이다.

삶이란 이 '사랑스런 우연'이 "우리와 같이 연주"하는 하모니다. 그래서 "가장 현명한 신도" 우연이라는, "우리의 바보스런 손이 만들고 있는 음악보다 더 아름다운 음악"을 만들어 내지 못한다. 그러나 이 우연이 사랑스러워지는 때가 도래해야 하지 않겠는가. 우리는 대부분 저 사소한 모든 우연들을 귀찮아하고 불행해하지 않던가. 병에 걸리는 것, 친구를 잃는 것, 험담을 당하는 것, 발을 삐는 것, 기만에 빠지는 것 등 모든 사소한 우연들이 '없어서는 안 될' 것으로 변하기 위해서라도 필연을 불러오지 않으면 안 된다. 그것을 그럴 수밖에 없음으로 받아들이는 것, 이것이야말로 엄청난 능력이다. 니체는 삶을 이런 것으로 보았다. "우연의 주사위 통을 흔드는 필연성의 저 쇠로 된 손은 한없는 시간에 걸쳐서 승부를 한다."『서광』 130절 필연성이야말로 "쇠로 된 손"이다. 저 쇠의 손을 이해하지 않고 어찌 우연의 주사위 놀이를 사랑할 수 있겠는가. 행여 원하지 않는 수가 나오면 어찌 놀이판을 걷어차지 않고 배기겠는가.

우리는 우리가 목표하는 것, 우리의 합목적성에 맞지 않는 것들을 우연적인 것으로 치부하고 배척한다. 그러나 이런 목적론적 사유와 삶도 이미 그럴 수밖에 없음, 즉 필연성의 영역에 놓여 있다는 사실을 아는가. 누가 저런 목적론을 갖고 사는가. 누가 이 삶에서 어떤 부분을 불필요하다고 제거하고자 하는가. 그런 목적론을 가질 수밖에 없는 필연성이 있는 것이다. 상처든 아픔이든 실패든 삶의 모든 것들을 받아들일 수 없을 정도로 나약해졌을 때 그런 것들을 삶으로부터 도려내려 하는 법이다. 이것도 필연이다. 목적론적 사유, 다시 말해 우리의 의도 자체가 바로 필연성이 드러나는 하나의 "주사위 던지기"인 것이다. 우리는 '목적/우연'의 쌍을 '우연/필연'의 쌍으로 전환해야 한다. 목적을 설정할 때 삶의 상당 부분이 우연적이고 부차적인 것으로 폄하된다. '목적/우연'의 쌍에서 우연은 무가치한 것이 되지만 '우연/필연'의 쌍에서 우연은 필연을 드러내는 소중한 계기가 된다.

삶의 모든 우연들을 사랑할 수 있는 방법은 필연을 이해하는 일이며 삶에 대한 고양된 인식을 획득하는 일이다. 필연성이 우리 삶에서 조직되기 시작할 때, 신기하게도 우연에 대한 사랑이 싹튼다. 삶의 모든 아픔과 실패도 필연성이 표현되는 것으로 이해되기 시작하는 것이다. 우연에 대한 사랑은 필연에 대한 사랑 속에서 얻어진다. 이제 필연이 우연의 형태로 드러나고, 우연의 형식이 아니면 필연이 도래하지 못한다는 사실을 깨닫는다. 그리고 우연도 필연성의 체계로 조직된다. 이 순간이 선물을 받는 순간이다. 그런데 더 중요한 것은 이 순간이 바로 창조하는 순간에 획득된다는 사실이다. 창조했다는 것은 기존의 삶에서 위로 솟아올랐다는 뜻이다. 본성을 달리하는 차이를 만들어 냈다는 뜻이다. 그때 과거가 구제된다. 모든 무의미한 우연들, 모든 사소하고 부차적인 과거의 단편들, 차라리 없어져 버렸으면 좋았을 예전의 초라한 삶의 단편들이 한순간 구원되는 것이다. 그럴 수밖에 없었음(이는 결코 체념이 아니다)의 형태로 "필연성의 저 철로 된 손"을 인식할 수 있게 되는 것이다. 과거를 구제하는 차라투스트라의 방법을 읽어 보자.

> 내가 시를 쓰고 노력하는 이유는 오로지 조각, 수수께끼, 소름 끼치는 우연인 것들을 하나로 짜 맞추어 엮어 내기 위한 것이다. […]
>
> 지난 일들을 구원하고 모든 '이미 있었다'를 '나는 그렇게 하길 원했다!'로 바꾸는 것, 이것이 비로소 내게는 구원일 것이다! […]
>
> '이미 있었다', 이것은 의지의 이를 부득부득 갈게 하고 의지를 고독한 슬픔에 잠기게 하는 것의 이름이다. 의지는 이미 일어난 일에 대해 무력하며, 모든 지난 일들을 심술궂게 구경할 뿐이다. […]
>
> 모든 '이미 있었다'는 조각, 수수께끼, 소름 끼치는 우연이다. 창조적인 의지가 '그러나 나는 그렇게 하길 원했다!'라고 말할 때까지.

창조적인 의지가 '그러나 나는 그렇게 하길 원한다! 앞으로도 그렇게 하길 원할 것이다!'라고 말할 때까지.『차라투스트라는 이렇게 말했다』「구원에 대하여」

그렇게 되고 말았고, 되돌릴 수도 없는 과거 때문에 우리는 얼마나 삶에 상심하는가. 그래서 되돌리고자 하는 의지, 이 의지야말로 저주의 대상이 되고, 또한 이런 의지를 만들어 놓은 삶도 원망의 대상이 된다. 그런데 모든 "나쁜 날씨"조차 삶에 필요한 것이었음이 인정되는 순간이 찾아온다. 삶이라는 "수수께끼"와 "우연"의 "조각"을 통해 내가 새로운 건축물을 만들었을 때이다. 이때 우연의 조각들은 필연의 건축을 위한 필연의 조각으로 전환된다. 수수께끼는 풀리고 우리는 스핑크스라는 삶의 괴물을 물리치게 된다. 아, 모든 것이 이 순간을 위해서 존재했었구나, 이 순간을 내가 원하고 있었구나, 이렇게 말하는 순간이 창조의지가 발휘된 순간이고, 기존의 삶에 본성적 차이를 만들어 낸 순간이다. 이 순간 그 동안 내 삶에서 대립되고 모순되었던 것들이 하나로 통일된다. 이 순간 "존재하는 것에서 버릴 것은 하나도 없으며, 없어도 좋은 것은 없"『이 사람을 보라』「비극의 탄생」2 절어진다. 우리의 삶이 희한한 긍정의 능력에 도달하는 순간이다. 나를 구성하는 과거, 나를 구성하는 삶의 모든 것들, 삶의 모든 것들을 구성하는 과거들, 이 모든 것들을 나의 필연으로, 우리의 필연으로, 민족의 필연으로, 인류의 필연으로 긍정할 수 있게 되는 것이다.

반복해서 말하지만 이 필연성에 대한 긍정은 고양된 차이의 생성 속에서만 가능하다. 즉 더 높은 산으로 올라가야 하는 것이다. 우리가 과연 차라투스트라처럼 말할 권리가 있는지 한번 생각해 보자. "나는 내 주위에 원을 그려 놓고 신성한 경계를 만든다. 내가 점점 더 높은 산을 오를수록 나와 함께 오르는 자들은 점점 더 적어진다——나는 더욱더 신성한 산들을 모아 하나의 산맥을 만든다."『이 사람을 보라』「차라투스트라는 이렇게 말했다」6절 우리의 주위에 산을 두를 수 있는가. 우리의 산맥을 만들어 신성한 경계로 삼을 수 있는가. 그렇게 높은 산에 올라 본 적이 있는가. "수많은 영혼과 수많은 요람과 산고를 뚫고 내 길을 걸었다"고 말할 수 있는가. "가슴이 찢어지는 듯한 최후의 순간들"『차라투스트라는 이렇게 말했다』「지복의 섬에서」을 경험한 적이 있는가. 창조하기 위해서는 도대체 얼마나 많은 작별과 고통이 있어야 하고 또한 얼마나 많은 건강이 있어야 하는가. 창조의지는 망치를 돌로 내모는 것이라 했다. 돌에서 아름다운 형상을 만들어 내는 것, 그 창조야말로 삶이라는 우연에서 아름다운 조각품이라는 필연을 만들어 낸다. 운명애는 창조의지와 분리될 수 없다. 삶에 대한 사랑, 그것은 창조하는 삶에서 가능하고, 창조할 수 있는 능력에서 온다.

우리에게 과연 이런 충만과 과잉이 있는가. 충만할 때, 삶이 과잉일 때 우리는 긍정에 이르게 된다. 그리고 이 긍정은 저 고통도, 죄도, 삶의 모든 낯설고 의문스러운 것들도 아무런 유보 없이 수용하는 긍정이다. 그래서 최고의 통찰이란 무엇인지 묻는다면 이렇게 대답해야 한다. 바로 디오니소스적 긍정에 이르는 것이라고. 그것이 최고의 통찰인 까닭은 우연의 형식으로 드러나는 필연성을 조직했기 때문이고, 필연성을 조직하기 위해서라도 새로운 삶의 능력과 삶의 가치를 창조했기 때문이다. 우리는 필연성을 '조직'했다고 말했다. 필연성은 발견되는 게 아니다. 발견이란 벌써 우리와 분리된 대상을 전제한다. 필연성은 우리의 능력이 충만으로 넘칠 때 그 넘치는 충만성에서 포착되고 구성된 질서이다. 필연성 자체가 우리의 고양된 삶과 분리되지 않는 것이다. 즉 필연성을 구성하는 순간에만 삶은 긍정에 이르고, 사유는 삶의 긍정을 가능하게 하는 적극적인 사유가 되는 것이다.

사유와 삶을 매개하는 것이 바로 창조다. 창조의 순간 사유는 필연성에 이르고 삶은 긍정으로 고양된다. 차라투스트라에게 구토를 일으켰던 저 병들고 추악한 인간들조차 필연이라는 것, 이 필연성 위에서 삶의 새로운 차원에 대한 개척에 이르러야 한다는 인식은 "가장 심오한 통찰"이라 이름할 수 있다. 이런 것만이 '학문(철학)'에 값하는 것이고, '진리'에 값하는 것이다. 우리는 존재하는 것에서 없어도 되는 것은 없다고 말할 수 있어야 한다. "기독교인과 여타 허무주의자에 의해 거절당한 현존재의 측면은 가치의 위계질서에서 보면 데카당스 본능이 인정하고 좋다고 하는 것보다 무한히 높은 수준에 있다. 이 점을 파악하는 데는 용기가 필요하다. 그리고 그 용기를 위해서는 넘쳐 나는 힘이 필요하다. 왜냐하면 사람들은 용기가 과감히 전진해 나갈 수 있는 바로 그만큼, 바로 그 힘의 정도만큼 진리에 다가가기 때문이다." 이처럼 "실재에 대한 긍정"으로서의 인식이 강자에게는 필연이다. 마찬가지로 약자에게 "실재에 대한 비겁과 실재로부터의 도피 —— '이상'"이 필연이듯이. 고귀한 관점만큼 삶의 필연성이 사유의 이마에 번득인다. 그래서 디오니소스는 존재하는 최고의 유형이며 차라투스트라에 다름 아니다.

인간 본성의 가장 높은 힘과 가장 깊은 힘들, 가장 달콤한 것, 가장 하찮은 것, 가장 무서운 것이 불멸의 확실성으로 하나의 샘에서 솟아오른다. 이때까지는 사람들은 무엇이 높은 것이고 무엇이 깊은 것인지 알지 못한다. 무엇이 진리인지는 더욱 알지 못한다. 이러한 진리의 계시 속에는 가장 위대한 사람들 중 어느 한 사람에 의해서도 예견되거나 추측된 순간이라곤 하나도 없다. 『차라투스트라는 이렇게 말했다』 이전에는 지혜에 대해서, 영혼의 탐구에 대해서, 예술에 대해서도 이야기되지 않았다. 이 책에서는 가장 가까운 것과 가장 일상적인 것도 전대미문의 것을 말한다. 격정의 경구들은 전율하고, 웅변이 음악이 되고, 번개가 이제껏 알려지지 않은 미래를 향해 미리 투사된다. 언어의 비유적 본성으로의 이러한 귀환에 비하면, 이때까지 존재했던 가장 강력한 비유 능력이란 유치한 것이며 단순한 장난 같은 것이 된다.

부정의 권력의지에 대한 발견, 그리고 그것의 기초로서 긍정의 권력의지에 대한 발견, 그리고 그 긍정을 실현하기 위한 모든 도덕의 파괴, 강자를 위한 윤리의 정초, 진리에 대한 전복적 인식 등, 이 모든 것들이 차라투스트라의 능력(니체의 능력)이다. 그래서 차라투스트라가 등장하기 전까지는 무엇이 높은 것인지, 무엇이 깊은 것인지 알 수도 없었다. 지금까지 깊은 진리라고 했던 것이 하나의 관점이자 거짓이었음이, 그리고 삶에 대한 긍정이라 했던 것이 삶에 대한 피상적 긍정이자 극단적 부정이었음이 차라투스트라에 의해 밝혀지기 때문이다. 따라서 "『차라투스트라는 이렇게 말했다』 이전에는 지혜에 대해서, 영혼의 탐구에 대해서, 예술에 대해서도 이야기되지 않았다." 이것은 결코 오만함의 표현이 아니다. 기존의 가치들을 전부 재평가하고 삶의 긍정에 입각해 가치의 서판을 새로 작성했기 때문에 차라투스트라는 새로운 지혜이며 새로운 영혼이고 새로운 예술이다. 그와 더불어 우리는 지혜의 모든 영역을 가로질러가게 되고 영혼의 모든 미궁도 함께 탐색하게 되며 예술의 모든 가능성을 진단하게 된다. "그는 어떤 인간보다도 더 멀리 바라보고 더 멀리 원하고 더 멀리 올라갈 수 있다. 모든 정신 중에서 가장 긍정적인 정신인 그는 모든 말에 반박한다. 그에게서 모든 대립이 하나의 새로운 통일을 이룬다." 그래서 "정신과 위대한 영혼의 온갖 선의가 하나로 뭉쳐 합산된다 해도 그 모든 것들의 합은 차라투스트라의 말 한 마디를 만들어 낼 수 없을 것이다." 왜냐하면 "그가 오르내리는 사다리"가 "거대하"기 때문이다. 차라투스트라는 "자신의 공간이 넓다는 점에서, 그리고 대립되는 것에도 접근할 수 있다는 점"에서 스스로를 "존재하는 모든 것 중 최고의 유형으로 느낀다."『이 사람을 보라』「차라투스트라는 이렇게 말했다」 6절

영원회귀라는 악마적 사랑의 방식

어느 날 혹은 어느 밤, 한 악마가 가장 적적한 고독 속에 잠겨 있는 네 뒤로 살그머니 다가와 다음과 같이 네게 말한다면 너는 어떻게 할 것인가! '네가 현재 살고 있고 지금까지 살아온 생을 다시 한 번, 나아가 수없이 몇 번이고 되살아야만 한다. 거기에는 무엇 하나 새로운 것은 없을 것이다. 일체의 고통과 기쁨, 일체의 사념과 탄식, 너의 생애의 일일이 열거키 어려운 크고 작은 일들이 다시금 되풀이되어야 한다. 모조리 그대로의 순서로 되돌아오는 것이다. […]' [그러면] 너는 땅에 엎드려 이를 악물고서, 그렇게 말한 그 악마를 저주치 않을 것인가? 그렇지 않으면 그 악마에게 '너는 신이다. 이보다 더 신적인 것을 나는 듣지 못했노라!'라고 대답할 그런 기괴한 순간을 체험한 적이 있었던가? 이러한 사상이 너를 지배한다면 그것은 현재 있는 그대로의 너를 변화시킬 것이며 아마도 분쇄해 버릴 것이다. 그리고 모든 일 하나하나에 관해서 행해지는 '너는 이것이 다시 한 번, 또는 수없이 계속 반복되기를 원하느냐?'라는 질문은 가장 무거운 무게로 너의 행위 위에 가로놓일 것이다! 아니면 이 최종적이요 영원한 확인과 봉인 그 이상의 어떤 것도 원하지 않기 위해 너는 얼마만큼 너 자신과 인생을 사랑해야 할

것인가! 『즐거운 지식』 341절

긍정과 부정의 디오니소스는 영원회귀Eternal recurrence를 부른다. 이제 이 모든 것들을 영원회귀 속에서 종합해야 한다. 위에 인용한 것은 「최대의 무게」라는 제목의 짧은 글이다. 무엇이 최대의 무게인가. 바로 이 삶을 반복해서 살기를 원하는가, 하는 질문이 그것이다. 그렇다면 어찌하여 그 질문은 그렇게 무거운 질문인가. 이 삶을 영원히 반복해야 한다는 악령의 말에 "이를 악물고서 저주하지" 않을 수 없는 자는 누구인가. 이 삶이 반복되길 원치 않는 자들이겠다. 다시 말해 이 순간의 삶이 다음 순간의 삶을 위한, 혹은 현생의 삶이 내생의 삶을 위한 초라하고 비참한 여인숙에 불과하다고 믿는 자들일 것이다. 이들은 이렇게 생각하면서 산다. 내일이면 달라질 것이다. 5, 6년 후면 좋아질 것이다. 더 극단적으로는 사후의 영생이 있어 모두 보상받을 것이다. 이들에게 삶이 그렇게 달라지지 않을 거라는 것, 내일도 모레도, 몇 년 후도 동일할 것이고 사후의 영생도 없을 것이라고 말해 준다고 할 때 그들이 어찌 '이를 악물고 저주를 퍼붓지' 않을 수 있겠는가.

우리가 어떤 사건을, 혹은 어떤 일을 견디는 방식은 무엇인가. '조금만 버티면 곧 달라질 거야.' '지금은 이래도 몇 년 후에는 근사해져 있는 나를 발견할 수 있을 거야.' 이런 자기 위안의 방식은 살아가는 '지금 이 순간'을 단 한 번만의 삶으로 만드는 방식이다. 이 순간을 견딜 수 있는 것도 내일이면 달라질 것이라는 희망, 즉 도약과 비약과 단절에 대한 희망이 있기 때문이다. 이런 단절과 도약의 희망 속에서 초라한 지금 이 순간의 삶은 부정되어야 할 삶이 된다. 삶에 대한 부정이 있다는 점에서 그는 이미 허무주의자다. 그런데 악령의 말에 대해 "이보다 더 신적인 것을 나는 듣지 못했노라"고 외치는 자는 그 악령을 이미 신성한 '신'으로 만들고 있다는 점에서 놀라운 자다. 좋다, 나는 이런 삶을 계속해서 다시 살고 싶다, 그것이 아무리 무한 반복되더라도. 도대체 지금 이 순간의 삶을 얼마나 사랑하고 있으면 이렇게 말할 수 있단 말인가. 이처럼 내가 이 일을 하는 이유가 내일의 희망 때문이 아니라 이 일에 대한 사랑, 무한반복 속에서 경험되는 사랑 때문이라고 말할 수 있을 때, 삶에 엄청난 변화가 나타난다. "이러한 사상이 너를 지배한다면 그것은 현재 있는 그대로의 너를 변화시킬 것이며 아마도 분쇄해 버릴 것이다."

어떤 일을 할 때 그 일이 지겨울 수도 있고 괴로울 수도 있을 터이다. 그러나 그런 순간도 삶의 한 순간이라는 점에서는 결코 삶에서 제거되어야 할 부분이 아니다. 순간을 제거할 때 우리는 삶에 대한 허무주의자로 전락하게 된다. 삶이 권태롭다고?

그래도 삶은 영원히 반복된다. 반복되는 삶을 그만두고 싶다고?
그래도 삶은 영원히 반복된다. 도대체 이 영원히 반복되는 삶에
서 빠져나갈 길이 없다. 죽을 수도 없다. 어떻게 해야 하는가. 삶
을 지독히도 사랑하지 않고는 방법이 없다. 이것이 악마의 질문
에 담겨 있는 핵심적 의미다. 삶을 사랑하지 않으면 영원한 반복
을 견뎌 낼 도리가 없는 것이다. 이렇게 순간을 사랑할 수 있는
자, 그 순간의 영원회귀를 사랑할 수 있는 자, 그런 자만이 삶을
신성함으로 가득 채우게 된다. 비록 세계의 모든 것이 하나도 변
하지 않는다고 해도 이 순간의 삶을 사랑할 때 세계는 신성함으
로 가득 찬 세계, 무한한 의미로 가득 찬 세계로 변이되며, 삶 자
체의 충만함과 신비로 가득 차게 된다.* 이것이 영원회귀의 놀라
운 능력이다. 그래서 이 질문이 "최대의 무게"인 것이다. 우리가
모든 삶의 순간을 이런 질문과 함께할 때 우리는 이미 다른 사유
를 할 수 있게 되고, 이미 존재의 변이를 시작하게 되는 것이다.

그렇다면 이렇게 질문해 볼 수도 있겠다. 삶이란 게 그렇게
영원히 반복되는 것이냐고. 삶에는 시작과 끝이 있는 게 아니냐

---

* 영원회귀에 대한 이런 생각은 아감벤의 다음과 같은 해석을 참고했다. "여기에서 결
  정적인 것은 세계를 거의 손대지 않은 채 송두리째 변화시키는 메시아적 전위(轉位)
  이다. 왜냐하면 여기에서는 모든 것이 변하지 않은 채 그대로지만 그 정체성을 잃기
  때문이다."(아감벤, 『목적 없는 수단』, 89쪽)

고. 니체의 영원회귀는 이 시작과 끝의 존재론, 혹은 목적론을 분쇄하기 위한 철학이다. 삶에 시작이 있을 때 그리고 끝이 있을 때 우리는 기필코 삶에 대한 부정으로 이끌리게 된다. 사후의 구원이라는 생각이야말로 삶의 끝을 가정한 바탕 위에서 가능한 것이고, 동시에 인간의 기원적 타락이라는 시작을 가정한 바탕 위에서 가능한 것이다. 내일이면 달라질 것이다, 라는 사고방식도 기독교적 목적론과 하나도 다르지 않다. 내일이면 기존의 삶이 끝나고 새로운 삶이 시작된다는 것이기 때문이다. 그런데 존재론적으로도 삶에는 시작도 끝도 없다. 현재가 지나가고 나서 미래가 도래한다면 현재는 지나갈 수가 없다. 왜냐하면 현재와 미래 사이에 공간적으로 무한한 시간이 놓여 있게 되기 때문이다. 아킬레스가 거북이를 따라잡을 수 없게 되었던 제논의 역설도 이렇게 시작과 끝을 가정한 공간적 시간론 때문이었다. 시작이 있고, 이것의 진행에 의해 끝이 있게 된다, 이것이 기독교적 목적론의 전형적인 사유양식이다.

그러나 "순간은 지나가기 위해서 현재인 동시에 지나갔어야만 하고, 현재인 동시에 도래해야만 할 것이다. 현재는 지나간 것으로 또 도래할 것으로 자신과 더불어 공존해야만 한다. 순간과 다른 순간들의 관계를 기초 짓는 것은 바로 순간과 현재, 지나간 것, 도래할 것으로서 자신과의 종합적 관계이다."들뢰즈, 『니체와 철학』, 100쪽 지금 이 순간은 지나가면서 이미 도래할 것과 종합적인 관계를 구성하고 있다. 시작이 있다면 그것은 이미 지나간 것과 도래할 것의 종합 속에서이다. 시작에 이미 과거와 미래가 스며들어 있는 것이다. 그런데 어떻게 기원과 시작의 지점을 표시할 수 있겠는가. 그래서 이렇게 말할 수도 있다. "한편으로는 계속이지만, 다른 한편으로는 되풀이라는 것."들뢰즈, 『들뢰즈가 만든 철학사』, 231쪽 시간은 계속 흐른다. 하지만 그 흐름은 이미 과거와 미래를 종합하는 흐름이다. 시간은 과거와 현재, 미래 이렇게 분할되는 게 아니라 반복되면서 계속되는 것, 즉 영원회귀다. 따라서 끝도 설정할 수 없다. 그러므로 니체의 영원회귀는 봄, 여름, 가을, 겨울(혹은 별자리)이라는 천문학적 순환과도 관계가 없다. 왜냐하면 현재 속에서 종합되는 과거와 미래는 이미 새로운 것의 창조를 가능하게 하는 차이적 흐름이기 때문이다. 미래는 과거와 현재의 종합 속에서 본성적으로 다른 것의 생성이며, 니체의 영원회귀는 생성 속에서의 반복이기 때문이다.

그래서 들뢰즈는 이런 영원회귀의 사유를 "시련의 범주"라고 말한다. 그것이 시련의 범주인 까닭은 영원회귀의 사유 속에서 이번 한 번만, 딱 한 번만 하는 조건으로 느끼고 행하고 원하는 모든 것이 소멸되기 때문이다. 삶은 결코 딱 한 번일 수 없다. 딱 한 번만 하는 식으로 사는 자들은 삶을 그렇게 계속 파편으로 변화시킨다. 파편들의 단절된 나열, 그것이 그들의 삶이다. 파편들은 매 순간 삶을 부정하고 미래로의 도약을 꿈꾼다. 그러나 순간을 사랑하지 않으면 결코 삶의 변화는 이룩되지 않는다. 삶이 하나의 연속(혹은 종합)으로 구성될 때만 삶의 변화라는 본성적 차이(창조)가 만들어지는 것이기 때문이다. 한 순간은 이미 과거와 미래가 공존하는 순간이고, 이미 전체적 순간이다. 그래서 순간에 대한 사랑이 결코 쉽지 않은 것은 그것이 이미 전체에 대한 사랑을 전제하기 때문이다. 공간상의 한 점은 다른 점과 분리되어 있는 시간이지만 영원회귀 속에서 순간은 이미 전체 조합의 반복이자 합성된 시간, 동시에 새로운 조합을 낳는 창조의 시간이 된다. 그래서 생의 한 순간을 긍정한다는 것은 이미 내 삶의 모든 것들을 긍정한다는 것과 동일한 말이다.

변신하라

'보라, 이 순간을!' 나는 말을 이었다. '순간이라는 이 성문 통로에서 하나의 영원한 긴 길이 뒤로 뻗어 있다. 우리 뒤에 하나의 영원이 놓여 있다.

만물 가운데서 달릴 수 있는 것은 틀림없이 이미 언젠가 이 길을 따라 달리지 않았겠느냐? 만물 가운데서 일어날 수 있는 것은 틀림없이 이미 언젠가 일어나고 행해지고 지나가 버리지 않았겠느냐?

그리고 모든 것이 이미 존재했다면, 난쟁이여, 그대는 이 순간을 어떻게 생각하는가? 이 성문 통로 또한 틀림없이 이미 존재하지 않았겠느냐?

그리고 만물은 서로 단단히 얽혀 있어서, 이 순간이 앞으로 닥칠 모든 일을 끌어당기지 않겠느냐? 그러니 자기 자신도 끌어당기지 않겠느냐?

만물 가운데서 달릴 수 있는 것은, 밖으로 이어지는 이 긴 길도 틀림없이 언젠가는 달려야 하기 때문이다. 그리고 달빛을 받으며 느릿느릿 기어다니는 이 거미와 달빛, 성문 통로에서 속삭이는, 영원한 것들에 대해 속삭이는 그대와 나, 우리 모두 틀림없이 이미 존재하지 않았겠느냐?

그리고 언젠가는 되돌아와, 밖으로 이어지는 다른 길, 우리 앞에 놓인 저 길고도 으스스한 길을 달려야 하지 않겠느냐? 우리는 영원히 되돌아와야 하지 않겠느냐?'『차라투스트라는 이렇게 말했다』「환영과 수수께끼에 대하여」2절

성문이라는 '순간'에서 앞뒤로 난 영원한 골목길이 마주치

고 있다고 차라투스트라는 설명하고 있다. 그러면서 모든 사물이 서로 단단하게 연결되어 있어 영원히 되돌아와야 한다고 한다. 이것을 수직선적인 이미지에서 생각하면 영원회귀에 대한 사유는 불가능해진다. "영원한 긴 길"을 반복하는 매 "순간"이라는 이미지를 떠올려 보자. 지금 내가 던지는 이 생의 한 순간에 의해, 이 던짐이라는 순간의 행위에 의해 새로운 의미를 부여받기 위해 떨고 있는 내 전 생애가 있다. 내가 이 순간의 행위를 통해 내 전 생애에 새로운 의미를 부여할 때, 다시 말해 전 생애를 이 순간의 행위 속에서 반복하면서 이 순간의 행위를 새로운 창조의 순간으로 만들 때 내 전 생애도 결코 동일할 수 없다. 반면 내가 이 순간을 과거와 단절된 것으로 만들려고 할 때 과거는 파편인 채로, 수수께끼인 채로 내 삶의 곳곳에 흩어져 있게 되고, 이런 과거로 인해 내 삶도 파편화된 채 동일한 삶이 된다. 이 순간을 본성의 변이를 낳는 순간으로 만들 때, 바로 그때만 과거 전체의 삶도 새로운 조합으로 변한다.

내 삶의 모든 것들을 단 한 번에 긍정할 수 있는 힘은 이 우연의 순간에 대한 강력한 긍정에 있다. 그래서 내가 이 한 순간을 긍정할 때 "모든 부분들, 모든 조각들은 한 번에 던져진다."들뢰즈, 『니체와 철학』, 69쪽 거꾸로 말해 내가 이 순간을 단번에 긍정하지 못하면 내 삶 전체와 이 순간이 결합하지 못하는 것이다. 그러면서 순간순간 우리는 우리 삶에 대한 긍정에서 밀려나고, 삶의 능력을 순간에 집중하지 못하게 된다. 순간에 대한 방관, 여기서 삶 전체에 대한 방관이 자라난다. 내 삶의 모든 조각들이 새로운 의미 속에서(새로운 필연 속에서) 새로운 배치를 이루게 되는 것, 이것은 순간에 대한 사랑에서만 나온다. 새로운 조합 속에서 나는 또 새로운 순간에 대한 사랑을 꿈꾸고, 이 사랑 속에서 조합은 또다시 변이된다. 나는 매번 내 전체 삶의 조각을 하늘에 던져 올리고 그 떨어지는 수를 새로운 순간에 대한 사랑 속에서 긍정하기에 이른다.

하지만 삶에 시작과 끝을 설정할 때, 즉 영원회귀를 부정할 때 우리는 삶 속에서 원하는 것만 돌아오길 원하고 원하는 것만 생겨나길 바라게 된다. 그럴 때마다 우리에게 닥치는 수많은 우연적인 사건들이 이해할 수도 없는 것으로 우리 안에 쌓여 가게 되고, 그런 파편들을 일순간에 제거하고자 하는 허무주의적 의지 속에 사로잡히게 된다. 모든 것이 되돌아온다는 영원회귀는 시작의 세계로 다시 돌아간다는 순환도 아니고, 생성의 세계가 끝나고 다른 세계를 새로 시작한다는 목적론도 아니다. 과거는 현재의 순간에서 반복되지만 이미 새로운 차이로 자리매김되고 새로운 것의 창조로서 반복될 뿐이다. 그래서 "이미 세상에 생겨난 일들에서는 아무런 이성이 없고, 그대에게 일어난 일들에는 아무 사랑도 없다."『즐거운 지식』 285절 내가 원한다고 나타나는 것도 아니며 내가 원하지 않는다고 나타나지 않는 것도 아니다. 삶은 순간적인 우연들의 연속이다. 여기에 이성적 목적론의 체계를 세울 수도 없다. 모든 차이들의 변전, 그것이 영원회귀이기 때문이다.

그렇다면 우리는 어떻게 해야 하는가. 목적론 대신 어떤 사유와 어떤 존재를 끌어들여야 하는가. "우리는 영원회귀를 사건들 자체와 더불어서 또는 일어나는 모든 것과 더불어서 이해해야만 한다. 불행, 질병, 광기, 심지어는 죽음에로의 접근까지, 이 모두는 분명히 두 측면을 지닌다. 즉 이것들은 한 측면을 통해서는 나를 나의 역능으로부터 분리시키지만, 다른 한 측면을 통해서는 그 자체가 탐험을 위한 가공스러운 영역이면서 동시에 위험스러운 탐험의 수단이기도 한 그런 기이한 역능을 나에게 부여하는 것이다."들뢰즈, 『들뢰즈가 만든 철학사』, 241쪽 다시 말해 사건을 겪을 때마다 우리는 두번째 측면, 즉 새로운 의미, 새로운 조합, 새로운 배움의 차원을 열어 가야 하는 것이다. 그럴 때마다 우리는 삶의 '최상의 형식'을 찾아낼 수 있고, 무수한 생성과 차이의 반복을 살아 낼 수 있게 되는 것이다. 이럴 때만 삶에 대한 저주와 부정에 빠지지 않을 수 있는 것이다.

이것은 물론 존재의 변신을 요청한다. 그래서 영원회귀는 선택적인 사유만이 아니라 '선택적 존재'를 요청한다. 한 사건을 겪을 때마다 그 사건이 영원히 반복해서 돌아오기를 원할 수 있기 위해서라도, 다시 말해 그럴 정도로 삶을 사랑할 수 있기 위해서라도 우리는 매 순간을 창조의 순간으로 만들어야 한다. "어떤 다른 것을 갖기를 원치 않는 것이다. 앞으로도 아니고 뒤로도 아니고 그리고 영원토록 아니다. 단순히 필연적인 것을 견뎌 내는 것이 아니고 그것을 은폐하는 것은 더더욱 아니다." "오히려 그것을 사랑하는 것", 이런 "운명애"『이 사람을 보라』「나는 왜 이렇게 영리한가」10절는 인간이라는 존재의 본성적 변이를 요청한다.*「최대의 무게」에서 악령이 이렇게 말하지 않았는가. "이 최종적이요 영원한 확인과 봉인 그 이상의 어떤 것도 원하지 않기 위해 너는 얼마만큼 너 자신과 인생을 사랑해야 할 것인가!"『즐거운 지식』341절 우리의 삶을 어떻게 만들어 가야 하는가. 삶의 매 순간을 창조와 변이, 생성과 파괴의 순간으로 만들지 않고 어떻게 운명애가 가능하겠는가. 우리는 과연 "전쟁과 평화의 영원한 회

---

* 여기서 존재의 변신이 갖는 정확한 의미는 '개체'나 '자아'의 동일성을 파괴하고 분열시키는 "비개체성의 사유"라 할 수 있을 것이다(진은영, 『니체, 영원회귀와 차이의 철학』, 그린비, 2007, 147~150쪽, 220~232쪽). '나'와 '자아'에 대한 보수주의적인 보존, 이것이 변신을 가로막는 것이다. 영원회귀와 비개체성과의 관계, 그리고 영원회귀의 다양한 해석에 관해서는 진은영의 책을 참고하면 좋겠다.

귀"『즐거운 지식』285절를 원할 수 있는가. 디오니소스란 바로 영원회귀를 견디는 존재, 그 영원회귀를 유희하는 존재이기 때문이다.

"삶의 가장 낯설고 가장 가혹한 문제들에 직면해서도 삶 자체를 긍정한다. 자신의 최고 모습의 희생을 감수하면서도 자신의 고유한 무한성에 환희를 느끼는 삶에의 의지 ──나는 이것을 디오니소스적이라고 불렀다."『이 사람을 보라』「비극의 탄생」3절 삶의 가혹함 앞에서도 삶을 긍정할 수 있다는 것은 그 가혹함을 사랑할 수 있는 조건을 스스로에게서 만들어 낸 존재에게서만 가능할 터이다. 그리고 그런 존재만이 지금까지 이룬 모든 삶의 작품들을 다시 파괴와 창조의 무한성으로 이끌 수 있는 삶의 의지를 보여 줄 수 있을 것이다. 그런데 여기서 우리가 무거운 숙명만을 본다면 우리는 아직도 너무나 인간적이다. 디오니소스적인 존재는 심연 위에서도, 가혹한 운명 위에서도 춤을 출 수 있는 경쾌한 발을 갖고 있어야 한다.

가장 무거운 운명과 숙명적인 사명을 짊어지고 있는 정신인 그가 그럼에도 불구하고 어떻게 가장 가볍고도 가장 초월적일 수 있는가 하는 것이다. ──차라투스트라는 춤추는 자다.『이 사람을 보라』「차라투스트라는이렇게 말했다」6절 디오니소스에게서 우리는 인간의 자기극복의 최고 경지, 그 경쾌한 운명애의 황금부분을 엿볼 수 있다. 사랑하기 위해서라도 창조하고, 창조하기 위해서라도 사랑하는 존재. 그러나 이 디오니소스라는 위버멘쉬의 존재로 변신하기 위해서 요청되는 것이 있다. "디오니소스적인 과제"는 "망치의 강함과 파괴할 때의 기쁨"『이 사람을 보라』「차라투스트라는이렇게 말했다」 8절만을 요청한다. 왜 강해야 하는가. 우리의 존재 자체가 수천 년의 의지로 이뤄진 것이고, 이 의지와 대결해 새로운 존재로 변신해야 하기 때문이다. 그래서 변신은 '위대한 건강'과 함께한다. 삶 전체를 담을 수 있는 크기, 삶 전체를 조망할 수 있는 높이, 그리고 새로운 삶을 창조할 수 있는 의지는 위대한 건강 없이는 불가능하다. 매 순간 삶의 고뇌 속에서 쓰러져도 그 고뇌가 자신을 다시 일으켜 세우고 삶을 새로운 시각으로 보게 하고 그리하여 삶을 더욱 매혹적인 것으로 보게 하는 힘은 위대한 건강을 요청한다. 그래서 병은 건강의 대립개념이 아니다. 건강은 병을 포함해야 한다. 병들고 고뇌할 때 우리는 이미 삶의 깊이와 높이, 그리고 삶의 필연성과 가능성, 더 핵심적으로 말해서 삶의 매혹에 다가설 수 있는 절호의 기회 속에 놓이게 되는 것이다. 병과 건강을 모두 품고 있는 풍요로운 존재, 생성과 파괴의 영원회귀를 경쾌한 발로 춤추듯 맞이하는 존재, 그가 디오니소스이다.

세 편의 서문으로 보는
니체의 방법론

+++

계보학, 고독과 질병, 몸

Friedrich Nietzsche

과거의 철학, 미래의 철학 —『서광』서문[*]

이 책에서 발견되는 것은 일 가운데에서도 '지하적인 것', 구멍

을 뚫고, 파내고, 파엎는 일이다.1절

지하의 신탁자, 니체

지하에서 신탁을 전한다는 트로포니오스. 그렇다면 니체야말로

트로포니오스다. 그는 진정 "지하에서 작업하고 있는 한 사람"

---

* 이 글에서 인용한 문장은 모두 『서광』의 서문에서 가져온 것으로, 인용출처는 절의
번호만으로 간략하게 표기했다.

이다. 그는 반드시 신탁을 전할 것이다. "오랫동안 두더지였고 고독했다면 침묵을 완전히 잊고 마는 것"1절이니까. 오로지 혼자서, 그것도 아무도 내려가지 않는 지하로 갱도를 파들어가는 자가 무언가를 발견했다면 어찌 이 지상에 알리지 않을 수 있겠는가. 니체의 철학은 트로포니오스가 전하는 신탁이다. 그것도 오이디푸스에게 내려진 신탁과 같은 그런 신탁이다. 아무리 회피해도 실현되는 신탁, 아니 회피를 통해서 표현되는 신탁. 그 어떤 우회로를 거치더라도 신탁은 실현된다. 니체의 철학은 이 삶과 무관한 형이상학일 수 없다. 삶의 본성에서 나오는 신탁이고 삶의 능력에서 나오는 철학이기 때문이다. 문제는 그 신탁을 받는 우리의 역량에 달려 있다. 스스로 눈을 찌르면서까지 운명을 껴안으려 했던 저 오이디푸스의 단단함을 우리가 갖추고 있는지, 그것이 문제다.

니체는 '두더지'다. 그는 늘 두더지처럼 작업한다. 지상보다는 지하를 더 좋아하고, 지상의 열매보다는 지하의 뿌리를 더 좋아한다. 근원에 대한 진단, 이것처럼 니체의 득의의 영역도 없다. 이름하여, 계보학. 가치롭다고 믿었던 것들의 '가치'에 대한 진단. 계보학은 가치의 가치를 묻는 근본적인 '비판'이다. 니체처럼 그 근본에 이른 비판은 없었다고 들뢰즈는 말한다. 3대 비판서를 쓴 비판의 달인 칸트조차 이룰 수 없었던 것이 있었으니 그것은 가치의 가치에 대한 비판, 즉 계보학적 질문이다. '망치의 철학'이란 오로지 니체에게만 헌사할 수 있는 명예다. 우리가 가치롭다고 믿었고, 절대 위반할 수 없다고 믿었던 가치들의 기초는 어디서 유래하는가. 이 가치들은 우리 삶을 풍요롭게 하는가 아니면 빈곤하게 하는가. 이 가치들은 풍요로운 자에게서 나왔는가 아니면 빈곤하고 실패한 자에게서 나왔는가. 가치의 기원에 존재하는 풍요와 빈곤의 차이, 가치의 결과에 존재하는 풍요와 빈곤의 차이. 그런 점에서 니체의 계보학은 삶의 풍요로움과 우월함이라는 삶 자체의 척도 이외에는 그 어떤 척도도 사용하지 않는, 철저히 삶에 내재적인 철학이다.

"당시에 나는 아무도 해낼 수 없는 중요한 일을 기도했다." 그것은 무엇인가. "도덕에 대한 우리의 신뢰"를 파괴하는 일이다. 이를 위해 니체는 깊은 곳으로 내려가려고 구멍을 팠고, 거기서 '두더지-되기'를 하고 있었다. "우리 철학자들이 수천 년 동안 확실한 지반이라고 생각"한 "낡은 신뢰를 조사하기 시작했고 파기 시작했다." 철학이라는 건축물은 거듭 붕괴되고 세워진다. 하지만 그 철학들이 놓인 지반은 가장 확실한 지반인 것처럼 간주되어 왔다. 바로 이 "낡은 신뢰"2절의 기원과 유래, 그리고 그 가치는 결코 의문에 부쳐진 적이 없었던 것이다. 그야말로 '사건'이다. 신학과 윤리학과 철학 전체를 재편해 버리는 사건.

사상의 근본이 바뀌었으니 이제 삶도 이 순간 갑작스레 변한다. 가장 풍요롭고 아름다운 삶에 맞춰진 '렌즈'가 생긴 것이다. 그래서 세상은 단 하나도 변하지 않았으나, 렌즈를 통해 이 세상이 삶의 능력에서 얼마나 멀어져 있는지 확연히 드러나게 되었다. 니체는 그렇게 삶 전체를 전환시켜 버린 것이다.

도덕, 철학자들을 유혹하는 키르케

철학을 비판하는 게 아니라 철학이 놓인 지반을 비판하기에 이 비판은 근본적이다. 그래서 여러 철학 중 하나로 니체 철학이 있는 게 아니라 모든 철학과 대결하는 니체의 철학이 있는 것이다. 니체가 굴착했던 그 지반이 바로 '도덕'이다. "플라톤 이래 유럽의 모든 철학적 건축가들이 무익한 건축을 해온 것은, 도대체 무엇 때문일까? 그들 자신이 정직하게 그리고 진심으로 청동보다도 영구하다고 생각했던 것 모두가 붕괴하기 직전에 있거나 이미 폐허로 화해 있다는 것은 무엇 때문일까?" 이에 대해 여러 철학자들이 칸트의 답변을 제시한다. 철학의 기초가 되는 이성 자체에 대한 비판적 작업이 없었기 때문이라고. 철학의 기초는 이성인가? 일면 그럴 듯하지만 사실 그렇지 않다.

우선 이 답변은 그 자체로 모순을 품고 있는 것이라 저절로 붕괴된다. "지성 자신에게 그 가치, 힘, 한계를 '인식'할 것을 요구하는 것은? 그것은 약간 모순이지는 않았을까?" 이성의 능력이 어디까지인지 그 한계를 정하지 않고 사용했다는 점에 모든 철학의 불안정성이 있다면, 이성의 능력을 정확히 한정해야 할 것이다. 하지만 그 일을 누가 하는가. 바로 이성이다. 이성이 이성의 능력과 한계를 확정한다? 말도 안 된다. 이것은 원에게 사각형이 되어야 한다고 말하는 것과 같다. 사각형인 원은 그 자체로 모순이다. 따라서 "이 답은, 아 얼마나 잘못된 것인지!" 칸트의 비판이 비판의 근본에 다다르지 못한 것은 철학의 기초를 이성이라고 보았기 때문이다. 하지만 니체는 다르게 본다. 철학의 기초는 도덕이었다!

올바른 답은, '모든 철학자들은 도덕의 유혹 위에다 건축했다, 칸트도 또한 그랬다'라는 것으로, 그들의 의도는 겉보기에는 확실성으로 끝나고 '진리'로 끝났지만, 원래는 다시 한 번 칸트의 죄 없는 말을 사용하면 '장엄한 도덕적 건축물'로 끝났다는 것이었으리라. 칸트는 '저 장엄한 도덕적 건축물의 지반을 고르게 하고 흔들리지 않게 하는 것'을 그 자신의 '그다지 빛나지는 않지만 공적이 없는 것은 아닌' 과제와 일이라고 보았다.

"칸트 또한 혼의 밑바닥에는 도덕적인 광신의 사상이 숨어 있었다." 참과 오류, 진리와 거짓을 정확히 분별해야 할 철학이 선함과 악함이라는 도덕적 척도에 갇혀 있었던 것이다. '참'이라 할지라도 '악함'의 영역에 든다면 그 참은 폐기되거나 은폐되거나 왜곡되어야 한다. 이것이 철학의 운명이라면 신학과 윤리학의 시녀라는 추악한 운명이 아니고 무엇이겠는가. 따라서 철학의 기초는 도덕이었고 이성은 그 수단이었다. 이성의 능력과 한계를 설정하기 위해 노력한, 순수한 합리주의자였던 것 같은 칸트는 궁극적으로 무엇을 위해 『순수이성비판』을 썼던가. 그것은 진정 철학의 기초를 공고히 하기 위한 이성적 자기비판이었던가.

칸트는 그의 '도덕의 왕국'의 장소를 열기 위하여 증명할 수 없는 세계, 논리적인 '피안'을 설정하지 않을 수 없다는 것을 알아챘다. ──바로 그 때문에 그는 그의 『순수이성비판』이 필요했던 것이다! 달리 표현한다면, 만약 이성에 대하여 '도덕의 왕국'을 공격하는 일을 불가능하게 하고 게다가 파악하는 일마저도 불가능하게 하는 하나의 일이 그에 있어서 모든 일보다 중요하지 않았다면, 칸트는 『순수이성비판』이 필요하지 않았을 것이다.

그렇다면 칸트는 그만큼 인간의 윤리적 능력을 믿었던 것인가? 아니 사실은 그 정반대다. "도덕이 자연과 역사에 의하여 증명되기 때문이 아니라 자연과 역사에 의하여 끊임없이 반박당함에도 불구하고, 칸트는 도덕을 믿고 있었다." 이 '그럼에도 불구하고'를 이해할 수 있겠는가. 도덕이 반박되고 있음에도 불구하고 도덕을 믿는다고? 그에겐 정말 '믿음'이 필요했던 모양이다. "저토록 많은 분노와 악의를 보이는 신이 얼마나 은혜롭고 정의로운가를, 우리가 이성으로 파악할 수 있다면, 무엇 때문에 신앙이 필요하겠는가?"[3절]라고 말한 루터와 마찬가지로 말이다. 이성을 통해 파악할 수 없음에도 불구하고 믿는다. 루터에게도 필요한 것은 합리성이나 참이나 진리가 아니라 '믿음'이다. 그런 점에서 철저히 도덕적인 현상이다.

반면 니체는 불합리하므로 믿지 않는다. 믿음과 불합리의 양립 불가. 이름하여 "양심의 인간." 지켜야 할 도덕이 필요해서 믿고 따르는 인간과 달리 '양심의 인간'은 자기 삶의 내부에서 들려오는 목소리로서만 도덕을 인정한다. 낡은 시대의 도덕, 철학을 짓누르는 도덕, 인간의 삶을 빈곤하게 하는 도덕, 이 도덕에 대한 반대자로서 니체는 자신을 "도덕의 자기 지양"[4절]이라 부른다. 니체와 더불어 더 이상 철학에 성역은 남아 있지 않게 된다. 철학은 자신의 사유능력을 최대한 펼칠 수 있게 되었다.

동시에 삶에도 넘어서지 말아야 할 금기는 없어졌다. 삶은 풍요로움의 운동을 니체라는 미래의 철학과 더불어 시작한다.

천천히 읽고, 천천히 말하고, 천천히 쓰자

그러나 이 길이 어찌 쉬운 길이겠는가. "도덕의 면전에서는 […] 생각해서는 안 되고 더군다나 말해서는 안 된다. 여기서는 복종하지 않으면 안 된다." 도덕에 대한 비판이 힘겨운 것은 도덕이 자신의 공고함을 유지하기 위해 위협적인 수단만 쓰는 게 아니라 유혹하는 기술도 쓰기 때문이다. 진리를 말하는 자들도 어느 순간 도덕적인 수사학으로 자신의 진리를 표현하기 시작한다. 이 순간 그는 이미 도덕이라는 전갈에 쩔린 것이다. 비판적인 의지는 스스로 마비된다. 그러니 이 길은 쉬울 수 없다. 이 지하갱도를 타고 오르는 험난한 계보학적 여정이 무사할 것인가. "자칫하면 추도문이나 조사弔辭가 될 뻔했다."2절 위험하다. 독침으로 자신을 찌를 수도 있고, 도덕적 경찰에 의해 쥐도 새도 모르게 사라질 수 있다. 그래서 이런 길을 여럿이 가기란 애초부터 기대하기 어려운 일이다.

자기의 길을 걷는 자는 누구와도 만나지 않기 때문이다. 그것이 '자기의 길'을 가는 데 반드시 따르게 마련인 결과이다. 거기에서는 그를 도우러 오는 자는 한 사람도 없다. 덮쳐 올 위험, 우연, 악의, 악천후, 그 모든 것을 그는 혼자서 해결하지 않으면 안 된다. 그는 정말 자기의 길을 혼자서 간다.2절

고독하고 위험하다. 그러나 고독은 숙명이다. 철학의 운명을 보아 버린 자의 숙명인 것이다. 니체의 고독에 대해서는 조금 있다가 자세히 살펴보기로 하고 니체의 발길을 따라가 보자. 이 위험한 시대에 이 위험한 철학은 종종걸음으로 갈 것인가. "나의 책과 마찬가지로 나도 느린 가락lento의 친구이다." 이상하다. 니체는 이 위급한 순간에도 "느릿느릿 말하자"고 우리를 설득한다. 왜 그런가. 오늘날은 "'노동'의 시대, 즉 모든 것을 즉석에서 '해치우고', 오래된 책이나 새로운 책을 모두 끝마치려고 하는, 성급한 시대, 무례하고 땀을 흘리는 황망한 시대"이기 때문이다. 이 급한 걸음이 도덕과 숭배와 비합리를 용인하게 한다. 하나하나 따져보지 못하게 하는 것이다.

니체는 한때 자신이 문헌학자였다는 사실에 기뻐하기도 한다. 문헌학이란 무엇인가. 여러 문헌들에 대한 비교대조는 기본이고, 망실되고 오역된 부분들에 대한 회복과 교정까지, 한 마디로 시간을 요하는 학문이다. 그런 점에서 "말의 금세공술"이

고 말에 '숙달'하게 되는 것이다. 이 속전속결의 시대에 우리는 문헌학자가 되어야 한다. 믿을 수 있는지, 비합리적인지, 참인지 따져 봐야 하는 것이다. "아마 나는 아직도 문헌학자다. 즉 천천히 읽는 방법의 교사이다. 결국 쓰는 것도 느려진다." 천천히 말하자. 그리고 천천히 말하기 위해서라도 천천히 읽자. 소처럼. 반추하면서. 그리고 렌토의 느린 박자로 천천히 쓰자. 하지만 섬광처럼 강렬히 빛나는 사상을.

'서두르는' 모든 종류의 인간을 절망시키지 않는 것은 아무것도 쓰지 않는 것, 그것은 나의 습관뿐만 아니라 취미에도 ─ 아마 심술궂은 취미일까 ─ 속해 있다.5절

고독과 질병의 노마드 ─ 『인간적인 너무나 인간적인』 1, 2 서문*

내 책은 의혹의 학교, 나아가서는 경멸의 학교, 다행히도 또 용기의 학교뿐만 아니라 대담함의 학교라고 불리어 왔다. 1권 1절

---

* 이 글에서 인용한 문장은 모두 『인간적인 너무나 인간적인』 1권과 2권의 「서문」에서 가져온 것으로, 인용출처는 권의 번호와 절의 번호만으로 간략하게 표기했다.

운명과 형벌로서의 고독

니체가 사랑했던 단어, 고독. 니체가 영예롭게 여겼던 단어, 고독. 모든 철학자는 고독한 듯하다. 고독 속에서만 철학이라는 난해한 개념의 건축물이 탄생할 수 있는 듯하니까 말이다. 그렇다면 니체의 고독이 사교성 없었던 칸트의 고독과 같은 것이란 말인가. 한적한 곳에서 대중과 멀리 떨어져 불면의 사색으로 고독의 등불을 켜는 그런 것이란 말인가. 하지만 시골 외딴방에 고독한 거처를 마련하고도 철저히 대중적일 수도 있지 않은가. 또한혼자 있어도 신이 지켜 주기만 하면 고독도 결코 고독 같지 않게되질 않는가. 고독이란 단연코 혼자 있음이 아니다. 적어도 니체의 고독이 그렇다. 왜냐하면 고독의 조건이 치명적일 정도로 위험하고 힘겨운 것이기 때문이다.

일찍이 누군가가 이만큼 깊은 의혹을 가지고 세상을 바라본 일이 있었다고는 사실 나 자신도 믿지 않는다. 악마를 변호하는자로서뿐만 아니라, 그에 못지 않게, 신학적으로 표현하면 신의 적이자 소환자로서 말이다. 그리고 모든 깊은 의혹에 담긴결말을 조금이라도 이해하는 자, 어떤 절대적인 '통찰의 차이'를 형벌로 선고하는 고독의 냉혹함이나 불안을 조금이나마 이해하는 자는, 내가 나 자신으로부터 휴식하기 위해, 말하자면 잠시 자기를 잊기 위해 어딘가에, 숭배나 적의 혹은 학문성이나 경솔함이나 우매함 같은 데에 숨어들려고 얼마나 노력해 왔는가를 알리라.

고독은 '형벌'이다. 우리 믿음의 근원인 신을 불신하는 자, 신을 소환하기 위해 스스로 악마가 된 자에게만 고독이라는 형벌이 내린다. 지금까지의 인류 역사 전체의 근거로서의 신, 그 신을 의문에 부친다는 것은 모든 인류의 삶을 그 근저에서부터 균열내는 일이기에 그렇게 하는 자는 인류의 적일 수밖에 없다. 실로 가공할 사상이다. 자신과 인류, 자신과 인류 역사 전체, 이렇게 세계를 둘로 나눌 수밖에 없는 사상이기 때문이다.

우리는 그 누구도 이런 "고독의 냉혹함이나 불안"을 이해할 수 없을 것이다. 세계 전체와 대립해 본 적이 없으니 말이다. 그렇다면 이렇게 심각하게 고독한 자가 살아갈 방법은 없는가. 자신을 제외하고 세계 모든 것이 대립자들로 구성되어 있다면 "위조화폐" 1권 1절라도 만들어야 한다. 바로 "자유정신"이라는 위조화폐를. 세상에 혼자가 되었다는 것만큼 치명적인 사태가 어디 있을 것인가. 친구가 필요한 법이다. 지금 당장 친구가 없다면 만들어 내야 한다. 그래서 니체에게 친구는 늘 (위조화폐와 같은)

'환영'幻影의 형태이거나 '미래'에 도래할 존재가 된다. "나는 곤란한 지경에 처했을 때, 즉 질병·고독·타향·무관심·무위 등에 시달릴 때, 좋은 기분을 유지하기 위해 함께 떠들고 웃다가 지루해지면 악마에게 주어 버릴 수 있는 믿음직한 동료와 환영으로서, 친구 대신으로 자유정신들을 동반자로서 필요로 했다."

　니체가 가상 속에서 대화를 나누었던 자유정신이 순전히 가상만인 것은 아니다. 속박이 지배하는 세상은 그 속박에서 벗어나고자 하는 사상과 자유정신을 낳는 법이다. 그래서 니체는 정당하게 이렇게 말할 수 있었다. "이러한 자유정신들이 언젠가는 존재할 수 있고, 우리 유럽에 내일이나 모레의 아들 중에서 이처럼 쾌활하고 대담무쌍한 친구가, 나의 경우처럼 허깨비나 환영 같은 것으로서가 아니라, 육체를 지니고 손으로 만질 수 있는 뚜렷한 모습으로 나타나리라는 사실을 나만은 의심하고 싶지 않다." 그렇다면 자유정신은 어떻게 탄생하는 것일까? 자유정신으로 탄생하는 데 있어 그가 겪는 혼란과 위험을 알 수만 있다면 우리의 사상적 모험에도 커다란 용기를 가질 수 있지 않을까. 그래서 니체는 자유정신이 "어떤 운명들 아래에서 태어나고 어떤 길로 오는지 '보고' 그것을 미리" 묘사해 준다. 1권 2절

인식의 수단으로서의 질병

자유정신이 되는 길에 처음으로 찾아오는 것은 거대한 '지진'과 균열이다. 니체는 이것을 "위대한 해방"이라 부른다. 무엇으로부터의 해방인가. '의무'들로부터의 해방이다. "젊은 사람들이 타고 난 외경심, 오래전부터 숭배하고 가치 있게 여긴 모든 것에 대한 두려움과 나약함, 자기들이 성장해 온 고장, 자신들을 이끌어 주었던 손길, 숭배를 배웠던 성전 등에 대한 그 감사, 바로 그들의 최고의 순간이야말로 그들을 가장 단단히 묶고, 가장 지속적으로 의무를 느끼게 만든다." 이 "속박된 것"에 갑작스럽게 지진이 발생할 때 자신에게 무슨 일이 일어났는지도 모른 채 "충동과 혼란"이 영혼을 지배하고 "명령하듯 군림"하게 되어 버린다. 이제 "미지의 세계를 향한 격렬하고 모험적인 호기심이 그의 모든 감각 속에서 불타오른다." "여기서 사느니 차라리 죽고 싶다." 이런 단호한 목소리가 영혼에서 울려나온다. 자신이 숭배하고 사랑했던 모든 것에 대한 '신성모독'. 이것만으로 이미 '최초의 승리'이다.

하지만 "엄청난 해방의 역사"에는 당연히 "아픔과 고통"이 뒤따른다. 무엇으로부터의 해방은 '무엇을 위한'을 찾지 못할 때 아직 진정한 단계의 해방이 아니다. 그렇기에 해방에는 혼란과 위험이 수반된다. 그래서 "해방이란 동시에 인간을 파괴할 수도 있는 하나의 병이다." 기존의 의무들로부터 벗어나서 "스스로 가치를 바로 세우려는 힘과 의지"를 발휘할 때 그 모습 자체가 병적인 형태를 띠지만, 그보다 새로운 가치를 정립하지 못하고 혼돈상태로 소멸할 수 있기 때문에 '질병'이라고 할 수 있는 것이다. "마치 사막에 있는 것처럼 불안정하고 목표도 없는 행로의 중간에 있으므로." 일종의 호기심 덩어리이기도 한 이 해방된 존재는 그를 둘러싼 모든 것에 물음표를 던진다. "모든 가치를 뒤집을 수는 없는 것일까? 아마도 선은 악이 아닐까? 그리고 신은 악마의 발명품일 뿐이거나 악마를 더욱 고상하게 만들어 놓은 것은 아닐까?" 이런 발본적인 질문들과 함께 "고독이 그를 둘러싸고 달라붙는다."1권 3절

그렇다고 삶에서 병을 제거해야 하는 것은 아니다. 병이 사라지면 건강도 사라지는 게 생명체의 섭리 아닌가. 모든 것에 의문을 던지는 자유정신의 초창기에 영혼의 신진대사는 심각하게 교란되는데, 이런 상황 자체로 이미 질병이지만, 또한 "병은 인식의 수단"이라는 사실은 우리에게 커다란 위안이 된다. 영혼의 교란 없이 어떻게 영혼이 더 풍요롭고 깊어질 수 있겠는가. 신진대사의 교란을 감당할 수 없는 신체는 과거의 신체보다 더 건강한 신체가 될 수 없다. "많은 대립된 사고 방식에 통하는 길을 허

용하는 이 자유에까지 이르는 길은 멀다." 하지만 확실한 것은 병을 통과하지 않고서는 결코 '질병마저도 포괄하는' "엄청난 건강"에 도달할 수 없다는 사실이다.

의무의 사슬에서 풀려나서 혼란스런 와중에도 "건강에의 의지"에 지배되는 자유정신은 이제 기다란 회복기에 돌입한다. 병에 차도가 생겼다. 그리고 이제 삶에 대한 기존의 태도에 변화가 일어난다. 그는 한 마리 '새'가 된다. "이제 사랑과 증오의 속박 속에서 사는 것이 아니라, 긍정도 부정도 없이 마음대로 접근하고, 멀어지며, 기꺼이 도망치든가, 몸을 돌려 피하든가, 훨훨 날아다니든가, 보이지 않게 되든가, 다시 높이 뛰어오르든가 하며 사는 것이다." 새처럼 "호기심과 섬세한 멸시의 감정과 서로 얽혀 있는 제3의 감정"을 갖고 세계를 대하는 것이다. 새로운 가능성이 펼쳐져 있기에 한 가지 계율에 집착하지 않으며, 또한 거기에서 배제된다는 불안에 떨지도 않는다. "언젠가 자기 '발밑에서' 놀랄 만큼 다양한 것을 본 일이 있는 사람들처럼 사치에 탐닉하게 된다."1권 4절

"한 걸음 더 회복하면 자유정신은 천천히, 거의 반항적으로, 거의 의심하듯이 다시 삶에 다가간다." 이제 삶이 완전히 새롭게 보인다. 삶에 "부드러운 털이나 매력"이 솟은 듯 그에게 새로 태어난 아이처럼 보이기 시작하는 것이다. 삶은 변한 게 없는데

세계 전체는 변해 버렸다. 의무의 속박에서 벗어났다는 것만으로도, 그리고 그로 인한 병치레를 견뎌 냈다는 것만으로도. 병들기 전까지 "그는 자신의 외부에 있었다." 자신보다 의무가 더 소중했던 것이다. 이제 자신이 새롭게 보이고, 그에 따라 삶도 새롭게 보이기 시작한다. "이제 비로소 그는 자기 자신을 바라본다. 그때 그는 거기서 얼마나 의외의 것을 발견하는가! 처음 겪는 엄청난 전율!" 그는 이제 '새'에서 '도마뱀'으로 변신한다. "삶을 향하여 다시 반쯤 몸을 돌린 이 회복기에 있는 자, 즉 도마뱀이야말로 세상에서 가장 감사하는 마음을 가진 그 무엇보다 겸손한 생물이다." 아직 완쾌되지는 않았지만 따스한 햇살 비치는 벽에 기대어 있는 "겨울의 행복"이 찾아온다. 그리하여 "그들 가운데에는 척 늘어뜨린 옷자락에다 하잘것없는 찬미가를 달고 다니지 않고는 하루도 못 배기는 자도 있다." 한 번도 아파 보지 못한 자가 건강의 소중함을 모르듯이 한 번도 영혼의 질병에 걸리지 않은 자는 삶의 소중함을 모른다. 세상이 살기 힘들고 고통스럽고 암울한 것으로 보이는가. 그렇다면 심각하게 아파 보는 것만이 "모든 염세주의에 대한 근본적인 치료"1권 5절이다.

이렇게 삶에서 '매력의 솜털'을 새롭게 느낄 때, 그에게 새로운 사상이 찾아온다. "그대는 그대의 주인이며 또 그대 자신의 미덕의 주인도 되어야 했다. 이전에는 '미덕이' 그대의 주인이었다. 그러나 그 미덕은 다른 모든 도구들과 마찬가지로 그대의 도구이기만 하면 된다." 도덕에 희생되는 존재가 아니라 도덕을 창안하는 존재라면, 그 존재가 위로 솟구칠수록 도덕도 변해야 한다. 이것을 니체는 "위계의 문제"1권 6절라고 부른다. 크게 병을 앓아 본 적이 있기에, 이제 언제든 자신의 미덕을 극복하고 새로운 병에 빠져들 수 있는 위대한 건강을 획득했다. 더 건강해지듯이 더 위로 오를 수 있다. 영혼은 심연의 끝간 데를 더듬고, 사유는 대립의 극한을 오간다. 우리는 '사다리'다. 그 사다리를 타고 바로 우리가 오른다. 오를 수 없을 때 병도 회복되지 않는다.

그런데 이 경험은 누구의 것인가. 바로 니체의 것이다. 자유정신의 비법은 니체가 스스로 통과할 수밖에 없었던 질병과 건강의 경험인 것이다. 그런데 이런 일이 어찌 니체에게만 일어나겠는가. 속박에서 벗어나 새로운 가치를 창안하고자 하는 누구든 이런 과정을 거치지 않을 수 없다. "이러한 사명의 은밀한 힘과 필연성은 모르는 사이에 이루어진 임신처럼 개인의 운명 사이 또는 그 가운데서 지배하고 있다." 자기 자신을 잊지 않는다면, 자신의 삶에 진정 충실하다면, 니체가 경험한 질병과 건강의 과정은 우리의 운명이 될 것이다. 왜냐하면 "우리의 사명은 우리가 아직 그것을 눈치 채지 못할 때에도 우리를 좌우하고 있"

기 때문이다. "우리의 오늘을 규제하는 것은 미래다."1권 7절 허황된 미래가 아니라 내 삶에서 솟아나올 수밖에 없는 미래, 그 미래가 출현하기 위해 내 현재의 삶에 질병을 초래하고 건강을 되돌려주는 것이다.

처방으로서의 고독과 노마드

질병은 결코 한 번으로 그치지 않는다. 니체는 자신의 체험이 "병과 회복의 역사"2권 6절라고 말한다. 그만큼 니체는 크게 고뇌했고, 크게 심연으로 가라앉았으며, 크게 비상했다. 아플수록 더 건강해지고 심오해졌던 것이 니체의 경험이다. 어떻게 그럴 수 있을까. 질병이 한 인간을 무너뜨리는 경우도 많을 텐데 어떻게 그 많은 환멸과 질병 속에서도 한층 더 심오한 인식 속으로 파고들 수 있었을까. 니체는 본능적으로 가장 건강해질 수 있는 처방전을 써주는 의사 같은 철학자다. 그의 말대로 "의사와 환자를 한 몸에 겸비한"2권 5절 사람이 바로 니체다. 그는 모든 '낭만주의적' 처방에 대해 적대적이다. "내가 시작한 일은 모든 낭만주의적인 음악을 철저하게 근본적으로 '금지하는' 것이었다. 즉 정신의 엄격함과 즐거움을 빼앗고, 모든 종류의 불명료한 동경과 들뜬 욕망을 널리 퍼뜨리는 이 애매하고도 허망하고 음울한 예술을 '금한' 것이었다." 무슨 일이 있었던가.

독일과 유럽에서 승리를 거두고 있던 음악가 바그너가 "갑자기 의지할 데 없이 풀이 꺾여 기독교의 십자가 앞에 무릎을 꿇었던 것이다." 니체는 이 장면이야말로 가장 "무서운 광경"이라고 말한다. 왜 그런가. 이 사건의 의미는 바그너의 정체를 통해 드러난다. 바그너는 바로 "부패한 절망적인 낭만주의자", 삶의 근본적인 본능이 이미 퇴화되어 버린 자, 그리하여 이상주의적인 세계에 대한 동경과 갈망에 들뜬 데카당이었던 것이다. 그런 그가 전 유럽의 최고 음악가로 추앙받는 사태, 이것이야말로 가장 위험한 삶의 징후 아닌가. 그런데도 아무도 거기에 대해 우려를 표명하지 않는다. 한때는 열렬한 추앙자이기도 했던 니체는 바그너의 본능을 감지하는 '심리학자'답게 그와 과감히 결별을 선언한다. 니체는 이 유럽적인 사건에서 엄청난 고통을 경험한다. 모든 사람이 삶에 대해 비방하는 '낭만주의적 염세주의' 속으로 빨려들어가고 있기 때문이다. 그리고 니체는 병이 들게 되고, "그것은 병 이상의 것"이었다고 한다.

우리 근대 사람들에게 열광적으로 남아 있는 모든 것과 여기저기에서 낭비되는 힘·노동·희망·젊음·사랑에 대한 끊임없는 환멸에 지친 것이었다. 이 낭만주의 속의 여성적인 것, 광신적이며 방탕한 것에 대한 혐오에, 여기서 다시 한 번 가장 용감한 자 가운데 한 사람을 쳐부수고 승리를 빼앗은 이상주의적 허위와 알맹이 빠진 양심에 대한 혐오에 지쳐 버렸다. 끝으로 나는 이러한 실망 이후 이것도 앞서의 것에 뒤지지 않는 피로였지만, 전에 없이 깊이 의심하고 깊이 경멸하고, 깊이 고독 속에 살도록 운명 지어진 것이 아닌가 하는 엄격한 의심으로 말미암은 번민에 지쳐 버렸다.2권 3절

심지어 자신의 '사명'조차 자신을 떠나 버린 것 같은 심각한 상황에 처하게 된다. 어떻게 살아야 한단 말인가. 이렇게 사는 게 옳은가. 사명을 지켜 갈 수 있는 방법이 없단 말인가. 수많은 환멸과 회의 속에서 무너져 버릴 것만 같은 순간에 니체는 고독을 선택한다.

"나는 이제 고독에 그리고 심술궂게도 자신에게 불신의 눈을 돌리면서 이렇게 나 자신의 '적'이 되었고, 바로 '나를' 몰아세우고 혹독하게 대했던 모든 것의 '편'을 들게 되었다." 자기 자신에게 훨씬 더 엄격해지기. 그러면서도 결코 삶의 고통과 질병에 짓눌리지 않기. 자신에게 더 충실하고 더 엄격해져야 할 순간에 "낭만주의적 허위" 속에서 가상적 처방을 찾을 때 진정한 사명은 사라지고 만다. "병이란 우리가 '우리 자신의' 사명에 대한

권리를 의심하려고 할 때, 즉 우리가 어떤 점에서 안락을 꾀하기 시작할 때에 늘 주어지는 대답이다." 그리고 "이런 '안락함'이 우리가 가장 괴로운 보상을 해야 하는 것"2권 4절이기도 하다. 그러므로 니체에게 질병이란 사명에 대한 권리를 의심하게 되는 순간이자 낭만주의적 염세주의와 타협하게 되는 순간이다. 그리고 건강함이란 사명을 확고하게 붙잡는 순간이자 '비극적 염세주의'의 관점을 획득하게 되는 순간이다.

"고뇌하는 자는 아직 염세주의에 대한 권리가 없다!" 삶이 괴로운가? 그렇다면 당신은 염세주의자다. 하지만 낭만주의적 염세주의자일 뿐이다. 삶의 고뇌로부터 도피하고자 하는 낭만적 이상주의자일 뿐이다. 따라서 진정한 염세주의자, '비극적 염세주의자'는 "고통에 '맞서' 삶을 수호하고 고통·환멸·혐오·고독의 늪 지대에서 언제나 독버섯처럼 번식하는 모든 결말을 말살하는 사명을 자신에게 부과한, 준엄하고 자랑스러우며 언제나 눈을 뜨고 있는 민감한 의지가 지배하"는 본능의 소유자이다. 그는 저 멀리 존재하는 이상적 세계로 도피하지 않는다. 대신 이 세계의 지배적인 본능과 의지로부터 거리를 두고자 한다. 이 세계의 율법만이, 이 세계의 감각만이 유일한 척도가 아님을 확고히 받아들일 수 있을 때까지. 그래서 그는 "여태껏 시도된 일이 없는 정반대의 '영혼의 풍토'로, 즉 낯선 고장과 낯선 '것'

속으로 나아가는 방랑과 모든 종류의 낯선 것에 대한 호기심"을 강요한다.

이 삶을, 이 존재를 사랑하고 긍정하기 위해서라도, 다시 말해 이 세계가 고뇌에 차 있는 것이라며 저편의 이상세계로 도피하지 않기 위해서라도 니체는 '노마드'가 된다. 이 세계에 강력하게 뿌리내리기 위해서, 이 세계의 퇴화된 본능과 의지에 일전을 감행하기 위해 낯선 영혼의 세계로 떠나고, 동시에 자신도 이 시대에 낯선 자가 된다. 가장 '반시대적인' 존재, 그래서 니체야말로 노마드다. 이때 삶이 우리에게 보답해 준다고 니체가 말했던가. "마침내 우리는 그 보상으로 '굉장한', 아마 삶이 줄 수 있는 가장 큰 선물을 받는다. 우리는 '우리의 사명을' 되찾게 되는 것이다."2권 5절 그래서 아픔과 고뇌와 질병은 차라리 선물일 수 있다. 이제 우리는 니체의 다음과 같은 말에 깊은 울림으로 수긍하게 된다.

그대들의 운명은 그대들이 다른 누구보다도 더 심하게 아프기를 바라고 있다. 그대들은 '한 개인에 불과한' 것이 아니기 때문이다. 그리고 그대들의 위안은 하나의 '새로운' 건강으로 가는 길을 여는 일이다. 2권 6절

철학의 비밀은 육체에 있다! ─ 『즐거운 지식』 제2판 서문[*]

나는 아직도 철학적인 의사를 기다리고 있다. 아주 예리한 의사를. 사람과 시간과 인종과 인류의 총체적인 건강을 진단할 수 있는 의사, 다음과 같은 제안을 두려워하지 않고 나의 의혹을 끝까지 파헤치기 위하여 용기를 불러일으킬 수 있는 의사를 기다리고 있다. 나의 제안이란, 지금까지 행해진 모든 철학의 목표는 '진리'가 아닌 다른 것 ─건강, 미래, 성장, 힘, 생명이라고 할까─이라는 것이다.2절

육체에 대한 오해로서의 철학

질병의 경험이 많았던 니체는 그 경험에서 얻은 이익을 다음과 같이 규정한다. "여러 종류의 건강상태 속을 횡단하고 또 계속 횡단하는 철학자는 똑같은 숫자의 철학을 지나갈 수밖에 없다."3절 그런 점에서 병은 순전히 고통스럽고 무의미한 것만은 아니다. 수많은 철학을 뚫고 갔다는 것, 그런 니체에게만 허용되

---

[*] 이 글에서 인용한 문장은 모두 『즐거운 지식』 「제2판 서문」에서 가져온 것으로, 인용 출처는 절의 번호만으로 간략하게 표기했다.

는 것이 있으니 바로 "건강과 철학의 관계"에 대한 통찰이다. 니체는 자신을 '심리학자'라 부른다. 심리학자는 의식 아래서 무의식의 비밀을 엿보는 자가 아니라 어떤 건강 상태에서 어떤 철학이 나오는지, 다시 말해 병으로 인한 고통으로부터 도피하는 구원의 철학적 표현인지 아니면 병과 고통을 껴안는 극복의 철학적 표현인지를 간파하는 자다. 철학의 기초가 도덕이었다면 이제 도덕의 기초는 육체가 된다. 즉 삶이다. 문제는 어떤 등급의 육체이고 어떤 등급의 건강이고 어떤 등급의 삶인가 하는 점에 있다.

어떤 사람들의 경우에는 그들의 박탈된 상태가 철학을 하고 또 다른 경우에는 풍요와 활력이 철학을 할 수도 있다. 전자의 경우 그들은 버팀목으로든, 진정제, 약, 속죄양, 기분전환, 혹은 자신을 고립시키는 수단으로든, 어쨌든 철학을 필요로 하고 있다. 후자의 경우 철학은 아름다운 사치품에 지나지 않는다.

마취상태의 철학인가 도취상태의 철학인가. 니체는 이렇게 철학의 생리를 짚는다. 니체가 특히 관심을 갖는 것은 "병으로부터 압력을 받"는 사상의 모습이다. 왜냐. 철학사에는 병든 사상가가 압도적으로 많았으니까. 소크라테스도 죽을 때는 의술의 신인 아스클레피오스에게 닭 한 마리를 빚졌다고 하지 않았던가. 다시 말해 죽게 돼서 삶의 질병과 고통으로부터 해방되어 신세졌다는 말이다. 고통에 빠진 철학자, 질병으로 인해 건강한 회의와 사유가 힘겨워진 사상가는 어떤 옆길로 새어드는가. 평온함과 온화함, 청량제와 마취제라 부를 수 있는 사상들, 이것이 병든 육체가 필요로 하는 것이다.

전쟁보다 평화를 더 중요시하는 모든 철학, 행복을 부정적으로 규정짓는 모든 윤리, 어떤 형태이든 종말을 아는 모든 형이상학과 윤리학, 세상을 초월하고 극복한 상태, 분리되고, 넘어서고, 밖으로 나가고, 높이 오르는 것을 원하는 모든 지배적으로 예술적인 혹은 종교적인 열망, 이 모든 철학들이 각 철학자들의 병으로부터 영감을 받지 않았나 충분히 질문해 올 수 있다.2절

사실은 신체가 평온하기를 원했던, 신체적인 상태의 표현인 것을 객관적이고 이념적이고 순수하게 정신적인 것으로 위장하는 '무의식적 시도'가 굉장히 많다. 그러나 결코 정신만이 활동하고 신체는 철학적 작업에서 배제되는 게 아니다. "우리 철학자들은 일반 사람들처럼 영혼과 육체를 분리할 자유가 없다."

왜냐. 우리는 "생각하는 개구리"가 아니기 때문이다. 몸은 개구리인데 생각만 인간적일 수 있는가. 몸은 병들었는데 영혼만 순수할 수 있는가. 정신이 육체를 통제하는 것도, 정신이 육체와 분리된 것도 아니다. 오히려 병든 육체에 병든 정신이 대응한다. 스피노자의 평행론 공식으로 보면 능동의 육체에 능동의 정신이 따르고 수동의 육체에 수동의 정신이 따르는 법이다. 따라서 철학은 육체에 대한 오해이거나 육체에 대한 해석의 일종이다.

철학자는 단순히 사유만 하는 존재가 아니다. 사실 그 사유의 밑바탕에 육체, 더 정확히 말하면 삶이 가로놓여 있는 것이다. "우리가 가진 모든 것들, 피, 가슴, 불, 쾌락, 정열, 고뇌, 양심, 운명, 그리고 돌연한 재해를 그것들에게 물려줘야만 하는 것이다. 삶──그것은 우리에게 있어서 우리 자신의 모든 것들을 끊임없이 빛과 화염으로 변모시키는 것이다." 철학적 표현은 "특정한 육체의 증상"으로 간주할 수 있다. 철학자는 자신의 삶 전체를 밀고 가는 자이지 책상 앞에서 사유만 하는 자가 아니다. 그래서 우리는 철학에서 늘 철학자의 건강 상태를 짚어 내기 위한 심리학자가 되어야 한다. 그럴 때만 우리는 철학자의 현란한 개념들에 속아 넘어가지 않는 현명한 독자가 될 수 있을 것이다.

커다란 고통은 정신의 최종적인 해방자

병은 결코 불필요한 게 아니다. 병 없는 건강은 없다. 병은 삶에서 제거해 버릴 수 없는 소중한 것이다. 때때로 빠져드는 질병, 그 질병으로 인한 고통, 이 고통은 정신의 해방자이다. "그것은 또한 모든 U를 X로, 알파벳 마지막에서 두번째인 진짜 X로 바꾸는 거대한 의심의 스승이기도 하다." 우리가 삶을 미지수 X로 바꿔 볼 때가 언제일까. 건강할 때는 결코 그럴 수 없다. 심각한 병을 앓아 보라. 그러면 자신의 삶 전체에 대해 의문이 떠오를 것이다. 내가 살아온 방식이 옳았던가. 나의 삶을 둘러싸고 있던 것들 중 무엇이 나를 병들게 했는가. 회의와 의문은 질병으로부터 솟는다.

이 질병이 깊이를 만들어 낸다. 한 번도 아파 보지 못한 자, 한 번도 삶의 고통 속에 빠져 보지 못한 자, 그에게 결여된 것은 삶이 주는 최고의 선물인 '깊이'이다. 그는 건강할지언정 깊이는 없다. 니체의 말대로 심각한 고통이 우리를 더 낫게 만드는 것은 아닐지도 모른다. 하지만 "우리의 생각을 좀 더 심오하게 만든다"는 것은 확실하다. 그렇다면 심오해졌다는 것은 뭔가. 그것은 일종의 작별의 능력이자 탄생의 능력이다. 커다란 고통은 "모든 신뢰, 모든 안일한 것, 온유한 것, 적당한 것, 중간에 베일을 드리우는 모든 것들, 다시 말해, 우리가 지금까지 그 속에서 우리의 인간됨을 찾았던 것들을 저버릴 수 있게 할 것이다." 우리의 인간성을 쏟아부었던 것들, 그런 낯익은 것들과의 작별. 이제 우리는 다른 존재가 되기 시작한다. 이것이 심오함이다. 세상은 하나도 바뀌지 않았을지 모른다. 하지만 내가 심오해짐으로써 세상도 달라진다.

우리는 이러한 길고 위험한 자제 훈련을 통해 새로운 사람으로 변모하게 된다. 새로운 질문들과 함께 지금까지의 그 어떤 질문보다 더 깊게, 심하게, 거칠게, 사악하게, 그리고 조용하게 더 많은 질문들을 할 새로운 의지가 생기는 것이다.

우리는 이제 삶을 호락호락한 것으로 보지 않게 된다. 우리에게 심각한 고통을 안겨 준 삶이기에. 우리는 조금 더 겸손해졌다. 그렇다고 겸손을 가장한 자기비하에 빠져들어 간 것이 결코 아니다. 삶에 대해 궁금증이 들기 시작한다. 예전에는 미처 생각도 못했던 것들에 눈이 가기 시작한다. 쉽게 받아들이고 쉽게 믿었던 것들에 대해 이제 다른 태도가 생긴다. 더 심오하게 묻고 더 엄격하게 묻겠다는 것. "삶에 대한 신뢰는 없어지고 삶 자체가 문제가 된 것이다." 문제가 되어 버린 삶. 그래서 삶에 대해 실망하게 되었다는 것인가. 그 희한한 고통에서 다시 삶의 영역으로 솟아났는데도. 아니다. 삶은 예전보다 더욱 신비로워졌다.

"삶에 대한 애정이 아직도 가능한 것이다." 대신 "애정에 대한 표현"만이 변했을 뿐이다. 이제 어떻게 사랑하는가. 바로 여인에 대한 사랑과도 같은 사랑에 빠져든다. 그것도 늘 의심을 품게 만드는 그런 여인에 대한 사랑에 빠져든 남성과도 같은. 그런 여인에 대한 사랑이야말로 얼마나 큰 행복인가. 저 미지수 X와 같은 삶에 대한 사랑, 그 사랑의 환희가 너무 커서, "문제성에 대한 모든 고민도, 불확실한 것에 대한 위험도, 심지어는 사랑하는 사람의 질투까지도 번뜩거리는 섬광과 같이 덮어 버리는 것이다." 예전에는 삶의 문제를 풀기 어려울 때면 쉬운 믿음을 선택했다. 이제는 문제가 어려울수록 삶의 신비로움은 커져 가고, 거기서 느끼는 황홀함은 말로 할 수 없을 정도가 된다. 삶이 이렇게 신비로운 것이었던가. "우리는 새로운 행복을 알게 된 것이다."3절

깊이에서 나온, 표피에 대한 사랑

삶이 솜털로 둘러싸인 것 같은 매력으로 가득 차 있다. 이 신비한 매력에 도취된 사람은 이제 삶이 전혀 다른 것으로 보인다.

삶은 아무리 파헤쳐도 신비와 X를 잃지 않는 여성이다. 그렇다면 이 여성을 어떻게 대해야 하는가. 이 여성 내부에 진리가 있다고, 변하지 않는 본질이 있다고 믿을 것인가. 여성은 영원한 진리와 본질의 한갓 가림막일 뿐인가. 표피 안쪽의 가치를 위해 표피 바깥의 무가치를 주장할 것인가. 삶의 신비 아래에서 그 변치 않는 본질과 이데아를 찾는 것이야말로 삶이라는 여성에 대한 살해가 아니고 무엇인가. 삶을 삶으로 보지 않고 삶 이면의 표현으로 보는 것이야말로 삶의 생동감을 본질과 이데아의 항상성으로 치환해 버리는 것 아닌가. 이것은 좀 우습고 창피한 일이다.

이런 이집트 젊은이들을 아는가. 밤이면 신전 속으로 숨어들어 조각상들을 껴안고는 "다 이유가 있어서 숨겨진 것들"을 벗겨 내고 빛 속에 세워 두려 했던 젊은이들. 어떤 희생을 치르더라도 진리를 추구하겠다는 이 광기에 "우리는 더 이상 매력을 느끼지 못한다." 우리는 삶이라는 전체집합 U에 어떤 본질이나 진리가 숨어 있으리라고 생각하지 않는다. 삶 자체가 수수께끼일 뿐인 것이다. 우리는 "베일이 걷어진 후에도 진리는 변하지 않고 그대로 있으리라고 믿지 않는다." 이것을 믿기에 우리는 너무 심오한 경험을 해버렸다. 삶이 그 자체로 매혹적인 여성이 되는 경험을. 그래서 우리는 다음과 같은 일화에서 진리를 탐구하려는 "철학자들을 위한 힌트"를 얻는다.

"하느님이 모든 곳에 존재한다는 것이 진실인가요?"
라고 어린 소녀가 그녀의 어머니에게 물으며 말했다.
"그건 점잖지 못한 것 같아요."

모든 것을 신이 보고 있다. 즉 진리의 척도인 신에 맞춰 삶의 이면에서 신적인 본질을 찾아야 한다. 그렇다면 삶은 하나의 가상이고 헛된 꿈이며 무의미한 것이지 않은가. 정말 점잖지 못한 일이다. 삶을 비방하고 삶을 왜곡하는 모든 것은 진정 점잖지 못하다. 니체는 진리가 삶 이면에 숨어 있고, 진리를 변치 않는 본질로 포착할 수 있다는 것에 대해 이렇게 대꾸한다. "어쩌면 진리란 그녀의 이유를 우리에게 보여 주지 않는 것에 대해 이유를 가지고 있는 여자인지도 모른다. 어쩌면 그녀의 이름은 ── 희랍어를 쓰자면 ── 바우보$_{Baubo}$가 아닐까?" 그리스 시대의 음란한 여신, 바우보. 바닥과 깊이와 진심이 무엇인지를 결코 알 수 없는 여인, 이것이 삶이고, 진리라는 것이다.

그런 점에서 그리스인들은 산다는 게 무엇인지 알고 있었던 지혜로운 인간들이었다. 그들은 살기 위해서는 표피와 주름, 피부에 머물며 "현상숭배와, 형식, 조화, 단어, 즉 현상의 올림포스" 전체를 믿어야 할 필요가 있었다. 표피와 피부에 머문 게 피상적인 것 같은가. 그렇다 피상적이다. 하지만 그것은 "생각이 깊었기 때문에"4절 나온 것이었다! 삶의 깊이를 알았기에 여성의 베일을 벗겨 진리와 본질을 찾으려는 이집트 젊은이 같은 점잖지 못한 일은 결코 하지 않았다. 삶의 깊이가 있었기에 삶이라는 표피에 머물 수 있었던 것이다. 삶의 변전과 무상, 어떤 법칙도 없는 삶이라는 표피에 머물 수 없는 자, 그들은 늘 진리와 본질과 이데아와 영원성과 저편의 세계를 찾는다. 하지만 그것마저도 특정한 삶의 표현, 더 정확히 말하자면 특정한 질병의 표현인 것이다.

공포에 맞닥뜨리는 용기

+ + +

영화 「미스트」와 「키리쿠와 마녀」에 대한
니체식 독해

Friedrich Nietzsche

크로노스의 시간과 아이온의 시간

「키리쿠와 마녀」1998는 공포와 우상, 그리고 건강에 관한 애니메이션이다. 공포가 우상을 만들고 병을 낳는다면, 우상을 파괴하는 힘은 건강에서 나온다. 그러나 건강하다고 두려움 앞에서 공포에 빠지지 않는 것은 아니다. 건강과 공포의 관계는 그렇게 대립적이지 않다. 두려움 없는 삶이 과연 존재할 수 있을까? 수천년의 인간 역사란 공포와 함께한 시간이 아닌가. '삶'이라는 이두려운 존재 앞에서 우리는 어떻게 살아가야 한단 말인가? 「키리쿠와 마녀」가 던지는 질문이 바로 이것이다.

잠깐 우회해서 영화 「미스트」2007에서 시작해 보자. 한 도시에 엄청난 안개가 덮쳐 온다. 한 치 앞도 분간할 수 없을 정도로 가득한 안개의 공포. 공포란 원래 이런 것이다. '한 치 앞도 보이지 않음.' 시간의 측면에서는 온통 우연과 실패와 혼돈으로 가득한 미래의 시간. 내 앞에 전개될 시간이 미궁으로 가득 차 있는 듯한 느낌. 이것의 공간적이고도 시각적인 표현이 '미스트'라는 안개다. 앞이 보이지 않는다. 그렇다면 어떻게 해야 하는가? 손바닥으로 더듬어 가면서 조금씩 안전을 확보해 가는 길밖에 없다. 내가 내밀었던 손을 상상도 할 수 없는 괴물이 잡아챌지 어떨지 도무지 알 수 없다. 안전의 길인지 위험의 길인지 아무도 모른다. 참으로 인간의 삶이란 이런 것이 아닐런지.

스토아 철학자들의 시간, 즉 '크로노스'Kronos와 '아이온'Aion의 시간이 떠오른다. 크로노스의 시간이란 신적인 시간으로, 미래를 훤히 알 수 있는 존재의 관점에 입각한 시간이다. 신이 세계를 바라본다고 가정해 보자. 신에게 과연 미래가 있을까? 신에게 미래는 알 수 없는 공포의 시간일까? 아니다. 신에겐 미래가 없다. 그러므로 과거도 없다. 대신 현재만 있다. 아니 정확히 표현하자면 신에겐 우연이 없다. 모든 건 신에게 알려져 있고, 알려져 있는 모든 것은 신의 뜻대로, 신의 예언대로, 신의 예상대로 출현한다. 그런 점에서 일어나는 모든 것은 현재이며, 현재는 어떤 공포도 주지 않는 안전의 시간이다.

그러나 아이온의 시간은 정반대다. 한 치 앞도 보이지 않는 시간이다. 이 다음 순간 무엇이 닥칠지 아무도 모른다. 나의 모든 계획과 예상이 한순간에 무너지는 참담한 경험이 닥칠 것이다. 아이온의 시간은 우연의 지배를 받는다. 계속해서 미래가 도래하지만, 그 미래는 신이 선사한 선물이 아니다. 미래는 나의 행위를 통해 열리는 새로운 사건이다. 그러므로 내게 시간은 앞이 캄캄한 경험이다. 그렇다고 모든 게 우연의 남발인 것은 아니다. 우연의 형식을 띠고 있더라도 사건이 발생한다는 사실은 필연이다. 그러나 나에겐 그 필연적인 사건이 우연과 뜻밖의 경험으로 다가올 뿐이다.

내가 어떤 행위를 하든, 하지 않든 상관없다. 그 모든 것이 나의 행위다. 캄캄한 미래 앞에서 아무것도 하지 않은 채 주저하고 있어도 그 주저함을 통해 사건은 일어난다. 그러니 어떻게든 행동해야 하는 법이다. 돌파하고 살아가야 한다. 그리고 우리는 늘 이런 시간을 살아간다. 신의 계획대로 운영되는 세계는 공상의 세계일 뿐이다. 들뢰즈가 한 말이 있다. 신이 계산을 하면서 세계를 만들었다고 하지만, 그 계산들이 만약 정확히 맞아떨어졌다면 세계는 존재하지 않았을 것이라고. 그만큼 세계는 계산 가능성을 넘어서는 신비롭고 매혹적인 존재다. "신은 모든 것을 뒤덮는다. 하지만 신은 어떤 화산 위에서 춤을 추고 있다."질 들뢰즈, 『차이와 반복』, 김상환 옮김, 민음사, 2004, 500쪽 이 차이와 우연이라는 화산이 세계를 계속 창조적인 공간으로 만든다. 계속되는 우연, 이 우연 앞에서 우리는 어떻게 살아가야 할까? 다시 니체식으로 우아하게 질문을 던진다면, 이 '우발적인 것'이라는 예기치 않은 고통의 사건을 "세상의 가장 유서 깊은 고귀함"『차라투스트라는 이렇게 말했다』「해 뜨기 전에」으로 만드는 삶의 방법론은 무엇인가?

「미스트」는 이런 문제를 제기하고 있다. 우연이야말로 인간에겐 최대의 공포다. 세상이 정말 뜻대로만 되어 줬으면 좋겠다는 소망은 하얀 어둠 '미스트' 앞에서 산산이 부서진다. 사람들은 안개에 쫓겨 대형 할인 마트 안으로 숨어든다. 문을 닫고 셔터를 내리고. 이렇게 몇 십 명의 사람들이 공포를 피해 마트라는 안전한 공간에 모인다. 이 영화는 여기서부터 시작한다. 그리고 우리에게 세 가지 삶의 양태를 보여 준다. 공포와 맞닥뜨린 인간이 보일 수 있는 반응양식이 이 세 가지란 듯이.

첫번째 행동양식. 변호사 출신의 남자가 몇 명의 사람을 이끌고 마트 바깥으로 나간다. 저 하얀 안개 안에 괴물이 있다는 말을 믿을 수 없다는 듯이. 세상에 그런 비합리적이고 비이성적인 존재를 믿을 사람이 어디 있냐며. 변호사답게 이성적인 방식으로 대응하고자 한다. 그런 괴물은 없다. 그리고 저건 단순한 안개다. 그러니 두려워하지 말고, 밖에 나가서 도움을 청하자. 외부와 연락을 해야 도와줄 것 아니겠는가. 그러니 우리가 나간다. 바로 합리적으로'만' 생각하는 현대인이. 그런데 안타깝게도 괴물은 있다. 이렇게 해서 '합리적'인 인간은 바로 죽음의 길을 간다.

그렇다면 여기서 이 '합리성'에 대해 생각해 볼 필요가 있다. 「미스트」에서 드러나는 '합리성'은 사실 합리성의 '비합리성'이다. 괴물을 보지 않았다고 괴물이 없는 것은 아니다. 지금 상황에서는 괴물이 없다고 하더라도 차라리 괴물의 존재를 믿어야 한다. 태어나서 처음 겪는 '깜깜한' 안개이기 때문이다. 이들의 합리성은 세계와 단절된 합리성에 불과하며, 세계의 변화를 받아들이지 않겠다는 맹목적 합리성에 불과하다. 나의 합리성을 위해 타인의 판단을 비합리적인 것으로 만들어 버리는 폭력은 도리어 세계의 복수를 받는다. 세계는 그렇게 그들의 의식 수준으로 축소된 합리의 세계가 아닌 법이다. 그들의 경험이야말로 얼마나 좁고 얼마나 피상적인가. 몇 권의 책과 몇 번의 경험으로 이루어진 합리성이란. 세계는 다채롭다. 그러므로 위험하기도 하다. 나의 계획대로만 이뤄지는 세상이 있다면 차라리 그런 세상은 살고 싶지 않다. 그 얼마나 재미없는 세상이겠는가.

변호사 무리는 소수다. 이유는 이렇게 위험에 대처하는 자들이 많지 않기 때문이다. 막막한 어둠 앞에서 공포를 느끼는 건 인간이라면 당연한 반응이다. 괴물은 없으며, 만약 존재한다고 하더라도 그것은 우리의 무지나 비이성적 판단에서 비롯된 것이라 생각하며 용기를 발휘하는 그들은 실상 너무나 공포스러워 눈을 닫아 버리고 현실을 보려 하지 않는 맹목적 충동에 사로잡힌 인간들이다. 공포와 맞설 수 없기 때문에 공포를 부정해 버리는 것이다. 그것이 합리성이라는 가면을 쓰고 있다고 해도 공포에서 벗어나기 위한 충동임을 부정할 수는 없다. 부정한다고 해서 공포가 사라지는 것은 아니다. 공포는 확실히 있다. 이제 두 가지 행동양식이 남았다.

두번째 행동양식. 이들은 신을 끌어들이는 자들이다. 처음에 신을 설교하는 사람은 중년 여성 한 사람에 불과했다. 그녀는 우리가 지은 죄 때문에 이렇게 괴물에게 고통을 당하는 것이라고 설교하면서 돌아다닌다. 그러나 아무도 이 여성의 말을 믿지 않는다. 영화의 초반부에서 이 사람은 한마디로 철저히 배제되는 존재였다. 그러나 괴물이 습격을 해오고 창문이 깨지고 사람이 죽어 가자 사람들은 점점 신을 설교하는 이 여성의 말에 솔깃해한다. 그러고는 드디어 우상을 숭배하는 자들이 다수파가 된다. 이제 저 알 수 없는 괴물의 공격이 이제 우리의 원죄로 해석된다. 공포에 사로잡힌 연약한 인간들의 보편적 해석술.

그들은 이제 신의 노여움을 진정시키기 위해 산 제물을 바치려 한다. 마트 안에서 신을 믿지 않는 사람을 잡아 괴물에게 희생양으로 제공하는 것이다. 인간이 인간을 잡아먹는 광기. 인간이 인간에게 가장 무서운 존재가 되는 광기. 인간은 삶의 공포 앞에 서 있을 때 신을 날조해 내지 않고서는 견딜 수 없다. 너무나 공포스러워 모든 게 자신의 잘못인 것처럼 해석해 내지 않고서는 한순간도 버틸 수 없는 것이다. 니체에 따르면 인류의 역사야말로 이런 해석술의 역사에 다름 아니다.

'도대체 왜 우리는 고통을 당하는가?' 공포에 사로잡힌 인간들은 이런 물음을 던진다. '도대체 인간은 무엇 때문에 존재하는가?' 한마디로 인간의 고통에 대한 그럴싸한 해답을 갈구하는 것이다. 답이 없다는 것, 그것은 곧 이 치명적인 고통에 의미가 없다는 것인데, 고통의 무의미야말로 인간에겐 최악의 저주나 다름없다. "인간과 대지를 위한 의지가 결여되어 있었다. 인간이 겪는 모든 거대한 운명의 배후에는, 더욱더 거대하게 '헛되다'라는 후렴이 울리고 있다." 『도덕의 계보』「세번째 논문」 28절 삶은 이다지도 고통스러운데 도대체 어찌하여 우리가 당하는 고통에 의미가 없다는 말인가? 그러니 '헛되다'는 후렴만이 삶을 에워싸고 있다. 인간은 의미 없인 아무 일도 못하는 존재다. 바위를 밀어 올리는 시지푸스의 노역이 최고의 고통인 까닭은 그것이 무의미한 노동이기 때문이다.

고통이 없는 삶이 있다면 좋겠지만, 그것이 불가능한 꿈이라면 차선책으로 고통을 당하는 까닭이나 알자는 것이 인간의 심리다. 제발 여기에 대한 해답을 달라. 그러자 이런 해석이 울려 퍼진다. 이 고통은 다른 누구의 잘못도 아니고 바로 너희들의 잘못 때문이라고. 그리고 이 잘못은 우리가 영원히 갚을 수 없는 채무처럼 우리의 원죄로 인한 것이라고. 십자가를 든 중년 여성은 고통을 원죄와 형벌로 해석하는 니체의 '성직자'다. 이제 이 고통의 세계에 대해 납득할 만한 해답이 주어졌다. 그리하여 인간은 뭔가를 의지할 수 있게 되었다. 삶의 고통이 나의 죄에 따른 응분의 대가라면 이 고통을 기꺼이 감수하겠다. 형벌을 내리는 신의 뜻을 받들어 이제부터는 새로운 삶을 살겠다. 기적적으로 삶을 살 만한 힘과 의지가 생겨난 것이다.

이렇게 우리는 크로노스의 시간을 만들어 낸다. 이 세계의 운행 목적이 신의 의도에 있다고 여길 때 우리는 세계의 어떤 우연적인 공포도 담담하게 받아들일 수 있게 된다. 비록 우연이 닥치더라도 그것은 무지한 인간의 문제이지 신의 문제는 아니다. 아직 우리가 신의 뜻을 파악하지 못한 것에 불과하다. 그럼에도 신의 의도대로 세계가 움직이고 있다는 믿음이 있기에 불안은 훨씬 줄어든다. 가끔 미래가 불안해질 때면 우리는 역술가를 찾아가기도 한다. 그것은 불확실한 미래의 시간을 현재의 시간으로 바꾸기 위한 인간의 고육지책이다. 아이온의 시간을 크로노스의 시간으로 바꾸지 않고서 인간이 안도하고 살기란 어렵다. 우연의 삶을 필연과 목적의 삶으로 바꿔 주는 그런 노력도 기본적으로 이 세계를 지배하는 신이나 초월적 운명과 같은 존재를 상정해야만 가능한 법이다.

지금의 고통은 영원한 천국으로 인도하고자 하는 신의 심기를 거슬렀거나, 운명의 항로에서 잠깐 잘못된 길로 빠져들어서 일어난 일임이 분명하다고 생각한다. 신학적 해석술에 따른 인과론이 만들어졌으니, 이제 세계의 모든 사건을 이런 해석술로 편하게 잴 수 있게 되었다. 안개가 닥치고 알 수 없는 괴물이 인간을 공격한다. 그러니 신을 기쁘게 해야 한다. 그래야 신은 우리를 용서할 것이다. 그렇다면 아직도 자기 죄를 참회하지 않고 있는 저 사탄의 무리들을 응징해서 신의 제물로 바치자. 우리가 이렇게 신을 믿고 따르고 있다는 징표를 보이기 위해서라도. 이 순간이 바로 광기의 순간이다. 고통이 나의 원죄 때문이라고 생각하는 것만도 어처구니없는 사태인데, 이 해석술은 타인에 대한 공격으로까지 전환된다. 바로 저 사탄의 무리들 때문에 이 모양 이 꼴이 되었다고. 인간에 의한 인간 삶의 말살에 일말의 주저도 없는 지금이야말로 정확히 광기가 현실적으로 폭발하는 상황이다.

우상의 탄생

「키리쿠와 마녀」는 마녀라는 우상 앞에 읊조리는 한 원시부족의 삶을 보여 준다. 원시부족이라고 얕볼 게 아니고, 우리와 상관없는 것도 아니다. 「미스트」에서 봤던 것처럼 우리의 문명화된 삶도 이들과 한 치도 다르지 않다. 마을사람들은 공포에 사로잡혀 있다. 마을의 모든 남자들은 잡아먹혔고, 이제 부녀자들과 늙은 노인들밖에는 없다. 심지어 마을의 물길도 끊겼고, 끊임없이 금은보화를 갖다 바쳐야 한다. 이미 마을엔 죽음의 그림자가 자리한다. 사내들이 사라졌으니 부족은 자체 재생산할 수 있는 능력을 상실했다. 이제 이렇게 천천히 죽어가는 일만 남은 것이다.

그러나 우리가 놓치지 말아야 할 것은 부족의 예고된 멸망이 마녀의 능력 때문이라기보다는 마을사람들의 공포에서 비롯되었다는 사실이다. 지혜의 할아버지를 찾아간 키리쿠가 듣게 된 내막은 이러했다. 즉 마을사람들의 믿음과는 달리 사내들은 잡아먹히지 않았으며 순전히 마을사람들이 그렇게 믿고 있을 뿐이라는 것이었다. 여기에 권력의 비밀이 숨어 있다. 바로 카라바라는 마녀의 권력이. 마녀의 권력은 마을사람들의 공포의 크기에 비례한다. 카라바를 무찌르기 위해 나선 사내들이 모조리 사로잡혔던 것은 카라바의 능력에 기인한다기보다는 그들의 무능력, 즉 공포로 인해 위축된 신체와 영혼의 무능력 때문이었던 것이다. 공포에 빠져서 우상을 만들면 우상의 막대한 권력과 폭력 앞에서 인간의 능력이 위축되는 것은 당연하다.

이렇게 공포는 미신을 만들어 낸다. 이 미신의 발생 기제를 자세히 살펴보자. 스피노자는 『신학정치론』에서 미신이 탄생하는 과정을 자세히 보여 준다.* 미신의 탄생에는 두 가지 원인이 있는데, 하나는 일반적인 원인으로 희망과 공포 사이의 항구적인 동요가 그것이다. 우리의 욕망은 미래라는 불확실성 앞에서 동요를 겪을 수밖에 없다. 희망을 가졌다가도 이내 공포로 뒤바뀌는 경험을. 그리고 더 특수한 원인으로는 "운명의 장난 앞에서 우리를 위협하는 무시무시한 위험을 어찌해 볼 수 없다고 느낄 때 사로잡히는 심리적 공황"이 그것이다. 「미스트」에서 신을 따르는 자들과 「키리쿠와 마녀」에서 마녀 앞에 굴복한 부족민들이 느꼈던 경험이 그것이다. 위험이 심각해지면 심각해질수록 다른 이들이 주는 충고의 확실성을 가늠하는 기준은 덜 까다로워진다. 그리하여 우리는 "비판적 감각을 완전히 상실"해 버린다. 그래서 "우리는 아무에게나 아무 도움이나 간청하며, 누

---

* 알렉상드르 마트롱, 『스피노자 철학에서 개인과 공동체』, 김문수·김은주 옮김, 그린비, 2008, 2부 5장 참조.

구든, 그가 어디를 가리키든 눈 딱 감고 따라갈 참이다." 이렇게 해서 우상이 탄생한다. 신이여, 제발 당신의 의도를 가르쳐 주소서. 이렇게 "아녀자 같은 눈물로 애원한다." 우리가 어떻게 해야 하는지, 무슨 일이 성공할지 "모종의 기호로 지시해 달라고 말이다."

그러다 신이 우리의 간절한 기도에 답했다고 믿는 단계가 있다. 이때 어떤 사물이 길조나 흉조로 간주된다. 그것이 정말 길조인지 아니면 흉조인지 중요하지 않다. 왜냐하면 불확실성과 공포보다는 그렇게 믿는 게 낫기 때문이다. 우리가 그렇게 길조나 흉조로 간주해 놓고는 신이 계시했다고 생각하는 것이다. "우리는 기괴한 특징으로 놀라움을 안겨 주는 사건들을 흉조라고 여기며 이를 신의 분노 때문이라 간주한다." 세번째 단계는 이런 신의 대답에 대한 인간의 반응에 있다. 길조는 희망의 수단으로 삼고, 흉조는 되도록 멀리하려 노력한다. 특히 희생제의나 맹세, 간절한 기도를 통해 흉조의 효과들을 몰아내려 노력한다. "이렇게 해서 예지하는 주술은 속죄하는 주술이 된다." 신의 분노를 가라앉히고 신을 기쁘게 하는 이런 모든 행위는 실상 철저히 인간중심적인 사고방식이다. 인간이 기뻐하는 일을 어떻게 신이 기뻐하겠는가. 그러나 인간은 인간이 싫어하는 일은 신도 싫어한다고 생각하며, 그렇기 때문에 우리의 불행은 신의 분노이며, 신의 분노는 인간이 인간의 관점으로 봐도 잘못된 행위를 했기 때문이라고 생각하는 것이다. 우리가 정말 고통을 잘 겪고, 그 고통 속에서 신에게 간절히 참회하면 신도 우리에게 연민을 느낄 것이고 자비를 베풀 것이라 생각하는 인간주의적인 사고방식.

이처럼 미신은 삶이 순조롭지 않을 때, 세계가 우리에게 폭력적인 방식으로 다가올 때 발생한다. 그리고 미신은 "이 가혹한 경험에 대한 방어반응이자, 신을 조종하여 이 경험을 치유하려는 노력으로서 등장한다."* 공포에 처해 이 공포로부터 벗어나고자 하는 인간의 노력이라고는 하지만 바로 이 미신의 발생 과정 속에서 인간에게 가장 끔찍한 사태가 일어난다는 사실은 참으로 가슴 아픈 일이다. 인간이 자신의 능력으로부터 멀어지는 사태, 니체의 개념으로는 약자, 혹은 병자가 되는 사태가 발생하는 것이다.

마녀 카라바에게 복종하는 순간, 즉 우상이 이들의 삶 전체를 사로잡는 순간, 모든 것은 전도되어 버린다. 인간이 당연히 할 수 있는 일, 그리고 당연히 해야 하는 일도 이제부터 의심의

---

* 미신과 관련된 지금까지의 인용은 마트롱, 『스피노자 철학에서 개인과 공동체』, 198~202쪽.

대상이 된다.

가령 극도의 가난이 되풀이되는 사회구조가 있다고 하자. 수많은 사람들이 굶어죽어 가고 있다. 이 상황에서는 죽지 않기 위해서 음식을 훔치는 것은 당연한 일일 것이다. 그런데 굶어죽어 가면서도 도둑질은 비도덕적인 일이고, 가난은 자신의 무능과 나태와 무지 때문이었다고 스스로를 질책하는 상황이 발생하고 있다면, 이는 아무리 생각해도 이상한 일이다. 도대체 사회경제적 구조가 어떠하길래 이렇게 수많은 사람들이 굶주리고 있는데도 소수의 부자들은 그토록 엄청난 향유 속에 빠져 있는지 의심하는 것은 당연한 일이기 때문이다. 그런데도 우리는 이런 질문조차 던지지 못한다.

그래서 우리의 어린 꼬마 영웅 키리쿠는 궁금한 것이다. 왜 어른들은 다 잡혀갔는지, 마을의 샘물은 왜 끊겼는지, 왜 마녀 카라바는 나쁜 일을 저지르는지. 우리는 키리쿠가 엄마에게 궁금증을 던지는 행위 자체를 엄청난 사건으로 받아들여야 한다. 마을의 샘물이 끊겨 아주 멀리서 물을 길어 와야 함에도 불구하고 그런 수고로운 삶을 계속하는 마을사람들에겐 이런 비판적 의문 자체가 존재하지 않기 때문이다. 마녀 카라바가 '나쁜 일'을 저지른다고 생각하는 키리쿠의 당연한 의문도 우상의 지배에 빠진 마을사람들에겐 당연하지 않았다. 이렇게 의문을 품을 수 있는 능력, 즉 회의할 수 있는 능력이야말로 우상을 파괴할 수 있는 최초의 동력이다.

그럼에도 사회구조에 대한 의심이나 회의마저 반사회적이고 사악한 일이라며 무의식적으로 자기검열을 행하고 있다면 여기엔 일종의 '가치의 전도'가 일어나고 있는 셈이다. 정당한 일이 부당한 일이 되고, 부당한 일이 정당한 일이 되는 전도. 정당한 일을 하는 자가 비판받고, 부당한 일을 하는 자가 명예를 얻는 가치의 전도. 이 전도된 가치 속에서 인간은 자신의 당연한 능력과 권리조차 우상에게 양도해 버린다. 혹여나 그런 능력을 표현할지라도 우상의 허락 속에서만 가능해진다. 키리쿠가 속해 있는 마을사람들이야말로 이렇게 가치 전도된 삶의 전형을 보여 준다. 키리쿠라는 조그맣고 귀여운 꼬마조차 해체해 버릴 수 있었던 마녀의 권력이라면 그 권력은 실상 얼마나 초라하고 허약했을 것인가. 그런데도 마녀의 지배가 가능할 수 있었던 것은 이 가치의 전도 현상이 마을사람들의 모든 능력을 박탈해 버렸기 때문이다. 그리하여 복종과 노예적 삶이 당연한 게 되고, 키리쿠처럼 마녀에게 대적하는 행위는 무모한 일이 된다.

인간의 능력이 박탈되는 두 가지 기제가 있다. 니체는 이를 각각 '원한'과 '양심의 가책'이라 부른다. 먼저 원한의 기제를 보자. 『도덕의 계보』의 「첫번째 논문」을 보면, 원한이란 일종의 복수심, 혹은 증오심이다. 언제 우리는 이런 원한의 감정에 빠지는가? 바로 우리의 능력이 부족하다고 느낄 때다. 나보다 뛰어난 사람을 만났을 때 우리는 어떻게든 복수하지 않고서는 견디지 못한다. 여기서 잘 알 수 있듯이 기본적으로 원한은 허약하고 병든 자들의 감정 상태다. 반면 위대한 영웅은 이런 감정에 빠지지 않는다. 나보다 뛰어난 자들이 없는데 굳이 복수하고자 하는 생각도, 증오심도 없는 것이다. 이들을 니체는 '귀족'이라 부른다. 귀족들은 자신의 능력을 원래부터 긍정하기 때문에 남을 굳이 비난하지 않는다. 나보다 못하다면 그냥 열등하고 비천한 자라고 규정할 뿐이다.

고귀하고 강력하고 드높고 고매한 사람들은 자신을 우월한 존재라고, 그리고 하급의 비속하고 천박하고 천민적인 자들 모두를 열등한 존재라고 생각한다. 저 비천한 자들보다 내가 뛰어나다고 비교하는 것이 아니라 나의 고귀함에 미치지 못하는 자들이 있다는 뜻밖의 발견을 하는 셈이다. 남과 비교해서 자신의 위대함을 만들어 내는 것이 아니라 나의 위대함이 저 비속한 자들의 열등함을 발견할 뿐이다. 이를 '귀족적 평가양식'이라 부른다.

자신에 대한 긍정에서 출발하는 것이 귀족의 도덕이라면, 자기 아닌 것에 대한 부정에서 출발하는 것이 노예의 도덕이다.

가치설정의 시선이 자신에게서 비롯하는 것이 아니라 타자에게서 비롯하는 것이 '노예적 평가양식'의 핵심이다. 생리학적으로 말한다면 행동하기 위해서 외부적인 자극을 필요로 하는 것이며 그런 점에서 근본적으로는 반작용이다. 귀족적 평가양식은 작용이며 자발성이다. 그들은 스스로를 긍정하기 위해 대립물을 찾을 뿐이지 타자를 부정하기 위해 자신을 드높이지 않는다.

고귀한 인간이 자신에 대해서 믿음을 가지고 솔직하게 생활하는 데 반해 원한의 인간은 솔직하지 않으며 곁눈질하는 영혼을 갖고 있다. 그들은 침묵을 지키고, 잊지 않고, 기다리고, 잠정적으로 자기를 낮추고 비굴해지는 법을 안다. 그러므로 원한의 인간들은 귀족적인 종족보다 영리할 수밖에 없다. 영리함이야말로 이들의 최고 생존조건이다. 그러나 귀족적인 인간에게 영리함이란 중요한 것이 아니다. 무의식적 본능의 완벽한 조절기능이나 위험에 직면했을 때 용감하게 돌진하는 무분별성, 분노와 복수 등의 열광적인 격발이 더 중요하다. 설령 원한이 나타난다고 해도 다음의 반동에 의해 금방 지워진다. 이들은 자기의 적이나 그 적의 재난, 그리고 자신의 비행非行까지도 오래도록 진지하게 생각할 수 없다. 너무나 창조적이기 때문에 망각능력이 탁월한 것이다. 이 지상에서 적에 대한 진정한 사랑이 있을 수 있다면 바로 귀족적 인간에게서일 뿐이다. 그의 적은 경멸할 만한 점이 없고 진실로 존경할 만한 자에 국한되기 때문이다. 그러나 원한의 인간은 사악한 적을 마음속에 품고서는 이를 기반으로 그 대조되는 이미지에 따라 자신을 선인으로 규정한다.

그런데 노예적 가치평가가 세계의 지배원리가 되면 귀족적 평가양식은 자신의 설 곳을 잃게 된다. 니체는 이런 가치의 전도를 "유대적 가치전환"이라 부르고, "도덕에서의 노예반란"이라 규정한다. 이제 모든 가치는 전도된다. "귀족적인 가치등식(좋은=고귀한=강력한=아름다운=행복한=신의 사랑을 받는)의 전도를 감행했으며 가장 깊은 증오(무력함에서 비롯되는 증오)의 이빨로 귀족적인 가치 등식을 물고 늘어진 것이다." 그들은 말하기를, "비참한 자만이 선한 자이고, 가난하고 무력하며 비천한 자만이 선한 자이다. 고통받고 가난하며 추한 자만이 경건한 자이고 신의 축복을 받는 자이며 오직 그들에게만 더없는 행복이 있다. 이에 반해 그대들, 그대 고귀하고 강력한 자들, 그대들은 영원히 사악한 자, 잔인한 자, 음탕한 자, 탐욕스러운 자, 신을 부정하는 자이고, 그대들이야말로 또한 영원히 축복받지 못하는 자, 저주받은 자, 유죄판결을 받은 자가 될 것이다." 『도덕의 계보』 「첫번째 논문」 7절

원한본능은 행위와 행위자의 분리를 전제로 성립하는 의식의 작용이다. 맹금의 강함을 비난하는 어린양의 사례를 보라. 맹금은 양에 대해 어떤 증오도 원한도 없다. 그러나 양들은 맹금을

증오한다. 왜냐하면 양의 입장에서는 자신들을 공격하는, 다시 말해 힘을 발휘하는 맹금이 자신의 목숨을 위태롭게 하기 때문이다. 강한 것이 강한 것으로 나타나지 않기를 요구하는 것은 약한 것에 대해 강한 것으로 나타나길 요구하는 것만큼 불합리하지 않겠는가. 맹금이 맹금의 힘을 발휘하지 못한다면 그건 맹금이 아니다. "일정한 양量의 힘은 그것과 동일한 양의 충동, 의지, 작용이다."『도덕의 계보』「첫번째 논문」13절 맹금의 힘은 맹금의 활동에 있다. 맹금의 활동이 곧 맹금의 힘이고 의지이다. 그러므로 맹금이라는 본성 속에 맹금의 힘과 활동이 있는 것이다.

그런데도 양들은 맹금이 그 힘을 쓰지 않았으면 한다. 활동이 있고, 그리고 그 활동을 제어하는 하나의 주체가 있는 것처럼 생각하는 것이다. 주체는 힘을 쓸 수도 있고 안 쓸 수도 있다고 생각된다. 이를 니체는 언어 속에 화석화된 이성의 근본적 오류라고 부르는데, 번개와 섬광을 분리해 섬광을 번개라 불리는 주체의 활동이라고 생각하는 것이 대표적이다. 약자들은 자신들에게 가해지는 강자들의 힘을 참을 수 없다. 그래서 가치의 전도가 발생한다. 자신들은 주체의 의지로 힘을 발휘하지 않고 있는데도 강자들은 그 힘을 무지막지하게 쓰고 있다는 것이다. 힘 없는 양들은 단지 그 힘을 쓰지 않고자 했다는 것이며, 맹금은 힘을 쓰지 않을 자유가 있음에도 그 힘을 썼다고 비난하는 것이다.

활동의 배후에서 어떤 활동자라는 주체를 고안하는 사고는 이런 점에서 볼 때 약자의 사고법임을 알 수 있다. 주체라는 기형아는 존재하지 않는다. 맹금이 자유의지에 따라 힘을 쓰지 않으면 맹금일 수 없으며, 실상 그런 맹금은 존재하지도 않는다.

약자들은 힘의 발휘가 자신에게 피해로 돌아오기 때문에 강자들을 악하다고 비난한다. 대신 언제든 쓸 수 있는 힘을 안 쓰는 자신은 선하다고 말한다. 나의 선함에서 출발하는 것이 아니라 타자의 악함에서 출발하고 있다는 점에서 반작용이며, 주체라는 허구를 날조한다는 점에서 왜곡이다. 약자들은 이런 논법을 통해 책임 지울 주체를 날조해 낸다. 약자의 약함 자체는 원래 그런 무력함일 뿐이지만, 의도되고 선택된 것으로 날조된다. 그리하여 보복하지 않는 무력함은 선량이 되고, 겁 많은 비열함은 겸손이 되며, 비겁함이 인내가 되며, 복수할 수 없음이 복수하고자 하지 않는 관용이 된다. 궁극적으로 적에 대한 사랑이 된다.

이제 자신의 욕망을 실현하기 위해 몸소 행위하는 자는 악한 자가 되고 비난받게 된다. 힘을 발휘하는 자, 욕망을 실현하는 자는 사회적으로 매장된다. 대신 힘을 쓰지 않는 자, 신에게 힘을 의탁한 자들만이 선한 자가 된다. 그러나 원한은 양심의 가책으로까지 전환되어야 사회 전체를 지배하는 기제가 된다. 약자들이 강자들을, 다시 말해 힘을 쓰지 못하는 무력한 자들이 힘쓰고 욕망을 표현하는 자들을 비난하는 심리적 기제가 원한이라면, 모든 힘쓰는 자들이 스스로를 비난하는 자기 검열의 상태가 양심의 가책이다. "원한은 자신의 전염병이 만연하지 않는 동안은 안심하지 못한다. 그것의 목적은 모든 삶이 반응적이 되고, 건강한 자가 환자가 되는 것이다. 그것은 비난하는 것으로 충분하지 않고 비난받는 자가 자신을 죄인으로 생각해야만 한다." 들뢰즈, 『니체와 철학』, 235쪽

　　원한의 방향은 이제 전환된다. 더 이상 밖에서 죄인을 찾지 않고 고통이 내재화되는 것이다. 이것이 바로 양심의 가책이다. 고통의 원인을 찾는 병든 양들의 물음에 대해 "너만이 그것에 대해 책임이 있다" 『도덕의 계보』「세번째 논문」15절고 말해 준다. 이제 모든 본능의 표출은, 아니 본능 자체가 '악'으로 설정된다. 나의 악함은 나의 불온한 본능 때문이며, 신이 내린 벌이고, 내가 신에게 저지른 죄이기도 하다. 고통 받는 자의 원한본능은 자기감시와 자기극복에 의해 제어된다. 이제 누가 누구를 비난할 필요가 없어졌다. 양심의 가책에 스스로 휩싸이니 말이다. 모든 인간의 내면에 초자아와도 같은 폭압적인 경찰이 하나씩 들어선 셈이다. 프로이트도 종교란 기본적으로 인간 본능의 억압에 그 기원을 두고 있다고 말한다. "사회적으로 해로운 본능을 신들에

게 되돌림으로써 이를 본능의 지배로부터 자유로워지는 수단으로 삼았다는 것이다."지크문트 프로이트, 『종교의 기원』, 이윤기 옮김, 열린책들, 2006, 21쪽 신의 징벌에 대한 공포와 불안은 끊임없이 죄의식을 조장하고, 그리하여 사소한 타락에 대해서도 참회하지 않으면 안 된다는 종교적 강박의례를 낳는다.

프로이트도 인정하듯이 신에게 의탁한 해로운 본능들은 신의 이름으로 자행되기 시작한다. 「미스트」의 두번째 그룹을 보라. 이들은 저 괴물 앞에서 어떤 행위도 하지 말라고, 아니 뭘 하고 싶다면 신에게 참회하는 행위로만 하라고 말한다. 안개의 괴물과 싸우고자 하는 세번째 그룹의 사람들이 이들의 희생양이 되는 까닭도 바로 여기에 있다. 모든 것이 우리의 죄라면 우리가 할 수 있는 일은 막막한 안개의 어둠을 뚫고 나가는 능동적 행위가 아니라 신에게 제물을 바치는 자기 억압적 행위다. 이것이 바로 인간의 욕망과 능력이 원천적으로 박탈된 상태를 가리킨다. 신을 날조하면서 인간이 자신을 자책하게 될 때 인간의 모험심과 탐구의 능력은 상실된다. 인간의 모든 능동성이 박탈되는 것이다. 저 바깥의 괴물을 알려고 하지 말라. 저 마녀의 본성에 대해 알려고 하지 말라. 대신 마녀에게 복종하라. 이것이 키리쿠가 태어난 마을사람들에게 내려진 철의 규율이다.

본능과 욕망을 억압하라. 왜냐하면 그것이 바로 너희들 인간의 고통을 초래하는 '악'이기 때문이다. 그 악한 본성 때문에 너희들은 신으로부터 버림받았고, 지금의 고통은 거기에 대한 응징일 뿐이다. 만약 욕망을 표현하고 싶다면 어떻게 해야 하는가? 늘 신의 이름으로 그 욕망을 실천하라. 그래야만 구원받을 수 있을 것이다. 이것이 바로 금욕주의적 이상이 작동하는 핵심적 방식이다. 모든 것은 인간의 잘못이 되었다. 세계에 이런 시련이 있는 것은 인간이 신을 따르지 않은 잘못 때문이다. 그러므로 마녀의 존재에 대한 탐구보다 자학적 도착이 더 추천된다. 앎보다 무지가 인간에게 더 유익한 것으로 간주되는 것이다.

신이라는 권력이 인간을 지배할 때 인간은 늘 신의 미달 형태가 된다. 신적이고 선한 본성에서 일탈해 버린 타락한 인간. 그 인간의 죄책감은 늘 신을 요구하게 한다. 신만이 그 죄의식을 씻어 줄 수 있기 때문이다. 끊임없이 죄의식에 시달린다는 것은 신의 선택을 받을 수 있는 유일한 조건이 되고, 고통이 심할수록 신의 세계는 가까워진다. 욕망의 억압되고 의탁된 형태의 표출은 욕망의 자유롭고 창조적인 표현을 금지한다. 강자들의 욕망이 표출되는 것은 그들의 성장을 위해서는 필수적이다. 그러나 그것이 양심의 가책이라는 억압적 기제를 만날 때 그들은 자기 욕망과 본능을 억압할 수밖에 없다. 이것이 니체가 말하는 자기 삶의 부정이다. 나의 긍정성은 무가치한 것이 되고, 신에게 의탁한 형태의 욕망의 표출만이 가치로운 것이 된다. 도덕적 언어로 말한다면 나의 욕망은 악이 되고, 신의 욕망만이 선이 된다.

그러므로 욕망의 억압은 신의 개입과 동일한 의미를 갖는다. 신의 죽음이 선포된 이후 그 신의 자리에 국가가 들어섰다는 사실은 익히 알고 있을 것이다. 우리는 국가의 이름으로 나의 존재 의미를 보증받는다. 국가, 국가경제, 이것이 바로 우리들을 규정하는 신의 이름이다. 우리의 욕망은 국가를 위해, 더 구체적으로는 국가경제의 성장을 위해 제어된 형태로 표출되어야 한다. 그래서 니체는 "국가란 온갖 냉혹한 괴물 중에서도 가장 냉혹한 것"이라고 했다. 왜냐하면 "모든 이들이 서서히 스스로 목숨을 끊는 것을 '삶'이라 부르는 곳"『차라투스트라는 이렇게 말했다』「새로운 우상에 대하여」이 국가이기 때문이다. 그러므로 국가(신, 우상, 마녀)가 무너져야 진정 존재할 만한 가치가 있는 사람들이 살아갈 수 있는 것이다.

이처럼 우상의 출현이 갖는 가장 큰 문제점은 인간의 욕망 표출을 부정적인 방향으로 왜곡한다는 데 있다. 삶을 초토화하는 마녀 카라바의 권력을 내면화할 때 마을사람들의 정당한 저항은 불가능해지고, 심지어 저항이라는 것 자체를 떠올릴 수조차 없어진다. 금을 내놓으라는 카라바의 요구를 따를 수밖에 없으며, 멀리서 물을 길어오는 수고로움을 계속해야 한다. 이것만이 정당한 행위가 되기 때문이다. 그러므로 이런 전도된 가치의 형식, 인간의 삶을 왜곡해 버린 무의식적 구조를 파괴하지 않고서는 인간의 본원적 능력을 발휘할 수 없다.

과거로의 여행과 지혜의 힘

우리의 꼬마 영웅 키리쿠는 마녀의 방해에도 불구하고 지혜의 할아버지를 찾아가는 모험을 시작한다. 그렇다면 왜 지혜의 할아버지인가? 그리고 마녀는 왜 그 지혜로의 길을 가로막고 있는가? 인간이 자신의 욕망을 부정하는 병든 상태는 다름 아니라 "원인과 결과에 대한 올바른 개념"에 대한 무지에서 비롯되기 때문이다. 마녀의 힘보다 마을사람들의 공포가 마녀의 권력을 더 강력하게 만들어 주었듯이 세계에 대한 잘못된 인과의 파악은 인간을 우상의 지배 속에 빠뜨린다. 가령 고통을 생각해 보자. 고통 없는 삶이란 없다. 그런데도 그 고통이 우리의 잘못 때문이라고, 다시 말해 우리의 원죄 때문이라고 생각하는 한 우리는 신의 지배 속에서 영원히 빠져나올 수 없다. 그러므로 필요한 것은 원인과 결과에 대한 올바른 파악이다. 이것이 바로 지혜다. 박학이 문제가 아니라 건강을 위한 앎이 문제인 것이다.

지혜야말로 마을사람들에게 금지된 첫번째 것이다. 왜냐하면 "과학은 [인간을] 신과 대등한 존재로 만드는 것"『안티크리스트』 48절이기 때문이다. 그러므로 키리쿠가 지혜를 획득한다면 마녀와 동등한 힘을 소유할 수 있게 되는 셈이다. 건강한 원인과 결과의 개념만 획득한다면 키리쿠는 마녀에게 복종해야 할 이유가 없어진다. 그러므로 그 길은 평탄한 길일 수 없다. 온갖 위험이 가득한 길이다. 바꿔서 생각해 보면 마녀 카라바에게 존재하는 단 하나의 위험은 바로 지혜다. 인간이 그 지혜를 획득하는 순간 마녀 카라바는 더 이상 존재할 수가 없다. 필요한 것은 세상의 지혜다. 카라바는 지혜를 가장 두려워한다. 그래서 그 길에는 24시간 '경계물신'의 감시의 시선이 있다. 이 시선을 피하기란 쉽지 않다. 그런데 이 감시망을 뚫는 위험한 모험에 키리쿠가 나섰다.

온갖 위험을 무릅쓰고 키리쿠는 지혜의 할아버지를 만난다. 그의 입에서 마녀 카라바의 비밀이 하나씩 풀려난다. 남자들은 잡아먹히지 않았다는 것, 대신 그렇게 믿는 마을사람들의 신앙을 이용해 카라바가 마을사람들을 지배하고 있다는 것. 그리고 카라바가 악행을 자행하는 이유는 그녀의 고통 때문이라는 것. 등에 독가시가 박혔고, 이 뺄 수 없는 독가시의 고통 때문에 마을사람들을 증오하고 있다는 것.

여기서 다른 존재가 아니라 바로 '할아버지'가 지혜의 대리인이라는 사실이 중요하다. 마녀를 극복할 지혜를 다시 또 다른 신적인 존재에게서 갈구할 수는 없다. 그것은 새로운 우상을 섬기는 일이기 때문이다. 대신 지혜는 우리 과거의 삶 속에 녹아 있다. 지혜는 과거를 활용하는 문제이지 천국처럼 신의 선물로 주어지는 것이 아니다. 우리를 미신에 빠뜨리게 한 모든 조건은 우리의 실존적 조건 속에 있는 법이다. 그리고 그 실존적 조건은 우리의 모든 과거의 삶 자체다. 그러므로 과거를 이용하는 방법에 우리가 위대해질 수 있는 조건 모두가 담겨 있는 셈이다. 키리쿠는 이렇게 과거라는 지혜의 입구를 찾아 나섰던 것이다.

우리가 어떤 억압적인 삶 속에 있다면 그건 분명히 그렇게 될 수밖에 없는 삶의 배치가 존재하는 법이다. 그리고 이것은 한순간에 결정된 조건도 아니다. 수많은 과거의 집적이 우리를 구성하고 있기 때문이다. 그러므로 순식간에 천국이 온다거나 인간다운 세상이 온다고 선전하는 모든 근본주의적 혁명의 유언비어에 속아서는 안 된다. 우리는 현재의 삶의 조건들을 구성한 모든 과거를 조금씩 차근차근 바꿔 가야 하는 것이다.

삶의 건강한 인과개념을 갖고 싶다면 과거라는 비밀의 열쇠를 얻어야 한다. 「키리쿠와 마녀」가 지혜의 할아버지를 조력자로 등장시킨 것은 이런 점에서 정확히 삶을 통찰한 장면이라

할 것이다. 마녀를 물리칠 수 있는 힘은 또 다른 악마적 초월자가 아니라 우리를 구성하고 있으면서 계속 영향을 미치고 있는 과거라는 내재적 원인에서 나온다. 마녀 카라바가 금지했던 것은 이 과거라는 원인에 대한 정확한 통찰이다. 키리쿠 마을의 미래는 과거라는 열쇠를 통해서만 열릴 수 있다. 키리쿠의 여행은 그러므로 과거로의 여행이자 동시에 미래로의 여행이기도 하다. 미래는 우리에게 신의 선물처럼 도래하는 것이 아니라 과거를 뚫고 들어가 삶의 조건들을 명확히 확인하는 자리에서 솟아나는 법이다.

우리 삶의 부조리하고 왜곡된 증상을 치유하고 싶다면 올바른 인과의 개념에 도달해야 한다. 그러므로 '지식'은 건강의 지름길이다. 니체는 이렇게 말했다. "모든 미신에 대한 두 가지 큰 적"은 "문헌학과 의학"『안티크리스트』 47절이라고. 건강의 비법은 우리 삶의 조건에 대한 정확한 탐구에 달려 있다. 고문헌을 뒤지는 백발이 성성한 학자의 열정과 같은 앎의 열정만이 건강의 비법을 알려준다. 미신은 건강한 인과의 개념을 왜곡하고 우리의 건강법을 마비시킨다. 그러므로 삶에 필요한 것은 '의사'이지 '구세주'가 아니다. 그리고 지혜의 할아버지는 말한다. 필요한 것은 '부적'이 아니라고. '구세주'를 버려야만 우리는 각자 '의사'가 될 수 있다. 이런 점에서 키리쿠는 '의사'이자 '철학자'다.

개인과 종족의 건강을 돌보는 자야말로 진정한 철학자이기 때문이다. 이것이 바로 니체가 말하는 '즐거운 지식'이다.

지혜를 얻었다면 이제 남은 것은 처방이다. 마녀 카라바를 제거하기 위해서는 카라바의 독가시를 빼주면 된다. 이 일만 성공하면 마녀가 굳이 인간들을 증오할 이유도 없어지고, 마을사람들도 미신에서 벗어날 수 있기 때문이다. 카라바의 황금을 훔쳐 땅에 묻어 놓고 엎드리게 한 키리쿠의 전술은 적절했다. 마녀가 엎드리는 순간 그녀의 독가시를 뺄 수 있었기 때문이다. 과연 독가시가 빠지자 마녀의 마법은 사라진다. 마법의 소멸은 마녀를 죽이는 행위가 아니라 마녀의 고통을 제거해 주는 데서 시작한다. 그러므로 키리쿠는 '의사'다.

원래 고통에 빠진 자는 건강한 자를 증오하는 법이다. 심지어 세상 전체를 증오하는 법이다. 니체가 말한 대로 무기력한 성직자들은 건강한 귀족의 특권을 증오했고, 여기서 원한이라는 유대적 가치의 전도를 발명했다. 카라바의 악마적 힘은 그녀의 고통의 크기에 비례한다. 직접 빼낼 수 없을 정도로 깊이 박힌 독가시를 자기 손으로 빼낸다는 것은 엄청난 고통을 수반하는 일이라 아무나 할 수 없다. 카라바는 이 때문에 마을사람들에게 저주를 내리고 흉악한 일들을 자행했던 것이다.

고통에 몸부림치던 카라바는 행복한 마을사람들의 삶을 견딜 수 없었다. 원한의 감정이 솟구쳤던 것이다. 그래서 못된 짓을 하기 시작하는데 우연히 물을 먹는 동물이 마을의 물을 모조리 삼키는 장면을 목격한다. 이때가 기회다. 마녀 카라바는 이 우연적인 사태를 자기의 능력인 것처럼 위조하여 마을사람들 앞에 막강한 신의 권력으로 등장한다. 물길이 끊긴 것이 카라바에게 온전히 복종하지 않았던 자신들의 잘못이라고 생각했던 마을사람들의 공포가 우상의 권력을 키워 줬던 셈이다. 원한과 양심의 가책이 결합해 마을의 생명을 파괴하고 있었던 것이다. 그러므로 우리가 할 일은 늘 원인에 대한 정확한 진단이다. 원한이 마녀의 권력이 되었고, 이것이 그녀의 생리적인 고통에서 기인한다는 사실을 포착해야 하는 것이었다. 그럴 때 우리는 고통의 원인을 제거하면서 건강해질 수 있게 되는 것이다. 우리의 지식은 즐겁고 유쾌한 건강으로 통한다. 그래서 '즐거운 지식'은 철학이자 의학이고 생리학인 것이다.

키리쿠 이전에도 마녀를 물리치기 위해서 싸우던 사내들이 많았다. 그러나 그들은 모두 마녀에게 사로잡혔다. 왜 그런가? 왜 그들의 싸움은 무모했던가? 까닭은 이렇다. 마녀의 권력은 마을사람들의 공포에 기반을 두고 있기 때문에 한두 사람이 싸운다고 해소될 문제가 아니다. 마을 전체의 공포의 양에 비례하는 마녀의 권력 앞에서 사내들의 창과 칼이 무슨 소용이 있겠는

가. 카라바가 제거된다고 해도 마을사람들이 공포에 사로잡혀 있는 한 제2, 제3의 마녀가 계속 등장할 것이기 때문이다.

중요한 것은 정확한 원인을 파악하는 일이다. 마녀가 마녀가 될 수밖에 없었던 이유, 마을사람들이 마녀에게 복종할 수밖에 없는 이유를 찾아내야 한다. 단순하지만 이런 지혜를 획득하기란 정말 어렵다. 「키리쿠와 마녀」의 동화적 해석이 압축적으로 보여 주는 것이 바로 이 건강에 이르는 지혜다. 우상을 파괴하고 싶다면, 그리하여 인간의 건강한 욕망을 되찾고 싶다면 무모한 싸움보다 현명한 지혜를 얻으라고 말이다. 그리고 우리의 삶에 어떤 생리적 고통과 병리적 징후가 숨어 있는지 재빨리 찾으라고 말이다.

전사의 용기와 위대한 삶

그런데 지혜를 얻어 마녀를 제압하는 영웅이 어찌하여 키리쿠라는 어린아이란 말인가? 그 미약한 아이가 어떻게 마녀의 힘을 이긴단 말인가? 이건 정말 순전히 동화적인 설정인가? 그렇지 않다. 실상 가장 위대한 자는 아이다. 니체는 『차라투스트라는 이렇게 말했다』 1부를 시작하면서 세 단계의 정신의 변화를 얘기한 적이 있다. 정신은 낙타가 되고, 그 낙타가 사자가 되고, 다시 사자는 어린아이가 된다고.

낙타는 어떤 존재인가? 아무리 무거운 짐이라도 기꺼이 질 수 있는 강인한 정신을 소유한 자라면 우선 낙타가 될 수 있는 조건을 갖춘 셈이다. 짐의 무게가 가볍다면 그건 강인한 정신에 대한 모욕이다. 영웅처럼 강인한 존재가 정말 사소한 문제로 전쟁을 벌여야 한다면 얼마나 허망할 것인가. 위대해지고자 한다면 우선 낙타처럼 무릎이 꿇릴 정도로 무거운 짐을 질 수 있는 강인함이 필요하다. 그래야만 저 인생이라는 "사막"에서 전쟁을 벌일 수 있기 때문이다. 가벼운 고통에도 무너지는 정신은 사막으로 들어설 수도 없고, 전쟁을 벌일 수도 없다. 삶은 고통의 연속이라고 한다. 삶에 놓여 있는 이 엄청난 고통의 짐들을 질 각오가 되어 있지 않다면 그는 삶에서 도피할 준비만 되어 있는 나약한 자에 불과하다.

그러나 "쓸쓸한 사막"에서 낙타는 다시 사자가 되어야 한다. 짐만을 질 게 아니라, 그 무거운 짐을 선사한 세계의 부조리함과 싸워야 하기 때문이다. 사자가 된 낙타는 이제 "자유를 쟁취하여 자신이 사막을 다스리는 주인이 되고자 한다." 모든 우상의 명령, 즉 "너는 해야 한다"는 그 절대명령이라는 용과 대격전을 벌이는 사자는 말한다. "나는 하려 한다." 우상의 지배에서 벗어나려는 사람은 이처럼 모든 도덕과 규범과 가치의 체계를 노예적인 삶이라 규정하고 그런 정언명령과 투쟁한다. 그렇게 자신의 의지를 우상의 의지 대신에 내세우는 것이다.

사자는 의무와 명령에 대해 자유를 이야기한다. 사자는 이처럼 자유를 쟁취한 정신이다. 창조될 수 있는 모든 가치는 다 창조되었으니 그대가 해야 할 일은 이 가치의 체계를 받아들이는 일뿐이라는 용의 명령에 대해 사자는 위대한 전쟁을 시작한 것이다. 이렇게 하여 새로운 가치를 창조할 계기가 만들어졌다. 그러나 창조는 사자가 아니라 어린아이가 한다. "새로운 가치의 창조, 그것은 사자도 해낼 수 없다." 사자는 아직 부정에 머무르는 자다. 기존의 가치에 대해 비판적인 정신은 갖고 있지만 새로운 가치를 창조할 능력은 없다. 그런데 기존의 가치가 파괴된 자리에 새로운 가치를 세우지 못한다면 그건 그냥 불장난에 불과할 것이다. 파괴는 건설과 창조를 위해서만 존재해야 한다.

그래서 어린아이다. "어린아이는 순진무구이고 망각이며, 새로운 출발, 유희, 저절로 굴러가는 바퀴, 최초의 움직임, 성스러운 긍정이다." 부정은 사태의 시작을 타자에 대한 비판에서 시작한다. 그러므로 "저절로 굴러가는 바퀴"가 아니며, "최초의 움직임"도 아니다. 운동의 시작일 수 있는 자, 사건의 원인일 수 있는 자야말로 "성스러운 긍정"이 가능한 자인 것이다. 사자는 과거의 주인과 싸운 투사이고 자유는 얻었지만, 아직 진정한 주인이 되지는 못했다. 주인이 된다는 것은 주인의 권리에 맞게, 그리고 주인의 능력에 맞게 새로운 가치와 규범을 만든다는 뜻이다. 내 의지대로 살 수 있는 존재, 그리고 그 의지에 맞는 가치 규범을 창조할 수 있는 존재가 주인이다. 과거 주인의 가치와 규범을 그대로 따른다면 그가 아무리 해방되었다고 해서 주인이라고 할 수 있겠는가.

과거의 주인에 대한 분노에만 머물지 않으려면 이제 자신의 세계를 창조해야 한다. 다른 예술가의 작품을 비판한다고 해서 자기만의 작품을 만들어 낼 수는 없는 법이다. 조각가라면 자기 앞에 있는 대리석을 사랑하고 긍정해야 한다. 이 돌을 어떻게 아름답게 조각할 수 있는지 연구하고 발명해야 한다. 사자가 주인의 명령에 반발하는 이차적 운동이라면, 어린아이는 "저절로 굴러가는 바퀴이며 최초의 움직임"이다. 스스로 운동할 수 없는 자는 주인일 수 없다. 반발심으로만 움직이거나 남에게 의지하는 운동은 모두 혼자 힘으로 도는 바퀴가 아니다.

어린아이의 시선으로 세상을 보자. 그의 눈에 어찌 추악하고 부정한 자들이 들어오겠는가. 그런 점에서 아이는 '순진무구'하고, '유희'하는 정신이다. 아이처럼 빠르게 망각하는 존재도 없다. 과거의 원한에 사로잡혀 있는 자는 아직도 노예이지만,

재빨리 망각하고 새로운 세계를 창조할 수 있는 자는 "성스러운 긍정"『차라투스트라는 이렇게 말했다』「세 가지 변화에 대하여」의 아이다. 아이는 명령에 따르는 존재가 아니다. 그는 모든 대상을 놀이로 여기고, 모든 일을 스스로의 의지와 욕망으로 하며, 늘 새롭게 시작하는 존재다. 아이의 삶의 테크닉을 배워야 한다.

　　그렇다면 긍정은 무엇인가? 키리쿠의 마을사람들처럼 마녀의 지배를 긍정적으로 받아들이는 것이 긍정인가? 아니다. 그것은『차라투스트라는 이렇게 말했다』에 나오는 '나귀'처럼 세상의 모든 부정적 덕목들을 맹목적으로 받아들이는 비천한 긍정에 불과하다. 이것을 삶의 관점에서 보면 삶에 대한 부정인 셈이다. 삶을 부정하기 위해 억압적인 현실을 긍정하는 것이 '나귀'의 태도다. 그러나 키리쿠는 삶을 긍정하기 위해서 마녀의 가치체계를 부정하는 전쟁을 불사한다. 키리쿠의 부정은 삶에 대한 긍정에 기초한다. 삶을 긍정하기 위해 마녀와 싸우는 것이고, 이처럼 전쟁 없이는 삶을 거룩하게 긍정할 수 없다.

　　"전쟁을 포기할 때 위대한 삶도 포기하는 것"『우상의 황혼』「자연에 반하는 것으로서의 도덕」3절이라고 했다. 그런 점에서 키리쿠는 전사이자 자유인이다. 아이는 낙타의 강인함과 사자의 용맹함과 거룩한 긍정을 모두 갖추고 있는 자유로운 전사의 다른 이름이다. 그러므로 키리쿠에겐 마을의 현실적 조건이 무조건 수락될 까닭이 없다. 왜 우리가 마녀에게 굴복하고 살아야 하며, 샘물을 빼앗긴 채 힘겨운 노동의 삶을 살아야 한단 말인가? 키리쿠는 정말 스스로 태어난 자이고, 태어나자마자 마녀의 존재에 질문을 던지는 존재다. 신앙이나 확신에 사로잡히지 않을 때만 우리는 위대한 전사가 될 수 있다. 원래 위대한 정신은 회의주의자인 법이다.

자유란 어떤 것인가? 키리쿠의 마을에서 생각해 보자. 마녀의 지배하에서 그럭저럭 자신의 삶을 꾸려가는 것이 과연 자유로운 삶일까? 그건 인간의 모든 능력을 박탈당한 노예적인 삶이 아닐까? 그러므로 자유는 싸움 속에서만 얻어지는 법이다. 니체는 자유를 이렇게 측정한다고 한다. "극복해야 하는 저항의 크기, 높은 곳에 머무르기 위해 치러야 하는 노고의 정도에 의해." 즉 저항을 느끼지 못한다면 그는 노예다. 싸우고자 할 때만 적의 저항을 느끼는 법이다. 저항이 크다면 그만큼 자유의 공간도 커진다. 만약 우리 삶 전체의 조건과 싸우고 있다면 그는 가장 위대한 인간일 것이다. "가장 자유로운 인간 유형은 가장 큰 저항이 끊임없이 극복되고 있는 곳에서 찾아져야 할 것이다." 『우상의 황혼』「어느 반시대적 인간의 편력」 38절 그러므로 키리쿠는 영웅이다.

영웅은 기존의 어떤 삶도 그대로 용인하지 않는 냉철한 회의주의자에게서만 탄생하는 법이다. 그러므로 키리쿠는 회의주의자다. 그는 확신의 감옥에 갇히지 않는다. 미신이라는 감옥은 키리쿠에겐 그 자체로 노예적인 삶이기 때문이다. 아무도 키리쿠를 막을 수 없다. '경계물신'이라고 해도 키리쿠를 제압할 수 없는 것이다. 우리가 위대해질 수 있다면 바로 이런 조건에서인 것이다.

「키리쿠와 마녀」는 행복한 결말을 보여 준다. 동화답게. 마녀의 고통이 제거되면서 마법이 사라지고 마을에도 행복이 찾아온다. 마법에 걸렸던 사내들도 풀려나 마을로 돌아온다. 모든 문제를 해결한 키리쿠야말로 최고의 성인인 셈이다. 그러므로 그가 카라바와 결혼하는 것은 하등 이상할 것이 없다. 대신 이런 해피엔딩이 너무 동화적 낙관주의라 잠깐의 쓴웃음이 지나갈 뿐이다. 우리의 삶이 정말 이렇게 단칼에 해결될 수 있는 것일까? 아닐 것이다. 삶은 이보다 훨씬 복잡하고 지난할 것이다. 그래도 「키리쿠와 마녀」는 건강을 위한 위대한 전사의 길을 가르쳐 주고 있다.

그러나 현실은 「키리쿠와 마녀」의 낙관주의를 쉽게 용납하지 않을 것이다. 「미스트」의 세번째 행동양식을 살펴봐야 하는 까닭이 바로 여기에 있다. 이 그룹은 예술가가 중심이다. 이들은 무모하게 괴물의 존재를 부정하지도, 그렇다고 신에게 자신의 삶을 의탁하지도 않는다. 한치 앞도 보이지 않는 삶을 그대로 받아들인다. 그렇다면 할 수 있는 일은 더듬어 가면서 길을 찾는 것밖에 없을 것이다. 그들은 정말 그렇게 한다. 할인 마트를 광신자들의 폭력이 장악하자 더 이상 그곳에 머물지 못하고 안개 속으로 나온다. 세상 안이고 밖이고 할 것 없이 온통 막막한 안개다. 아무도 이 안개의 정체를 모르며 안개를 해소할 방법도 모른다. 조금씩 나아갈 수 있을 뿐이다.

밖에 세워 둔 차를 타고 길을 떠나는 이들. 물론 이 그룹의 몇 명은 차를 타기 전에 괴물에 의해 희생당한다. 안개를 뚫고 도로를 질주하는 이들에게 과연 구원은 찾아올 것인가? 그런데 먼저 깜박거린 건 구원의 등불이 아니라 급유등이었다. 기름이 다 떨어진 것이다. 이대로 있다가는 괴물에게 모조리 죽임을 당할 것이다. 어떻게 할 것인가? 이들이 택한 것은 자살이었다. 괴물에게 죽느니 차라리 내가 내 죽음을 선택하겠다는 영웅적 의지다. 그런데 사람 수에 비해 총알 하나가 부족하다. 참으로 곤혹스럽다. 결국 모두를 쏴죽이고 주인공 혼자 살아남는다. 살아남은 자에게 남겨진 고뇌는 정말 얼마나 클 것인가. 사랑하는 아들을 포함해 무고한 사람들을 죽여야만 했고, 심지어 자신은 죽을 수도 없는 상황. 차 밖으로 나온 그는 이렇게 참혹한 상황 앞에서 머리를 부여잡고 고통스러워한다.

그런데 서서히 안개가 걷히는 게 아닌가. 게다가 엄청난 화력으로 무장한 군병력이 행진해 오는 것이 아닌가. 조금만 기다렸다면 이들의 도움으로 살아났을지도 모를 일이다. 그렇다면 이 세번째 그룹의 선택은 과연 잘못된 것인가? 아닐 것이다. 오히려 이렇게 끝맺은 「미스트」야말로 삶을 정확히 통찰하고 있었다고 생각된다. 도대체 저 군병력이 언제 올지 누가 알 수 있단 말인가. 아무도 예언해 주지 않은 이상, 어떤 예언자도 삶 앞에서는 거짓말쟁이가 될 수밖에 없는 이상 죽음을 각오하고 더듬어 가면서 길을 찾아야 하는 것 아닌가.

광신도처럼 신에게 목숨을 갈구하느니 차라리 위험한 모험의 길을 가는 것이 진정 위대한 인간의 길이 아니겠는가. 광신도처럼 타인을 제물로 바치는 끔찍한 범죄를 저지르느니 죽음의 길을 선택하는 것이 위대함이 아니겠는가. 삶은 이처럼 위험하고 공포스러운 것이다. 그리고 삶의 정답은 아무에게도 없다. 우리가 의지할 수 있는 것은 우리 삶의 과거, 그 과거의 지혜일 뿐이다. 「키리쿠와 마녀」처럼 그 지혜를 얻는 것만도 엄청난 위험을 감수해야 한다. 그러나 비겁함이 우상의 지배와 노예의 삶을 낳는다면, 공포에 맞닥뜨리는 용기는 자유와 주인의 삶을 선사한다. 이 예술가 무리들이야말로 정말 자유롭고 주인된 삶을 산 자들이 아니겠는가.

이것이 바로 아이들이 하는 놀이이다. 잔인하면서도 유쾌한 놀이. 아이들의 놀이가 잔인한 까닭은 거기엔 어떤 도덕적 규칙도 없기 때문이며, 도리어 그런 점에서 참으로 유쾌한 놀이라고 할 수 있다. 거기서는 우연만이 긍정된다. 누구나에게 치명적인 이 삶의 우연, 그러므로 이 고통스런 삶의 우연들을 긍정할 수 있는 위대한 건강만이 삶을 아이처럼 즐길 수 있게 할 것이다. 이 세계는 필연의 세계다. 즉 물체들이 활동하는 우주적인 수준에서 보면 모든 사건은 필연적으로 일어나기 마련이기에 결코 슬퍼하거나 기뻐할 일이 아니다. 독사에게 물려 내가 죽는다면 그것도 자연의 법칙이 실현된 필연적인 장면인 것이다. 그러나 나의 죽음은 나에게는 정녕 고통스럽고 두려운 일이 아닐 수 없다. 우리에겐 이렇게 우연들이 닥쳐온다.

그러므로 신의 초월적 목적으로 도피할 일도 아니며, 양심의 가책이라는 가슴속 벌레를 키울 일도 아니다. 우리는 이 세계와 싸우며 조금씩, 정말 조금씩 나아갈 수밖에 없다. 그렇지만 이렇게 우리는 깊어지고 숭고해진다. 우리가 위대해지는 법, 즉 우리가 성숙해지는 법은 이 길밖에 없다. 예술가 무리들이 곧 키리쿠였던 까닭도 바로 여기에 있다. 그들은 키리쿠처럼 우연과 싸워 가며 우연을 긍정했고, 그리하여 이 세계를 위대하게 긍정했기 때문이다. 십자가를 든 두번째 그룹이 괴물과 세계에 대한 긍정인 것처럼 보였던 것은 인간의 삶을 신에게 의탁해 버린 조건 위에서였으므로 그들은 세계를 총체적으로 부정하고 있었던 셈이다. 놀이를 하면서도 신의 뜻을 묻는 자들과 달리 키리쿠처럼 우연의 주사위 놀이를 하는 자들이 던지는 질문은 딱 두 가지밖에 없다. "무엇이 발생할 것인가?" 그리고 "무엇이 발생했는가?"들뢰즈, 『의미의 논리』, 138쪽

참고문헌

니체, 프리드리히.『권력에의 의지』, 강수남 옮김, 청하, 1988.

_____.『도덕의 계보』, 박찬국 옮김, 아카넷, 2021.

_____.『반시대적 고찰』, 임수길 옮김, 청하, 1982.

_____.『비극의 탄생』, 박찬국 옮김, 아카넷, 2007.

_____.『서광』, 이필렬·임수길 옮김, 청하, 1983.

_____.『선악의 저편』, 박찬국 옮김, 아카넷, 2018.

_____.『안티크리스트』, 박찬국 옮김, 아카넷, 2013.

_____.『우상의 황혼』, 박찬국 옮김, 아카넷, 2015.

_____.『이 사람을 보라』, 이상엽 옮김, 지식을만드는지식, 2016.

_____.『인간적인 너무나 인간적인』, 강두식 옮김, 동서문화사, 2016.

_____.『즐거운 지식』, 권영숙 옮김, 청하, 1987.

_____.『차라투스트라는 이렇게 말했다』, 김인순 옮김, 열린책들, 2021.

들뢰즈, 질.『니체와 철학』, 이경신 옮김, 민음사, 2001.

_____.『들뢰즈가 만든 철학사』, 박정태 편역, 이학사, 2007.

_____.『베르그송주의』, 김재인 옮김, 문학과지성사, 1996.

_____.『비평과 진단』, 김현수 옮김, 인간사랑, 2006.

_____.『시네마 2 : 시간-이미지』, 이정하 옮김, 시각과언어, 2005.

_____.『의미의 논리』, 이정우 옮김, 한길사, 1999.

_____.『차이와 반복』, 김상환 옮김, 민음사, 2004,

마트롱, 알렉상드르.『스피노자 철학에서 개인과 공동체』, 김문수·김은주
    역, 그린비, 2008.

베르그송, 앙리.『사유와 운동』, 이광래 옮김, 문예출판사, 2003.

_____.『의식에 직접 주어진 것들에 대한 시론』, 최화 옮김, 아카넷,
    2006.

스피노자, B. ,『에티카』, 강영계 옮김, 서광사, 1990

아렌트, 한나.『전체주의의 기원 2』, 이진우, 박미애 옮김, 한길사, 2006.

아감벤, 조르조.『목적 없는 수단』, 김상운 · 양창렬 옮김, 난장, 2009.

지젝, 슬라보예.『폭력이란 무엇인가』, 이현우 외 옮김, 난장이, 2011.

진은영,『니체, 영원회귀와 차이의 철학』, 그린비. 2007.

푸코, 미셸.『미셸 푸코』, 이광래 옮김, 민음사, 1989.

프로이트, 지크문트.『종교의 기원』, 이윤기 옮김, 열린책들, 2006.

찾아보기